KB269793

제왕

제왕

세상을 혁신한 군주들

우한 엮음 ― **김숙향** 옮김

살림

분열의 시대,
불멸의 통치자들에게 배우는 통합의 리더십

중국의 역사를 한 문장으로 정의 내린다면 어떨까? 역자는 감히 '분열과 통일의 무한 반복의 역사'라고 부르고 싶다.

전국시대에서 진나라, 진나라에서 한나라, 한나라에서 위진남북조, 그리고 그 뒤에 이어지는 숱한 왕조들까지 하나의 왕조가 세워지기 전에는 반드시 분열된 국면이 있었고, 그 다음에는 새로운 제왕이 등장하여 분열된 나라들을 통합시켰다. 이런 놀라운 역사 드라마를 보고 있노라면 새삼스럽게 떠올리게 되는 의문이 있다. 그럼 이렇게 하나의 거대한 제국을 분열시킨 힘은 무엇일까? 또 반대로 분열된 제국을 통합시킨 힘의 근원은 무엇인가? 왜 어떤 왕조의 생명은 길었던 반면, 어떤 왕조는 그 수명이 3대를 넘지 못하고 역사 속으로 사라져 버렸는가? 역자는 감히 그런 질문에 대한 해답이 이 책『제왕』에 고스란히 담겨 있다고 말해 주고 싶다.

『제왕』은 총 3부에 걸쳐 13명의 제왕들의 삶과 통치 철학을 담고 있다. 명확한 상벌(賞罰)로 전쟁에 임하는 병사들의 사기를 올렸던 누르하치부터 수나라의 멸망을 교훈삼아 민심의 중요성을 강조했던 당 태종까지 정치, 대중과 민심, 그리고 전쟁의 총 3부에 걸쳐 제왕들의 통치 철학을 들려주고 있다.

첫째, 그들은 내부의 적을 평정했다. 실제 통일국가를 건설한 제왕들에게는 여전히 고민이 많았다. 지금 자기를 모시고 있는 신하들이 언제 마음을 바꿔 자신에게 칼을 들이밀지 알 수 없었고, 국가 내부에서도 구세력들과 새롭게 권력을 잡은 신진세력들 간의 다툼이 적지 않았다. 이런 위기의 정국에서 제왕들은 늘 예민하게 내부의 적들을 살피고, 자기 세력에 힘을 실어 줘야 했다. 북위의 효문제는 수도를 옮겨서 구세력들을 견제했고, 주원장은 검교들을 통해 궁 안팎의 신하들의 사생활을 철저히 감시했다.

둘째, 그들은 민심을 등에 업고 천하를 다스렸다. 중국 역사를 통틀어 민심을 잃고도 제국을 오래 끌고 간 왕조는 없었다. 그토록 강력했던 수나라는 수 양제의 폭정과 무리한 대외전쟁 때문에 결국 3대를 끝으로 왕조가 망했다. 한때 100만 대군을 가진 항우도 민심을 헤아리지 못한 탓에 결국 천하를 눈앞에서 놓쳤다. 일찍이 뛰어난 제왕들은 이런 민심의 중요성을 간파하고 있었다. 한 문제는 강력한 경제부양책으로 백성들에게 선정을 베풀었고, 한 무제는 통일제국의 당위성을 설파하기 위해 다양한 사상통제법을 쓰기도 했다. 과연 역사 속에서 제왕들은 민심을 잡기 위해 어떤 통치술들을 사용했을까? 2부에서는 한 문제부터 원 세조까지 제왕들의 민심을 잡기 위한 통치법을 살펴본다.

셋째, 그들은 제국을 지킬 힘을 길렀다. 제국이 통일됐다고 전쟁은 끝난 것이 아니다. 유방은 초나라와의 전쟁에서 최후의 승자가 됐지만, 이후 제후국들의 반란으로 죽을 때까지 전쟁터를 누비고 다녀야 했다. 천하를 노리는 무리들이 득시글거리는 시대에 제왕들에게 전쟁은 숙명이었고, 전쟁을 잘하는 것은 무엇보다 훌륭한 재능이었다. 유방은 소하와 한신 등 뛰어난 인재들을 적재적소에 써서 천하를 얻었고, 누르하치는 분명한 상벌로 자신의 팔기군을 천하제일의 투사로 만들었다. 3부에서는 각 시대, 각 왕조마다 달랐던 제왕들이 전쟁관과 그들의 승리법을 이야기한다.

비록 이 책은 '제왕'이라는 이름을 달고 있고 그들의 리더십과 통치 철학을 이야기하고 있지만 중국 대륙의 왕조들을 1만 년 동안 움직여 온 힘이 민중이라는 사실을 명확히 보여 주고 있다. 나라가 여러 개로 나뉘어 혼란스럽고 어지러웠던 때, 백성들은 나라의 통일과 화합이 생활의 안정을 찾아 주리라 여겼고 때마침 시대에 부응하는 인재가 등장해 분열된 정국을 수습하고 제왕이 되었다.

제왕의 위치에 오른 통치자는 나라의 안정을 이루기 위해 대부분 선정을 베풀고 좋은 출발을 보였다. 그러나 세월이 흘러가면서 황위를 이어받은 후손들은 뚜렷한 정치적 비전 없이 자기 자리만 고수하고, 사치와 폭정을 일삼다 왕조를 쇠망의 길로 빠뜨렸다. 그리고 백성들은 정사를 돌보지 않고 타락해 버린 황제에 대항해 과감하게 반기를 들었고, 반대로 어지러운 사회를 통합하려 했던 새로운 인물에게는 기꺼이 힘을 실어 주었던 것이다.

결국 숱한 왕조의 흥망성쇠와 더불어 그 비범했던 제왕들도 역사 속으로 사라져 갔다. 그러나 오늘날 돌이켜보면 진정 뛰어난 제왕들로 평가받는 인물들은 단지 멋지게 포장된 무용담의 주인공들이 아님을 알게 된다. 뛰어난 통찰력과 훌륭한 정책으로 새 시대를 만들어 낸 황제들이야말로 후세까지 이름을 전했다. 백성들을 위해 나라 안으로는 농업을 장려하고 조세를 경감시킨 한 문제와 강희제, 백성들의 가혹한 형벌을 폐지한 당 태종 등 희대의 명군들은 백성들의 삶의 질을 향상시키기 위한 정책을 실시했다. 또한 흉노와 같은 외부의 침입을 막기 위해 무력과 화친정책을 적절히 사용한 한 무제가 있다.

제왕의 공적과 과실은 과거보다 수천 년이 지난 오늘날 더욱 분명하게 드러난다. 난세를 평정하고 태평성대를 이루고자 했던 13명의 황제들의 모습을 통해 우리는 시대를 살아가는 데에 필요한 적지 않은 교훈을 얻을 수 있을 것이다.

2010년 입동 무렵
김숙향

차례

통일제국의 위업을 달성한 후에도 제왕들의 고민은 여전했다. 지금은 자기를 군주로 모시고 있는 신하들이 언제 마음을 바꿔 자신에게 칼을 들이밀지 알 수 없었다. 또한 통일된 제국의 내부에서도 개국공신과 구세력들 간의 다툼이 적지 않았다. 이런 위기의 정국에서 제왕들은 늘 예민하게 내부의 적들을 살피고, 자기 세력에 힘을 실어 줘야 했다. 술자리를 빌어 하루아침에 절도사의 권력을 빼앗은 조광윤, 검교들을 통해 철저하게 주변 단속을 시행한 주원장 등 천하의 명군들이 어떻게 내부의 적을 다스렸는지 살펴보자.

정치
_ 내부의 적을 평정하라

진 시황(秦始皇, 기원전 259년~기원전 210년)

중국 최초의 중앙집권적 통일제국인 진(秦)나라를 건설한 전제군주. 강력한 부국 강병책을 추진하여 중국 대륙의 군소 국가를 모두 통일했다.

"지금 천하에는 법령이 통일되었으나 유생들이 지금의 제도와 법령을 배우지 않고 도리어 옛 사람과 옛 방법만 고집하면서 지금의 것을 반대하고 있습니다. 이 때문에 백성들이 혼란스러워하고 있습니다. 옛 선조들의 제도는 옛날에나 따를 만했지 지금은 적합하지 않습니다. 시대가 변했으니 제도도 그에 따라 달라져야 할 것입니다."

— 진나라 재상 이사(李斯)

권력은 언제나 강한 자에게 쏠린다

- 진 시황의 1등 국가론

제후들의 할거에서 전국 통일까지

진나라(秦, 기원전 221~206년)는 중국 역사상 최초의 통일국가이자 중앙집권 국가이다. 그리고 이 봉건 제국을 세운 자는 우리가 잘 알고 있는 시황제(始皇帝)이다.

진나라 이전에는 춘추시대(기원전 772~408년)와 전국시대(기원전 403~221년)가 있었다. 이 500년 동안 각 나라의 제후들은 영토를 빼앗기 위해 끊임없이 전쟁을 일으켰다. 전국시대 말년에 진나라 영정이 전국을 통일하고 스스로 시황제라 칭하면서 진나라의 황제로 등극했다. 당시 전국은 진나라를 포함해 한(韓), 조(趙), 위(魏), 제(齊), 초(楚), 연(燕)나라가 건재했다. 오랫동안 지속된 전쟁으로 백성들은 엄청난 고통을 겪었으나 사회·경제는 상당한 수준으로 발달해 있었다. 그 가운데 가장 큰 발전을 보인 것은 바로 토지 제도였다.

주나라 때 천자(天子)는 스스로를 상제의 아들이라 칭하며 천하의 모든 토지는 상제에게서 받은 자신의 소유라고 주장했다. 이에 자신이 직접 다스리는 부분을 제외하고 전국의 토지를 각 제후들에게 나눠 주었다. 제후들도 천자로부터 받은 토지 가운데 일부를 제외하고 다시 대부에게 나누어 주었고, 대부도 천자와 제후처럼 농노에게 재분배했다. 대부가 농노에게 토지를 분배한 이유는 농노들의 최소 생계를 유지해 주기 위해서이기도 하지만 이보다도 농노들의 노동력을 이용해 자신의 부를 축적하려는 목적이 컸다.

당시 영주들은 분봉 받은 토지에서 제각기 정권을 수립했다. 이로써 전국에 사실상 크고 작은 수많은 독립국이 형성된 것이다. 농노는 영주들의 억압과 착취 속에서 자유를 누릴 수 없었다. 당시에는 토지 매매가 불가능했고 대대로 계승됐기 때문에 농노들의 형편은 시간이 지나도 나아지지 않았다.

그러나 춘추시대와 전국시대로 접어들면서 생산기술이 발전해 사회·경제에도 변화가 생겼다. 원래 매매를 허용하지 않던 토지 제도가 바뀌어 토지를 사고팔 수 있게 된 것이다. 영주들로부터 토지를 산 자들은 지주라고 불렀고 이들은 당시 새롭게 형성된 계층이었다. 지주도 영주처럼 백성들에게 토지를 임대하고 토지세를 거뒀다. 이때 농노의 신분은 농민으로 변화했으니 농민 역시 새롭게 형성된 계층이다. 물론 농민도 지주들로부터 착취당했지만 농노에 비하면 훨씬 자유로웠다. 농민들은 자신의 재산을 보유할 수 있었기에 농노에 비해 생산력 증대에 보다 적극적이었다.

토지 제도의 변화는 자연스럽게 정치에 영향을 미쳤다. 영주로부터 토지를 사들인 지주는 갈수록 상당한 경제력을 지니면서 점차 그 수가 증가했다. 이들 신흥 지주계층은 더 많은 부를 쌓기 위해 이전의 제후와 대부처럼 농민을 대상으로 가혹하게 착취했다. 이 때문에 농민들은 농사에 집중하여 더 많은 수확을 올릴 수 있는 안정된 사회를 바랐다. 그리고 강력한 힘을 가진 중앙집권 정부의 출현이 사회의 안정을 가져다주리라 기대했다. 이러한 경제 발전은 바로 제후들의 할거에서 통일국가로 넘어가는 기반을 마련해 준 셈이다.

경제적인 문제와 더불어 농민들은 전란으로 오랫동안 고통 받고 있었다. 전국 시기의 전쟁은 큰 규모로 이루어졌는데 한 차례 전쟁이 일어나면 동원된 병력이 수만에서 수십만 명에 달했고 수년 동안 계속됐다. 무기를 들고 전선에 나가야 하는 병력은 농민이었으며, 전장에서 목숨을 잃는 군사도 바로 농민이었다. 계속된 전쟁으로 토지가 황폐해진 것은 말할 것도 없었다. 논밭에 물을 대는 관개 시설도 망가져 이를 수리하는 비용 부담 또한 농민의 몫으로 돌아갔다. 전쟁이 일어나지 않고 전국이 통일되어야만 시장이 발전하고 상공업도 번영하기 때문에 평화를 바라는 마음은 상인과 수공업자도 마찬가지였다.

당시 중국은 진나라를 포함한 7개 국가들의 내전도 문제였지만 북방 변경에서 시시각각 중원을 노리는 흉노들의 약탈이 사회적으로 가장 큰 문제였다. 흉노의 침략을 막는 일, 이 역시 강대국의 출현을 재촉하는 계기가 되었다. 가장 강한 힘을 가진 제후국이 나머지 제후국들을 통일하는 일은 이제 온 천하가 바라는 일이 된 것이다. 7개 제후국 가운데 전국을 통일할 수 있는 강대한 제후국이 있다면 백성들은 모두 그곳으로 가 평화롭게 살기를 원했다. 당시 진나라는 여러 제후

국 중에서도 가장 강대한 제후국이었기 때문에 자연히 전국 통일이라
는 대업의 의무를 지고 있었다.

당시의 교통은 천연 수로뿐 아니라 황하를 중심으로 각지에 이르는
인공 수로까지 만들어졌다. 상업도 상당 수준으로 발달하면서 각 지
역 간의 경제·문화 교류가 보다 적극적으로 이뤄졌다. 이는 전국을 통
일하는 데 있어 중요한 물질적 기반이 되었다.

진 시황은 이런 상황에서 전 중국을 통일하고 중앙집권 제국을 건
립했다. 진 시황의 통일은 당시의 경제 발전과 백성들의 바람에 부합함
으로써 통일 이후 중국에 더욱 눈부신 경제·문화적 발전을 가져왔다.
따라서 진 시황에 대한 오늘날의 평가는 단순히 일개의 봉건 황제에
서 그칠 것이 아니라 뛰어난 정치가이자 역사에 길이 남을 인재로 평
가되어야 한다. 물론 황제가 된 뒤, 끝없는 권력욕으로 그가 저지른 많
은 과오들은 나중에 다시 논의할 부분이다.

나라 안의 반대 세력과 싸우다

전국시대 이전까지만 해도 진나라는 서북 지역에 위치한 낙후된 제
후국에 불과했다. 그러다 기원전 359년에 진 효공이 상앙의 건의로 변
법을 시행하면서 점차 국력을 키워 갔다. 전국시대 신흥 지주계층이
대두되자 각 제후국은 영주들이 만든 법을 바꾸고 지주들의 필요와
요구에 따른 신법을 제정했다. 전 제후국이 신법을 성공시키지는 못했
으나, 원래 영주의 세력이 약했던 진나라만이 철저한 변법을 통해 개

혁을 성공시켰다. 개혁의 주요 내용은 영주들의 토지소유제를 폐지하고 토지 매매를 자유롭게 하도록 법률로 지정하며, 영주들에게 세습된 관직도 황제가 직접 임명하도록 하는 것이었다. 변법을 실행하자 진나라는 단기간에 생산력이 증가했고 다른 제후국에 비해 깨끗한 정치를 유지하며 나날이 국력을 키워 나갈 수 있었다. 다른 제후국에 속해 있던 백성들도 진나라의 부강함을 칭찬하니 각국의 수많은 인재가 본국을 떠나 진나라로 가 통일 사업을 도왔다. 진 시황이 즉위했을 때 진나라의 영토는 남쪽으로 사천과 호북 서쪽, 북쪽으로 산동 남부, 동남쪽으로 하남의 정주까지 광대한 영역에 미쳤다.

진 시황은 전국을 통일하기 전에 먼저 나라 안의 반대 세력을 평정시켜 내부를 안정시켜야 했다. 그 첫 번째가 바로 노애와 여불위 세력을 제거하는 일이었다.

진 시황의 성(姓)은 영(嬴)이고 이름은 정(政)이다. 부친인 자초(子楚)가 조부의 명으로 조나라에 인질로 왔을 때 그를 낳았다. 춘추 전국시대에는 각 제후국이 서로 침범하지 않겠다는 뜻으로 왕의 아들이나 손자를 상대 제후국에 인질로 보내는 일이 잦았다. 인질 신분으로 조나라에 머물게 된 자초는 그곳에서 아무 일도 할 수 없었다. 그때 마침 조나라의 거상 여불위가 자초에게 접근했다. 여불위는 자초를 이용해 권력과 부를 얻으려는 목적으로 자초에게 재물을 주어 환심을 사면서 동시에 진나라로 건너가 자초를 왕위에 앉힐 수 있도록 활발하게 움직였다.

"논밭에서 얻는 이익은 열 배이고 장사를 해서 얻는 이익은 백 배이

　이런 생각을 가진 여불위는 자초가 왕이 되도록 적극적으로 도왔고, 결국 자신의 뜻대로 자초를 진나라의 장양왕으로 만들었다. 여불위는 그동안의 공으로 상국(相國)이 되면서 하남 낙양의 광활한 지역을 봉지로 하사받는다. 여불위는 3,000여 명의 빈객을 정치 참모로 거느렸고 또 수만 명의 노비를 부렸다. 이후 장양왕이 죽었으나 정치적 야심이 컸던 여불위는 쉽게 권력을 놓으려 하지 않았다.

　한편 노애는 진 시황의 모친인 태후(太后)의 총애를 입어 권력을 쥔 자이다. 그 역시 수천만의 빈객을 거느리며 여불위와 권력 다툼을 벌이고 있었다.

　13세에 왕위에 오른 영정은 나이가 어려 태후와 여불위가 대신 권력을 독점했다. 기원전 237년에 영정이 스물한 살이 되자 여불위와 노애는 마음이 불안했다. 진나라의 제도에 따르면 영정이 1년 뒤인 스물두 살이 되면 직접 정사를 볼 수 있었기 때문이다. 노애는 하루 빨리 세력을 넓히기 위해 태후에게 아첨해 산양, 하서, 태원을 봉지로 하사받았다. 여불위도 같은 해 빈객들에게 각 파의 학설을 집대성한 『여씨춘추(呂氏春秋)』를 짓게 했다. 여불위는 이 책을 통해 국왕은 지나치게 정사에 간섭하지 말아야 한다는 ‘무위(無爲)의 정치’의 중요성을 역설했다. 자신에게 전권을 맡기라는 의도를 드러낸 것이다. 여불위는 또 농업을 중시하고 상인을 억제하는 상앙의 정책에 반론을 폈는데 이역시 자신이 원래 거대한 재부를 쌓았던 거상 출신이었기 때문이다.

　진 시황은 포부가 큰 사람이었다. 따라서 여불위와 노애의 간섭에서 벗어나려 했음은 당연한 일이었다. 영정이 직접 정사를 보게 되고 얼마 후 진나라에는 일대 파란이 일어난다. 기원전 238년에 영정이 모친의 거처를 옹(雍)으로 옮기자 노애가 반란을 일으킨 것이다. 소식을 들은 영정도 군사를 일으켜 노애를 공격했고 패배한 노애는 결국 영정의 손에 죽게 된다.

이듬해 영정은 노애의 반란에 연루됐다는 죄목으로 여불위를 상국의 자리에서 내쫓고 봉지인 하남으로 보낸다. 그리고 얼마 뒤 다시 여불위를 촉군(蜀郡)으로 옮기게 했다. 여불위는 더 이상 영정의 살수를 피할 수 없음을 알고 독이 든 술을 마시고 자결한다.

여불위와 노애의 세력을 처리하자 모든 정권은 완전히 영정에게 집중되었다. 비로소 진나라가 가진 모든 역량을 전국 통일이라는 거대한 계획에 쏟아 부을 수 있는 환경이 마련된 것이다.

여섯 제후국을 합병하고 전국을 통일하다

영정이 6개 제후국을 합병하려는 조짐이 보이자 이웃한 한(韓)나라는 스스로 진나라의 적수가 되지 못함을 알고 먼저 조공을 바쳐왔다. 아울러 수리 공사를 잘 아는 정국(鄭國)이란 자를 보내 영정의 수리 사업을 돕게 했다. 한왕은 진나라가 수리 사업에 모든 물력과 인력을 쏟으면 한나라를 넘볼 여력이 없으리라 생각한 것이다. 그러나 공사가 시작되기도 전에 영정은 한왕의 속셈을 알아차리고 정국을 죽이려 했다. 그러자 정국이 영정의 앞에 나가 말했다.

"신이 수리 공사를 권유해 진나라가 공사에 총력을 쏟는다 해도 이후 한나라가 유지할 수 있는 시간은 단 몇 년뿐입니다. 그러나 공사가 완성된 뒤 진나라가 얻는 이익은 실로 엄청날 것입니다."

정국의 말을 들은 영정은 일리가 있다 여기고 그에게 공사를 맡겼다. 이렇게 완성된 것이 바로 정국거(鄭國渠)이다. 정국거가 완성되자 진나라의 4만여 경(頃)에 이르는 농경지에 물을 댈 수 있게 되었다. 정국의 말대로 이후 진나라의 경제는 더욱 빨리 성장하게 된다.

한나라가 숨은 의도를 가지고 정국을 보낸 일이 있고 나자 영정은 다른 제후국에서도 첩자를 보내지 않았을까 하는 의심이 생겼다. 당시 진나라에는 여러 제후국에서 온 많은 인재들이 관리를 맡고 있었는데 영정은 이들 가운데에도 첩자가 있을지 모른다는 생각이 들었다. 이에 타국에서 온 관리들을 모두 진나라 밖으로 쫓아내려 했다. 그런데 이때 초나라에서 온 이사(李斯)가 「간축객서(諫逐客書)」를 써서 진시황을 만류했다. 이사는 진나라에서 10여 년 동안 관리를 지낸 자로, 영정에게 6개 제후국을 합병해 천하를 통일하자는 의견을 내 영정의 신임을 받고 있는 신하였다. 이사는 이미 많은 인재가 진나라에 와서 적지 않은 공적을 쌓았기 때문에 아무 이유 없이 그들을 내치는 것은 옳지 않다며 영정을 설득했다. 영정은 이사의 의견을 받아들여 명령을 철회했다. 이에 더 많은 인재들이 진나라로 몰리게 되었다.

정국이 수로 공사를 제안한 그 이듬해(기원전 236년)에 연(燕)나라와 조(趙)나라 간에 전쟁이 일어났다. 영정은 연나라를 구원한다는 명분으로 대장군 왕전(王翦)을 보내 조나라를 공격하고 일부 영토를 점령했다. 이어 기원전 234~232년에 영정은 조나라를 세 차례 공격했다. 첫 번째 공격에서는 조나라가 패했으나 이후 두 차례의 전쟁에서 조나라 대장군 이목(李牧)의 활약으로 진나라가 크게 패했다.

6개 제후국에게 갈수록 강성해지는 진나라는 큰 위협이었다. 이에 각 제후국 사이에서 힘을 합해 진나라에 대응하자는 의견이 일었고 연합국이 진나라를 공격하려면 먼저 지리적으로 가까운 한나라가 선봉에 나서야 한다는 얘기가 오고 갔다. 한편 이들 6개 제후국의 연합 소식을 들은 영정은 한나라가 일찍부터 조공을 바치고 있었지만 정국의 일도 있고 하여 한왕을 더욱더 의심하게 됐다. 영정이 한나라 공격을 계획하자 낌새를 챈 한왕은 한비(韓非)를 진나라로 보내 영정을 설득하려 했다. 그러나 한비는 이사의 압박에 못 이겨 자결한다. 기원전 230년에 영정은 한나라를 멸망시키고 한왕을 포로로 잡았다. 한나라는 6개 제후국 가운데 가장 먼저 진나라에 합병되었다.

한나라가 멸망된 해 조나라에는 가뭄이 들었다. 영정은 이를 기회로 조나라를 공격하기 위해 조왕이 총애하는 신하 곽개(郭開)를 매수했다. 곽개는 나라 안의 대장군 이목이 진나라에 투항할 것이라는 헛소문을 퍼트렸다. 어리석은 조왕은 소문의 진위도 따지지 않은 채 바로 이목을 죽였고 대장군을 잃은 조나라의 군사들은 순식간에 사기가 떨어졌다. 기원전 228년에 진나라가 대장군 왕전을 보내 조나라를 공격해 조나라의 수도인 한단(邯鄲)을 빼앗고 조왕을 포로로 잡았다. 그 사이 조나라의 공자 가(嘉)는 대군(代郡, 산서성 북부)으로 도망쳐 대왕(代王)이 되었다.

조나라는 원래 연나라와 진나라 사이에 위치했다. 이제 조나라를 평정한 영정은 본격적으로 연나라 공격을 구상하게 된다. 영정의 계획이 서서히 진행되자 연나라의 태자 단(丹)은 자객 형가를 보내 영정을 암살하려 한다. 형가는 연나라의 지도를 들고 진나라로 가 영정을 만났다. 연나라 공격을 앞두고 지도를 바치러 오자 영정은 기쁘게 형가를 맞았다. 그런데 영정이 지도를 펼치자 형가가 지도 속에 감춰 둔 예리한 단검을 빼어들고 영정을 향해 찌르려 했다. 하지만 형가는 영정에게 아무런 상처도 입히지 못한 채 붙잡혀 죽었다. 일이 실패로 돌아가자 연왕 희(喜)와 대왕 가(嘉)는 연합군을 조직해 진나라를 공격했으나 그 또한 역부족이었다. 기원전 226년에 영정의 군대가 연성(燕城) 계(薊, 북경시)를 공격하자 연왕은 버티지 못하고 요동군으로 도망갔으나 진나라 군대의 추격을 견디지 못했다. 연왕은 할 수 없이 태자 단을 죽이고 영정에게 그 머리를 바쳐 화친을 청했다.

영정은 연나라를 공격하는 동시에 위(魏)나라도 공격했다. 기원전 225년에 위나라 수도 대량(大梁)을 포위하고 황하의 물을 끌어다가 대량성 안으로 보내자 위왕은 할 수 없이 진나라에 투항했다. 위나라는 영정이 멸망시킨 두 번째 제후국이었다.

이쯤 되니 진나라의 힘은 전보다 더욱 강해져 여섯 제후국 가운데 가장 큰 초나라를 공격할 준비가 되었다. 위나라를 멸망시킨 그 이듬해에 영정은 이신(李信)과 몽염(蒙恬)에게 20만의 군사를 주고 길을 나누어 초나라로 출정하라 명했다. 초나라도 대장군 항연(項燕)을 보내 대응케 했다. 두 나라의 군사들이 막 싸우기 시작하면서 초반의 승세가 진나라에 기울자 진나라 군사들은 섣불리 승리를 확신하고 자만해졌다. 이 때문에 진나라 군대는 성보(하남성 보풍)에서 항연에게 크게 패하게 됐다. 이 전쟁은 영정이 여섯 제후국을 합병하는 과정에서 가장 크게 패한 싸움이었다. 영정은 다시 왕전에게 60만 대군을 내어 주면서 초나라를 공격하라고 명했다. 대군을 당해내지 못한 초나라 군대는 싸우면 싸우는 대로 패했고 항연은 패전을 이유로 자결한다. 기원전 223년에 진나라가 초나라의 도성 수춘(안휘성 수현)을 점령하고 초왕을 포로로 잡았다. 이로써 초나라는 영정이 멸망시킨 세 번째 나라가 된다. 그 후 영정은 다시 왕전에게 장강 이남의 초나라 영토를 모두 평정시키게 한다.

그 이듬해(기원전 222년)에 영정은 왕분(王賁)을 보내 요동군을 정벌하면서 연왕 희를 포로로 잡고, 돌아오는 길에 대왕까지 생포했다. 이 시기에 일찍이 영정에게 멸망당한 연나라와 조나라의 영토가 대부분 평정되니 여섯 제후국 가운데 남은 건 제(齊)나라뿐이었다. 사실 제나라 정벌에는 크게 힘을 들일 필요가 없었다. 당시의 형세도 유리했지만 제나라의 상국 후승이 이미 영정에게 매수돼 제나라는 전혀 방어를 하지 않았기 때문이다. 영정은 왕분을 출정시켜 파죽지세로 제나라 왕을 사로잡고 제나라를 멸망시켰다.

여섯 제후국을 합병하는 데 영정이 소비한 시간은 모두 10년이다. 10년 동안 영정은 통일이라는 대업을 실현시키고 평화를 바라는 백성들의 소망을 이루어 주었다. 이로써 중국 역사상 최초의 중앙집권 대제국이 출현하게 된다.

중앙집권 제도를 창립하다

전국을 통일한 영정은 중앙 조정에 승상을 수뇌로 한 통치기구를 만들고 전국 각지에 군현제(郡縣制)를 추진했다. 먼저 관리 제도를 보면 승상과 함께 고관으로는 태위(太尉)와 어사대부(禦史大夫)를 두었다. 승상은 황제의 정무를 도왔고, 태위는 군사를 관리했으며, 어사대부는 승상을 도우며 조정의 관리들을 감찰했다. 승상의 아래로는 업무에 따라 관직을 두었는데 그 중 중요한 직책은 사법을 관리하는 정위(廷尉)와 재정을 담당하는 치속내사(治粟內史), 황실의 지출과 조정에서 필요한 물품을 담당하는 소부(少府), 황제의 경호를 담당하는 낭중령(郎中令)이다. 조정의 기구를 행정·군사·감찰로 나누었으니 모든 권력은 자연히 황제에게 집중되었다.

진나라가 추진한 군현제도는 전국을 36개의 군(郡)으로 나누고 중앙에서 직접 관할하는 형태이다. 군이라는 단위는 전국시대에도 있었지만 당시는 공격과 수비를 위한 목적으로 설치했기에 군사 구역의 성질이 강했다. 이 때문에 군을 수비하는 군수(郡守)는 대부분 무관이 맡았다. 영정 때도 군수라는 명칭을 그대로 썼지만 그 직권은 이전과 달랐다. 영정은 군의 군사를 담당하는 위(尉)와 업무를 감찰하는 감어사(監禦史)를 두어 군수를 견제하고 감독하게 했던 것이다. 이렇게 하니 군수는 더 이상 이전처럼 함부로 권력을 쥐고 흔들 수 없게 됐으며, 나라의 권력을 더욱 조정으로 집중시킬 수 있었다.

군 아래는 현(縣)을 두었다. 1만 호 이상의 인구가 있는 큰 현에는 현령, 그 이하의 작은 현에는 현장(縣長)을 두었는데, 현령과 현장은 1개

현의 행정 관리로서 군수의 지휘를 받았다. 또한 승(丞)과 위(尉)를 두었으니, 승은 현장이나 현령의 일을 돕고 위는 군사를 관리했다. 현 아래로는 다시 향(鄕)을 두고 삼로, 색부, 유요라는 관직을 만들었다. 삼로는 백성들의 교화를 맡았고, 색부는 사법과 세금 징수, 유요는 치안을 담당했다. 향 아래에는 정(亭)을 두어 10리마다 1정, 10정을 1향이라고 했다. 정장(亭長)은 1정 안의 일을 관리했다. 이렇게 하여 중앙정부에서 내린 명령은 행정구역의 한 단위씩 내려가 아래로 향과 정에까지 이르렀다. 이 같은 제도에서 제후와 대부들은 자신들의 영토에서 군사권과 정치권을 가질 수 없었다.

영정이 제정한 중앙집권제는 후대에 큰 영향을 끼쳤다. 따라서 진나라의 제도가 2,000여 년 동안 각 시대에 있어 정치 제도의 표본이 되었다는 말은 일리가 있다.

전국을 통일하고 중앙집권 국가를 건립한 영정에게는 최고의 권위자에 걸맞은 칭호가 필요했다. 이에 영정은 대신들에게 자신의 칭호에 대해 어떤 것이 좋을지 상의해 보라고 명했다.

"옛날 삼황오제가 있었으나 그들의 영토는 폐하에 미치지 못했으니 진황(秦皇)이라 칭하심이 좋을 듯합니다."

신하들의 의견에 영정은 만족하지 못해 스스로 황제(皇帝)라 하고 처음이라는 뜻을 담아 시황제(始皇帝)라고 결정했다. 그리고 이후의 자손들이 왕위를 계승해 '이세(二世)' '삼세(三世)'로 만세까지 끝없이 전해지길 바랐다. 그러나 진 시황의 바람과 달리 진나라는 이세로 그치고 만다. 자신의 호칭을 정한 일화만으로도 진 시황이 가진 엄청난 야심과 권력욕을 엿볼 수 있다.

통일을 다지는 방법

진 시황은 중앙집권 체제를 갖추고 통일된 중국을 안정시키기 위해 여러 가지 노력을 기울였다. 그 가운데 대표적인 몇 가지 업적을 살펴보자.

가장 먼저 이야기할 것은 모두가 잘 알고 있듯이 문자를 통일시켰다는 점이다. 주(周)나라 때의 문자인 대전(大篆)은 필획이 복잡해 쓰기에 불편했고, 춘추 전국 시대의 문자는 지역마다 형태가 달라 모든 백성이 자유롭게 의사소통할 수 없었다. 전국을 통일한 진 시황은 문자 통일의 필요성을 절감하고 이사에게 명하여 필획이 간단한 문체를 만들게 한다. 이것이 바로 소전(小篆)이다. 이후 소전보다 더욱 간단한 필획의 예서(隸書)가 등장해 한나라 때 전국적으로 통용됐으며, 예서는 다시 해서(楷書)로 변천됐다. 문자를 통일한 뒤에도 중국은 여전히 각 지역의 발음이 달랐으나 같은 문자를 사용하게 되면서 교류하는 데에는 큰 문제가 없었다.

문자 통일 다음으로 진 시황의 중요한 업적은 교통을 발전시켰다는 점이다. 진 시황은 수도인 함양(咸陽, 섬서성 함양)을 중심으로 전국 각지에 수레가 다닐 수 있을 정도의 폭으로 길을 넓히는 이른바 치도 사업을 진행시켰다. 또한 수로 교통에도 변화를 주어 전국 시기에 제방으로 막혀 있던 수로를 소통시켜 배의 이용을 편리하게 했다. 진 시황은 홍구(鴻溝, 하남성 변하)를 만들어 수로 교통의 주요 노선으로 삼아 다른 곳의 수로까지 소통시켰다. 아울러 감어사에게 명해 영거(靈渠) 운하를 만든 일은 이미 역사에도 유명하다. 영거는 상강과 계강의 지류인 이강을 통해 장강 수계와 주강의 수계를 연결한 것이다. 전국 시기에 각 제후국은 다른 나라의 침입을 막기 위해 변경에 수많은 성곽을 지었는데 이는 교통을 방해하는 요소였다. 진 시황은 성곽을 비롯해 교통에 방해가 되는 것은 모두 없앴다. 교통이 편리해지자 중앙 정부는 각지를 더욱 쉽고 빠르게 통제할 수 있었고 전국의 경제·문화 교류도 더욱 활기를 띠게 되었다.

진 시황의 세 번째 업적은 전국의 화폐와 도량형을 통일시킨 일이다. 화폐는 황금으로 만든 상폐(上幣)와 동전으로 만든 하폐(下幣)를 함께 사용했다. 또한 전국 시대 지역마다 달랐던 도량형을 진나라의 도량형으로 통일하고 이를 각지에 적용시켰다.

네 번째는 부호들에게 타격을 준 일이다. 여기서 부호는 귀족 영주의 잔여 세력과 거상들을 말한다. 이들은 고향에서 대토지를 보유한 채 고리대를 놓으면서 1개 현, 심지어 1개 군 안에서 제멋대로 횡포를 부리는 세력이었다. 백성들이 그들로부터 엄청난 고통을 받았음은 말할 것도 없을 뿐 아니라 지주들도 그들에게 큰 압력을 받았다. 그러나 기존의 법령으로는 이들 부호의 횡포를 막을 수 없었다. 이에 따라 진 시황은 지주들의 토지 소유제를 보편화시키고 영주와 거상들이 법에 의지하지 못하게 했다. 아울러 12만 호를 보유한 부호들을 함양으로 이주시키는 한편 나머지 부호들은 지방으로 분산시켰다. 결과적으로 고향을 떠난 부호들은 과거와 같은 세력을 가질 수 없었다.

여섯 제후국을 합병한 이듬해에 진 시황은 10년 동안 전국의 주요 도시를 다섯 차례 순시했다. 진 시황의 순시 목적은 첫 번째로 자신이 만든 새로운 제도가 전국적으로 잘 추진되고 있는지 직접 보기 위해서였고, 두 번째 목적은 지방의 잔여 세력을 모조리 뿌리 뽑기 위해서였다. 또한 자신의 성세와 위력을 전국에 알려 대제국의 통치 체제를 공고히 하려는 목적도 있었다. 물론 순수하게 유람을 즐기고자 했던 단순한 목적도 있었다.

진 시황은 다섯 번째 순시를 하던 중에 사구평(沙丘平, 하남성 광종 대평태)에서 최후를 맞이한다.

흉노 및 남월과의 전쟁

진 시황은 흉노와 남월을 상대로 전쟁을 치르면서 진나라의 위엄을 더 널리 알리고 이후 한족과 소수 민족이 융합할 수 있는 기반을 만들었다.

당시 흉노는 상습적으로 중원 북부에 침입하여 백성들의 재물을 약탈해 갔다. 이러한 흉노의 약탈을 막기 위해 전국 시기에 연·조·진나라는 북방 변경에 긴 성을 쌓았다. 당시 조나라의 대장군 이목이 장성을 지키며 흉노의 침입을 굳게 막고 있었으나, 조나라가 진나라에 멸망하자 흉노는 이를 틈타 구원(九原, 내몽고 포두시)을 점령하고 계속해서 서쪽으로 병력을 이동시켰다.

진 시황은 흉노에게 자신의 위력을 과시하기 위해 처음으로 북방 순시에 나섰다. 대장군 몽염을 북방에 주둔시켜서 불시에 일어날지 모르는 흉노와의 전투에도 대비했다. 기원전 215년에 진 시황이 네 번째 순행을 나갔을 때 진나라는 이미 여섯 제후국을 통합한 상태였다. 이미 어느 정도 힘을 키운 상황에서 진나라는 본격적으로 흉노와의 전쟁을 계획한다.

진 시황은 몽염에게 30만 대군을 내주고 흉노와 교전하게 했다. 이 결과 진나라가 완승을 거두며 하남 지역을 점령하고, 이전에 조나라가 지은 장성 밖으로 흉노를 쫓아내면서 하투 지역까지 전부 수복했다. 이렇게 하여 진나라는 북방 변경에서 활동하던 흉노의 위협으로부터 벗어나게 됐다.

진 시황은 흉노를 물리친 뒤 중국 역사에 길이 남을 몇 가지 작업에 착수했다. 첫 번째는 과거 진·조·연나라가 지은 장성을 연결하는 일이었다. 장성은 서쪽의 임조에서 동쪽 요동까지 이어졌다. 이것이 바로 우리가 잘 알고 있는 만리장성이다. 지금의 장성은 이후 몇 차례의 보수를 거쳐 당시보다 짧아졌고 노선도 변화되었다. 당시 만리장성을 짓기 위해 수많은 백성이 피와 땀을 흘려야 했고, 건설에 필요한 자금과 자재를 충당하기 위해 가혹한 세금을 감당해야 했다. 그러나 변방의 수비가 절박했던 당시 상황에서 만리장성의 건설은 반드시 필요한 일이었다. 아울러 흉노의 침입을 막을 수 있었으니 장기적으로 볼 때 만리장성의 축조는 백성들에게도 이로운 사업이었다.

두 번째로 함양에서 북방으로 이어지는 길을 만든 일이다. 이 길은 하투 지역 구원에서부터 운양(섬서성 순화)을 지나 함양으로 통한다. 이

것이 바로 직도(直道)인데 직도는 북방 변경을 지원하는 데 큰 역할을 했다.

세 번째 일은 점령한 지역에 구원군(九原郡)을 세우고 44개의 현성(縣城)을 만들어 중원의 농민과 죄인들을 이주시킨 것이다. 이로부터 중원의 선진 문화와 생산 기술이 유목 지역으로 퍼졌고, 북방의 수비도 더욱 강화되었다.

진나라는 북쪽에 흉노, 남쪽에 월족을 각각 적으로 두었다. 월족의 거주 지역은 매우 넓어 장강의 중류에서 동남 연해와 서남 일대에까지 이르렀다. 그들은 여전히 씨족 사회에 머물러 있어 주로 고기를 잡거나 사냥을 했으며, 농경지가 있었으나 기술이 부족하여 경작을 하지 못했다. 전국 시기에 초회왕(楚懷王)이 장강 남쪽의 월인 지역 대부분을 점령했으나 월인과 한족이 섞여 살지는 않았다. 그러나 진나라가 초나라를 멸망시킨 그 이듬해에 진 시황은 다시 월 땅을 정복하고 회계군(會稽郡, 강소성 소주시)을 설치해 한족과 융합했다.

기원전 214년에 진 시황은 다시 남쪽으로 대규모 출격 명령을 내린다. 그리고 남월 지역을 점령하고 이곳에 계림군(桂林郡, 광서성), 상군(象郡, 광서성과 베트남), 남해군(南海郡, 광동)을 설치했다. 앞서 언급한 영거는 이 시기, 즉 남쪽 지방을 정벌하는 데 필요하여 만든 것이었다.

진 시황이 벌인 월족 전쟁은 50만 군사를 동원할 만큼 그 규모가 대단히 컸다. 이후 다시 50만의 중원 백성을 남쪽 변방으로 이주시켜 월족과 함께 살게 했다. 철로 만든 생산 도구와 발달된 생산 기술도 이주 백성들과 함께 남쪽으로 전해졌다. 이와 같이 진 시황의 정벌은 결과적으로 남쪽 지방의 경제와 문화를 발전시키는 계기가 되었다.

분서갱유

지금까지 살펴본 것처럼 진 시황은 중국 역사에 길이 남을 뛰어난 정치가라 할 수 있다. 전 중국을 최초로 통일하면서 중국 역사 발전에 큰 공헌을 한 것은 마땅히 인정받을 만한 부분이다. 그러나 진 시황 역시 여타의 봉건 황제들과 다를 바 없이 사치향락에 빠지고 끝없는 욕망으로 수많은 백성에게 고통을 안겨 주었다.

진 시황이 저지른 잘못 가운데 가장 큰 일은 바로 분서(焚書)와 갱유(坑儒)이다. 이 일은 천하의 비웃음과 후대의 규탄을 피할 수 없을 정도로 어리석고 추악한 일이었다.

춘추전국시대에 귀족 영주가 몰락하고 지주계층이 대두함으로써 진 시황이 여섯 제후국을 병합한 뒤에도 정치투쟁은 치열해졌다. 그리고 그 영향은 조정에까지 미쳤다. 원래 진 시황은 조정에 수많은 박사관(博士官)을 세워 고문으로 삼았는데 그중 일부 박사관들은 시대의 흐름을 따르지 못하는 보수파였다. 그들은 진 시황의 새로운 제도와 새로운 정책에 불만을 가져 기회만 있으면 강하게 비판하고 나섰다.

기원전 213년에 진 시황이 황궁에서 큰 연회를 열고 대신들을 불러 모았다. 이 자리에서 대신들은 모두 진 시황의 공적을 칭송하기에 바빴다. 이 가운데 주청신이 나서서 아뢰었다.

"진나라의 영토는 원래 넓지 않았습니다. 그러나 폐하의 위엄과 덕망으로 인하여 천하가 통일되고 영토가 넓어지고 전쟁이 그치게 되었으니 이로써 백성들이 편안히 살 수 있게 되었습니다. 폐하께서 세운 그

나큰 공덕은 분명 만세에 전해질 것입니다."

주청신의 말에 진 시황은 흡족했다. 그런데 이때 보수파 박사관 순우월이 진 시황 앞으로 나왔다.

"은나라와 주나라 이후 1,000여 년 동안 나라를 유지할 수 있었던 이유는 자제와 공신들에게 영토를 나누어 주어 위급한 일이 생기면 돕게 했기 때문입니다. 지금 이 같은 옛 선조들의 방법을 따르지 않는다면 사변이 생겼을 때 누가 폐하를 돕겠습니까?"

진 시황은 대신들에게 이 의견에 대해 말해 보게 했다. 이사가 일어나서 순우월의 말에 거칠게 반박한 뒤 화제를 바꿔 유생들을 비판했다.

"지금 천하에는 법령이 통일되었으나 유생들이 지금의 제도와 법령을 배우지 않고 도리어 옛 사람과 옛 방법만 고집하면서 지금의 것을 반대하고 있습니다. 이 때문에 백성들이 혼란스러워하고 있습니다. 그들은 바로 황제의 위신을 깎아 내리고 있는 것입니다. 만일 그들이 제멋대로 현 제도에 반대하는 의견을 낸다면 나라에 큰 위험이 될 것입니다. 옛 선조들의 제도는 옛날에나 따를 만했지 지금은 적합하지 않습니다. 시대가 변했으니 제도도 그에 따라 달라져야 할 것입니다."

실상 박사관 전체가 보수파는 아니었다. 그러나 진 시황은 소수의 박사관을 전체로 생각하고 이사의 말에만 귀를 기울였다. 이어 이사는 진나라의 전국 통일과 시황제의 권력을 공고히 하고 일부 보수파 내지 복고파를 쓸어 버리기 위해 다음과 같은 의견을 제시한다.

첫째, 사관에 소장된 역사 기록 중에 진나라의 것을 제외한 다른 선대의 기록은 모두 불태운다. 박사관의 장서 중 의약·농업과 관련된 서적 외에 백성들이 소장한 유가와 기타 제자백가서를 모두 태운다. 일괄적으로 한 달 안에 관부로 가져와 태우며, 서적을 가져오지 않으면 장성에서 4년 동안 복역한다.

둘째, 사람들을 불러 모아 시서(詩書)를 논하면 사형에 처하고, 옛 제도를 가지고 현재의 제도를 비판하면 멸족에 처한다.

셋째, 백성들은 형법을 관장하는 하급 관리를 스승으로 삼아 형법을 배운다.

진 시황이 이사의 건의를 받아들이면서 분서 사건이 발생한 것이다. 태워야 할 책에는 유가 경전뿐 아니라 기타 제자백가들의 서적도 포함돼 있었다.

당시 복고파를 제거하려는 진 시황의 의도는 충분히 이해할 수 있다. 그러나 전 유생과 박사관의 인재들을 복고파로 치부하고 문제를 해결한 점은 분명 커다란 실수라 할 것이다. 소수의 일을 다수에까지 연관시켜 귀한 책을 태웠으니 진 시황의 실정은 지금까지 야만스럽다는 평가를 받고 있다. 분서 사건으로 학술적 가치가 뛰어났던 고대 중국의 수많은 고서가 불살라졌다. 그러나 관부의 눈을 피해 진나라가 멸망될 때까지 고서를 잘 숨겨 놓았던 일부 학자들 덕에 일부 서적은 아직까지 남아 있다.

갱유는 분서 사건 이후에 발생했다. 이 역시 진 시황의 무지와 야만성이 여실히 드러나는 사건이다. 당시 노생(盧生)이라는 방사(方士)가 있었다. 진 시황이 기원전 219년에 발해(渤海)로 순시를 갔을 때 노생은 바다 속에 불로장생하는 약이 있다는 거짓말로 진 시황을 현혹시켰다. 물론 늙지 않고 오래 사는 약이 있을 턱이 없으나 진 시황은 노생의 말을 그대로 믿고 선약을 구하게 한다. 결국 노생은 선약을 구하지 못했으며, 진 시황이 두려워 그길로 도망쳤다. 화가 난 진 시황은 신하들을 보내 상황을 알아보게 하고 400여 명의 방사와 유생들을 찾아내 그들을 구덩이에 생매장시켰다.

어리석은 진 시황은 방사 노생의 거짓말을 듣고 진위를 가리지 못한 채 불로장생약을 구하려 했다. 구덩이에 매장된 유생들은 노생이나 불로장생약과는 조금도 관계가 없는데 진 시황은 공연히 엉뚱한 대상에게 화풀이를 하여 수많은 인명을 빼앗은 것이다.

폭정으로 멸망하다

진 시황의 찬란한 업적은 수많은 백성들의 희생 위에서 이루어졌다. 진 시황은 여섯 제후국을 합병해 전국을 통일하면서 위수 북쪽에 각 제후국 궁전의 모양을 본떠 새로운 궁전을 지었으나 그의 욕심은 15곳에 이르는 궁전 공사만으로 그치지 않았다. 백성들에게 또 아방궁이라는 중국 역사상 최대 규모의 궁전을 짓게 한 것이다. 아방궁 앞에는 백성들의 재물을 모아 각각 24만 근에 이르는 12개의 동상을 지었다고 한다. 또한 진 시황이 황위에 오르면서부터 70만 명의 죄인들에게 여산(驪山)에 엄청난 크기의 무덤을 만들게 했으니 무덤 속에 실제 크기의 궁전을 만들어 죽은 뒤에도 자신이 황제임을 과시하려 했다.

궁전과 무덤만으로도 진 시황의 사치와 과욕, 그리고 끝없는 욕망이 백성들의 삶을 얼마나 힘들게 만들었는지 미루어 짐작할 수 있다. 이는 전부 자신의 향락적인 생활을 충족시키기 위해 벌인 일이었다.

진나라 때 전국 인구는 2,000만 명 정도였다. 그러나 진 시황이 궁전과 묘지를 지을 때 150만 명을 동원하고, 남쪽에 50만 명을 주둔시켰으며, 흉노를 막기 위해 30만 명의 병사를 동원하고, 또 장성 건설에 50만 명을 동원했다. 여기에 갖가지 잡역까지 치면 수가 300만에 달했다. 즉 총인구의 15퍼센트를 마음대로 부린 셈이었다. 흉노를 방어하거나 장성을 짓기 위해 동원되는 인력은 그렇다 쳐도 그 나머지는 분명 인력을 남용한 것이다. 자신의 향락과 만족, 그리고 허영을 채우기 위해 이렇게 많은 인력을 함부로 이용했으니, 당시 백성들이 얼마나 고통스러운 생활을 보내야 했을지 충분히 상상할 수 있다.

진나라의 형벌은 시신을 거리에 내다 걸거나, 허리를 잘라 죽이고 삶아 죽이는 등 그 내용이 상당히 잔인했다. 죄목이 중한 죄인은 가족까지 처벌을 받았다. 죄인이 된 자들은 사실상 관부의 노비가 되는 경우가 많았다. 관부의 노비가 되면 군대에 들어가 전방에서 싸우거나 먼 곳에서 힘든 노동을 해야 했다. 앞에서 이야기했듯이 진 시황이 여산의 무덤을 짓기 위해 동원된 죄인이 70만 명이라고 하니 전국 각지에 죄인이 얼마나 많았을지 짐작할 수 있다.

진나라는 부세도 무거웠다. 부세뿐 아니라 지주들에 의한 착취도 잔혹했다. 그리고 이 모든 부담은 결국 농민에게 지워졌다. 진 시황은 끊임없이 대규모 전쟁을 벌이고, 장성과 궁전, 무덤 등 대규모 공사를 진행했으니 이 모든 비용이 고스란히 백성들의 몫임은 당연한 일이었다. 역사 기록에 따르면 당시 백성들의 수입 중 절반 이상이 관부에 바쳐졌다고 기재되어 있으니 그 당시 가장 괴로운 자들은 분명 농민이었을 것이다. 지주가 전국 토지의 대부분을 갖고 있었기에 농민들은 한 뼘의 땅조차도 소유할 수 없었다. 배불리 먹을 수도, 따뜻하게 입을 수도 없는 상황에서 가난한 백성들에게는 지주들이 가축에게 먹이는 사료조차 얻기 힘든 귀한 음식이었다.

이러한 상황에서 더 이상 생활을 지속할 수 없었던 농민들은 자연히 진나라 조정에 반항하기 시작했다. 진 시황이 죽고 진 이세(秦二世)가 등극하면서 이전보다 더 심각한 상황이 되자 참지 못한 백성들은 진승(陳勝)과 오광(吳廣)의 지휘 아래 반란의 기치를 들기 시작한다. 진승과 오광의 반란은 전국적으로 퍼져 나갔고 이로써 진 시황이 바랐던 이세에서 삼세, 삼세에서 만세까지 이어져야 할 진나라는 결국 멸망하고 만다.

진나라는 멸망됐으나 진 시황이 세운 중앙집권 체제는 무너지지 않았다. 진나라의 체제는 그대로 한나라로 이어져 중앙집권 대제국을 계승했다. 진나라가 15년 만에 멸망한 이유는 백성들을 잔인하게 억압했기 때문이다. 그리고 이는 분명 진 시황의 잘못이다. 그러나 진 시황이 전 중국을 통일하고 중앙집권 대제국을 세운 뒤, 중국의 경제·문화 발전에 기여했다는 점은 역사에 길이 남을 큰 업적이다.

광무제(光武帝, 기원전 6년~기원후 57년)

후한의 초대 황제. 왕망의 군대를 격파하고 즉위해 한왕조를
재건했다. 특유의 세력균형론으로 나라 안의 분열된 세력을 통
합시켜 중앙집권화를 꾀했다.

"나라의 정치는 아직 정상 궤도에 오르지 못했고, 백성들의 생활도 안정되지 않았
다. 나라 안의 상황이 이러한데 어찌 군사를 일으켜 원정길에 보내겠는가? 물론 국
력의 절반을 이용해 강적을 소멸시키면 좋겠지만 지금은 때가 아니다. 차라리 백성
들의 생활을 돌보는 편이 낫다."

— 광무제

대등하게 분열된 두 세력이 있다면 한쪽 편만 들지 말라

한나라의 광무제(光武帝) 유수(劉秀)는 동한 왕조(25-220년)를 세운 황제이다. 중국의 경극을 좋아하는 사람은 『요기(姚期)』, 『타금전(打金磚)』, 『강항령(强項令)』, 『한궁경혼(漢宮驚魂)』과 같은 작품 속에서 광무제를 만나 본 적이 있을 것이다. 그러나 이런 전통극 속의 광무제는 역사적 기록과 완전히 똑같은 모습이 아니다. 그렇다면 역사 속의 유수는 어떤 황제였을까? 우리는 광무제를 어떤 인물로 평가해야 할까? 여러 가지 궁금증을 풀기 위해 서한 말년에 일어난 왕망(王莽)의 반란부터 살펴보자.

왕망에 반대하는 폭동이 일다

기원후 8년에 서한의 외척인 왕망이 정권을 찬탈하고 스스로 황제가 되어 나라 이름을 신(新)으로 고쳤다. 신은 중국 역사에서 시기가 매우 짧은 왕조 가운데 하나이다.

당시 사회는 토지의 사유화로 토지 집중 현상이 나타났고, 많은 수의 농민이 노비가 되어 오랫동안 문제가 됐다. 왕망은 백성들의 신임을 얻고 통치권을 확보하기 위해 이 문제를 해결하지 않을 수 없었다. 이에 전국의 토지를 왕의 명의로 하고 사유나 매매를 할 수 없게 했다. 한 집에 남자가 8명 미만이면 900무 이상의 토지를 소유할 수 없었으며, 900무 이상의 토지를 보유했다면 친척이나 마을에 넘겨야 했다. 왕망은 또한 민간의 노비를 사속(私屬)으로 명칭을 바꾸어 신분을 고치고, 매매를 할 수 없게 하는 사속 제도를 시행했다. 그러나 사실 왕전과 사속 제도는 개혁이라는 미명 아래 백성들을 기만하는 제도에 불과했다. 토지의 사유화가 사회 전체에 만연한 상태에서 이 유명무실한 법률만으로는 상황이 크게 바뀌지 않았기 때문이다. 상당한 토지를 보유한 지주들이 법이 바뀌었다고 해서 자발적으로 토지를 내놓을 리 없었다. 또한 사속 제도를 시행했으나 조정에는 여전히 수많은 관비를 소유했으며, 법을 어긴 사람을 노비로 만들었기 때문에 문제가 많았다. 따라서 왕망의 개혁은 실질적으로 국유제라는 껍데기에 싸인 지배층의 독식과 독점이 주요 내용이었다.

왕망의 개혁은 토지와 노비 문제를 근본적으로 해결할 수 없었다. 더욱이 강제로 법을 실행했고, 아침에 명한 것을 저녁에 바꾸는 등 일관성도 없었으며, 관리들이 온갖 악행을 저질렀으니, 이 모든 문제는 백성들의 삶을 고통스럽게 하고 사회를 더욱 혼란에 빠져들게 했다.

왕망은 민간의 재산과 상업 행위를 통해 벌어들인 이윤을 빼앗기 위해 여러 번 화폐를 개혁하고 다양한 방법으로 상공업을 제약했다. 그때마다 많은 사람이 힘들게 모은 재산을 빼앗겼으며, 벌을 받고 감옥에 들어갔다. 이런 상황에서 왕망은 백성들의 주의를 다른 곳으로 돌리기 위해 흉노와 전쟁을 벌였으며, 이를 위해 군사를 징집해 무수히 많은 사상자를 냈다.

왕망의 폭정으로 살기가 힘들어진 백성들은 봉기를 일으키는 것 외에 다른 길이 없었다. 일찍이 왕망 즉위 초년에 변방에 거주하는 백성들이 먼저 반대의 구호를 외치기 시작했으며, 갈수록 사회 모순이 심화되자 봉기군의 불꽃은 금세 전국 각지로 퍼져 나갔다. 기원후 17~18년에는 왕망에 반대하는 바람이 전국을 뒤덮었으며, 마침내 역사적으로 유명한 녹림(綠林)·적미(赤眉) 봉기가 일어났다.

당시 봉기군의 활동 범위는 크게 동·남·북 세 지역으로 나뉜다.

먼저 남쪽에는 녹림군이 활동했다. 기원후 17년에 형주 일대의 굶주린 백성들이 신시 사람인 왕광과 왕봉을 따르면서 시작됐다. 이들은 녹림산을 근거지로 삼고 있어서 녹림군이라고 불렀다. 그런데 22년에 녹림산 일대에 돌림병이 발생했다. 봉기군은 두 갈래로 나뉘어 왕상이 절반을 이끌고 서쪽으로, 왕광과 왕봉이 나머지 절반을 이끌고 북쪽으로 갔다. 이때 왕상의 부대는 하강병(下江兵), 왕광과 왕봉의 부대는 신시병(新市兵)이라고 했다. 신시병이 수현을 공격할 때 평림 사람 진목이 무리를 이끌고 호응했는데, 진목의 무리는 평림병(平林兵)이라고 불렸다. 얼마 후 신시·평림·하강의 부대가 회합함으로써 강력한 전투 부대가 형성된다.

동쪽에는 번숭의 지휘로 적미군(赤眉軍)이 활동했다. 왕망의 군사들과 구별하기 위해 전투를 할 때 눈썹에 붉은 칠을 했기 때문에 붙여진 이름이었다. 22년에 적미군은 왕망의 부대를 크게 무찌르면서 세력을 더욱 키워 군사의 수가 수십만 명에 달했다. 적미군은 황하의 남쪽과 회하 이북의 대평원으로 봉기군을 돌려 녹림군과 힘을 합쳤다.

마지막으로 북쪽에서 활동한 봉기군은 크고 작은 무리로 형성되었다. 주요 봉기군은 동마, 철경, 대창, 청독, 우래, 오교, 단향, 부평, 획색이다. 이들은 황하 이북에 흩어져 있었는데 이들을 모으면 수백만 명에 이르렀다. 그러나 이들 북쪽 봉기군의 상황은 동쪽이나 남쪽과 달리 힘이 분산되어 각자 싸우며 세력을 키웠다.

농민 봉기군은 전쟁에서 용감하게 싸우며 힘을 키워 나갔다. 그러나 공통적인 약점이 있었다. 그것은 바로 명확한 정치 강령과 장기적인 전략이 부족하다는 점이었다. 그럼에도 농민 봉기군은 왕망 정권에 타격을 주었으며, 지주들까지 봉기군에 합류시키면서 전 지주층을 분열시켰다. 가난한 백성만큼이나 지주들도 왕망의 정권을 무너뜨리고 한나라가 다시 재건되기를 바랐던 것이다.

22년에 녹림군이 북상해 적미군과 함께 대승을 거두자 왕망에 반대하는 봉기는 새로운 국면을 맞는다. 이 시기에 서한의 종실인 남양군(南陽郡)의 부호 유연(劉縯, 유수의 형)이 용릉향에서 반군을 일으켰다. 나중에 유연이 죽자 유수가 왕망 말년의 농민 봉기 성공에 힘입어 후한을 창시하고 황제가 된다.

유수(劉秀)의 자(字)는 문숙(文叔)이며, 기원전 6년에 태어났다. 유수의 형인 유연의 자(字)는 백승(伯升)으로, 이들은 한 경제의 아들 유발(劉發)의 후손이다. 유발의 후손들은 대부분 서한 때 지방관을 지냈고 유수와 유연은 남양 일대의 부호 지주였다.

유수는 어려서부터 장안의 태학에서 『상서(尙書)』를 공부하고 여러 유가 경전을 배우며 그 속에서 제왕의 통치를 연구했다. 유수가 장안성에 머물던 어느 날, 수도의 치안을 담당하는 집금오(執金吾)의 위엄 있는 모습과 그를 따르는 많은 시종을 보고 이전에 만났던 음여화(陰麗華)라는 아름다운 처자를 떠올리며 다짐했다.

"집금오가 되어 음여화를 아내로 맞아야겠다."

그러고 보면 처음에 유수가 관리가 되겠다는 뜻을 품은 것은 단지 아름다운 여인을 맞이하기 위해서였을 뿐이었다.

왕망이 정권을 찬탈하자 서한의 종실은 정치적 특권을 잃게 됐다. 또한 신나라의 상업 정책과 화폐 개혁으로 상인 지주들의 이익에까지 직접적인 타격을 주자 유수 형제는 자연히 왕망 조정에 불만을 품게 되었다. 형인 유연은 집안의 재산을 아끼지 않고 사람들과 사귀며 남몰래 왕망에 반대하는 활동을 벌였다. 이에 반해 아우 유수는 하루하루 재산을 관리하기에 바빴으며, 유씨 왕조를 재건하는 일에는 도통 관심을 두지 않는 것처럼 보였다. 그러나 이때까지만 해도 유수는 가슴속에 품고 있는 날카로운 칼을 보이지 않았을 뿐이었다. 당시 사회에는 미래의 길흉을 예언하는 도참이 성행했다. 이런 가운데 누군가 왕망의 국사공(國師公) 유수가 천자가 된다는 소문을 퍼트렸다. 이 소문이 남양에까지 퍼지자 유수는 친구에게 농담처럼 말했다.

아마도 이때 유수는 집금오가 아닌 황제의 자리까지 생각하고 있었을지도 모른다.

22년에 녹림군은 계속 북진해 남양 지역을 뒤흔들어 놓았다. 이때 유연은 왕망의 정권에 본격적으로 반기를 들 기회가 왔다고 생각하고 무기 구매에 박차를 가했다. 그리고 주위의 친구와 빈객들을 불러 모아 한 고조 유방의 대업을 이어 유씨 황제 정권을 재건할 뜻을 보였다.

당시 완성(宛城, 하남성 남양)에서 양식을 팔고 있던 유수는 현지의 지주 이통의 권유로 완성에서 군사를 일으킬 준비를 했다. 유수와 이통은 원래 입추에 공격을 하려 했으나 금방 발각되는 바람에 이통은 도망치고 유수는 군사를 이끌고 용릉으로 돌아와 유연과 연합했다. 이로부터 유수는 왕망의 정권을 무너트리기 위한 전쟁에 본격적으로 가담한다. 당시 유수의 나이 28세였다.

유연과 유수는 자신들의 힘만으로 강력한 왕망의 군대를 무너뜨리기 어렵다고 판단했다. 이에 신시·평림·하강군을 설득해 이들과 연합한 뒤 그해 겨울 장취(하남성 신야)를 공격해 군관을 죽이고 병기와 말을 빼앗았다. 그 전까지는 소를 타고 싸웠던 유수는 이때부터 말을 탔다. 이어 연합군은 당자향(하남성 당하현)을 공격해 호양현의 현위를 죽였다. 그런데 이때 유씨 집안에서 많은 전리품을 가져갔다 하여 내부에 분란이 생겼다. 다행히 유수가 직접 나서서 형제들이 가져간 재물을 전부 회수하고 다시 공평히 나누자 분란이 해소됐다. 당시 유수의 일 처리가 공평하고 합리적이었기에 이후 연합군 내에는 아무런 문제도 발생하지 않았다. 연합군이 여세를 몰아 극양성(棘陽城, 하남성 신야 동북쪽 70리)을 점령하자 유연은 바로 완성으로 돌격하려 했다. 그러나 뜻밖에도 왕망이 보낸 견부와 양구사 부대와 마주쳐 한바탕 전투를 치렀다. 그 결과 유씨 형제의 군대가 대패하고 둘째 형 유중(劉仲)과 누이 유완(劉元)을 비롯한 유씨 일족 10여 명이 왕망의 군대에게 살해되었다. 이에 유연과 유수는 좌절하고 극양으로 후퇴했다.

유씨 형제가 곤경에 처했을 때 왕상과 성단(成丹)이 이끄는 5,000명의 하강병이 의추취(하남성 신야 동쪽)에 왔다. 이때부터 연합군의 전력은 새로운 국면을 맞게 된다. 유연·유수·이통이 왕상을 만나 봉기군의 힘을 합치자고 권하자, 유씨 형제의 혜안에 깊은 인상을 받은 왕상이 지원을 승낙한 것이다. 같은 해 말에 왕상과 유씨 형제의 연합군은 먼저 남향(하남성 신야 동쪽)에 주둔해 있던 왕망의 군대를 공격해 물자를 빼앗고 이듬해(23년)에 비수(하남성 필양) 서쪽에서 견부와 양구사의 주력 부대를 맹공격해 2만여 명의 적군을 무찔렀다. 견부와 양구사는 이 전투에서 사망했다. 이어 연합군은 육양(하남성 남양)에서 엄우와 진무가 이끄는 왕망의 부대를 크게 격파했다. 엄우와 진무가 군사를 버리고 도망가니 왕상과 유씨 형제는 이 기세를 몰아 북상해 완성을 포위했다. 연합 봉기군의 위세가 점점 커지자 부대 규모는 순식간에 불어나 10만 명을 넘어섰다.

연합군에게 새로운 국면이 도래하자 그에 따라 새로운 문제도 발생했다. 지도자를 정하고 정권을 세우는 문제로 내부에서 논쟁이 분분했던 것이다. 남양과 하강병의 장수들은 유연을 황제로 내세웠지만 신시와 평림의 여러 장수는 실력을 갖춘 유연을 제쳐 놓고 평림군에 소속된 서한의 또 다른 종실 유현(劉玄)을 내세웠다. 오랜 논쟁 끝에 신시와 평림의 장수들 주장으로 의견이 모아졌다. 그해 2월에 유현은 황제에 자리에 올라 경시(更始) 원년이라 정하고 한나라 정권의 재건을 공포했다. 또한 유연을 대사도(大司徒), 유수를 태상편(太常偏) 장수로 각각 임명한다.

농민군에서 시작된 정권은 처음부터 지주층이 주도권을 쥐고 있었지만 지주층 내부는 이미 균열이 가고 있었다. 그러나 농민과 힘을 합쳐 싸웠다는 점에서 왕망의 정권에 반하는 전쟁은 이미 결정적인 단계에 접어들었다고 할 수 있다.

곤양(昆陽)에서의 전투

유현은 정권을 세운 뒤 유연에게 군사를 주어 완성을 기습하게 하고 수도를 세울 준비를 한다. 아울러 관중으로 군사를 보내 장안까지 이르게 한 뒤 왕풍·왕상·유수를 북쪽으로 보내 곤양(하남성 협현), 정릉(하남성 무양), 언성(하남성 언성)을 점령하고 낙양에서 완성으로 이르는 길을 차단케 했다.

각지의 봉기군이 계속 승전고를 울리자 왕망은 상당한 부담을 느꼈다. 봉기군이 남방에서 따로 연호를 세웠다는 소식을 들은 뒤 충격은 더욱 컸다. 더 이상 두고 볼 수 없다고 생각한 왕망은 봉기군을 완전히 소멸시키고 경시 정권을 뿌리 뽑겠다고 결심한다. 이에 3월에 심복인 왕읍(王邑)과 왕심(王尋)에게 각지의 병력을 모아 낙양으로 집결하라고 명한다. 왕망의 명령으로 한두 달 사이에 모인 군사는 42만 명이었다. 그러나 봉기군의 기를 누르기 위해 군사 수를 100만 명까지 억지로 늘려 가며 허세를 부렸다. 당시 낙양 부근의 길은 왕망의 군사와 수레, 여러 가지 군사 물품으로 가득 채워진 채 까마득히 멀리까지 이어졌다고 한다. 왕망은 각지에서 병법을 잘 아는 관리 63명을 모아 군직을 주고, 키가 큰 자들을 따로 모아 군영과 보루를 수비하게 했다. 재밌는 것은 왕망이 전쟁에서 봉기군의 기세를 꺾기 위해 상림원의 호랑이·표범·코뿔소·코끼리와 같은 야수들을 참전시켰다는 사실이다. 5월이 되자 사람과 짐승이 뒤섞인 왕망의 대군은 영천(하남성 우현)을 나와 곤양으로 향한다.

곤양의 봉기군은 왕망의 대군이 출발했다는 소식에 큰 시련이 닥치리라 예감했다. 작지만 견고한 곤양성은 수비하기가 유리했기에 성 안으로 모든 군사를 집결시켰다. 그런데 이 계획이 오히려 내부 장수들에게 혼란을 가져왔다. 어떤 장수는 봉기군이 왕망의 강력한 부대에 놀라 기세가 죽었다고 생각했고, 어떤 장수는 곤양성을 포기하고 각자 흩어지자고 주장했으며, 집으로 돌아가자는 이도 있었다. 혼란스러워하는 장수들 앞에 선 유수는 평정심을 잃지 않고 용기 있는 모습을 보여 주려 했다. 생사존망이 달린 바로 이때 자웅을 가리지 않는다면 왕망의 주력 부대를 소멸시킬 수 없다고 생각한 것이다. 당장 싸우지 않는다면 또 언제 한나라의 부흥을 기약할 수 있겠는가! 유수는 여러 장수를 불러 말했다.

유수의 말이 끝나자 여러 장수는 분분히 각자의 생각을 말했다. 그때 적군의 동태를 살피고 온 군사가 왕망의 대군이 성 북쪽에 도착했다고 보고했다. 상황이 긴급해졌으나 장막 안의 장수들은 어떻게 해야 할지 몰라 하며 유수를 향해 초조한 눈빛을 보냈다. 장수들을 본 유수가 마침내 입을 열었다.

왕봉과 여러 장수는 유수의 계책에 따라 움직이기 시작했다. 한밤중, 유수는 종조와 이철 등 13명의 기병을 이끌고 남문으로 나가 왕망의 포위망을 뚫고 정릉과 언성으로 향했다.

왕읍과 왕심이 이끄는 왕망의 부대가 도착하자 곤양은 사방이 완벽하게 포위됐다. 그런데 왕읍은 스스로 승리를 자신하며 자만에 빠진 채 완성을 공격하자는 엄우의 건의를 듣지 않고 큰소리만 쳤다.

"내 반드시 이 성을 평정하여 그들의 피를 밟고 개선가를 울리며 진군하겠소!"

곤양을 포위한 왕망의 군대는 성으로 들어가기 위해 땅을 파고 사다리를 높게 만들어 맹렬히 공세를 펼쳤다. 성안의 봉기군도 완강하게 버티며 한 차례 한 차례 적군의 공격을 막아냈다. 비 오듯 쏟아지는 화살로 성을 지키는 봉기군은 피범벅이 된 상태로 반격에 나섰다. 어리석은 왕읍과 왕심은 오랫동안 성을 함락시키지 못하면서 많은 병력만 믿고 전략을 세우지 않은 채 하루 종일 승리 이후에 찾아올 영광의 순간만을 상상했다. 곤양성에서 수비하는 봉기군은 지원군을 요청하러 간 유수가 돌아올 때까지 애써 시간을 벌고 있었다.

한편 유수 일행은 한밤중에 정릉과 언성에 도착했다. 그런데 그곳의 장수는 재물에 미련이 많아 충분한 지원군을 내주려 하지 않았다. 유수는 눈앞의 이익에만 빠져 있는 장수를 설득하기 시작했다.

"우리가 적군을 물리쳐 대승을 거두면 거기서 빼앗는 재물은 이곳

의 수만 배가 넘을 것이나 적군을 물리치지 못한다면 나뿐 아니라 그대
의 머리도 온전치 못할 것이오. 그렇게 되면 눈앞의 작은 재물이 무슨
소용이 있겠소?"

유수의 말을 듣자 소극적이던 장수가 고개를 끄덕였다. 유수는 이
들 2개 성에서 약 1만의 군사를 모아 재빨리 곤양으로 돌아왔다.

6월 1일 지원군이 곤양을 포위한 왕망의 부대 근처에 다다랐다. 유
수는 직접 1,000여 명의 보병과 기병을 이끌고 선봉에 나서서 지휘했
다. 그러나 왕읍과 왕심은 지원군이 왔다는 소식에도 사태의 심각성을
깨닫지 못하고 단 몇 천 명의 군사만 보내 싸우게 했다. 유수는 용맹하
게 전진하면서 수십 명의 적군을 베어 나갔다. 어려서부터 유수의 유약
했던 모습만 보아 온 일부 장수들은 이런 유수의 모습이 뜻밖이었다.

"유장군은 평소 몇 안 되는 적군만 봐도 두려워하시더니 지금 강적
앞에서는 이렇게 용감하시구나. 참으로 이상한 일일세!"

그들은 그곳에서 많은 수의 대군이라도 사기충천한 소군은 이기지
못한다는 사실을 두 눈으로 직접 확인했다. 유수의 지휘 아래 지원군
은 맹렬하게 싸워 총 1,000명에 이르는 적군을 베는 등 승리의 전초
전을 치렀다.

봉기군의 사기가 점점 올라가면서 군사 개개인의 자신감과 투지도
올라갔다. 이때 유수는 왕망군의 투지를 꺾기 위해 거짓 정보를 이용
해 심리전을 펼쳤다. 적을 교란시키기 위해 유수는 사람을 보내 왕망

군에게 완성이 함락됐으니 주력부대가 빨리 지원하라는 첩보를 흘려보냈다. 실제 완성은 이미 봉기군에 의해 함락됐으나 그 소식은 미처 유수에게도 왕읍에게도 전해지지 않은 상태였다. 그러나 유수의 심리전에 왕읍은 걸려들었고, 왕읍 등 여러 장수가 당황하여 어쩔 줄 몰라 하고 있을 때 성안의 봉기군은 왕망군이 곧 군사를 돌릴 것이라는 생각에 자신감이 배가되었다.

유수는 정예병 3,000명을 모아 전면적으로 공격을 퍼부었다. 왕읍과 왕심은 많은 병력만 믿고 유수군을 가볍게 여기고 1만여 명으로 대적하면서 다른 부대는 움직이지 말라고 명했다. 유수의 부대는 왕읍과 왕심의 진세를 끊임없이 어지럽혔고 결국 승리를 거뒀다. 싸우면 싸울수록 용맹해지는 유수의 군사들 앞에서 왕망의 다른 부대도 쉽게 나서지 못했다. 봉기군은 전장에서 왕심을 죽였다. 이때 성안 봉기군의 사기가 하늘을 찌를 듯 최고조에 달하면서 안팎으로 협공을 펼쳤다. 통솔자를 잃은 적군은 싸울 의지를 잃고 잇달아 도망치기 시작했다. 많은 사람이 한꺼번에 달아나면서 서로 밟혀 죽은 이도 부지기수였다.

원래 6월은 날씨 변화가 매우 심하다. 갑자기 폭우가 쏟아지고 천둥과 번개가 치는가 하면 광풍이 불어 기와를 날리고, 곤양성 북쪽의 치수가 범람해 사방이 물에 잠기기도 했다. 이런 극악스러운 날씨에 왕망이 봉기군의 사기를 떨어뜨리기 위해 전장에 내보낸 야수들도 제 역할을 못하고 사방으로 날뛰었다. 왕망군의 전선이 붕궤되자 왕읍과 엄우는 기병을 이끌고 낙양으로 돌아갔다. 수천 명의 패잔병과 군사기물은 모두 봉기군의 전리품이 됐다.

곤양에서의 전투는 왕망의 정부를 무너뜨린 결정적인 싸움이었다.

봉기군은 성을 수비하면서 포위망까지 뚫었으나 왕망군은 성을 포위할 정도의 대군을 가지고도 제대로 된 공격을 펼치지 못했으니 두 군대의 사기가 어떠했는지 자연히 알 수 있다. 또한 군대를 통솔하는 장수의 역할 역시 비교가 된다. 왕읍은 자만에 빠져 많은 군사로도 적은 군사를 이기지 못했으며, 합당한 전술을 채택하지 못했고 지휘에도 일정한 원칙이 없었다. 장수의 무능력으로 군대가 전멸한 셈이다. 반대로 유수는 성을 수비하는 데 있어 먼저 진지를 견고히 하고 병력을 한곳에 집중시켰다. 포위망을 뚫을 때는 용감하고 지혜롭게 대처해 적군에게 큰 타격을 가하고 마침내 승리하게 된 것이다. 이번 전투로 유수는 군사를 지휘하는 능력을 십분 발휘하여 자신의 재능과 용기를 유감없이 보여 주었다. 이때 유수의 나이는 겨우 29세였다.

곤양에서 왕망이 크게 패하자 관망하고 있던 각지의 지주들이 잇달아 군사를 일으켰다. 이들은 왕망 정권의 관리들을 죽이고 경시 연호를 사용하면서 봉기군인 한나라 군대에 호응했다. 참패한 왕망은 안으로 지배층까지 분열되어 일부 심복들이 왕망을 협박하면서 정변을 일으키려 했다. 심복들의 반란은 사전에 일이 누설돼 실패하긴 했으나 안팎으로 문제가 일어나자 왕망은 정신을 차리지 못하고 불안해 제대로 자지도 먹지도 못했다.

당시 경시 정권의 내부 상황은 어땠을까? 유연과 유수 형제가 각각 완성과 곤양에서 승리하자 형제의 명성은 전국에 퍼지기 시작했다. 그러나 유연 형제가 유명해지자 유현·신시·평림의 장수들이 질투를 했다. 그러던 가운데 유현은 유연의 부하 유직(劉稷)에게 항위장군직을 임명했으나 유직이 거절하는 일이 발생했다. 이에 유현은 명령 불복종으로 유직을 포박했다. 부하가 잡혀가자 유연이 앞장서서 유현과 대립하게 되니 유현은 유연을 사형에 처하라 명한다. 이때 보성(父城, 하남성 보봉현 동남쪽)에서 전투를 치르고 있던 유수는 형의 소식을 듣자 자신에게도 화가 미치리란 생각에 급히 완성으로 돌아가 형을 대신해 사죄했다. 그제야 유현은 의심을 풀었다. 그러나 이때 유수는 유현에 대한 분노를 마음속에 담고 있었다.

그 후 왕망에 대한 경시 정권의 전쟁은 지도층 내란으로 별다른 진전이 없었다. 그러다가 8월에 경시 정권의 군대는 낙양과 무관(武關, 섬서성 상현 동쪽)으로 부대를 나누어 장안으로 향했다. 그리고 9월에 장안을 공격하자 이에 호응한 성안의 백성들이 미양궁에서 왕망을 죽였다. 마침내 왕망 정권이 무너지게 된 것이다.

왕망이 죽자 낙양은 경시 정권인 한나라 군대가 점령했으며, 유현은 낙양을 거쳐 장안으로 들어왔다. 유현은 낙양에서 각지로 사신을 보내 왕망의 관리들과 여러 세력의 투항을 받아내고 세력을 확충시켰다. 아울러 유수의 세력을 약화시키기 위해 그를 하북성으로 보냈다. 그러나 실제로 이러한 조치가 오히려 유수에게 독립적으로 활동할 수 있는 기회를 부여한 셈이 된 것이다.

하북을 다스리다

23년 10월에 유수는 경시 황제 유현의 명령으로 하북성으로 갔다. 당시 하북 지역은 크고 작은 농민군이 제각기 유격전을 펼치고 있었으며, 무장 세력을 갖춘 지주와 왕망 정부의 옛 관리들이 도처에 가득해 형세가 매우 복잡했다. 이들 가운데에는 혼란을 틈타 세력을 잡으려는 이도 있었고, 상태의 추이를 관망하며 따를 만한 지도자를 기다리는 이도 있었다.

유수는 황하를 건너자마자 하북성의 인심을 수습하고 상황을 개선하는 데 힘썼다. 왕망의 학정을 폐지하고 죄인들을 풀어 주는 등 오랫동안 시달려 온 백성들의 부담을 줄여 서서히 민심을 잡아 가기 시작한 것이다.

하북으로 가라는 유현의 명에 순순히 따랐지만 유수는 처음부터 유현의 명을 받들 생각이 없었다. 오히려 경시 정권을 벗어나 더 큰일을 도모하려 했다. 그 와중에 업현(鄴縣, 하북성 자현)에서 등우(鄧禹)를 만나면서 유수는 생각을 더욱 굳혔다. 등우는 어려서부터 유수와 함께 태학에서 공부했다. 유수가 하북에 왔다는 소식을 듣고 등우는 옛 친구를 만나기 위해 서둘러 온 것이다. 오랜 친구였기에 유수는 평소 등우의 사람됨을 잘 알았고, 등우 또한 유수의 성격을 잘 알고 있었다. 공개된 장소에서 재회한 두 사람은 처음부터 속마음을 이야기할 수 없었다. 유수는 주위 사람들을 의식하며 짐짓 모르는 척하며 등우에게 물었다.

"나는 명을 받들어 하북으로 와 관리를 임명할 권리를 부여 받았네.
그대는 먼 길을 애써 왔으니 미관말직이라도 원하는 건가?"

등우는 경시 황제 밑에서 관직을 맡고 싶은 마음이 추호도 없었

다. 물론 유수도 그 점을 알고 있었다. 등우는 유수의 질문에 말끝을
흐렸다.

날이 어두워지자 두 사람은 함께 잠자리에 들었다. 그제야 서로 속
에 감춘 이야기들을 꺼내기 시작한다. 등우는 유수가 천하를 취하려
한다는 말을 듣고 그 계책을 고민하기 전에 먼저 지금의 형세를 파악
해야 한다고 했다.

"경시 황제 유현이 장안에 들어갔으나 산동(하남성·하북성·산동성
에 이르는 지역)은 아직 불안합니다. 적미군과 청독군이 장안을 포위하
면 경시 황제도 그들을 꺾지 못할 것입니다. 원래 유현은 필부에 지나
지 않은 인물로 실질적인 권력은 없습니다. 수하의 장수들도 재물과 권
력만 탐하는 무리일 뿐 근본적으로 심원한 묘책이나 앞날을 헤아리는
혜안 따윈 없습니다. 지금은 사방이 분열되었으니 형세를 쉽게 판단할
수 있지만 장군께서 유현의 수하에 그대로 계신다면 대업을 이루기 어
렵겠지요."

이어 등우는 한나라 정권을 재건하기 위한 방법을 설명한다.

"지금의 상황으로 보면 널리 인재를 구하고 민심을 얻으시며, 상벌

유수는 등우의 말 한마디 한마디를 마음속에 깊이 새기며 그가 제안한 여러 방안을 수용했다. 그리고 그를 머무르게 하여 하북을 다스리고 대업을 이룰 방책을 돕게 했다.

유수는 등우와의 대화를 통해 미래에 대한 자신감을 얻었다. 그러나 그때 하북 지역에 새로운 변화가 생겼다. 한단의 지주와 서한의 종실이 한 성제(漢成帝)의 아들이라는 왕랑(王郎)이란 자를 제왕으로 옹립해 적미군을 제압한다고 공표한 것이다. 이들은 서한의 황족이라는 명분을 내세워 농민과 지주들을 속이며 빠르게 세력을 넓혀 갔다. 당시 한단 이북과 요동 서쪽에는 왕랑의 세력이 미쳐 있었는데 그가 광대한 하북 지역을 독점하려 했기에 유수를 그냥 놔둘 리가 없었다. 왕랑은 유수를 잡아들이라 명하면서 유수를 잡는 자에게 10만 호의 봉읍을 하사하겠다고 했다.

24년 초, 곤경에 빠진 유수는 조기와 함께 계성(북경)으로 거처를 옮겼다. 이때 왕랑이 보낸 왕상이 오면서 유수는 그제야 자신에게 현상금이 걸려 있다는 사실을 알았다. 유수는 부하 왕패를 집시에 보내 군사를 모으고 왕랑에 반격할 준비를 한다. 그러나 계성의 서한 종실들도 왕랑의 세력에 붙으면서 유수는 다시 곤경에 처하게 된다. 다행히 조기의 도움으로 유수는 계성의 남문으로 빠져나왔다. 밤낮을 달려 추격병을 피했으며, 행적이 드러날까 작은 길로만 다녔다. 비바람과 허기를 참아 가며 천루정(蕪蔞亭, 하북성 헌현 서북)에 도착한 유수

일행은 풍이가 콩죽을 쑤어 와 가까스로 허기를 달랬다. 그러나 요양(하북성 요양)에 도착했을 때는 참지 못하고 왕랑의 사신을 사칭해 객잔에서 밥을 먹었다. 그 후 들킬까 두려워 밤낮으로 남쪽을 향해 달렸다. 유수 일행은 사람이 살지 않는 폐가에서 비바람을 피하기로 했다. 풍이는 잠자리를 만들고 등우는 불을 지펴 유수의 옷을 말렸다. 잠시 후 풍이가 보리밥을 내와 허기를 채웠다. 식사를 마친 유수 일행은 서로 아무 말도 하지 못했다.

그러나 여기서 상황이 더 나빠지지는 않았다. 유수는 신도 태수 임광과 화성 태수 비융이 왕랑에 투항하지 않았다는 소식을 듣고 급히 신도(하북성 형수 동쪽)로 향했다. 유수는 두 태수의 지지를 얻어 다시 군대를 조직해 금세 당양(하북성 신하현)과 세현(하북성 속록)을 함락시켰다. 이때 부호 지주인 유식과 경순이 군사를 이끌고 유수에게 왔으며, 북방 변경에서 기병을 보유하고 있던 상곡 태수 경황과 어양 태수 팽총도 남쪽으로 내려와 유수를 지원했다. 두 군의 지원으로 군사력이 커지자 이후 20여 개의 성을 순조롭게 평정했다.

4월이 되자 유수의 군대는 승세를 타고 한단을 공격해 왕랑의 세력을 무너뜨리려 했다. 원래 거록을 먼저 점령하려 했으나 오래토록 함락시키지 못하자 경순의 건의로 거록을 공격하고 있는 군대를 한단으로 돌려 북문에 주둔시켰다. 이에 왕랑은 수차례 유수의 군대를 공격했으나 매번 패하자 전략을 바꿔 사람을 보내 투항을 권했다. 왕랑이 보낸 자는 유수에게 왕랑이 한 성제의 아들임을 내세우며 황권의 당위성을 주장했다. 이 말을 들은 유수는 싸늘한 표정을 지었다.

"설령 그가 정말 한 성제의 소생이라 해도 천하는 단념해야 할 것이다. 그런데 하물며 남의 이름을 훔쳐 쓰는 자가 어찌 감히 천하를 넘보느냐!"

"지금 투항하면 왕랑께서 만호를 봉해 주실 것이고, 거절하면 생명을 보전치 못하실 겁니다."

사신이 말을 마치자 담판은 바로 결렬됐다. 유수는 전 병력과 유현이 지원한 병력을 합해 20여 일 동안을 싸웠다. 5월 초하루가 되자 성안은 더 이상 버티지 못했다. 왕랑이 신임하는 이립(李立)은 아예 성문을 활짝 열고 한나라 군대를 맞았고, 왕랑은 한밤중에 한단으로 도망치다 도중에 잡혀 죽임을 당했다. 성에 들어온 유수는 왕랑의 문서와 서신을 보고 왕랑이 일찍부터 자신을 죽이려 했음을 알았다. 유수는 부하들과 왕망을 따르던 신하들을 불러 그들이 보는 앞에서 문서와 서신을 태워 지난 일을 추궁하지 않겠다는 대범한 모습을 보였다.

만만치 않은 상대를 물리친 유수는 서서히 하북에서 세력을 다지기 시작했다. 유수의 힘이 커지자 불안해진 유현은 유수를 소왕(蕭王)으로 봉한 뒤 장안으로 들어오라는 명을 내렸다. 그러나 새장을 빠져나온 유수가 다시 그물 안으로 들어갈 리 없었다. 이때 유수는 경시 정권을 무너뜨려야겠다는 결심을 굳히고 아직 하북이 불안하다는 핑계로 명령에 불복했다. 그리고 오한과 경엄을 어양과 상곡으로 보내 유현이 임명한 지방 관리를 죽이고 유현의 군대를 기습하는 등 본격적으로 경시 정권에 맞섰다.

유수와 경시 정권이 공개적으로 대치하자 유수는 경시 정권을 공격하는 동시에 하북 각지에서 일어난 농민군을 공격했다. 당시 하북 지역의 농민군은 뿔뿔이 흩어져서 각자 조직을 이끌고 있었기에 쉽게 평정할 수 있었다. 그해 가을 유수는 교(鄡, 하북성 속록)에서 농민군으로 이뤄진 동마군(銅馬軍)을 공격했다. 동마군은 용맹히 싸웠으나 보급로가 차단되는 바람에 하는 수 없이 포위망을 뚫고 동쪽으로 달아났다. 이후 동마군은 관도(산동성 관도 서남쪽)까지 도망갔지만 끝내 유수군에게 격파당했다. 유수는 하북 최대의 농민군을 흡수하면서 자신의 부대를 수십만 명의 규모로 확충시켰다. 하북의 농민군은 이후 천하를 평정하기 위한 유수의 주요 병력이 된 것이다. 동마군을 재편성하는 과정에서 유수는 투항이 의심스러운 장수들을 가려내기 위해 그들에게 대오를 정리해 두라 명하고 호위병 없이 홀로 군영으로 나갔다. 며칠 전까지 적군이던 자들 앞에 무기 없이 나온 유수를 보고 사람들은 감동했다. 투항한 장수 가운데 일부는 이미 유수에 대한 충성심이 생겼을 정도였다.

"소왕 유수가 저렇게 우리를 믿는데 어찌 목숨을 바치지 않을 수 있겠는가?"

투항한 장수들은 유수의 행동이 민심을 잡기 위한 계책임을 알지 못했다. 목적이 어떠했든 간에 이후 투항한 장수들을 비롯해 모든 병사들이 유수를 믿고 따랐다. 유수는 이들을 자신이 신임하는 장수의 군영으로 분산시켜 배치했다. 동마군의 재편성과 관련된 일화는 빠르게 전국 각지로 퍼졌다. 그러나 상황을 잘 알지 못한 함곡관 서쪽 사람들은 유수가 동마군을 이끌자 그를 동마제(銅馬帝)라 불렀다. 얼마 후 유수는 사견(하남성 심양 동북)에서 적미군과 청독군을 격파한다. 연말이 되자 적미군의 주력 부대가 두 갈래로 나뉘어 장안으로 진군한다는 소식이 날아들었다. 당시 유수는 하북이 완전히 평정되지 않았기에 적미군을 신경 쓸 틈이 없었다. 때문에 산 위에서 호랑이가 싸우는 모습을 지켜보듯이 적미군과 경시 정권의 싸움을 관망했다. 그러나 얼마 후 가만히 있을 수 없게 된 유수는 등우를 보내 하동에서 관중으로 진군시키고, 다시 풍이에게 맹진(하남성 맹현)을 수비하게 하면서 경시 정권과 대치했다.

25년 봄에 유수는 다시 군대를 정비하고 하북의 농민군을 진압했다. 원씨(하북성 원씨)와 북평(하북성 만성)에서 우래·대창·오번의 농민군을 격파하고 북쪽으로 달아나는 우래의 패잔병을 평곡(북경시 평곡현)에서 완전히 소멸시켰다.

이 시기에 유수는 황하 이북의 지역을 대부분 평정하고 평곡에서 군사를 돌려 계성에 도착했다. 지난날 계성에서 서둘러 도망쳤던 때와는 상황이 완전히 달라졌다.

전국을 통일하고 동한을 세우다

유수는 계성에서 잠시 휴식을 취한 뒤 남쪽으로 향했다. 중산(中山, 하북성 정현)에 도착하자 여러 장수가 상소를 올려 황제의 자리에 오르기를 청했지만 유수는 아무 대답도 하지 않았다. 다시 남평극(하북성 저진)에서 장수들의 요청이 이어지자 유수가 마침내 입을 열었다.

"아직 적군이 남아 있어 사방에서 공격을 받고 있는데 내 어찌 황제가 되겠소?"

이때 경순이 나서서 설득했다.

"모두가 집을 버리고 전장으로 나온 것은 출세를 바라기 때문입니다. 만일 주군께서 황제가 되지 않으신다면 수하의 장수들은 가망이 없다고 여기고 다른 길을 모색할 것입니다. 사람은 흩어지면 모으기 어려우니 다시 신중히 생각해 주시기 바랍니다. 이는 더 이상 미룰 수 없는 일이니 뜻을 거스르는 자는 아무도 없을 것입니다."

유수는 경순의 말에 자신감을 얻었으나 생각해 보겠다는 말만 하고 따로 확답은 하지 않았다. 사실 유수는 일찍부터 황제가 되길 원했다. 그럼 곡절이 많았던 과거에는 경솔히 나설 수 없었다 하더라도 민심을 잡은 지금 그가 주저하는 이유는 무엇일까? 유수는 민심을 잡는 것만으로는 부족하다고 생각했던 것이다. 아래로 민심을 얻고 위로 천명을 받아야 자신이 황제에 오르는 일이 더욱 정당해진다고 믿었다.

그러던 중 유수 일행이 호(鄗, 하북성 백향현 북쪽) 땅에서 관중에서 온 옛 친구 강화(强華)를 만난다. 강화는 하늘로부터 받았다는 적복부(赤伏符)를 받아들고 와 말했다.

"적복부에 따르면 주군께서 천자가 되심이 마땅하다고 적혀 있습니다."

그제야 유수는 천명을 따라야겠다고 결심하고 길일인 6월 22일 성의 남쪽 천추정(千秋亭)에서 즉위식을 거행했다. 아울러 조칙을 내려 같은 해(25년)인 유현의 경시 3년을 건무(建武) 원년으로 고쳤다.

이와 동시에 적미군은 관중으로 진군해 화음(섬서성 화음)에서 서한의 몰락한 종실인 15세의 유분자(劉盆子)를 황제로 세우면서 형세를 더욱 복잡하게 만들었다. 적미군이 장안에 가까워지자 유수도 등우를 보내 분음(산서성 만영현 영하진)에서 황하를 건너 유현의 10만 군대를 무찌르게 하고 관중으로 들여보냈다. 그해 9월에 적미군이 장안으로 진입하자 유현은 도망갔다가 다시 적미군에 투항했다. 10월 18일, 유수는 낙양에 진입하고 도성을 세웠다. 낙양은 서한의 도성인 장안의 동쪽이었기에 역사에서는 유수가 세운 왕조를 동한(東漢)이라 칭하며 서한과 구분하고 있다.

장안에 진입한 적미군은 관중의 지주 세력을 탄압하고 양식을 끊어 정권을 잡으려 했으나 군사적으로는 강했지만 정치와 경제 방면에서는 속수무책이었다. 26년 봄에 적미군은 장안을 떠나 서쪽으로 향했다. 그 틈에 등우가 장안으로 들어갔다. 그런데 적미군이 서쪽으로 향하던 도중에 할거 세력의 저지를 받고 다시 군사를 돌려 장안을 공격했다. 등우는 적미군을 당해내지 못하고 운양(섬서성 삼원현)으로 퇴각했다. 그해 겨울에 등우가 전쟁에서 패하자 유수는 등우에게 낙양으로 회군하라 명하고 다시 풍이를 출정시킨다. 연말이 되자 장안에 기근이 발생하여 20만 적미군의 군량 보급에 문제가 생겼다. 대다수의 군사들이 배고픔을 견디지 못하고 고향을 그리워하자 적미군은 다시 장안을 떠나 동쪽의 고향으로 향했다. 적미군의 소식을 들은 유수는 적미군을 완전히 소탕하기 위해 신안(하남성 민지 동쪽)과 의양(하남성 의양 서쪽)에 군대를 주둔시키고 양쪽에서 적미군의 진로를 막았다. 27년 초에 적미군은 효저(하남성 낙녕 서북)에서 풍이가 이끄는 복병의 공격을 받고 큰 피해를 입었고 또 의양에 이르자 유수가 미리 배치해 둔 기습 진형에 겹겹이 포위됐다. 이때 남은 적미군은 10여 만에 불과했다. 추위와 배고픔이 교차하는 가운데 진군도 후퇴도 할 수 없는 상황에서 적미군은 그대로 유수에게 투항한다. 유수는 이들의 투항을 받아들이고 자신의 군대에 재편성했다. 왕망 말년의 뜨거웠던 농민 봉기는 이렇게 끝이 났다. 이후 번숭이 반항해 난을 일으켰으나 중과부적으로 성공하지 못했다.

유수는 적미군이 이미 소탕한 지방 세력과 경시 정권을 어부지리로 취한 셈이었다. 백성의 피땀으로 세워진 정권은 안정을 되찾았지만 전국적으로 지방 할거 세력은 여전히 남아 있었다. 동쪽에는 장보, 북방에는 흉노와 결탁한 노방과 유수를 배반한 팽총, 서쪽에는 농서의 외효와 대대로 하서 지방을 지켜 온 두융이 바로 당시의 주요 세력이었다. 남서쪽 촉군에는 스스로 황제가 된 공손술이 있었으며, 수양에서 서한의 종실로 황제라 칭하는 유영은 유수에게 골칫거리였다. 이 할거 세력이 전국 통일이라는 유수의 대업에 걸림돌이 되었다.

물론 유수는 할거 세력을 그대로 두지 않았다. 27년에 오한에게 수양을 공격케 하니 패전한 유영은 도망치다가 부하에게 잡혀 죽었다.

그 후 유수는 팽총의 노복을 매수해 계성에서 팽총을 암살시키도록 하고 연이어 장보와 외효를 소탕했다. 두융에게는 신하국으로서 조공을 바치라고 투항을 권했다. 36년에 장수 오한은 성도를 공격하고 공손술을 무너뜨린다. 그리고 그 이듬해에 노방은 신하들이 배반하자 한나라에 투항해도 목숨을 보전하지 못하리란 생각에 흉노로 도망갔다. 이렇게 10년 동안 할거 세력을 평정한 유수는 마침내 천하를 통일하기에 이른다.

왕망의 폭정과 오랜 전란에 시달렸던 백성들은 평화와 안정을 간절히 원했다. 유수가 천하를 통일하자 백성들의 바람과 맞물려 사회·경제는 더욱 발전했다.

광무제의 통치 정책

유수는 즉위 후 사망하기까지 33년 동안 재위했다. 그동안 전쟁으로 통일을 완성했다는 것 외에 유수가 경제·정치·문화 방면에 적용했던 통치 수단은 무엇이었을까? 광무제의 통치 수단을 언급하기 전에 먼저 동한 정권의 성질부터 논해 보기로 한다.

동한 정권은 서한 정권의 연장이었다. 차이가 있다면 동한은 남양의 부호 세력이 골간을 이루고 있었기 때문에 지주들의 이익을 대표하고 있었다는 점이다. 유수 본인도 남양의 부호였고 그를 도와 천하를 평정시킨 개국공신, 이른바 운대(雲臺) 28장수도 과반수가 남양과 영천 지역 사람들이었다. 따라서 동한 정권의 핵심은 지주 부호였고 정사를 펼침에 있어 필연적으로 자신들의 이익을 위한 정책을 시행했다. 정치적인 혜택을 받으며 자신의 세력을 확장한 지주들은 당연히 중앙집권에 장애가 됐으며, 여러 사회적 문제를 일으켜 갈수록 조정의 골칫거리가 됐다.

앞에서 살펴보았듯이 동한 정권은 왕망 말년, 농민 봉기로부터 건립됐다. 유수는 농민 봉기의 위력을 직접 보았으며, 어째서 왕망이 몰락했는지 잘 알고 있었다. 냉혹한 역사의 교훈을 통해 유수는 통치권을 확보하기 위해서는 무엇보다 백성들과의 마찰을 줄여야 한다고 생각했다. 그렇다고 지주 부호의 이익을 무시할 수는 없었기 때문에 지주 부호를 지키면서 백성들의 부담을 줄이고 생활을 안정시키기 위한 정책이 필요했다. 이것이 바로 유수가 행해야 할 통치의 출발점이었다.

그렇다면 유수는 경제 부문에서 노비와 토지 문제를 어떻게 해결했을까?

26~38년의 13년 동안 유수는 아홉 차례 노비와 관련된 법령을 하달했다. 그 가운데 여섯 차례는 노비를 해방시켜 양민으로 만든다는 것이었고, 세 차례는 노비의 생존권을 보장하는 내용이었다. 아울러 집안이 가난해 노비로 팔려갔거나 전란 중에 붙잡혀 노비가 된 사람들을 해방시키고 평민이 되도록 법으로 규정했다. 노비의 주인이 법을 무시하고 함부로 잡아 가두면 바로 처벌을 받게 했다. 또한 왕망의 신법으로 관비가 된 사람들도 모두 풀어주고 양민이 되게 했다. 신분의 구속에서 해방된 노비들은 생산력을 높이는 데 커다란 역할을 했다. 결국 노비 문제를 해결하는 유수의 방법은 효과적이었다.

그러나 토지 문제는 노비 문제처럼 쉽게 풀리지 않았다. 39년에 전국을 통일하고 3년이 지났을 때 유수는 전국의 농경지와 가구 수를 조사하라고 명한다. 지주들의 토지 겸병을 막고, 나날이 증가하는 생산력에 따라 토지세를 바로잡기 위해서였다. 그러나 그 과정에서 일부 지주들의 강한 반발에 부딪혀 허위로 농민들의 토지 면적을 늘려 농민들의 부담을 가중시키는 결과만 가져왔다. 40년에 관리들의 횡포가 심해지자 일부 지역의 백성들은 참지 못하고 반발했다. 사태의 심각성을 느낀 유수는 급히 두 가지 정책을 실시한다. 하나는 토지 조사를 부실하게 한 10여 곳의 지방 관리들을 사형에 처해 백성들의 분노를 가라앉히고, 다른 하나는 군사를 보내 조정의 법을 무시한 부호들을 잡아 다른 지역으로 보내 살 길을 열어 주되 고향과의 연락을 끊게 했다. 또한 부호들이 공을 세워 속죄할 수 있는 방법도 열어 두었다.

사태를 해결하기 위한 유수의 정책이 강력히 시행되자 무장한 부호들도 감히 반발하지 못했다. 그러나 농경지와 가구를 정확히 파악하는 정책은 이후에도 완벽히 확립되지 못했으니, 결과적으로 유수는 농민의 토지 문제를 근본적으로 해결하지 못한 것이다.

토지 문제를 완벽하게 해결하지 못했지만 유수는 일단 백성들을 변경으로 이주시켜 농민들의 토지 수요를 충당했다. 때로 흉년이 들면 나라의 창고를 열어 임시로나마 백성들의 생계를 해결해 주었다. 이 밖에도 군사들에게도 농경지를 개간하게 하여 양식을 생산하도록 하는 식으로 농민들의 부담을 줄였다.

30년부터 토지세는 전란 때의 10세를 중지하고 서한의 제도인 30세제로 바꿨다. 백성들을 위해 토지세의 비율을 낮췄으나 최대 수혜자는 영락없이 많은 토지를 보유한 부호들에게 돌아갔다. 물론 토지를 소유한 백성들에게도 이익이 됐지만 한 뙈기의 땅도 가지지 못한 가난한 백성들에게는 별 도움이 되지 못했다.

정치에 있어서 유수는 황제의 권력과 중앙집권 체제를 강화하기 위해 일련의 정책을 실시했다. 특히 원래 황제의 곁에서 문서를 나르던 상서의 직권을 사무를 보는 관리에서 정무를 보는 관리로 강화했다. 아울러 상서의 정치 기구인 상서대(尚書臺)를 중앙 조정의 주요 기구로 삼는 대신에 삼공(三公, 즉 태위·사도·사공)의 권력은 유명무실하게 만들었다. 또한 내정에 중상시(中常侍)와 소황문(小黃門)과 같은 내관을 만들어 주로 환관들이 황제의 명령을 전달하고 상서가 올린 문건을 담당하게 했다. 이렇게 되니 삼공은 높은 관직임에도 그에 따른 권력이 없었고, 상서는 낮은 관직임에도 권력을 가졌으며, 환관을 황제의 노비처럼 부리게 되어 권력이 자연히 황제에게 모아졌다. 지방 정권에 대한 유수의 정책은 간단했다. 400여 개 현의 관리들을 대폭 줄여 나라의 지출을 감소시켜 백성들의 부담을 줄였다. 또한 군권을 집중시키기 위해 지방의 군사를 없애고, 지방군의 장관인 군도위(郡都尉)를 폐지했다. 군도위의 업무는 지방의 최고 행정관인 태수에게 옮겨갔으며, 지방의 군사들은 퇴역시켜 고향에 돌아가 농사를 짓게 했다.

진나라와 한나라를 거치면서 대대로 골칫거리였던 북방의 흉노에 대한 유수의 대책은 방어와 수비였다. 당시 흉노는 여전히 한나라의 북서부를 침범했고 서역의 여러 나라를 다시 통제했다. 서역의 나라들은 수차례 한나라 조정에 구원과 보호를 요청했으나 나라가 회복되지 않은 정권 초기라 섣불리 나설 수 없었다. 그러던 가운데 48년에 흉노가 내부 분열로 남북으로 나뉘었다. 남흉노는 한나라와 손을 잡아 변경의 평화를 지켰다. 이에 큰 타격을 받은 북흉노도 동한에 손을 뻗었으나 유수는 이를 거절했다. 그렇지만 유수가 북흉노를 공격하려고 생각한 것도 아니었다.

"나라의 정치는 아직 정상 궤도에 오르지 못했고, 백성들의 생활도 안정되지 않았다. 나라 안의 상황이 이러한데 어찌 군사를 일으켜 원정길에 보내겠는가? 물론 국력의 절반을 이용해 강적을 소멸시키면 좋겠지만 지금은 때가 아니다. 차라리 백성들의 생활을 돌보는 편이 낫다."

유수의 생각은 옳았다. 오랜 전란으로 백성들은 무엇보다 평화와 안정을 원했다. 흉노에 대한 반격과 서역의 통제권은 일단 자국의 생산력을 회복한 뒤에 논할 문제였다.

한편 봉건사회에서 정권을 가진 군주가 개국공신을 처리하는 일은 상당히 까다로운 문제였다. 개국공신을 중히 쓰면 교만하고 방자해져 이후 근심을 키우게 되고, 그렇다고 내버려둔다면 토사구팽이라 여기고 딴마음을 품기 때문이다. 유수가 택한 방법은 개국공신들을 모두 보전시킨 것이었다. 전쟁에서 공을 세웠지만 정치적인 재능이 없는 자에게는 정사를 맡기지 않고 단지 부귀영화를 누릴 수 있도록 후하게 대우했으며, 등우와 이통처럼 정치에서 공을 세운 공신들은 예우를 하여 나라의 대사를 논의했다. 역대 중국 제왕들을 살펴보면 유수처럼 개국공신에 대한 문제를 현명하게 처리한 사람도 없었다. 중국의 전통극 「타금전」에는 유수가 주색에 빠진 운대 28명의 장수를 모두 죽였다고 묘사되어 있으나 이는 사실과 다르다.

역사서에 보면 유수와 개국공신들이 연회를 벌인 일화가 적혀 있다. 연회가 한창 무르익었을 때 유수가 대신들을 둘러보며 물었다.

"만일 그대들이 변화의 시기를 만나지 않았다면 무엇이 되었겠소?"

등우가 먼저 말했다.

"신은 어려서부터 책읽기를 좋아했으니 문학박사가 되었을 것입니다."

유수는 등우가 지나치게 겸손하다고 생각했다.

"그대는 명문자제로 품행과 덕이 높은데 어찌 조정의 관리가 되어 공을 세울 생각을 하지 않소?"

유수의 말이 끝나자 다른 사람들도 번갈아 대답을 했다. 이때 녹림군 출신의 마무(馬武)가 갑자기 생각난 듯 말했다.

"신은 용맹하니 수위가 되어 도적들을 잡았을 것입니다."

마무의 말에 유수는 웃으며 말했다.

“하하! 그대는 도적패만 안되었으면 한 마을의 우두머리 정도는 되
었겠구려.”

이처럼 유수는 신하들과 허물없이 농담을 주고받으며 어울렸다. 전
장에서 부하들에게 강인한 모습을 보였지만 평소에는 부하들에게 친
근하게 대하는 모습은 유수의 장점 중 하나였다.

유수는 탐관오리가 백성들을 해친다는 사실을 잘 알고 있었다. 이
에 나라를 세우자마자 군현의 지방관리 임명에 각별히 신경을 썼다.
관리를 다스림에 엄격히 하여 항상 지방 관리들을 감독했다. 맡은 일
을 제대로 하지 않거나 잘못을 저지르는 관리가 있으면 문책은 물론
파직시키거나 심하게는 벌을 주기도 했다. 반면에 법을 잘 지키는 관
리에게는 상을 내리고 승진도 시켜 주었다. 때문에 동한 전기의 정치
는 비교적 깨끗했으며, 훌륭한 관리가 많이 배출됐다. 예를 들어 남
양의 태수인 두시는 수력을 이용하는 기술을 보급시켜 적은 힘으로
큰 효과를 거두게 했다. 백성들은 그를 어머니처럼 자애롭다 하여 두
모(杜母)라 불렀다. 또한 계양 태수 위삽은 학교를 세우고 혼인 예법을
제창했으며, 산길을 내어 교통을 편리하게 했다. 어양 태수 장감도 호
노(북경시 순의현)에 8,000여 농경지를 개간하여 백성들로부터 칭송을
받았다. 이 같은 예는 비록 개개인이 남긴 공적이라 할 수도 있지만 광
무제의 올바른 정치가 없었으면 불가능했을 것이다.

유수는 권력과 지위에 굴하지 않고 외압에도 당당했던 관리들에게
전폭적인 지지를 보여 주었고 격려를 아끼지 않았다. 한 예로 호양(湖
陽) 공주 집안의 노비가 대낮에 사람을 죽인 일이 있었다. 이를 보고받

은 낙양령 동선(董宣)은 공주가 노비를 데리고 외출할 때를 기다려 가마를 가로막은 다음, 공주의 잘못을 문책하고 그 자리에서 사람을 죽인 노비를 사형시켰다. 공주는 궁으로 들어가 유수에게 동선을 벌해 달라고 졸랐다. 유수도 화가 나 동선을 불러 자세한 내막을 들었다. 물론 동선은 잘못이 없었지만 공주의 체면을 보아 그에게 머리를 조아리고 사죄하라고 명했다. 그러나 동선은 유수의 명을 따르지 않았다. 사태가 심각해지는가 싶었지만 잠시 후 유수는 동선을 벌하기는커녕 오히려 그에게 30만 전을 상금으로 하사했다. 이후 동선은 낙양에서 부호 세력과 싸우는 데 전력을 다했으며 사람들은 이런 동선을 와호(臥虎)라 불렀다.

어려서부터 태학에서 공부하며 유가 사상을 배운 유수는 문화의 중요성을 깨닫고 전란으로 파괴된 전대의 문화 전통이 빨리 회복되어야 한다고 생각했다. 이에 전쟁을 멈추고 문화와 교육을 제창하기 위해 전쟁에 관한 언급을 줄였다. 퇴청한 뒤 휴식을 취할 때도 종종 밤 늦도록 공경들과 유가 경전에 대한 토론을 벌였다. 태자가 이런 유수의 건강을 걱정하자 유수가 이렇게 말했다.

"내가 즐거워서 하는 일이니 피곤하지 않다."

또 경학자를 존중한 유수는 사방으로 경학자를 물색해 고대 전적을 정리하게 했으며, 29년에 태학이 세워지자 직접 방문해 여러 박사들에게 하사품을 내리는 등 학술을 장려했다. 지방에도 학동들을 위한 서관을 만들었는데 특히 회계군 우현에 설치된 서관에는 34년에

100명의 학동들이 들어왔다고 한다. 이들 학동 가운데에는 유명한 사상가인 왕충(王充)이 있었다.

왕망 시기에 수치를 모르고 왕망의 공덕을 칭송하며 자신의 영혼까지 판 자가 많았다. 이 때문에 유수는 명예와 절도를 지킨 자를 중요하게 여겼다. 대표적인 인물로 탁무(卓茂)는 서한 말년에 현령을 지냈으나 왕망이 집권한 뒤에는 관직에서 물러나 왕망의 관리가 되길 거부했다. 나중에 유수는 탁무를 태부(太傅)로 임명하고 선덕후(宣德侯)에 봉했다. 또한 이업(李業)은 공손술의 관직을 받아들이지 않고 독을 마시고 자살했는데 공손술을 평정한 뒤 유수는 이업의 사적을 기념해 초상화를 내걸어 그의 절조를 칭찬했다. 유수가 이렇게 충신을 강조한 이유는 당연히 자신의 통치를 공고히 하기 위해서였다.

"숨어 있는 현인을 들여 쓰니 천하의 민심이 돌아온다."

『논어』에서 공자가 한 말이다. 유수는 경전을 읽으면서 이러한 이치를 깊이 새겼다. 이 때문에 즉위한 뒤에는 숨어 있는 현인들을 찾기 위해 전력을 다했다. 엄광(嚴光)의 이야기가 그 좋은 사례이다. 엄광은 유수의 옛 동학으로, 어려서부터 지략이 뛰어났던 엄광은 유수가 황제가 되었을 당시 양가죽을 걸치고 강에서 낚시를 즐기곤 했다. 유수는 후한 예물을 보내 엄광에게 낙양으로 와 관리를 맡으라 권했으나 엄광은 고집을 부리고 나가지 않았다. 어느 날 유수는 엄광을 설득하기 위해 그를 만나러 갔다. 나무 아래에서 유수와 엄광은 한참 이야기를 나누었다. 얼마 후 엄광이 유수의 배 위에 다리를 올려놓는 등 스스럼없이 행동했다. 그러나 유수는 아무렇지 않게 계속 이야기를 나누었다. 헤어질 때 즈음 유수가 다시 엄광에게 관직을 권했으나 엄광은 그 길로 부춘산(富春山, 절강성 동려현 서쪽)으로 숨어들었다.

유수는 도참(圖讖)과 위서(緯書)를 상당히 선양했다. 앞에서 언급한 도참은 앞날의 길흉을 예언하는 술법이고, 위서는 고대 경전을 바탕으로 음양오행을 따져 길흉을 논하는 서적이다. 서한 후기부터 사회 전반에 유행한 참위학은 무엇보다 황제에게 유용한 사상이었다. 유수는 참위를 주요 통치 도구로 삼고 관련 조칙을 내리거나 인재를 등용하는 데 적용했다. 유수 만년에는 도참을 법률로 규정해 경전으로 삼고 백성들에게 강제로 받아들이게 했다. 환담과 같은 일부 학자들은 이런 유수에게 상소를 올렸다.

"폐하께서는 방사의 연금술을 호되게 나무라셔야 옳습니다. 그런데 지금 도참 서적에 기재된 것을 그대로 따르시니 이 얼마나 큰 잘못입니까?"

유수는 환담에게 군주를 우습게 여기는 자라 욕하며 불같이 화를 냈다. 이 일로 환담은 거의 목숨을 잃을 뻔했다.

56년에 유수가 황제의 자리에 오른 지 30여 년이 지났다. 스스로 자신이 이룬 공을 되새기며 이제 천지에 고해도 되겠다는 확신이 든 유수는 2월에 참문을 평계로 태산에서 천지에 제사 지내는 봉선 의식을 거행한 뒤 4월에 낙양으로 돌아와 연호를 건무 중원 원년(建武 中元 元年)으로 고쳤다. 그러나 안타깝게도 그 이듬해인 57년 2월에

63세의 나이로 세상을 떠난다.

유수가 죽은 뒤 한나라의 왕실을 회복하고 천하를 평정한 업적을 기려 그의 시호를 광무제(光武帝)라 칭했다.

유수의 아들 명제(明帝) 유장(劉莊, 58-75년 재위)과 손자 장제(章帝) 유달(劉炟, 76-88년 재위)은 제왕의 도를 갖추지 못하고 유수가 만들어 놓은 기반을 답습했을 뿐이었다. 이 시기에 나라는 안정되고 심한 부역이 없어서 백성들은 농사에 집중할 수 있었다. 이렇게 왕망 말년에 어지러웠던 사회는 유수의 치세 이후 점차 발전해 나아갈 수 있었다. 69년에도 수년 동안 가뭄이 들지 않아 나라 안은 활기찬 분위기로 가득 찼다. 그렇게 30여 년이 지나고 105년에는 인구 수와 토지의 면적이 서한의 전성기에 근접했다. 한눈에 알아볼 수 있도록 다음의 표를 살펴보자.

| 연대 | | 가구(戶) | 인구(명) | 농경지(頃) |
서기	제왕 기년(紀年)			
2년	서한 평제 원시 2년	12,233,062	59,594,978	8,270,536
57년	동한 광무제 중원 2년	4,279,634	21,007,820	기록 없음
75년	동한 명제 영평 18년	5,860,573	34,125,021	기록 없음
88년	동한 장제 장화 2년	7,456,784	43,356,367	기록 없음
105년	동한 화제 원흥 원년	9,237,112	53,256,229	7,320,170

표의 첫 번째인 서기 2년은 서한의 전성기로, 중국 역사상 가장 많은 가구와 토지를 보유했다. 57년에 동한의 인구는 서한 말에 비해

절반에도 채 미치지 못했으니 왕망의 폭정과 해마다 이어진 전쟁으로 인구가 급격히 감소했기 때문이다. 이후의 상황은 완전히 달라졌다. 50여 년이 지난 105년의 인구는 두 배로 증가해 서한의 전성기와 가까워졌다. 농경지 면적도 서한 때와 큰 차이가 없다. 이런 결과는 한나라가 사회적으로 안정을 되찾으면서 생산력이 높아졌으며, 전쟁을 벌이지 않아 인구가 계속 증가했음을 반영한다. 물론 인구 증가는 전쟁과 관련이 있지만 경제가 어느 정도 발달하지 못하면 그 역시 기대할 수 없는 부분이다. 따라서 생산력을 높이기 위해 들인 무수한 백성들의 노력이 바로 동한 전기의 경제를 발전시키는 근본적인 원동력이 된 셈이다. 아울러 유수의 다양한 정책도 백성들의 노력과 맞물려 좋은 결과를 가져오게 한 원인이 되었다.

수십 년 동안 백성의 부담을 줄이고 생활을 안정시키기 위한 노력은 동한 정부를 강하게 만들었다. 명제 이후로 한나라는 흉노에 대한 태도를 방어에서 공격으로 바꿔 흉노를 서북쪽으로 몰아내고, 반초를 서역으로 보내 비단길을 적극적으로 개척했다. 이렇게 하여 동한은 서한을 이은 또 하나의 강국으로서 세계 역사 무대에 당당히 서게 됐다.

그렇다면 광무제 유수의 삶에 대해서는 어떠한 평가를 내릴 수 있을까?

명제 유장은 부친 광무제가 중흥의 사명을 이어받아 혼란을 바로잡고 천하를 평정시킨 인물이라고 칭송했다. 삼국시대 제갈량도 유방과 유수를 비교하며 광무제 유수의 인재를 알아보는 안목을 높이 평가했다. 제갈량은 문무 대신을 임용함에 있어서는 유수가 한 고조 유방보다 훨씬 뛰어났다고 평가했다. 명말청초의 사상가 왕부지(王夫之) 또한

하·상·주 삼대 이래로 제왕 중 제왕은 광무제라고 극찬했다. 광무제
는 유방보다 더 많은 어려움을 겪었고 학문과 소양을 겸비했다는 게
왕부지의 생각이었다.

그러나 유수의 출신, 즉 서한의 종실이자 부호 지주였으며, 봉기군
을 이용한 뒤 진압했다는 사실로 광무제를 판단한다면 부정적인 평가
를 내릴 수밖에 없다. 그러나 이는 지나치게 단순한 평가임을 누구나
잘 알고 있을 것이다. 일반적으로 봉건 제왕을 평가할 때에는 반드시
당시 그가 처한 역사적 환경과 조건을 고려해야 한다. 그리고 정치·경
제·문화 방면에 있어서 전대에서 이루지 못한 새로운 업적을 남겼는
지, 또 그것이 사회 발전과 사회적 요구에 부합했는지의 여부로 평가
를 내려야 할 것이다.

유수는 왕망 정권에 반대해 곤양에서 적은 군사로 많은 적군을 물
리쳐 장수로서의 탁월한 지휘력을 발휘했다. 그 후 할거 세력을 평정하
고 전국 통일이라는 대업을 완성했다. 제위에 오른 뒤 백성들을 안정
시키고 생산력을 발전시키기 위해 오랫동안 여러 정책을 시행해 좋은
결과를 거두기도 했다. 평소 학문을 좋아하고 문화를 중시하며 인재를
아낀 유수는 만년에도 여타의 봉건 황제처럼 사치 및 향락에 빠지지
않았다. 이러한 광무제 유수의 모습은 역대 제왕 가운데에서 찾아보
기 힘든 제왕의 모범으로 남아 있다.

효문제(孝文帝, 467년~499년)

중국 북위의 제6대 황제. 친정 기간은 겨우 10년이었지만 과감한 천도 시행으로 북위 중흥에 이바지했다. 한인과 북방 민족의 귀족이 공존하는 북조 귀족 제도를 성립시켰다.

"우리나라는 북쪽에서 시작하여 평성에 도읍했소. 그러나 평성은 용병의 땅이지 문치의 땅이 아니오. 지금 낡은 풍속을 바꿔야 하는데 실상은 쉽지 않소. 아까 내가 한 말은 명목상으로 남조를 공격하겠다는 것이지 실제로 그렇게 한다는 게 아니오. 실은 남조 공격을 핑계로 중원으로 천도할 구실을 찾으려는 것인데 그대는 어떻게 생각하오?"

— 효문제

고대 중국의 북방에 선비(鮮卑)라는 소수 민족이 있었다. 선비는 일찍부터 지금의 서랍목륜하(西拉木倫河)와 조아하(洮兒河) 사이에서 유목 생활을 하던 민족이다. 이들은 초기에 흉노에게 의지했지만 동한 시기 흉노가 분열되자 독립해 힘을 키웠다. 당시 선비족은 원시 사회에서 유목 생활로 넘어가는 과도기를 겪고 있었다. 법률도 감옥도 없는 사회 풍속은 간단하면서도 정이 있어 부족 내부에서 분쟁이 생겨도 네 명의 장로가 함께 평화롭게 해결했다. 이후 사회·경제가 발달하면서 사유제가 생기자 부락의 추장은 권력을 키우게 됐다. 이렇게 선비족은 노예 사회로의 전환기를 맞는다.

한편 383년에 역사적으로 유명한 비수(淝水) 대전이 발발했다. 북방의 강국인 전진(前秦)이 동진(東晉)에 패배하고 붕궤되자 한 차례 통일이 된 북방이 다시 분열됐다. 그 사이 선비족의 척발부(拓跋部)가 굴기했으며, 386년에 척발부의 뒤를 이은 척발규(拓跋珪)가 안으로 내정을 살피고 밖으로 세력을 확장해 황하 유역까지 점령하면서 북방의 강국으로 자리를 잡는다. 398년에 척발규는 스스로를 황제라 칭하고 평성(平城, 산서성 대동)에 도읍해 위(魏)나라를 세운다. 역사에서는 이를 북위(北魏) 또는 척발위(拓跋魏)라고 칭한다.

439년에 위(魏) 태무제 척발도(拓跋燾)가 북방의 여러 나라를 멸망시키고 통일하자 전국이 남북으로 대립되었다. 이때부터 589년 수나라가 중국을 통일하기 전까지 변함없는 상태로 수십 명의 황제가 뒤를 이었다. 이 가운데 역사에서 가장 깊은 인상을 남긴 이는 바로 효문제(孝文帝)이다.

효문제는 집정 기간(471-499년) 동안 사회 내부 모순과 민족 간 충돌을 완화시키고, 한족 지주들의 통치 경험을 받아들여 정치·경제·문화 면에서 일련의 개혁을 시행했다. 효문제의 개혁은 북방의 사회와 경제의 발달, 그리고 북방 민족을 융합해 각 소수 민족이 봉건 사회로 빠르게 진입할 수 있는 조건을 마련해 주었다. 이 일로 효문제는 중국 소수 민족 가운데 뛰어난 제왕으로 후대까지 전해지고 있다.

개혁의 역사적 배경

효문제의 이름은 척발굉(拓跋宏)이다. 위 헌문제(獻文帝) 척발홍(拓跋弘)의 아들로 467년 8월에 평성에서 태어났고 469년 6월에 황태자가 되었다. 헌문제는 정치를 싫어했다. 불교에 심취해 항상 세속에서 벗어나고 싶어했다. 471년 8월에 헌문제는 다섯 살이 된 아들 척발굉에게 황위를 물려주고 정사에서 물러났다. 5년 뒤에 헌문제는 23세의 나이로 세상을 떠난다. 효문제의 생모인 이부인(李夫人)도 일찍이 세상을 떠나면서 효문제는 어려서부터 조모인 풍태후(馮太後)의 손에서 자랐다. 풍태후는 조정의 실권을 쥐고 나라의 대사를 마음대로 결정했다.

척발부는 처음 중원에 진입하자마자 토지를 개간하고 농업을 장려해 인구수에 따른 농경지 수혜 정책을 실시했다. 목축을 바탕으로 한 유목 생활을 점차 농업을 바탕으로 한 정착 생활로 바꾸려는 노력의 일환이었다. 조정에 백관을 설치하고, 한족 유생들을 중용해 내정 기구도 완비했으니, 이 모든 정책은 훗날 효문제가 개혁할 수 있는 기반을 만들어 준 것이다. 그러나 한족에 비해 낙후된 선비족이 어떻게 한족을 통치할 수 있을까? 이것이 바로 선비족 황제가 떠안은 가장 큰 숙제였다. 당시 선비족은 지배층 내부의 모순이 날로 커지고 있었다. 각지에서 격렬한 투쟁이 일어나면서, 계층 간 모순과 민족 간 갈등이 첨예해졌던 것이다.

과거 선비족 황제는 전쟁을 통해 인구와 재물을 약탈하고 잡아온 포로를 노비로 삼았다. 북방을 통일한 뒤에도 각 부족의 백성들로부터 조세를 무겁게 걷고 고된 부역을 시키는 등 잔혹하게 대했다. 각 부족의 백성들은 전장에서 보병이 되어 전선에 섰으며, 선비족 기병은 후방에서 여유 있게 싸웠다. 북위 황제의 계속된 착취와 억압으로 각 부족 백성들의 반발이 잇달았다. 이로 인해 북위가 건립된 이후 약 100년 동안 70~80차례의 폭동이 일어났다. 역사에 기재된 효문제 시기 폭동 사건은 다음과 같다. 471년에 사마소군이 3,000여 명을 이끌고 평릉에서 폭동을 일으키고, 472년에 광주 사람 손안이 1,000여 명을 이끌고 폭동을 일으켰다. 다음 해에 영영안이 상주에서 군사를 일으키고, 유거도 스스로 황제라 칭하며 폭동을 일으켰다. 3년 뒤 기주 사람 송복룡은 스스로 남평왕(南平王)이라 칭하고 무리를 모아 반발했으며, 490년에는 사마혜어라는 승려가 또 폭동을 일으켰다.

효문제는 백성들의 봉기와 폭동이 잦았던 상황에서 황권을 지키기 위해 한족의 통치 경험을 통해 낙후된 소수 민족을 변화시키기로 결심한다.

균전제를 시행하다

서진(西晉) 말기 이후로 중국 북방은 200여 년 동안 전란으로 시달리면서 사회·경제가 심하게 파괴됐다. 해마다 이어진 전쟁과 기근 및 황폐화된 토지로 인해 인구는 눈에 띄게 줄었으며, 부호 지주들은 이 틈을 이용해 토지 겸병을 통해 재산을 늘려 나갔다. 대다수 농민들은 무겁고 고된 부역에서 벗어나고자 부호 지주들에 의탁했으나 그 역시 쉽지 않은 생활이었다. 급기야 견디지 못한 백성들은 잇달아 고향을 버리고 떠돌게 됐다. 경작지와 인구에 대한 북위 정권의 관리가 적어질수록 황무지는 늘어났으며, 개간할 땅이 적으니 결국 조정의 재정도 큰 타격을 입게 됐다. 경제 상황도 말이 아니었지만 사회 내부 또한 심히 불안했다. 이러한 문제를 해결하고자 풍태후와 효문제는 부호 지주와 수구 세력의 반대를 무릅쓰고 이들이 가진 권력을 제한하고자 했다.

485년 10월에 효문제는 대신 이안세의 건의로 균전제(均田制)를 시행한다. 주요 내용은 다음과 같다.

첫째 15세 이상 남자에게 40무(畝)의 노전(露田, 아무것도 자라지 않은 땅으로 실질적으로 황무지와 다름없음)을 주고 부녀자에게 20무를 준다. 개개인의 상황에 따라 두 배나 세 배까지 지급한다. 노전은 사사로이 매매할 수 없으며, 소유자가 죽거나 60세가 되면 나라에 환급한다. 동시에 각 가정에 상전(桑田) 20무를 주어 대대로 상속시킨다. 뽕나무를 심기에 적합하지 않은 곳에는 남자에게 마전(麻田) 10무를 주고 부녀자에게 5무를 준다. 이 밖에도 새로 정착한 백성들에게 택전(宅田)을 지급한다.

둘째 노비와 소를 가진 사람은 추가로 토지를 가질 수 있다. 노비가 경작지를 받는 방법은 일반 백성과 같다. 소는 한 마리에 노전 30무를 받으나, 한 가정에서 4마리 이상을 소유할 수 없다.

셋째 사람이 많고 땅이 좁은 지방은 백성들이 다른 곳으로 옮길 수 있지만 부역은 반드시 해야 한다. 반대로 사람이 적고 땅이 넓은 지방은 마음대로 이동할 수 없다.

균전제를 실행하기 이전에 북위 정권은 계구수전(計口授田), 즉 인구수에 따라 경작지를 주는 토지 제도를 시행했다. 균전제는 바로 이를 기초로 발전한 것이다. 균전제는 지주들의 토지 사유제를 보장하고, 방대한 토지를 소유할 수 있도록 합법적으로 인정했다. 이 때문에 각 지방 관리들이 재직 기간에 얻은 토지는 일반 백성이 가진 토지 면적과 비교할 수 없을 정도였다. 예를 들어 자사에게는 15경(頃), 태수에게는 10경을 각각 주었다. 물론 직위를 떠나게 되면 넘겨줘야 하지만 균전제는 분명 관리들에게 특권과 혜택을 부여했다. 그러나 균전제는 일반 백성에게도 도움이 되었다. 주인 없는 황무지를 백성들에게 주어 토지 사용권을 인정했으니 농민들은 안정된 생활을 바탕으로 생산력 향상을 위해 적극 노력할 수 있었기 때문이다. 또한 땅이 없는 백성들이 다른 곳으로 거처를 옮겨 황무지를 개간하면서 나라 전체의 경지 면적이 늘어났고, 물론 토지 효용성도 높아졌다. 전체적으로 볼 때 균전제 시행은 중국 북방의 사회·경제를 회복하고 발전시키는 데 상당히 큰 도움을 준 제도였다.

균전제를 실행하기 시작했을 때 북위에는 향당(鄕黨) 제도가 없었다. 종족을 중심으로 종주독호제(宗主督護制)를 실시하면서 350가구에 호적 하나를 부여했지만 대지주들이 농호의 상황을 은닉하는 바람에 균전제를 제대로 시행하기 어려웠다. 그러나 엄격하게 균전제가 시행되고 호적이 정리되면서 인구수를 속이는 일도 대부분 바로잡혔다.

486년에 이충의 건의로 종주독호제 대신 삼장제(三長制)를 시행한다. 삼장제는 다섯 가구를 1린(鄰)으로 하고 5린을 1리(里), 5리를 1당(黨)으로 각각 규정했다. 린에는 인장(鄰長), 리에는 이장(里長), 당에는 당장(黨長)을 두고 이를 삼장(三長)이라 칭했다. 삼장은 호구를 조사해 부역과 병역을 징발하고 부세를 징수하는 일을 맡았다. 당시 많은 대신이 호구를 숨기고 있었기에 대신들은 이충이 내놓은 삼장제를 강하게 반대했다. 그러나 풍태후와 효문제는 삼장제를 그대로 실시하고 균전제를 통해 조세를 내지 않는 사람을 분명히 가려냈다. 삼장을 맡은 지주는 1명에서 3명까지 병역을 면제받았으며, 공적이 있으면 승진도 가능했다. 이로써 삼장 제도는 더욱 철저하게 시행됐다. 삼장제를 통해 부세를 정리한 것은 나라와 개인에게 득이 되는 일이어서 균전제와 더불어 보완을 거치면서 더 폭넓게 시행됐다.

삼장제와 함께 새롭게 시행된 조조제(租調制)는 매년 남자와 여자가 각각 한 필의 비단과 2석(石)의 곡식을 내는 조세 제도이다. 한 가구에 부여하던 조세 단위를 인구수로 바꾸니 백성들의 부담은 전보다 줄어들었으며, 정부가 직접 농가수를 관할해 지주들이 중간에서 조세를 탈취할 수 없었다. 기록에 따르면 6세기 초의 북위는 500여 가구를 보유하고 있었다.

균전제와 삼장제를 시행한 뒤 북방의 경제는 눈에 띄게 빠른 회복 속도를 보였다. 백성들의 피땀 어린 노력으로 대량의 황무지가 농경지로 개간되었고, 경작 기술도 점차 발달하면서 수확량이 크게 늘어났다. 북위의 가사협이 쓴 『제민요술(齊民要術)』에 보면 당시 종자를 고르고, 개간을 하며, 거름을 주는 방법 등이 크게 개선되고 과일나무와 채소를 심는 경험이 쌓였다고 기록돼 있다. 아울러 양잠과 목축, 양조법도 발전했다. 지난날 사람이 살지 않던 북방의 광활한 지역에도 큰 변화가 생겼다. 농업이 회복되자 상업도 발달해 낙양에 많은 시장이 생겼고, 정부가 오수전(五銖錢)을 주조하면서 화폐도 발달했다. 북방 경제의 발전은 전란 시기에 어려웠던 백성들의 생활을 어느 정도 개선시킨 것이었다.

낙양으로 천도하다

효문제는 풍태후의 가르침을 받아 유가 경전을 학습하고 봉건 제왕의 풍부한 통치 경험을 배웠다. 486년부터 효문제는 풍태후의 도움을 받으며 나라의 대사를 직접 살펴보기 시작했다. 그리고 4년 뒤에 풍태후가 병으로 사망하자 491년부터 직접 정사를 돌봤다. 그가 정권을 손에 넣은 뒤 가장 먼저 한 일은 바로 낙양으로의 천도였다.

북위가 건립된 이래로 수도는 줄곧 평성이었는데 갑자기 낙양으로 옮기려는 이유는 무엇이었을까? 사실 그 이유는 한두 가지가 아니었다.

선비족은 과거 유목 생활을 했기 때문에 목축업 위주로 생산했다. 그러나 북방을 통일한 뒤부터 나라의 수입은 유목이 아닌 농업에 치우쳤으며, 농민들에게 세금을 걷어 조정의 재정을 충당했다. 그런데 평성은 지세가 험난하고 기후 변화가 심하며 추웠다. 모래바람도 자주 일었고 교통도 불편했다. 때로 자연재해가 일어나면 사방이 황폐해져 심하게는 평성 안에 굶어 죽은 자들의 시체가 가득 차기도 했다. 그러나 낙양 땅은 달랐다. 낙양은 농업 생산이 발달한 중원 지역으로, 교통이 매우 편리했다. 게다가 지난날 동한과 위진 시기 때의 수도였기에 한족의 정치·경제·문화의 중심지가 되었다. 반면 평성은 선비족의 오랜 근거지로 보수 세력이 컸다. 보수파는 자연히 개혁을 반대했기에 수도를 낙양으로 옮기면 그들의 세력을 약화시킬 수 있었다. 그리고 무엇보다 효문제는 낙양에서 한족과의 유대를 강화해 자신의 통치권을 굳건히 하고 싶었다.

그러나 천도는 나라의 대사였기 때문에 효문제는 대신들의 반대가 크리라고 생각했다. 이에 문무 대신들을 불러 바로 천도 문제를 꺼내지 않고 남조 공격을 논한다. 이때 임성왕(任城王) 척발징(拓跋澄)을 위시한 모든 대신이 사직 운운하며 황제의 의견에 반대하고 나서자 효문제는 화가 났다.

"사직은 짐의 사직인데 어찌하여 그대들이 나서서 막으려는 것이오?"

효문제가 버럭 화를 냈으나 척발징도 고집을 꺾지 않았다.

"사직은 폐하의 것이나 신은 사직을 모시는 신하입니다. 나라가 위기에 빠진 줄 알면서도 어찌 아무 말도 하지 않겠습니까?"

효문제는 한동안 생각에 잠겨 있다가 입을 열었다.

"지향하는 바가 다르더라도 상관없소."

효문제는 퇴청한 뒤 척발징을 따로 궁으로 불렀다.

"지금 이야기하는 일은 실로 처리하기 무척 힘든 일이오. 우리나라는 북쪽에서 시작하여 평성에 도읍했소. 그러나 평성은 용병의 땅이지 문치의 땅이 아니오. 지금 낡은 풍속을 바꿔야 하는데 실상은 쉽지 않소. 아까 내가 한 말은 명목상으로 남조를 공격하겠다는 것이지 실제로 그렇게 한다는 게 아니오. 실은 남조 공격을 핑계로 중원으로 천도할 구실을 찾으려는 것인데 그대는 어떻게 생각하오?"

그제야 척발징은 효문제의 의도를 알아차렸다. 동한도 낙양에 터를 잡았기에 한족 지주들의 지지가 없으면 무력만 가지고는 통치하기가 힘들었던 것이다.

"북방 사람은 옛것만 따르고 변화를 싫어하니 내 어쩌겠소?"

효문제의 물음에 척발징이 답했다.

"위대한 인물이 위대한 일을 합니다. 폐하께서 이미 결심을 하셨다면 그대로 실행하시지요. 그들이 어쩌겠습니까?"

척발징의 말에 효문제는 기뻤다.

"임성왕, 그대는 나의 장량(張良)이구려!"

장량은 한 고조 유방의 장안 천도를 도운 인물이다. 효문제는 천도하려는 자신의 뜻을 지지한 척발징을 장량에 비유하며 흡족해 했다.

493년 6월에 효문제는 황하를 건너 남쪽으로 진군하라고 명을 내린다. 이어 9월에 대신들의 반대를 무릅쓰고 직접 30만 대군을 이끌고 낙양에 군대를 주둔시켰다. 낙양에 도착한 효문제는 폐허가 된 궁전을 둘러보고 크게 상심했다. 효문제는 눈물을 흘리며 『시경(詩經)』의 '나를 아는 자는 나더러 내 마음에 근심이 가득하다 하고, 나를 모르는 자는 나에게 더 바랄 것이 무엇이 있겠느냐고 하네(知我者謂我心憂

不知我者謂我何求)'라는 구절을 읊으며 슬퍼했다.

당시는 완연한 가을로 끊임없이 비가 내려 사방의 도로가 질척거렸다. 먼 길을 온 데다 날씨까지 나쁘니 사병들은 더욱 지쳤고, 따르던 대신들도 계속 죽는 소리를 했다. 상황을 파악한 효문제가 직접 갑옷을 입고 말에 올라 남조로 진격하라고 명을 내리자 대신들이 효문제의 말 앞에 무릎을 꿇고 간곡히 만류했다. 효문제는 버럭 화를 냈다.

"남조를 토벌하는 일은 이미 정해졌는데 대군들은 군사를 지휘하지 않고 무얼 하고 있소?"

대신 이충(李沖)이 앞으로 나갔다.

"남조를 공격하는 일은 천하가 원치 않는 일임에도 오직 폐하께서만 주장하실 뿐입니다."

노기충천한 효문제가 날카롭게 소리쳤다.

"내 천하를 평정하여 통일시키려 하는데 그대들은 계속 의심만 하고 돕지 않고 있소. 다시 나를 막는다면 법에 따라 처벌하겠소."

말을 마친 효문제는 이충을 뿌리치고 말을 달리려 했다. 그러나 여러 대신이 다시 앞을 막으며 울면서 간언하자 효문제가 못이기는 척 말했다.

모든 신하와 군사들은 남쪽으로 수도를 옮기고 싶지 않았다. 그러나 남조를 공격하는 일보다는 나았기에 효문제의 말에 동의했다. 더이상 남조를 공격하지 않는다는 소식이 전해지자 신하들은 만세를 불렀다. 평성에 남아 있던 일부 신하들이 미련을 버리지 못하자 효문제는 직접 평성으로 가 그들을 설득했다. 결국 낙양으로 천도하는 일은 이렇게 마무리됐다.

효문제는 대신 이충과 목량(穆亮)에게 명해 낙양에 건물을 짓게 하고 척발징을 평성에 보내 천도를 알리게 했다. 494년 2월에 효문제는 전국에 칙령을 내리고 낙양으로의 천도를 정식으로 선포했다.

한족의 문화를 배우다

효문제는 수도를 낙양으로 옮긴 뒤 선비족의 풍속을 바꾸기 위해 한족의 생활 방식과 전장 제도를 배웠다. 그러던 어느 날 효문제가 신하들을 불렀다.

문무백관들이 그렇다고 하자 효문제가 다시 물었다.

"그렇다면 우리가 가진 풍속과 습관, 통치 방식을 바꿔야 한다고 생각하오, 아니면 그대로 두어야 한다고 생각하오?"

효문제의 아우인 함양왕(咸陽王) 척발희(拓跋禧)가 대답했다.

"바꿔야만 합니다."

효문제가 다시 물었다.

"그대들은 우리 후손이 만세토록 나라를 다스리길 바라오?"

척발희가 다시 대답했다.

"그렇습니다."

"좋소. 그렇다면 우리 하루빨리 과거의 풍속 습관과 통치 방식을 바꾸기로 합시다. 그러기 위해서는 반드시 내 명에 따라야 하오."

문답을 통해 대신들을 설득한 효문제는 이후 한족화 정책을 적극 시행한다.

494년에 효문제는 선비 귀족들에게 호복(胡服)을 금하고 일률적으로 한족의 복장을 하도록 명했다. 유목 생활을 하던 선비족은 일반적으로 말을 타고 사냥하기 편하도록 길이가 짧은 옷을 입었다. 북방에서 살던 선비족이 이제 한족의 중원 땅으로 들어왔으니 지리 변화에 따라 생활 방식과 의복도 변해야 했다. 또한 한족의 옷을 입으면 민족 간의 갈등을 감소시킨다는 장점도 있었다. 한족 복장을 하면 적어도 외관상 누가 한족이고 선비족인지 알아볼 수 없다는 점에서 통치에 더욱 도움이 됐다.

효문제는 명을 내리고 난 뒤 실행 상황을 주의 깊게 관찰했다. 한번은 외부에 나갔다가 낙양으로 돌아온 뒤 대신들을 불렀다.

"어제 내가 성에 들어갔을 때 모자를 쓰고 깃이 좁은 선비족 복장을 한 부녀자를 보았소. 그대들은 어째서 단속하지 않았소?"

척발징이 대답했다.

"그러나 현재 낙양성 안에는 한족 옷을 입은 사람이 많고 선비족 옷을 입은 사람이 적습니다."

효문제는 자못 기뻤지만 내색하지 않았다.

"그러다가 다시 선비족의 풍습으로 돌아가길 바라오?"

말을 마친 효문제는 낙양의 관리를 불러 한바탕 문책한 뒤 다시 한

번 모든 백성에게 선비족 복장을 일절 금지하도록 공표했다.

495년에 효문제는 선비족의 언어도 한족 언어로 바꾼다. 과거 관직에 있던 한족들은 선비족의 언어를 배웠고, 군대에서 명령을 내릴 때도 일률적으로 선비족의 언어를 쓰도록 정했으나 여전히 언어 소통에 문제가 많았다. 이를 해결하기 위해 효문제는 역령사(譯令使)라는 번역 기구를 설치하고 조정에서 선비족 언어 사용을 금지시켰다. 30세 이상의 관리들은 선비족 언어를 바로 안 쓰기는 힘들 것을 감안해 따로 처벌하지 않았지만, 30세 미만의 관리들은 조정에서 반드시 한족 언어를 사용하게 했다. 이를 어기면 강등되거나 처벌을 받았다. 그러나 얼마 뒤 이 규정은 더욱 엄격해져서 연령과 관계없이 선비족 언어 사용을 전면적으로 금지시켰다. 수많은 선비 귀족이 반발했으나 달리 어쩔 수가 없었다. 황제의 의지가 확고했기 때문이다.

사실 한족의 복장과 언어는 선비 귀족들 스스로의 필요에서 비롯된 것도 있었다. 선비족과 한족 간에 교류가 빈번해지면서 점점 한족 언어가 습관이 됐기 때문이다. 역사서에 기재된 바에 따르면 낙양으로 옮긴 선비족들은 얼마 안 가 선비족의 언어를 모두 잊어버렸다고 한다.

496년에 효문제는 조칙을 내려 선비족의 복성(複姓)을 단성(單姓)으로 고쳤다.

> "선비족은 토(土)를 척(拓)이라 하고 후(後)를 발(跋)이라 했다. 북위의 선조는 황제(黃帝)의 자손이니 오행으로 보면 토(土)에 속한다. 토는 또 황색의 하나이고 만물의 근원이니 척발씨(拓跋氏)를 원씨(元氏)로 고친다."

이 때문에 척발굉을 원굉(元宏)으로도 부른다. 계속해 발발씨(拔拔氏)는 장손씨(長孫氏), 달해씨(達奚氏)는 해씨(奚氏), 을전씨(乙旃氏)는 숙손씨(叔孫氏), 구목릉씨(丘穆陵氏)는 목씨(穆氏), 보육고씨(步六孤氏)는 육씨(陸氏), 하뢰씨(賀賴氏)는 하씨(賀氏), 독고씨(獨孤氏)는 유씨(劉氏), 하루씨(賀樓氏)는 누씨(樓氏), 위지씨(尉遲氏)는 위씨(尉氏)로 바꿨다. 기타 복성을 가진 선비족의 성씨를 점차 단성으로 고치니 결과적으로 모두 118개 성씨가 바뀌었다.

효문제는 본적을 고쳐 낙양으로 이동한 선비족을 북방으로 옮겨 장사를 지내지 못하게 했다. 낙양에서 태어난 자는 죽으면 낙양의 북망산(北邙山)에 묻었다. 효문제가 실시한 한족화 정책은 민족 간의 차이를 줄여 모순과 마찰을 완화시키고 한족 백성을 통치하려는 목적에서 비롯됐다. 그러나 그 역사적 의미는 본래의 의도보다 더 크다고 하겠다.

한족 지주를 끌어들이기 위해 선비족 풍습을 바꾸는 일환으로 효문제는 한족 지주와의 혼인을 적극 추진했다. 노민·최종백·정희·왕경 같은 한족 대지주의 딸을 후궁으로, 당대의 중신 이충의 딸을 황후로 맞아들였다. 또한 다섯 명의 아우도 한족 지주의 딸과 혼인시켰으며, 그 딸들도 한족 지주에게 시집보냈다. 다른 선비족들도 가문에 따라 한족과 혼인을 맺게 했다. 이는 사실상 혼인이라는 제도를 통해 한족 지주 세력이 북위 정권에 충성하게 하면서 반항을 완화하려는 목적이었다.

이 밖에도 효문제는 왕숙에게 명을 내려 남제의 제도를 따라 북위의 관제와 의례를 정하고 악관(樂官)을 두게 했다. 또한 법률과 관직명을 고쳐 북위의 정치 제도를 남제와 흡사하게 바꿨다. 기존의 석발족이 가진 제도는 모두 폐지시켰다.

효문제는 한족화 정책을 실행하면서 여러 번 반대에 부딪혔으나 강건한 태도로 밀고 나갔다. 결국 한족화 정책으로 한족의 발달된 문화를 받아들여 생산력을 높였으며, 선비족의 민족 특색을 억제하고 한족이 지닌 장점을 흡수했다. 앞에서 언급했듯이 민족 간 모순을 완화시켜 북방의 사회는 안정을 찾아갔고 경제도 점차 발달했다. 결과적으로 한족과 선비족 간의 거리를 좁히면서 민족의 융합을 도모한 정책이었다.

인재를 중시하다

효문제는 한족화 개혁을 추진하면서 재능 있는 신하들의 도움을 받았다. 특히 선비 귀족 척발징은 역량 있는 조수 역할을 해냈다. 일찍이 척발징은 낙양으로 천도하는 과정에서 평성의 선비족을 설득시키고, 직접 보수 세력의 반발을 진압하기도 했다. 또한 종종 효문제에게 좋은 방안을 제시해 인정을 받았다. 척발징처럼 효문제의 한족화 정책을 도운 자들은 모두 상을 받았다. 예를 들어 제주 자사 척발감은 제노 지역에서 한족 풍속을 적극 실천해 효문제에게 이런 칭찬을 들었다.

"사방의 관리들이 척발감처럼 한다면 낡은 풍속 습관을 고치는 일을 어찌 어렵다 하겠는가!"

효문제는 문벌 귀족 체제를 만들어 선비 귀족을 갑·을·병·정으로 나누고 그 가운데 목(穆)·육(陸)·하(賀)·유(劉)·누(樓)·우(於=于)·혜(嵇)·위(尉)씨를 선비족의 최고로, 최(崔)·노(盧)·이(李)·정(鄭)씨를 한족의 최고로 정했다. 이 밖의 귀족들도 등급을 나누어 관직의 서열을 정했다. 문벌 귀족 체제는 일반적으로 일부 인재들이 신분상의 제약으로 등용과 승진에 어려움을 겪기 마련이다. 그러나 효문제는 특히 인재 등용에 상당히 개방적이었다. 한번은 효문제가 대신들을 불러 놓고 인재와 문벌 출신의 관계를 논했는데 이때 이충이 나서서 말했다.

"나라가 부강하기 위해선 출신의 귀천을 논하면 안 됩니다. 이 때문에 인재를 선발함에 있어 반드시 이를 규정으로 밝혀 두어야 할 것입니다."

한현종(韓顯宗)도 입을 열었다.

"나라의 흥망은 인재에게 달린 것이지 출신의 문제가 아닙니다. 높은 집안의 사람이 나라에 무슨 소용이 있겠습니까? 출신은 그저 조상의 공적이 있음을 설명할 뿐입니다. 능력만 있으면 돼지를 잡건 고기를 낚건, 심지어 노비나 포로라 해도 모두 맞아 써야 할 것입니다. 그러나 재능도 없는데 출신만 높다 하여 관직을 주면 안 됩니다. 재주가 큰 사람에게는 높은 관직을 하사하시고 재주가 적은 사람에게는 낮은 관직을 하사하셔야 나라에 도움이 될 것입니다."

효문제도 이들의 의견에 동의하고 다양한 방법으로 인재를 등용했다. 여러 차례 관리들에게 인재 추천을 종용했으며, 임무에 적합하지 않은 자가 있다면 그 자리에서 쫓아냈다. 재능은 있지만 관직이 없는 사람이 있다면 관리들에게 적극 추천하게 했다. 훌륭한 인재를 추천한 관리는 큰 상을 받거나 휴가를 얻었다. 당시 인재를 추천하지 않는 관리는 마치 죄를 짓는 것과 같은 분위기여서 인재를 추천하는 능력은 관리들을 평가하는 중요한 기준이 되기도 했다.

최대한 능력 있는 자를 얻기 위해 효문제는 그동안 전통적으로 이어오던 관리 심사 제도를 대폭 수정했다. 과거 9년에 걸쳐 세 번의 시험을 통해 승진과 퇴출을 결정했는데 이를 3년에 한 번으로 줄인 것이다. 특히 5품 이상의 관리에 추천받은 인재는 효문제가 대신들과 함께 직접 심사했다. 한번은 병주 자사 왕습(王襲)이 효문제가 병주를 지난다는 소식을 듣고 길 양옆에 자신의 공덕을 기리는 비석을 세웠다. 효문제가 마침 병주를 지나다가 비석을 보고 의심이 들어 조사한 결과 왕습의 공덕은 거짓임이 드러났다. 왕습은 그 자리에서 즉시 처벌을 받았다. 하루는 효문제가 요직에 있는 몇몇 관리들을 불러 호되게 야단쳤다.

"그대들은 모두 중요한 자리에 있소. 그러나 지금까지 한 번도 나에게 상소를 올려 간언하거나 좋은 제안을 한 적이 없소. 또한 인재를 추천하거나 파면할 관리를 언급한 적도 없으니 이는 그대들이 저지른 가장 큰 죄요."

이어 효문제는 아우 광릉왕(廣陵王) 척발우(拓跋羽)와 여러 대신의 잘못을 하나하나 지적하며 일부는 녹봉을 삭감하고 일부는 강등시켰으며 또 일부는 파직시켰다.

효문제는 특히 한족 지주 가운데 능력 있는 인재들을 중시해 풍태후 때 임용된 한족 지주들을 그대로 중용했다. 유방, 최광, 고려, 고윤, 이표와 같은 한족이 바로 그러한 예이다. 효문제가 정권을 잡은 뒤에 이안세와 이충은 각각 균전제와 삼장제를 건의하는 등 적극적으로 효문제의 개혁을 도왔다.

효문제는 인재들의 의견을 존중했다. 중신 이충은 효문제의 인정을 받은 신하 가운데 하나로, 나라의 대사를 함께 의논하고 선대의 교훈을 총결하여 북위 정부의 여러 정책을 시행했다. 또한 널리 인재를 모아 남조에서 투항한 관리도 중용하여 남조 유송(劉宋) 정권의 후손인 유창도 투항해 왔다. 효문제는 유창과 좋은 관계를 유지해 그를 먼 곳으로 파견할 때 직접 배웅하고, 문무 대신들에게 시를 지어 올리라 하여 유창을 감동시켰다. 이러한 일화가 많아지자 남조에 있던 많은 한족 지주가 북위로 넘어왔다. 대표적으로 왕숙은 부친과 형제가 남제에서 죽자 북위로 도망 왔는데 왕숙의 재능을 듣고는 바로 불러 중용했다. 남조의 정치 제도를 잘 알고 있었던 왕숙은 이후 북위의 관제를 수정하는 데 큰 역할을 했다. 또한 왕청석은 강남의 대지주로, 대대로 강남에서 관직을 맡고 있다가 남북전쟁이 발발나자 북위로 넘어왔다. 왕청석은 북위로 가면서 효문제의 신임을 받지 못할까 걱정했으나 효문제의 환대를 받자 깊이 감동했다.

효문제는 다른 사람의 의견을 주의 깊게 듣고 신중하게 받아들였다. 당시 북위의 법률은 832개의 조목으로 매우 잡다했다. 특히 235가지 죄목이 사형으로 규정되어 매우 잔혹했다. 한 사람이 죄를 지으면 구족까지 벌을 받는 죄목도 16가지에 달했다. 이 때문에 북위에는 죄인이 많았다. 또한 변방으로 호송되다 도망치는 자가 많아서 효문제는 도망치는 자의 가족을 모두 복역시키려 했다. 그러나 최정(崔挺)이 상소를 올려 형벌의 지나침을 호소하자 효문제는 그의 의견을 받아들이고 법률을 바꾸지 않았다.

효문제가 한족을 중용하면서 자연히 선비족에서는 효문제에 대한 원망의 소리가 쏟아져 나왔다. 그러나 정권을 유지하기 위해 한족 지주들의 중요성을 깊이 인식한 효문제는 인내심을 갖고 선비 귀족들을 설득했다. 때로 심하게 반발하는 선비족에 대해서는 단호하게 진압하기도 했다.

한 예로 효문제의 태자 척발순(拓跋恂)은 공부를 싫어하고 게으르며 오만했다. 몸집이 큰 데다 살이 찐 척발순은 무더운 낙양의 기후가 싫어 항상 효문제에게 평성으로 돌아가자고 졸랐다. 효문제가 그에게 한족의 옷을 하사했지만 입지 않고 제멋대로 호복을 입었다. 그리고 고도열(高道悅)이란 자가 여러 번 태자에게 충고했으나 척발순은 받아들이지 않고 오히려 마음속으로 고도열을 미워하고 있었다. 그러다가 496년에 효문제가 숭산(嵩山)으로 순시를 나간 사이 태자는 이를 기회로 고도열을 죽이고 군사를 이끌어 평성으로 향했다. 효문제가 이 소식을 듣고 도중에 길을 돌려 궁으로 태자를 불러들였다. 효문제는 태자의 잘못을 하나씩 열거하며 직접 매를 들었다. 태자 척발순은 감금됐으며, 한 달 동안 침상에서 일어나지 못했다.

그해 겨울이 되자 효문제는 태자의 폐위를 결정하기 위해 신하들을 불렀다. 대신 목량과 이충이 극구 반대했으나 효문제의 생각은 이미 정해진 듯했다.

곧이어 태자 척발순은 폐위되었고 이후 군사들의 감시를 받으면서 곤궁한 생활을 했다. 나중에 효문제는 사람을 보내 척발순의 약에다 독을 타 마시게 한다.

같은 해 겨울에 목태(穆泰)를 필두로 여러 귀족이 평성에서 양평왕(陽平王) 척발신(拓跋頤)을 황제로 옹립하기 위해 비밀리에 결탁했다. 효문제는 척발징에게 군사를 주어 그들을 평정케 했다. 반란의 주모자 목태는 북위의 원로이자 효문제의 은인이었다. 풍태후가 집정할 때 효문제를 폐위시키려 했으나 목태의 설득으로 황제의 자리까지 오를 수 있었기 때문이었다. 그러나 지난날의 은인이라도 효문제는 죄를 지은 목태에게 관용을 베풀지 않았다.

지금까지 살펴본 것처럼 효문제는 개혁을 성공시키고, 인재를 중시했으며, 공과 사를 엄격히 나눈 황제였다. 문벌 귀족의 세력이 삼엄하던 위진 시기에 높은 집안과 대부호들이 정치를 손에 쥐고 뛰어난 인재들을 배척하여 몰아내는 일이 비일비재했다. 북위도 예외가 아니었다. 이 때문에 황제의 자리에서 효문제가 다양한 정책으로 인재를 등용한 일은 어렵고도 대단한 일이라 할 수 있다.

문화예술을 제창하다

효문제는 혼란스러운 시대이자 민족이 융화되는 시대를 살았다. 어려서부터 한족 문화를 접하면서 한족의 문화를 동경한 그는 열심히 공부해 시문에 대한 조예가 깊었다. 전해지는 바에 따르면 그는 말을 타면서도 시문을 지었으며, 다 쓴 뒤에는 한 글자도 고칠 필요가 없을 정도로 완벽했다고 한다. 효문제는 평생 동안 수백 편의 문장을 지었는데 평소 대신들과 자주 시를 지었으며, 다른 사람이 지은 시를 고쳐 주기도 했다. 한번은 효문제가 길가에서 수십 그루의 나무를 보고 시흥이 일어 그 자리에서 한 수를 지었다. 그리고 멀리서 오는 아우 척발협에게 시를 짓게 했다. 효문제는 척발협이 도중에 지은 시를 보고 매우 기뻐했다고 한다. 효문제는 스스로 한족의 문학을 즐겨 배웠으며, 선비족들에게 한족의 문학을 읽고 한족의 문화를 학습하도록 장려했다. 낙양으로 천도한 이유 가운데 하나도 뒤떨어진 선비족의 풍속과 습관을 바꾸어 선비족의 견식을 넓히겠다는 것이었다. 그대로 평성에 머물렀다면 아무 발전이 없을 것이고 후대에 이르러서도 미래를 기약할 수 없을 것이라 여겼다. 소수 민족의 황제로서 효문제는 자신의 결점을 인정하고 민족 간에 편견 없이 겸허한 자세로 선진 문화를 수용했다. 개방적인 사고를 지닌 효문제의 지도 아래 선비족의 문화는 크게 발전할 수 있었다.

효문제는 불교를 제창하기도 했다. 불교를 통해 백성을 다스리고 통치 지위를 다지려 한 것이다. 혼란기를 겪은 백성들은 쉽게 불교를 받아들였기에 효문제 집권 시기에 낙양에는 100여 곳이 넘는 사찰이 있었으며, 2,000명이 넘는 승려가 있었다. 북위 전체로 보면 사원은 6,478곳, 승려는 7만 7,258명이었다.

불교의 유입과 발전으로 중국에는 수많은 석굴이 만들어졌다. 그 가운데 돈황·운강·용문 석굴은 중국 고대 예술의 보고로 알려져 있다. 돈황과 운강 석굴은 건립 시기가 비교적 이르다. 용문 석굴은 494년에 짓기 시작해 동위, 서위, 북제, 북주, 수, 당을 거치면서 400년 동안 제작됐다. 용문 석굴은 천장과 사방 벽의 장식이 매우 화려하며 석굴 안에는 아름다운 불상이 있어 중국 고대인의 지혜와 감각을 엿볼 수 있다. 그 가운데 빈양중동(賓陽中洞)은 낙양으로 천도한 뒤 지어진 최초의 석굴로, 동굴 앞 좌우 벽에 조각된 「제후예불도(帝后禮佛圖)」는 북위 예술을 대표하는 작품으로 손꼽힌다.

서법 역시 중국인들이 지닌 특수한 예술이다. 동한 이래로 수많은 서법가가 등장한 가운데 힘차고 웅장한 필치가 북위 서법의 특징이다. 후대 사람들은 이를 '위비체(魏碑體)'라 하여 지금까지도 서법가들에게 사랑을 받고 있다.

절약을 강조하고 귀족을 단속하다

훌륭한 봉건 황제들이 그러했듯이 효문제도 백성들의 생활에 많은 관심을 기울였다. 효문제는 자주 백성들을 방문해 그들의 삶을 직접 살펴보았으며, 지위를 막론하고 연장자에게 예의를 갖춰 대했다. 세심하게 주위를 살피면서 어려운 사람들에게는 의복과 양식을 하사하기도 했고, 가난으로 결혼하지 못한 젊은이들을 보면 궁녀를 보내 아내로 맞게 해 주었다. 한번은 효문제가 황가 동물원에서 각지에서 공물로 바쳐진 동물들을 구경하다가 호랑이를 보게 됐다. 호랑이는 잡기도 어렵고, 사람에게 상처를 입히기 쉬우며, 포획하는 데 돈이 많이 들었다. 이 사실을 안 효문제는 즉시 칙령을 내려 호랑이를 공물로 바치지 못하게 했다. 호랑이를 잡다가 다칠 백성들을 생각한 처사였던 것이다.

효문제는 농업에도 관심을 가지고 자주 농가의 상황을 살펴보았다. 관리들에게도 농업 생산에 특별히 신경 쓰라고 명했고 재해가 생길 때마다 나라를 잘 다스리지 못한 자신을 탓하면서 관리들에게 창고를 열어 백성들을 구제했다. 역사서에 따르면 어떤 때는 70여 만 명을 구제한 적도 있다고 한다.

평소 황제가 밖으로 나갈 때는 앞뒤에서 신하들이 호위하고 수레와 말이 줄을 이어 백성들의 농경지를 해치기도 했다. 효문제는 자신의 행렬로 망가진 농경지에는 무(畝)당 5두(斛)의 곡식으로 배상해 주었다. 물론 백성을 사랑하는 마음보다 자신의 통치를 위한 행동이었을 수도 있다. 그러나 독단적으로 행동하며 백성들에게 고통을 주는 황제에 비하면 훨씬 나았다. 효문제는 군사들에게도 특별히 관심을 가졌다. 아픈 군사가 있으면 직접 위문했으며, 행군할 때나 전쟁을 치를 때 비가 많이 내리면 군사들과 함께 비를 맞기도 했다. 백성들과 군사들에게 따뜻했으나 자신의 생활에 있어서는 상당히 엄격했다. 거친 옷을 입는가 하면 안장이 없는 말을 타기도 했다. 한번은 화림원(華林園)을 둘러보는데 누군가 경양산(景陽山)을 보수하자는 제안을 했다. 그러자 효문제가 단호하게 말했다.

"과거 위(魏) 명제(明帝)께서는 사치스러운 생활로 망하셨소. 이 교훈을 영원히 잊어서는 안 될 것이오."

효문제는 자신에서 더 나아가 친척들에게도 엄격히 교육을 시켰다.

"가난을 걱정할 필요는 없을 것이다. 그러나 너희는 다음의 세 가지를 반드시 가슴속 깊이 새겨야 한다. 첫째 세력을 믿고 사람들을 속이지 말고, 교만해져 독단적으로 행동하지 말아야 한다. 둘째 사치스럽게 생활하거나 조정의 일에 관여해서는 안 된다. 셋째 술을 많이 마시거나 나쁜 친구와 어울리면 안 된다."

비록 효문제의 충고가 친척들에게는 큰 영향을 미치지는 못했더라도 이는 내심 자신의 통치에 방해가 될 만한 귀족들의 사치 생활을 철저하게 단속하려는 의지를 보인 것이다.

지금까지 살펴본 효문제의 정책에서 우리는 백성들의 원망을 사지 않으려는 황제의 노력을 엿볼 수 있다. 사회 안정을 위한 노력은 당연히 백성들에게 도움이 됐으나 무엇보다 효문제의 통치 지위를 공고히 하는 데 더 큰 도움이 됐다. 다시 말해 백성들을 통해 황제의 지위를 확립한다는 본질은 변하지 않았던 것이다.

효문제는 491년부터 직접 정권을 잡은 뒤 남제를 공격해 전국을 통일시키려는 생각을 늘 품고 있었다. 이는 그가 쓴 한 구절의 시에서 확연히 드러난다.

"한낮의 태양이 빛나지 않은 곳은 없으나 오직 남쪽에만 비추지 않누나."

효문제는 이미 중국의 광활한 지역을 통치하고 있었으나 강남에 대한 미련을 버리지 못한 것이다. 강남 지역까지 통치해야만 비로소 그가 그리는 통일국가의 통치자가 되는 것이었다. 효문제의 정치적 야심으로 거의 해마다 많게는 수십만에서 적게는 수만 명의 군사가 전쟁터를 전전해야 했으나 큰 성과를 거두지는 못했다. 499년 4월에 효문제는 33세의 나이로 전쟁 중 병사한다.

효문제가 직접 통치한 기간은 겨우 8년이다. 이 짧은 시간 동안 그는 북위의 정권을 확립시키면서 민족 간의 편견을 버리고 일련의 효율적인 개혁을 추진했다. 낙후된 통치 방식을 진보적인 방식으로 바꾸면서 북방의 계층적 모순과 민족 간 마찰을 완화시켜 안정된 국면을 조성했다. 또한 균전제를 실행해 생산력을 높였으며, 낙후된 소수 민족의 문화에 발달된 한족 문화를 받아들여 북방의 소수 민족을 봉건사회로 진입시켰다. 한족이 아닌 선비족 황제 효문제는 깨친 사고를 갖고 북방의 각 민족을 융합한 훌륭한 황제로 역사에 남아 있다.

송 태조(宋太祖, 927년~976년)

5대(五代)가 분열한 뒤를 이어 송(宋)나라를 창건했다. 절묘한 술책으로 절도사 지배 체제를 폐지하고, 문치주의에 의한 중앙집권적 관료제를 확립했다.

"여기서 이 자리에 앉고 싶은 사람은 솔직히 말하시오!"(조광윤)

"폐하, 어찌 그런 말씀을 하십니까? 지금 천명이 이미 정해졌는데 누가 감히 다른 마음을 품을 수 있겠습니까?"(석수신과 신하들)

"그대들이야 다른 마음을 품을 리 없겠지만 어느 날 부하들이 그대들에게 억지로 황포를 입힌다면, 황제가 되고 싶지 않다 하더라도 거절할 수 없을 것이 아니요?"(조광윤)

한발 빠른 사태 파악으로 초기 갈등을 잠재워라

— 송 태조의 기선제압술

10세기 초에 통일제국 당(唐)나라가 와해됐다. 이로부터 중국은 오대십국(907~960년)으로 이어져 오랫동안 혼전을 거듭하는 분열의 시기를 맞는다. 50여 년 동안 아들이 아버지를 죽이고 신하가 왕을 죽이면서 왕조가 다섯 번 바뀌고 13명의 황제가 번갈아 권력을 잡았다. 중원은 전쟁으로 죽은 자가 길가에 가득 쌓였으며, 천 리 안 인가에는 밥 짓는 연기도 사람도 보이지 않았다. 마을은 짐승만 간혹 출몰하는 폐허로 전락했다.

전쟁으로 극심하게 고통스러운 나날을 보내던 백성들은 나라의 통일과 사회의 안정을 간절히 바랐다. 바로 그때 조광윤(趙匡胤, 927~976년)이라는 인물이 탄생한다. 그는 후주(後周) 정권의 기초 위에 새로이 조송(趙宋) 왕조를 세우고 이를 출발점으로 할거 세력을 뿌리 뽑고 전국을 통일했다. 그리고 뛰어난 정치 능력을 발휘하여 일련의 정책을 시행하면서 거의 170년에 이르는 북송(北宋)의 기초를 닦았다.

비록 50세의 나이로 세상을 떠났지만 중국 역사에서 송(宋) 태조(太祖) 조광윤은 한 나라의 개국 군주로 당당히 한 장을 차지하고 있다.

살길을 찾아 나서다

후당(後唐) 천성(天成) 2년(927년) 2월 16일에 조광윤은 낙양의 갑마영(甲馬營)에서 태어났다. 본적은 탁주(하북성 탁현)이며, 증조부와 조부는 당나라 때 관리를 지냈고, 부친 조홍은은 후당의 금군지휘비첩이란 지휘관을 맡았다. 관료 집안에서 태어난 조광윤은 혼란스런 오대에 학교가 없었음에도 시골 선생을 찾아가 글을 배웠다. 무장만이 대우받던 할거 시대인지라 조광윤도 과거에는 뜻이 없었다. 오직 말타기와 활쏘기를 연마하며 무예를 닦았다.

하루는 조광윤이 성질 나쁜 말을 굴레 없이 길들이고 있었다. 조광윤이 말에 오르자 갑자기 말이 사방으로 날뛰더니 소리를 지르며 성문 안으로 질주했다. 조광윤은 말에서 떨어지면서 성문에 머리를 부딪쳤다. 그리고 잠시 뒤에 천천히 일어나 달리는 말을 쫓아가 다시 올라타고 길을 들였다. 어려서부터 연습한 말타기 솜씨는 훗날 조광윤이 전공을 세우는 데 큰 힘이 됐다.

불안했던 시대에 관리 집안의 자제라 해도 조광윤에게 찬란한 미래를 보장해 주지는 않았다. 부친 조홍은의 관운은 전반적으로 순조롭지 못했는데 후량(後梁)이 망하고 후당이 건립되는 과정에서 공을 세워 후당 장종의 인정을 받아 비첩지휘사로 발탁돼 금군을 지휘했다.

그러나 조광윤이 태어난 해에 장종이 부하에게 살해된다. 그 후로 조광윤이 성장할 때까지 왕조가 두 번 바뀌고 황제가 5명 바뀌었지만 조홍은의 관직은 그대로였다. 20여 년 동안 관직이 높아지지 않았으나 지출은 갈수록 많아지면서 적은 봉록으로 생활을 꾸리기는 부족했다. 집안에는 조광윤의 둘째 아우 광의와 넷째 아우 광미가 태어났다. 이때 조광윤의 집안은 개봉(開封)으로 이사했다. 같은 해 요병(遼兵)이 후진의 수도 변성을 공격해 관부와 백성들의 재산을 약탈해 갔다. 조광윤은 더 이상 부친이 받는 봉록만으로 생활하기 힘들다고 생각했다. 21세의 조광윤은 가정을 꾸렸으나 빈곤을 견디지 못하고 살길을 찾아 아내를 두고 집을 나갔다.

황제가 되기 전에 조광윤은 그저 평범한 인물이었다. 그러나 기록에 따르면 조광윤은 귀가 크고 각진 얼굴에 수려한 외모를 지녔다고 한다. 또 풍채도 당당했으니 그 누가 조광윤을 인상 깊게 보지 않을 수 있을까? 조광윤은 등에 보자기로 싼 짐 꾸러미를 메고 황하를 따라 서쪽으로 향했다. 하남·섬서·감숙 등지를 떠돌다가 다시 동쪽으로 방향을 바꿔 복주의 방어사 왕언초에게 의탁했다. 왕언초는 한눈에 조광윤이 비범한 인물임을 알아보고 여비를 보태 주었다. 다시 수주에 도착한 조광윤은 수주 자사 동종본으로부터 부친 조홍은의 체면을 보아 대접을 잘 받았다. 그러나 동종본의 아들 동준회가 세력을 믿고 조광윤을 깔보았다. 얹혀살던 조광윤은 화를 참느니 떠나는 게 낫겠다 싶어 다시 먼 길을 걸어 양양에 도착했다. 그러나 딱히 의지할 곳이 없었다. 할 수 없이 허기진 배를 채우기 위해 절에 들어가 당분간 지내기로 한다. 사찰의 노승은 조광윤이 오랫동안 머물까 싶어 거짓말을 했다.

조광윤은 할 수 없이 북쪽으로 향해 개봉으로 갔다. 천하는 넓으나 그 한 몸 머물 곳은 어디에도 없었다. 이렇게 2~3년 동안 산천을 두루 다닌 조광윤은 유랑의 괴로움 속에서 성격을 다듬고 의지를 길렀고, 사회의 하층민과 만나면서 백성들의 고통을 이해했다.

후한(後漢) 건우(乾祐) 2년(949년)에 추밀사 곽위가 업도(鄴都, 하북성 대명현 동북)를 지키고 있었는데 야심이 컸던 곽위가 마침 사방으로 병사들을 모으고 있었다. 그때 조광윤도 곽위에게 의탁한다. 마침내 자신의 재능과 포부를 펼칠 곳을 찾은 것이다. 조광윤의 나이 23세의 일이었다.

후주에서 전공을 세우다

오대는 무인들의 천하였다. 말 위에서 천하를 얻었고 말 위에서 천하를 잃었다. 신하와 군주는 서로를 미워하며 서로가 서로에게 칼을 겨누는 악순환이 계속됐다. 조광윤이 곽위의 수하에 있을 때 곽위는 반란을 평정한 공으로 조정에서 권력을 장악했다. 사실 후한의 은제(隱帝)는 곽위를 두려워했다. 그러나 그의 세력이 만만치 않아 겉으로는 총애하는 척했고 기회를 엿보다가 몰래 밀사를 보내 그를 암살하려 했다. 그러나 곽위가 먼저 행동을 취해 수도인 개봉을 함락시켰다.

부하 장수들의 옹립으로 곽위가 주나라를 건립하고 황좌에 오르면서 한나라는 하룻밤 사이에 역사 속에서 사라졌다. 이 한바탕 난리 중에 남다른 재능을 보여 준 무명의 병사 조광윤은 궁을 보위하는 황궁금위군의 동서반행수(東西班行首)로 등용됐다.

후주(後周) 광순(廣順) 3년(953년)에 곽위의 양자 시영은 개봉부의 장관인 개봉윤(開封尹)을 하사받는다. 조광윤의 용맹한 재주에 반한 시영은 그를 개봉부마직군사(관청 소속의 기병지휘관)로 임명해 자신의 곁에 둔다. 이듬해 시영이 황위를 계승하자 조광윤에게 금군을 통솔하게 했다. 시영의 두터운 신임을 얻게 된 조광윤은 빠르게 진급해 그의 미래는 밝아 보였다.

주 세종 시영이 황제가 된 지 두 달 후에 북한(北漢)과 요(遼)가 연합군을 조직하여 공격해 왔다. 조광윤은 2,000명의 친위병을 이끌고 주 세종과 함께 출정해 고평(高平, 산서성 진성 동북)에서 전투를 치른다. 그런데 후주의 기병지휘관 번애능과 보병지휘관 하휘가 한군의 명성에 겁을 먹고 싸움을 포기한 채 도망갔다. 때문에 주 세종 곁에는 호위군 조광윤과 장영덕이 이끄는 2,000명의 기병만이 남아 있었다. 상황이 위태롭게 되자 주 세종은 직접 전군을 지휘했다. 조광윤은 위험을 앞에 두고도 목숨을 아끼지 않고 침착하게 군사를 지휘하는 훌륭한 장수의 기품을 보여 주었다. 조광윤은 서쪽 언덕을 가리키며 장영덕에게 말했다.

"적군의 사기가 왕성하니 궁술에 뛰어난 부대를 이끌고 신속히 서쪽 고지를 점령하시오. 나는 좌측에서 기병을 이끌고 적의 측면이나 배후로 포위해 들어갈 테니 양쪽에서 협공합시다. 그러면 반드시 승리할 것이오!"

장영덕은 그 즉시 군사를 이끌고 자리를 떠났다. 조광윤은 부하 장수에게 군사들을 이끌고 적군의 진영으로 돌진하라고 명했다.

"지금 황제가 위험한 상황에 놓이셨으니 바로 우리 무인들이 목숨을 바쳐야 할 때이다!"

조광윤은 힘찬 함성과 함께 말을 몰아 적의 진영으로 돌격했다. 고평 전투는 북한의 패배로 끝이 났다. 이 전쟁으로 조광윤은 지혜와 용기, 그리고 위기를 안정으로 변화시킨 탁월한 지휘력을 보여 주어 세종의 총애를 받았다. 아울러 장영덕과 같은 여러 금군 장수는 훌륭한 장수로 칭송되었다. 조광윤은 전전도우후(전사에 속한 고급 금군장군으로, 전전군지휘사와 부도지휘사보다 낮은 지위)로 승진하면서 고급장교 항렬에 올라섰다. 고평 전투를 통해 주 세종은 지휘를 따르지 않는 군사들이 상황을 위태롭게 만든다는 점을 깨닫고 군법을 바로잡기로 결심한다. 주 세종은 번애능과 하휘 아래의 장교 70여 명을 과감히 참수하고 조광윤에게 명을 내려 군대 안의 노약자를 가려내게 하는 등 금군을 전면 개편했다. 후주의 금군은 개편을 거친 뒤에 전투력이 크게 성장했고 조광윤의 위세도 금군을 바탕으로 눈에 띄게 커졌다.

고평에서의 승리는 주 세종에게 천하통일의 뜻을 고무시켰다. 이에 통일이란 대업에 힘을 쏟기 시작한 주 세종에게 조광윤은 점점 없어서는 안 될 중요한 인재가 됐다.

현덕 2년(995년)에 대장군 왕경과 향훈이 진(秦, 감숙성 천수현)·봉(鳳, 산서성 풍현) 지역을 오랫동안 함락시키지 못하자 주 세종은 더 이상 군사를 지원하고 싶지 않았다. 그들은 이미 나이가 많아 전장에서 활약을 기대하기도 어려웠기 때문이다. 이에 조광윤을 보내 상황을 파악하게 하고 진퇴를 결정하기로 했다. 조광윤은 적진 깊숙이 들어가 적군과 아군의 역량을 비교한 뒤 당장 전투를 치르면 아군이 패배한다는 결론을 내렸다. 이에 부대를 재정비하고 다시 만반의 준비를 갖춘 뒤 진격해 진, 봉, 성(成, 감숙성 성현), 계(階, 감숙성 무도)까지 이르는 광대한 지역을 한꺼번에 점령했다.

이듬해 봄에 수나라의 주 세종이 남당에 직접 출정했다. 후주군은 수주에서 적을 만나 원조도 받지 못한 채 고립됐기 때문에 반드시 하남의 주요 도시인 저주를 탈환해야만 했다. 저주는 남당의 수도인 금릉 서북쪽에 위치해 있었으며, 강한 군대가 지키고 있었다. 조광윤이 전선에 들어가 남당의 대장 황보휘를 공격하자 황보휘가 병사 1만 5,000을 이끌고 저주로 퇴각했다. 황보휘는 아군의 수가 많아 유리하리라 여기고 성벽에 올라 자신만만하게 외쳤다.

"사람은 각기 제 군주가 있으니 내가 투항할 거라 생각하지 마라. 내가 용기가 없다면 어찌 내 군사들을 전장으로 보내겠는가!"

조광윤이 조용히 웃었다. 그리고 황보휘가 성문 밖으로 내보낸 군사들 사이로 돌진하면서 크게 소리쳤다.

패전으로 상심해 있던 남당군은 조광윤의 살기에 더 기가 죽어 황보휘 앞으로 가는 그를 막지 못했다. 조광윤이 황보휘의 머리를 향해 칼을 휘두르니 머리가 두 쪽으로 잘려 땅에 떨어졌다.

남당을 정벌하기 위한 전쟁은 1년 넘게 지속된 끝에 주 세종의 승리로 돌아갔고 강북 14개 주의 영토를 흡수했다. 회하 원정에서 조광윤은 가장 큰 공을 세웠지만 거만하게 굴지 않았다. 일을 처리하거나 사람을 대할 때 더욱 조심스럽게 행동해, 무장이자 공신으로 쉽게 지니기 힘든 자제력을 보여 주기도 했다. 한번은 저주를 점령하고 나서 부친인 조홍은이 한밤중에 출정에서 돌아와 저주의 성 아래를 지나갔다. 성을 지키는 아들을 불러내 성문을 열라 했지만 조광윤은 문을 열지 않고 성곽 위에서 무뚝뚝한 말투로 아버지를 향해 소리쳤다.

당시 조홍은은 지병으로 몸이 좋지 않았지만 신하 된 도리를 지키는 아들에게 또 효심까지 바랄 수는 없어 그대로 따랐다. 성 밖에서 추위에 떨며 날이 밝기를 기다려 성안으로 들어간 조홍은은 이 일로 병이 나 두 달 후에 세상을 뜨고 말았다. 옛날 장례 관습에 따르면 부모가 죽었을 경우 벼슬을 그만두고 삼년상을 치렀는데 조광윤이 절실히 필요했던 주 세종은 며칠 뒤 다시 정국군절도사 겸 전전도지휘사로 그를 임용했다. 절도사는 관직 서열이 높은 자리였기에 조광윤의 명성은 더욱 높아졌다.

저주 전투 후 조광윤은 저주의 판관(判官, 주의 업무를 보좌하는 관리)으로 임명된 조보(趙普)와 친분을 맺는다. 조보는 총명하고 능력 있는 관리였으며, 조광윤과 사이가 좋아 병이 든 조광윤의 부친을 정성껏 간호했다. 조광윤은 절도사로 임명된 뒤 조보를 절도추관으로 추천해 자기 막부에 배치했다.

진교에서의 반란, 정권을 장악하다

959년에 주 세종은 거란(遼國)을 정벌한다. 그런데 진군하는 도중 '점검이 천자가 된다(點檢作天子)'고 적힌 목패를 얻게 됐다. 당시 전전도점검(殿前都點檢, 금군 최고 통솔자)은 장용덕이 맡고 있었기에 주 세종은 간담이 서늘해졌다.

'설마 장용덕이 황제가 되는 것인가, 아니면 군신을 이간질하려는 적의 음모인가?'

불길한 예감을 떨칠 수 없었던 주 세종은 장용덕에 대한 의심이 들었지만 전쟁 중이었기에 이 일은 잠시 덮어 두기로 했다. 그리고 지금의 하북성 지역인 어구관·와교관·익진관을 되찾은 뒤 병을 얻어 수도로 돌아왔을 때 장용덕을 전전도점검 자리에서 박탈시키고 믿을 수 있는 조광윤을 그 자리에 앉힌다.

조광윤은 전전도우후를 맡았을 때부터 군사 대권을 장악했으며, 6년 동안 금군과 번진에서 의사(義社, 형제간 의리를 중요시하는 자원들로 결성된 소규모 조직) 형제들을 결성했다. 구체적으로 살펴보면 여기에는 양광의, 석수신, 이계훈, 왕심기, 유경의, 유수충, 유정양, 한중빈, 왕정충과 막부 안의 조보, 왕인첨, 초소보, 이처운 등이 있었다. 이들은 훗날 조광윤의 눈과 귀가 된다. 또한 부하들에게 인자함과 위엄을 보여 주어 전공을 올릴 수 있도록 하고, 여기에 정치적 수단이 더해져 조광윤의 명성은 나날이 높아졌다. 일찍이 후주 때 남당의 군주 이경(李璟)은 조광윤의 명성을 듣고 경제난을 겪고 있던 조광윤에게 밀서와 백은 3,000냥을 보내 주 세종의 신임을 깨려 했다. 그러나 조광윤은 밀서를 폭로해 버렸다.

이제 조광윤은 사실상 조정의 군사 대권을 장악하고 있었다. 그의 위로 재상이 있었으나 재상은 보통 문신이 맡았기에 군대를 모르는 문신의 역할은 그렇게 크지 않았다. 시국이 이러하니 조정의 높은 자리를 맡은 자도, 권력을 잡은 자도 모두 무인 조광윤의 집단이었다.

조정의 대신들은 이미 정권 변화라는 대변혁이 눈앞에 닥쳤음을 예감했다. 이에 우습유 정기가 재상 범질에게 상소를 올렸다.

당시 부도지휘사 한통은 조광윤과 함께 일하고 있었다. 문신들의 움직임이 심상치 않자 한통의 아들 한탁타도 부친에게 조광윤을 경계하고 이른 시일 안에 그를 해치워야 할 것이라고 주의를 주었다. 그러나 범질과 한통은 이런 말을 귀담아 듣지 않았다.

현덕 7년(960년) 정월 초하루에 후주 조정은 돌연 거란과 북한의 연합 공격을 받았다. 재상 범질과 왕부는 상황을 파악하지 못하고 어린 황제와 함께 조광윤을 파견시켰다. 소문은 순식간에 퍼져 장차 조광윤이 황제가 된다는 말이 수도 전역에 떠돌기 시작했다. 10년 전에 곽위가 반란을 일으켜 개봉에 들이닥쳤을 때 조정에서 군사들을 내버려두어 백성들의 재물을 강탈하던 장면이 백성들의 머릿속에 재현되면서 불안감이 나라 전체에 가득했다. 개봉성 안의 민심이 요동치기 시작하자 백성이고 사대부고 할 것 없이 피란을 떠났다. 그러나 오직 황궁 안에서만 이 사실을 전혀 모르고 있었다.

정월 초이튿날에 대군이 출정했다. 조광윤은 평소에 군사들을 엄격하게 단속해 군기가 잘 잡혀 있었기 때문에 군사들이 백성들에게 해를 끼치지 않았다. 성문을 나가니 자칭 천문에 통달했다는 묘훈(苗訓)이라는 군관이 퍼뜨린, 동쪽 하늘 태양 아래 또 다른 태양이 떴다는 소문이 자자했다. 그의 말에 따르면 어둠과 빛이 오랜 시간 싸우니 하나의 태양이 다른 태양을 이기는 것이 천명이라고 했다. 조광윤의 의형제 초소보가 직접 그를 만났으나 스스로 천문에 대해 아는 바가 없었고, 더욱이 하나의 태양과 다른 하나의 태양이 싸우는 신비로운 장면도 본 적이 없었기에 그저 고개만 끄덕였다. 이 소문 역시 빠르게 전국으로 퍼졌다.

그날 저녁에 대군은 개봉에서 수십 리 떨어진 진교역(陳橋驛)에 도착했다. 군사들은 생각이 바뀌어 이론이 분분했다. 이에 군관이 군사들을 역문에 모아 놓고 크게 소리쳤다.

"우리들은 나라를 위해 목숨을 걸고 적들을 격파할 것인데 어린 황제가 어떻게 우리의 공을 알겠소? 차라리 조광윤을 황제로 앉힌 다음에 전쟁터로 가는 것이 낫겠소."

이 소식을 들은 조광윤은 군사들을 만류하고 연회를 열어 위로했다. 조광윤은 군사들을 한참 동안 설득하다가 먼저 술에 취해 부축을 받아 침실로 자리를 옮겼다. 한편에서는 조광윤의 동생 조광의와 조보가 조광윤을 황제로 앉히기 위해 긴급히 계획을 진행시키고 있었다. 수도에서 반란이 일어날지 몰라 곽연빈을 급히 수도로 돌려보내고, 황궁을 지키는 석수신과 왕심기와 비밀리에 연통해 궁문을 지키게 했다.

이튿날 아침이 되자 사방에서 큰 함성 소리가 들렸다. 일부 군사들이 활과 칼을 쥐고 조광윤의 침실 문을 지켰고 밤새 한숨도 자지 못한 조광의가 이불 속에서 잠에 취한 형을 깨웠다. 바깥이 소란하자 조광윤은 놀라서 제대로 옷도 입지 못하고 침실에서 뛰쳐나갔다. 군사들도 대충 걸쳐 입고 침실에서 뛰쳐나온 조광윤을 보고 놀라는 표

정을 지었다. 그리고 잠시 후 군사들이 하나둘 큰 소리로 외치기 시작
했다.

"우리 군사들은 군주가 없으니 원컨대 태위(太尉, 고급 군사장관의 존
칭)를 황제로 모시게 해 주십시오!"

조광윤이 미처 대답을 하기도 전에 군사들은 미리 준비해 온 용포
를 조광윤의 몸에 걸쳐 준 뒤 무릎을 꿇고 절하며 크게 외쳤다.

"만세!"

군영의 모든 군사가 일제히 호응하니 그 소리가 수십 리까지 이어
졌다.

조광윤은 군대 내부의 반란이 이미 돌이킬 수 없음을 깨닫고 도망
치기보다 차라리 과감히 앞으로 나서기로 한다.

"너희는 부귀영화를 얻고자 하여 억지로 나를 황제로 내세우고 있
다. 내가 황제가 되면 너희들은 내 명령에 복종해야 한다. 만약 그렇게
하지 않겠다면 난 너희들의 청을 들어주지 않을 것이다."

모든 군사가 명령을 따르겠다고 소리치자 조광윤이 군사들에게 간
단한 원칙을 말했다.

"어린 황제는 내가 받들어 모시는 분이고 조정의 대신들은 모두 내 동료이다. 너희는 함부로 궁에 발을 들여서는 안 되고, 고관들을 욕보여서도 안 된다. 군사를 일으켜 제왕이 되면 군사들에게 특혜를 주지만 오늘 이후로 나는 너희가 수도와 조정의 재물을 탐하게 두지 않을 것이다. 만약 제멋대로 백성들을 괴롭힌다면 그 역시 용서하지 않을 것이다. 내 명령에 따르면 후하게 상을 내릴 것이고 그렇지 않으면 바로 참수하겠다!"

조광윤의 말이 끝나자 군사들은 하나같이 큰 소리로 만세를 외쳤다. 거란과 북한의 침범 소식이 없자 조광윤은 말머리를 돌려 수도로 향했다. 군대가 수도에 들어갔어도 약탈이나 횡포는 일어나지 않았다. 미리 대기하고 있던 석수신과 왕심기가 궁문을 열어 주었고, 한통과 왕언승을 제외하면 군사정변은 큰 어려움 없이 마무리되었다. 마침 조회를 준비하고 있던 재상 범질과 왕부는 소식을 듣고 크게 놀랐다. 범질은 왕부의 손을 잡고 한숨을 내쉬며 후회했다.

"군사들을 급하게 출병시킨 우리의 잘못이오. 다 우리 탓이오!"

오래 지나지 않아 군사들이 범질과 왕보 등 대신들을 한곳에 모았다. 조광윤이 재상들의 얼굴을 보자마자 울음을 터트렸다가 가까스로 입을 열었다.

"군사들의 압박으로 어쩔 수 없이 이렇게 되었습니다."

범질은 용기 있게 앞으로 나서 조광윤을 꾸짖고 그의 예를 받지 않았다. 군관 나언괴가 검을 가지고 앞으로 나와 힘찬 목소리로 범질을 향해 외쳤다.

"우리는 주군을 잃었으나 오늘 반드시 황제를 얻게 될 것이다!"

조광윤은 나언괴에게 무례하다며 크게 나무랐으나 나언괴는 쉽게 물러서지 않았다. 왕부가 상황을 파악하고 계단에서 내려와 예를 갖추자 범질도 어쩔 수 없이 왕부를 따라 예를 갖추며 만세를 외쳤다. 이에 모든 대신도 머리를 숙였다. 이로써 조광윤의 등극에는 아무런 걸림돌도 없었다.

조광윤은 흐르는 눈물을 닦고 숭원전에 올라 문무백관을 불러 선대례(禪代禮)를 진행했다. 제서(帝緖)가 공표되고 조광윤이 재상들의 부축을 받아 황제의 자리에 올랐다. 조광윤은 새로운 왕조를 송(宋)이라 하고 960년에 연호를 건륭(建隆)으로 고치니 북송은 바로 이렇게 건립됐다.

책략의 승리, 그리고 통일

조송은 건립 초부터 많은 문제가 있었다. 새로 건립된 조정과 후주의 옛 신하들 간의 갈등, 황제와 공신들 사이의 마찰 등 지배층 안의 문제는 물론 북한과 거란족의 침입으로 불거진 민족 간의 불화와 지주와 농민 사이의 모순 등 지배층 밖에서도 해결해야 할 문제가 산적해 있었다. 시급히 해결하지 않으면 언제고 반란이 일어날 수 있어 조송 왕조는 정권이 위험한 상황이었다.

조송의 개국 군주 송 태조는 여러 복잡한 문제를 해결하면서 시대 흐름에 걸맞는 담력과 식견을 보여 주어 오대의 폐단을 없애고 통일국가를 완성했다. 물론 그가 속한 지배 계층의 이익을 보호하는 모습에서 시대의 한계성이 드러나기도 했지만 말이다.

송 태조는 먼저 가까운 곳에서 생길지 모르는 화를 제거하기로 했다. 수도 안의 후주 세력이 결탁해 반항을 일으킬 가능성이 바로 그것이었다. 송 태조는 이들을 탄압이나 숙청을 통해 제거하는 대신 존중과 우대라는 방법을 이용했다. 이에 곽씨(郭氏)와 시씨(柴氏)를 비롯한 종실과 후주의 신하들을 모두 수용하는 한편 후주의 마지막 황제 시종훈(柴宗訓)은 정왕(鄭王)으로, 태후는 주태후(周太后)로 봉해 서쪽 궁으로 이주시키고 아울러 신하들을 보내 그들의 생활을 보장해 주었다. 곽씨와 시씨의 후손에게도 각각 관직과 봉읍을 하사하고, 후주의 문무백관들도 옛날과 같은 직위를 주었다. 범질과 왕부도 그대로 재상직을 맡았다. 이렇게 하니 후주의 관료들은 왕조가 바뀌었으나 크게 걱정하지 않았다. 그러나 조광윤을 옹립한 공신들은 부귀를 원했기에, 구신을 우대하는 조광윤의 정책에 불만을 품었다. 물론 송 태조는 자신의 공신들에게도 고관을 하사해 실권을 부여해 주었다. 그러나 그들을 철저히 감독해 잘못을 저지르면 관용을 베풀지 않았다. 한 예로 수도의 순검관 왕언승이 공을 내세우며 횡포를 부렸는데 하루는 재상 왕부로부터 후한 대접을 받고 싶어 한밤중에 왕부의 집을 찾아갔다. 왕부는 예를 갖춰 정성스레 왕언승을 대접했다. 그런데 이튿날 이 일을 들은 송 태조는 가차 없이 왕언승을 파직시켰다. 그 후로 후주의 옛 신하들은 새로 들어선 정권을 의심하지 않았으며, 조송 왕조에 대한 불만과 충돌이 크게 줄었다. 초기에 후주의 개국공신 이균과 곽위의 외손자 이중진이 산서와 산동에서 각각 반란을 일으켰지만 호응을 얻지 못해 금세 평정됐다. 이균은 처음에 자신감에 가득 차 이렇게 말했다.

"나는 주나라의 노장으로서 수도의 금위군은 내 동료이거나 부하이다. 그러니 예전으로 돌아가는 일은 어렵지 않다!"

그러나 어찌 알았겠는가! 송 태조가 그보다 한 수 위였다. 송 태조는 이미 옛 신하들의 신임과 충성을 받고 있었다. 이는 송 태조가 단기간에 지배층의 반란 세력을 잠재우고 정국을 안정시킬 수 있었던 가장 큰 요인이었다.

내부의 반항 세력이 신속하게 평정되자 새로 건립된 왕조는 외부 확장을 위해 기초를 닦았다. 송 태조는 중국 대륙 전역을 통일하기 위해 군대를 준비했다. 당시 남쪽에는 남당을 비롯해 오월, 남평, 호남, 남한, 후촉, 장천 정권이 있었다. 북방에도 북한과 요나라가 있었다. 전국이 분열되니 남과 북은 자연히 교류하기가 어려웠고 북송 왕조의 안전도 장담할 수 없었다.

천하를 통일하는 일은 모든 이의 희망이고 대세였다. 그러나 누가 이 역사적인 임무를 완성하느냐는 먼저 여러 나라들 간의 세력 비교를 통해 결정되게 마련이다.

10세기 중반에 분열된 중국 대륙에서 가장 강하고 천하를 통일할 조건을 갖춘 나라는 바로 요나라와 송나라였다. 요나라와 송나라의 힘을 비교해 보면 거란족의 요나라가 경제와 군사력에서 상대적으로 우세했다. 송나라가 막 세워졌을 때 요나라는 이미 40년이 지난 상황이어서 송나라에 비해 영토도 넓었다. 요나라는 성곽이 즐비했고, 논밭에는 오곡이 가득 찼으며, 인구도 빠르게 증가했다. 또한 50만 군대를 보유했는데 대부분이 기병이었다. 반면 송나라의 금군은 19만 3,000명으로 보병이 대부분이었다. 때문에 연산(燕山) 남쪽에서 전투가 벌어졌을 때 당연히 요나라 군대가 유리했다.

이러한 상황에서 어떻게 천하를 통일시킬 것인가? 송 태종은 항상 마음을 놓지 않고 상황의 추이를 파악했다. 즉위하고 얼마 후인 건륭 원년(960년) 8월에 조광윤은 대신들을 불러 계책을 논의했다. 이 때 장용덕이 말했다.

"북한은 군사가 적지만 매우 사납습니다. 요나라가 그들을 도운다면 또 공격하기 쉽지 않습니다. 신의 생각으로는 매년 일부 군사를 보내 그들의 농경지를 망치고 계속 간첩을 보내 요나라와의 관계를 갈라놓아야 합니다. 일단 요나라가 북한에 지원을 하지 않으면 그때 평정해도 늦지 않습니다."

송 태조는 장용덕의 의견에 동의했다. 큰 눈이 내린 어느 날 밤에 송 태조는 군사 전략으로 고심하느라 밤잠을 이루지 못하고 있었다.

어지러운 마음을 달래려 송 태조는 아우 조광위와 만나 조보의 집으로 향했다. 한밤중에 황제가 찾아오자 당황한 조보는 황급히 자리를 데우고 술을 가져왔다. 이들이 화로 주위에 앉아 있는 가운데 조보의 처 화씨(和氏)가 직접 술을 데웠다. 송 태조는 화씨를 형수라 불렀고 조보와 편안하게 이야기를 나누었다. 술잔이 여러 번 돌고 얼굴에 취기가 오르자 조보가 송 태조에게 물었다.

"야심한 밤에 어찌 밖으로 행차하셨습니까?"

"잠이 오지 않아서 말이오. 침상 외에는 모두가 남의 땅이니 걱정이 되어 그대와 상의하러 왔소. 내 태원을 수복할 생각이오."

"태원은 서북쪽에 위치했으니 만일 점령한다면 요나라의 공격을 감당해야 합니다. 잠시 북한은 미루시고 남쪽의 여러 나라를 평정하시는 게 어떨지요?"

송 태조가 미소를 지었다.

"내 생각과 같구려. 내 그대를 잠시 떠본 것이오."

송 태조는 2년 동안 준비하면서 신하들의 의견을 취합한 뒤 먼저 남쪽을 정벌하고 그 다음에 북쪽을 평정해 중국을 통일한다는 계획을 세웠다. 그리고 아우 조광의에게 구체적으로 자신의 생각을 말했다.

"중국은 오대 이래로 전란이 끊이지 않았다. 나라의 창고가 비었으니 이를 위해 먼저 파촉(巴蜀)을 치고 그 다음에 광남(廣南)과 강남(江南)을 공격하면 나라의 창고를 채울 수 있을 것이다. 또한 북한과 요나라는 근접해 있으니 먼저 북한을 공격한다면 요나라가 공격해 올 것이다. 나 홀로 요나라의 공격을 받느니 차라리 일단 그냥 두는 편이 낫다. 남쪽의 풍요로운 영토를 얻은 뒤에 북쪽으로 화살을 돌려도 늦지 않을 것이다."

송 태조의 생각은 실로 적중했다. 963년에 송 태조는 모용연쇠(慕容延釗)를 보내 남평과 호남을 무너뜨린 뒤 동쪽으로 남당을 위협하고, 서쪽으로 후촉을 제압하며, 남쪽으로 남한에 근접하게 했다. 964년 11월에 송 태조는 대장군 왕전빈과 조빈에게 군사를 주어 천혜의 보고라 불리는 후촉을 공격했다. 후촉은 물자가 풍부하고 지형이 험난했지만 우매한 군주 맹창이 송나라 군대의 공격을 당해 내지 못하고 66일 만에 성도를 빼앗기면서 멸망했다. 970년 9월에 송 태조는 또 반미에게 군대를 이끌게 하고 영남으로 출정시켰다.

남한의 유창은 학정으로 백성들의 원망이 컸다. 이듬해 봄 2월에 송나라 군대는 광주를 공격해 남한을 멸망시켰다. 974년에는 송나라 군대가 이미 남당을 삼면에서 포위해 공격했다. 남당의 이욱은 송나라 군대가 이웃나라를 공격할 때에도 아무런 대비책을 마련하지 않고 관망하고 있었다. 지세가 험난하고 국력이 강했던 남당은 사방의 이웃나라를 잃자 순망치한 격으로 송나라의 공격에 힘없이 무너졌다.

남쪽의 여러 나라를 멸망시키면서 송 태조는 구체적인 방법과 계책을 적절히 활용했다. 예를 들면 국력이 강했던 남당·오월·장천과 같은 나라에는 세력 범위 안에 묶어 두고 통제하면서 동맹을 맺었다. 남당의 두착과 설량이 평남책(平南策)을 바쳤으나 태조는 즉시 두착을 참수해 강남을 공격하지 않겠다는 뜻을 보였다. 남당은 송나라에 시신을 보내 조공을 바치면서 잘 보이려고 애를 썼다. 이 때문에 송나라 군대가 남쪽을 정벌해 이웃나라가 하나둘씩 쓰러져갔음에도 남당의 군주는 순망치한의 이치를 깨닫지 못한 것이다. 송 태조는 남한의 유창에게 송나라에 투항하라는 서신을 보내 동맹을 맺었고, 오월에도 먼저 군사를 일으키지 않고 서신을 통해 동맹을 제안했다. 건륭 초기에 오월왕 전숙에게 천하병마대원수라는 칭호를 내리고 군마·양·낙타와 같은 하사품을 주었다. 남당을 정벌하기 전에 송 태조는 전숙에게 따로 서신을 보내 강남 정벌에 힘을 보태라 하자 전숙도 그에 따르려 했다. 그러나 승상 침호자가 진언했다.

"남당은 천하의 장벽입니다. 만일 대왕께서 장벽을 거두신다면 송나라 군대가 들어왔을 때 어떻게 나라의 안전을 지킬 수 있겠습니까?"

그때 남당의 군주도 전숙에게 서신을 보내 이해관계를 역설했다.

"지금 우리나라가 망하면 앞으로 그대의 나라가 어떻게 안전할 수 있겠소? 송 태조가 그대를 불러 상을 내리는 날이 그의 신하가 되는 날이 될 것이오."

그러나 송 태조의 수완에 넘어간 전숙은 이들의 말을 귀담아듣지 않았다. 이처럼 송 태조의 교묘한 계책은 상황이 변화하면서 더욱 효과를 나타냈다. 남한·후촉·남당·오월은 통치자 대부분이 백성들을 괴롭히고 부패했기에 백성들은 통일을 희망했으며, 아울러 이웃한 나라와도 충돌이 잦아 송 태조에게 쉽게 무너진 것이다.

남당은 송 태조가 남쪽 정벌에서 가장 마지막으로 무너뜨린 나라다. 남당이 망한 이듬해 봄에 송 태조는 오월왕 전숙을 조정으로 불렀다. 물론 일을 마치면 고국으로 돌려보내 주겠다는 송 태조의 약속이 있었지만 전숙과 그의 아내는 걱정이 되었다. 오월의 조정도 크게 당황하며 전숙을 걱정했다. 얼마 후 오월의 신하들은 서호의 보석산 위에 전숙의 안전을 비는 보숙탑(保俶塔)을 만들었다. 전숙이 경사로 들어가자 태조는 그에게 보자기 하나를 건네주고 약속대로 돌려보냈다. 전숙이 돌아오는 길에 보자기를 풀어 보자 안에는 송나라 신하들이 전숙을 잡으라고 청하는 상소가 가득했다. 전숙은 순간 간담이 서늘해졌다. 그리고 송 태조에게 감격했다. 사실 이때 오월은 이미 송 태조의 전국통일 계책 안에 전부 계산되어 있었다.

장천도 독립 정권을 유지하고 있었으나 오월과 장천 두 나라는 송나라의 적수가 되지 못했다. 게다가 일찍이 이 두 나라는 송나라의 신하국을 자청한 터라 형식적인 문제만 남겨 두고 있었다. 976년에 남당을 평정하면서 전국통일의 모양새는 거의 갖춰졌다고 볼 수 있었다. 송 태조가 죽고 난 뒤 2년 후 오월과 장천은 송 태종(太宗) 조광의에게 영토를 바치고 투항했다. 이렇게 남쪽을 통일하는 데 15년이 걸렸다. 도합 157개의 주와 745개의 현을 얻었고 260여 만 가구가 편입되어 국력과 군사력이 크게 증강되었다. 이러한 기반 위에서 송 태종은 태평홍국 4년(979년)에 북한을 멸망시키고 수십 년 동안 지속된 분열 상태를 종결시킨다. 즉 요나라와 변경의 일부 소수 민족 정권을 제외하면 중원 지역과 남쪽은 거의 통일된 상태였다.

권력을 집중시키다

송 태조는 오대 정권을 생각하다가 조씨 왕조의 수명도 짧아지지 않을까 걱정했다. 이에 이상과 이중의 반란을 진압한 뒤 조보에게 물었다.

"당나라 이래로 천하는 수십 년 동안 천하의 제왕이 수차례 바뀌었고 끊임없는 전쟁으로 수많은 백성이 목숨을 잃었소. 나는 천하의 전쟁을 끝내고 오래토록 나라의 안전을 지키고 싶은데 무슨 방도가 없겠소?"

조보가 대답했다.

"전쟁이 끊이지 않았던 이유는 군주가 약하고 신하가 강했기 때문입니다. 만일 지금의 폐하처럼 치국의 도를 중시한다면 다른 방도를 찾으실 필요는 없습니다. 오직 지방의 권력을 약화시키고, 지방의 물자를 거두며, 지방의 군사들을 중앙으로 모은다면 천하는 자연히……"

말을 마치기도 전에 송 태조가 다시 물었다.

조보와의 대화를 통해 송 태조는 군주의 권력을 강화시키겠다고 결심했다.

군사가 교만하면 장수를 쫓아내고 장수가 강하면 황제를 배반한다. 이것이 바로 오대 이후로 이어진 악습이었다. 오대 황제는 대부분 절도사의 지위에서 왕위를 빼앗았다. 절도사는 대부분 금군의 장수에서 승진했기 때문에 절도사와 금군은 황권에 큰 위협이 됐다. 그러나 주 세종 때 금군이 조광윤에 의해 정돈되면서 절도사들의 힘은 크게 약화됐다. 금군의 이해관계를 잘 알고 있던 송 태조는 금군 장수들의 권력을 분산시키고 지방의 병력을 중앙으로 모으기로 한다.

일찍이 송나라가 건립된 그 이듬해(961년) 어느 날 송 태조가 의형제들을 궁으로 불렀다. 형제들이 도착하자 사냥 도구를 챙겨 교외의 숲으로 가 즐겁게 술을 마셨다. 모두 의형제를 맺었기에 황제와 신하라는 신분에서 벗어나 자유롭게 이야기를 나누었다. 한창 즐겁게 술을 마시며 대화를 하던 중에 송 태조가 갑자기 일어났다.

"여기는 인적이 드문 곳이구려. 자, 그대들 가운데 누가 이 자리에 앉고 싶소? 사람도 없으니 나를 대신하고 싶으면 어서 행동으로 옮기시오."

장수들은 크게 놀라 순식간에 취기가 사라졌다. 모두 무릎을 꿇고 벌벌 떨며 머리를 조아리자 송 태조가 다시 물었다.

"그대들은 진정 내가 황제의 자리를 지키기 바라는구려."

송 태조의 말투가 누그러지자 장수들은 참았던 숨을 내쉬고 '만세'를 외쳤다.

"그대들이 나를 천하의 군주로 여기겠다고 하니 이제부터 신하된 도리를 갖추어야 할 것이오."

그러나 이것은 병권을 수합하려는 송 태조의 예행 연습에 불과했다. 다시 7월의 어느 날 송 태조는 석수신과 여러 신하를 불러 연회를 베푼다. 술자리가 무르익자 송 태조는 좌우의 시종들을 물리고 석수신을 비롯해 여러 공신과 형제들에게 말했다.

"그대들의 도움이 없었더라면 지금의 나는 없었을 것이오. 그러나 천자의 자리에 오르고 보니 절도사 시절에 유유자적하던 때와는 달리 하루하루가 힘들구려. 지금 나는 거의 하루도 편안하게 잠을 이루지 못하고 있소."

석수신이 물었다.

"그게 무슨 말씀이십니까?"

송 태조가 담담하게 말을 이었다.

"무슨 말이겠소. 여기서 이 자리에 앉고 싶은 사람은 솔직히 말하시오!"

석수신과 신하들은 대경실색하여 황급히 무릎을 꿇고 머리를 조아렸다.

"폐하, 어찌 그런 말씀을 하십니까? 지금 천명이 이미 정해졌는데 누가 감히 다른 마음을 품을 수 있겠습니까?"

"그대들이야 다른 마음을 품을 리 없겠지만 어느 날 부하들이 그대들에게 억지로 황포를 입힌다면, 황제가 되고 싶지 않다 하더라도 거절할 수 없을 것이 아니오?"

"어리석게도 그 점을 생각지 못했으니 폐하께서 저희에게 살길을 열어 주십시오."

송 태조은 길게 한숨을 쉬었다.

"인생은 짧소. 사람이 세상에 태어나서 편안하게 부귀영화를 누리면 2만일 뿐이오. 내가 그대들을 위해 생각해 보니 병권을 내놓고 지방으로 내려가 논밭과 집을 사서 자손 대대로 물려주고 매일 흥겹게 술을 마시며 평생을 즐겁게 보내는 것이 좋을 것 같소. 그렇게 되면 나는 그대들과 다시 인연을 맺을 것이고 군신 간의 의심이 사라질 테니 이 얼마나 좋소?”

송 태조의 말이 끝나자 신하들은 감사하다는 말을 남기고 돌아갔다. 이튿날이 되자 마치 약속이나 한 듯 석수신과 여러 금군 장수가 병을 이유로 사직했다. 송 태조는 기뻐하며 그들에게 상을 내렸다. 하루가 또 지난 뒤에 송 태조는 석수신·왕심기·장령탁 등이 병권을 내놓고 사직했음을 선포하고 각지의 절도사로 배치했다. 그 후 오대 이래로 만연한 금군 수장들의 횡포는 사라졌다. 금군은 황제의 지휘에 따랐으며, 금군 장수들도 겸손한 모습을 보였다.

송 태조는 금군의 문제를 해결함과 동시에 번진 수중의 군권을 약화시켰다. 구체적인 방법을 살펴보면 재능과 실력을 겸비한 사람들을 전부 금군으로 뽑고 그중 표준이 되는 병양(兵样)을 선발해 각 지방으로 보냈다. 지방은 병양에 따라 군사들을 뽑아 훈련시켜 다시 경사로 보내 금군에 편입시켰다. 경사의 금군에게는 많은 봉록을 주었고 송 태조가 그들을 직접 훈련시키며 감독했다. 지방군은 상대적으로 대우가 보잘것없었으며, 훈련의 강도도 약했다.

당나라 말기에서 오대 이후로 강한 군대를 가진 번진 세력은 여러 주를 겸병해 병권·정권·재정을 모두 차지했다. 백성들에게 조세를 징수해 재정을 늘리면서 중앙정부의 제재를 받지 않았다. 다시 말하면

번진은 국가의 주요 수입원인 조세를 비롯해 변경 지역의 통상무역에 관한 조세까지 거둬들여 충분한 재정 상태를 유지했다. 그리고 이것을 바탕으로 군사력을 키운 것이다. 이와 반대로 중앙 조정은 재정을 확보하지 못했으니 군사력은 물론 황제의 권력에도 영향을 미쳤다.

송 태조는 961년(건륭 2년)부터 재정을 확보하기 위해 여러 가지 정책을 실시했다. 첫 번째로 중앙에서 직접 지방으로 경조관(京朝官)을 보내 조세 징수를 담당하게 했다. 노(路)에는 전운사(轉運使), 주(州)에는 위통판(委通判)을 통해 각지의 재정을 관리했고 술이나 소금과 같이 나라가 전매하는 품목에 감독관을 증설했다. 이들 관리는 모두 중앙정부에서 직접 파견시켰으며, 번진은 관여하지 못하게 했다. 두 번째로 지방의 재정을 제한하기 위해 현지에서 필요한 경비를 제외한 나머지 모든 물자를 경사로 운송케 했다. 마지막으로 각지의 관리들이 사사로이 상업 활동을 하지 못하게 제한했으니 이로부터 지방의 모든 재정이 중앙으로 모였다.

송 태조는 황제의 권력을 강화하기 위해 행정적으로도 과감한 개혁과 대책을 마련했다. 중앙정부에서 재상의 권력을 분할해 황제의 권력과 대립할 수 없게 했으니, 송 태조는 즉위한 다음날 곧바로 재상 범질과 왕부를 불러 정사를 맡겼다. 한나라와 당나라 시절에 재상들은 황제와 정무를 논의할 때 대전에 앉는 것이 보통이었다. 그런데 어느 날 송 태조가 정무를 보다가 두 재상에게 말했다.

"내 눈이 침침하니 상소문을 가지고 올라오시오."

범질과 왕부가 송 태조의 어탁 앞으로 다가가자 궁정의 시종이 바로 두 사람의 의자를 치워 버렸다. 그 후로 송나라의 재상들은 황제 앞에서 공경한 모습으로 서서 정무를 보았다.

북송 초기 재상의 정식 관명은 동중서문하평장사(同中書門下平章事)이다. 송 태조는 재상의 권력을 분할하기 위해 부재상 직인 참지정사(參知政事)를 만들고, 추밀원(樞密院)을 세워 군사를 담당하게 했으며, 삼사(三司)에 재정을 맡겼다. 재상의 행정권을 삼분하고, 재상에게는 전체적인 행정을 살피게 했다. 북송 초기의 관료체제가 이렇게 바뀌니 모든 권력은 황궁을 거쳐야 했으며, 나라의 대권도 자연히 황제에게 집중됐다.

문(文)을 중시하고 무(武)를 경시하다

오대 이래로 무(武)를 중시하고 문(文)을 경시하는 사회 분위기가 형성됐다. 무예를 중시하고 문예를 경시하니 학교가 흥성하지 못해 문화와 교육은 날로 쇠퇴했다. 그 결과 관리들은 우매했으며, 조정은 문란해졌다. 후주의 곽위와 시영 때부터 문예의 중요성을 깨닫고 문신을 등용하기 위해 노력했으나 그들의 짧은 재위 기간으로는 큰 효과를 보지 못했다. 결국 후주 정권도 무장에 의해 뒤집힌 것이 아니었던가. 송 태조는 즉위한 뒤에 근본적으로 문예를 경시하는 풍조를 개선하고자 노력했다. 그리고 그 영향이 명청 시기까지 미쳐 이후 무장이 황제를 옹립하는 현상은 나타나지 않았다. 더욱 중요한 것은 송 태조가 문예를 중시한 덕에 북송의 문화·기술·교육이 장족의 발전을 이뤘다는 점이다.

조광윤은 평소 말이 적고 독서를 좋아했다. 행군할 때에도 틈만 나면 책을 읽었으며, 희귀한 서책이 있다는 소식을 들으면 천금을 아끼지 않고 손에 넣었다. 주 세종이 남당을 정벌할 때 누군가 주 세종에게 조광윤을 험담했다.

"조광윤이 수주성을 공격해 탈취한 보물이 엄청 많다고 합니다."

그 말을 믿은 주 세종은 사람을 보내 조사해 보았지만 찾아낸 것은 수천 권에 이르는 서적뿐이었다고 한다. 놀란 주 세종이 조광윤을 불렀다.

"전쟁으로 바쁠 텐데 어떻게 이 많은 책을 모은 것이오?"

조광윤이 머리를 조아리며 대답했다.

"신은 중임을 맡고 있으나 폐하를 도울 좋은 계책이 없습니다. 이 때문에 지혜를 늘리고자 많은 서적을 모았던 것입니다."

조광윤은 무인만 중시한 사회 속에서도 무예뿐 아니라 문예도 중시하며 독서에 뜻을 두었던 것이다. 실제로 그의 학문에 대한 열정은 훗날 나라를 건립하고 안정시킴에 있어 문예를 경시하는 선대의 오랜 풍습을 바꾸어 놓았다.

　송 태조는 중앙과 지방의 관리로 많은 문신을 뽑아 무인이 권력을 독점하는 상황을 바꾸었다. 이는 무예를 중시하고 문예를 경시하는 사회 풍조를 근본적으로 바꾸는 계기가 됐다. 금군 장수들의 권력을 분산시키자 중앙 조정은 재상의 권력이 가장 커졌다. 송 태조가 재상을 모두 문신으로 등용했기 때문이다. 오대 이후로 지방의 정권은 대다수 무인이 장악했으나 송 태조는 이를 모두 문신으로 바꿨다.

> "오대의 번진들은 백성들에게 해를 끼치며 핍박했다. 짐은 오늘부터 문신 100여 명을 뽑아 각지에 보내겠다. 설령 이들 가운데 탐관오리가 있을지도 모르겠으나 무신들에 비하면 십분의 일도 아닐 것이다."

　황제가 이처럼 문신을 중용하니 관청에서도 문신에 대한 수요가 크게 늘었다. 그렇다면 문신들은 어디서 발탁됐을까? 문신 대부분은 과거시험을 통해 뽑았다. 때문에 송 태조는 과거제도에 대해서도 일부 개혁을 실행했다. 첫째로 집안 형편이나 가문에 제한을 두지 않고 학식이 있는 자는 모두 시험을 볼 수 있도록 범위를 넓혔다. 둘째로 2차 시험과 전시(殿試, 황제가 직접 주관하는 시험)제를 실시해 권세가들의 청탁으로 관리를 선발할 수 없게 했다. 개보 원년(968년) 3월 과거에서 발탁된 10명의 인사 가운데 호부상서 도곡의 아들 도병이 6등을 했다. 송 태조는 일찍이 도곡의 아들에 대해 나쁜 소문을 들었기에 시험 결과가 의심스러웠다.

"오늘부터 관리 집안의 자제들은 전부 2차 시험을 거쳐 선발하겠다."

975년(개보 8년)부터 송 태조는 직접 시험을 주관하는 전시를 실시했다.

"이전까지 과거에 급제한 사람들은 대다수가 관료 집안이었다. 이 때문에 가난한 서생들이 벼슬할 기회를 얻지 못했으니 부당한 일이 아닐 수 없다. 오늘부터 짐이 직접 주관하는 시험을 실시하겠다."

송 태조 이후 전시는 과거제도의 하나로 확립됐으며, 과거를 보는데 출신이나 가문은 크게 중요하지 않았다. 이로부터 재능 있는 수많은 서생이 조정에서 벼슬을 하게 된다.

송대의 유명한 역사학자 사마광(司馬光)은 『속수기문(涑水紀聞)』에서 송 태조의 인재 발탁법을 높이 평가했다.

"송 태조는 똑똑하여 인재를 잘 알아보았다. 출중한 인물을 발탁함에 있어 조건이나 신분을 따지지 않았다. 중앙이나 지방관 가운데 인재를 발견하면 몰래 이름을 적고, 적당한 자리가 나면 바로 명부에 적어 넣었다. 이 때문에 천하에 재주가 있어도 기회를 만나지 못해 한탄하는 이가 없었다."

물론 사마광의 평가는 일부 과장되고 미화된 부분이 있을 것이다. 그러나 당시의 역사적인 조건을 놓고 봤을 때 송 태조의 노력은 긍정적으로 평가되어야 할 것이다.

촛불 그림자와 도끼 소리

개보 9년(976년) 10월에 송 태조 조광윤은 한창 능력을 발휘할 나이인 쉰에 사인도 밝혀지지 않고 갑자기 세상을 떠났다.

송 태조의 죽음과 관련해 언급할 일은 바로 조광의의 계승 문제이지만 아쉽게도 송대의 역사서에서는 이와 관련된 기록이 없다. 그러나 야사나 필기문 기록에서는 여러 가지 이야기가 남아있다. 전해지는 이야기 가운데 하나는 문옥(文瑩)의 『상산야록(湘山野錄)』에 보인다. 송 태조가 한 도사를 만나 물었다.

“내가 얼마나 더 살 것 같소?”

도사는 점을 쳐 보고 말했다.

“올해 10월 20일 밤을 넘기기 어려우니 빨리 후일을 처리하시지요.”

송 태조는 항상 이 날짜를 기억하고 있었다. 그리고 10월 20일 밤이 되자 송 태조는 긴장된 얼굴로 태청각(太淸閣)에서 하늘을 올려다보았다. 하늘에 반짝이는 밝은 별을 보고 잠시 마음을 놓고 있는데 갑자기 사방에서 구름이 일더니 눈과 우박이 쏟아지기 시작했다. 심상치 않음을 느낀 송 태조는 바로 침실로 돌아갔다. 그리고 아우 광의를 불러 주위의 시종을 물리치고 술을 마시며 이야기를 나누었다. 침실 밖에서 보이는 것은 흔들리는 촛불 그림자와 촛불 아래의 조광의가 이리저리 피하는 듯한 모습의 그림자였다. 술자리를 파하자 삼경을 알리는 북소리가 들렸고 땅에는 눈이 소복이 쌓여 있었다. 송 태조는 침실을 나와 옥부(玉斧)로 눈이 내린 땅 위에 글자를 적고, 도끼를 끌어 눈을 헤치며 조광의를 향해 말했다.

"잘했다! 잘했다!"

말을 마친 송 태조는 허리띠를 풀고 들어가 잠에 들었는데 코를 고는 소리가 마치 벼락같았다. 그날 밤, 조광의는 궁에서 나오지 않았다. 오경이 지나서 당직을 서는 이가 인기척이 없어 침전에 들어가 보니 송 태조가 죽었다는 것이다. 조광의가 그의 뒤를 이었으니 역사에서 이르는 송 태종(太宗)이 된다.

『상산야록』을 쓴 문옥은 초야에 묻혀 살던 승려이다. 역사서에서도 담지 않은 송 태조의 죽음을 용감하게 필기문에 실었다. 이는 승려라는 자유로운 신분이었기에 가능한 일이었다. 그러나 진실인지 거짓인지도 모르는 이야기 속에 도끼라는 불길한 물건이 등장하니 두 형제가 술을 마시면서 도끼를 사용한 이유는 무엇일까? 아우에게 황위를 강요하기 위해서였을까? 만일 그것이 아니라면 아우가 황위를 찬탈하는 과정에서 싸움이 생긴 것일까?

사마광의 『속수기문』에서는 아예 송 태조의 사인을 언급하지 않고 계승 문제에 대해 또 다른 이야기를 적었다. 송 태조가 죽자 곁에 있던 황후는 송 태조가 생전에 총애한 환관 왕계은을 불러 넷째 아들 덕방(德芳)을 오라 했다. 그러나 왕계은은 개봉부로 달려가 조광의에게 이를 알렸다. 왕계은의 발소리가 문밖에서 들리자 황후가 물었다.

"덕방을 데려왔는가?"

"진왕 조광의께서 오셨습니다."

황후는 조광의가 왔다는 말에 순간 놀랐으나 이내 정신을 차리고 말했다.

"우리 모자의 목숨은 그대에게 맡기겠습니다."

그러자 조광의가 대답했다.

"부귀를 함께 누릴 테니 걱정하지 마십시오."

역사학자 사마광의 기록은 송 태조가 죽기 전에 후계자에 대한 언급이 없었으니 조광의가 황위를 이은 것은 순전히 황실 내부의 음모라는 뜻이다.

이 외에도 '금궤의 약속'이란 설도 있다. 송 태조가 즉위한 그 이듬해에 황태후 두씨(杜氏)는 후주의 어린 군주를 교훈 삼아 송 태조에게 다음과 같이 유언했다.

"그대가 세상을 떠나면 황위는 광의에게 물려주고, 광의가 물러나면 광미에게 물려주며, 광미는 덕소(德昭, 조광윤의 차남)에게 물려주어야 합니다. 성장한 군주를 세워야 사직을 복되게 할 수 있습니다."

송 태조가 이에 동의하자 조보가 태후의 유언을 기록해 금궤에 넣었다는 이야기이다.

전해지는 설이 다양하니 진실이 무엇인지 확실히 알 수는 없다. 어찌됐든 송 태조의 죽음에 관해 역사서에 기록된 것은 "촛불 그림자와 도끼 소리는 천고의 수수께끼이다(燭影斧聲 千古之謎)"라는 짧은 글귀뿐이다.

송 태조는 난세에 태어나 자신의 노력으로 제왕의 위치에까지 오른 인물이다. 그는 북송을 세우고, 재위 17년 동안 천하를 통일했으며, 지방의 세력을 약화시키고, 문예를 부흥시켜 300년에 이르는 송나라의 기초를 닦아 주었다.

주원장(朱元璋, 1328년~1398년)

명나라의 초대 황제. 홍건적에서 두각을 나타내어 군웅들을
굴복시키고 명나라를 세웠다. 원나라를 몰아낸 뒤, 군주 독재
권의 강화를 위해 동고동락한 측근 대부분을 숙청하였다. 이
때 죽은 측근만 해도 2만 명이 넘는다고 한다.

"막 날기 시작한 새의 깃털을 뽑으면 안 되고, 막 심은 나무의 뿌리를 흔들어서도 안

된다. 천하가 평정되었을 때 가난한 백성들이 가장 크게 고통을 받았다. 따라서 백성

들의 생활을 안정시키는 일이 무엇보다 중요하다는 것을 명심하라."

— 주원장

– 주원장의 검교 정치

　13세기 말에 수백 년 동안 남북의 대치 상태가 막을 내리고 다민족으로 구성된 원(元)나라가 건립됐다. 원대는 중국의 역사에서 중요한 시기이다. 원나라가 건국되고 몽고족은 여타 민족들을 잔혹하게 억압하면서 공공연하게 차별하고 박해했다. 그러나 세계 역사에서도 유래를 찾아보기 힘든 이 봉건 대제국은 한 세기를 다하지 못하고 농민봉기에 의해 붕괴됐다. 원나라에 반대하는 봉기 속에서 걸출한 영웅이 여럿 등장했으니 그 가운데 가장 두드러지는 인물이 바로 주원장(朱元璋)이다.

고난의 소년기

　1328년 9월 18일 호주 종리현 동쪽의 촌락에서 소작농 주오사(朱

五四)의 넷째 아들이 태어났다. 이름은 중팔(重八)이다. 당시 가난한 백성들은 보통 정식 이름이 없었다. 중팔은 나중에 원장(元璋)으로 개명하고 자(字)를 국서산(國瑞散)이라고 지었다. 부친 주오사의 이름도 주원장이 지위를 얻은 후에 세진(世珍)으로 바뀐 것이다.

주원장의 원적은 강소 구용이다. 조부는 관리와 지주의 혹독한 착취로 파산하자 우이로 도망가 황무지를 개간하고 농사를 지었다. 주원장의 부친은 평생 소작농으로 살면서 이곳저곳을 떠돌다 60세에 비로소 종리(鍾離) 태평향(太平鄉)에 정착한다. 주씨 집안이 1년 동안 일한 수입은 대부분 지주의 손으로 들어갔다. 소처럼 일하면서 개·돼지처럼 연명하던 생활이었다. 주원장은 이렇게 빈곤한 가정에서 출생했다.

막 출생한 중팔은 선천적으로 약한 데다 어려운 집안 형편으로 자주 끼니를 잇지 못해 피골이 상접할 지경이었다. 아들의 모습을 본 부모는 자책하며 가난한 집안에서 태어난 자식의 운명을 가슴 아파했다. 부모는 어린 아들이 편안한 생활을 할 수 있도록 기원하면서 어린 중팔을 안고 부근의 사원에 찾아가 불문에 귀의시켰다.

그러나 주원장의 유년기는 평탄치 못했다. 주원장이 여덟 살 때 한 지주가 사찰에 송아지를 시주했다. 주원장은 지주의 소를 치면서 주인에게 맞고 욕먹는 일을 무수히 겪었다. 말할 것도 없이 항상 배불리 먹지 못해 곯은 배를 끌어안고 일을 해야 했다. 명대의 역사 자료 가운데 이 시기의 주원장과 관련한 일화가 남아있다. 하루는 주원장이 소를 치는 아이와 함께 송아지 한 마리를 도살해 불에 구워 먹었다. 배가 고팠던 아이들은 게 눈 감추듯 소를 먹어치운 뒤 마을로 돌아와 교대할 일을 걱정하기 시작했다. 어린 주원장은 민첩하고 대담한 면이 있었다. 그는 여러 사람을 데리고 송아지를 도살한 현장에 가서 깨끗하게 정리를 하고 남아 있는 쇠꼬리를 땅에 묻은 뒤 돌아가 송아지가 땅속으로 들어갔다고 말했다. 천진한 어린아이의 거짓말은 물론 지주를 속일 수 없었다. 주원장은 결국 매를 맞고 집으로 쫓겨났으며, 부친이 송아지의 책임을 물어 배상했다. 그러나 이 이야기가 적힌 역사 기록에서는 지주가 주원장의 말을 정말로 믿고 현장에서 쇠꼬리를 빼내려 했으나 소는 찾지 못했다고 하고 있다. 물론 주원장을 신화화하기 위해 과장한 것이지만 소년 주원장의 과감성을 엿볼 수 있는 대목이다.

호주성으로 쫓겨 가다

원조 말년이 되자 정치는 극히 부패해졌다. 백성들에 대한 착취와 학정이 더 심해졌고, 해마다 재해가 일어나 흉작이 이어지는 등 생산력의 악화로 중국 전역에서 농민들이 발버둥치고 있었다. 주씨 집안의 상황도 말이 아니었다. 주원장이 열 살이 됐을 때 계속된 흉작으로 둘째·셋째 형수와 두 명의 조카가 병사했다. 견디다 못해 큰누나와 큰매형은 목숨을 끊었으며, 결혼한 둘째 누이는 굶어 죽었다. 그가 열일곱 살이 되던 1344년에는 회하 유역이 심한 자연 재해를 입었고, 이 불행은 여지없이 주원장의 집에까지 미쳤다.

호주 지역도 그 해에 큰 가뭄을 만나 농작물이 날마다 시들어 갔다. 더욱이 하늘을 가득 덮을 만큼 많은 메뚜기가 날아들어 그나마 성한 농작물마저 갉아 먹었으며, 엎친 데 덮친 격으로 전염병까지 돌았다. 가난으로 고된 삶을 살아가는 백성들 가운데 일부는 아사하고 일부는 전염병으로 생명을 보전하지 못했다. 운 좋게 살아남은 사람들은 살기 위해 잇달아 고향을 등지고 떠났다. 태평향은 이제 닭이 울고 개가 짖는 소리를 들을 수 없었고, 길에 오가는 행인의 모습도 사라지게 됐다. 64세의 나이로 아버지가 병사하고 맏형 홍룡과 어머니 진씨도 병에 걸려 죽었다. 주원장과 둘째 형 홍성은 연이은 가족의 죽음 앞에서 돈이 없어 관조차 마련하지 못했다. 심지어 시체를 묻을 땅도 없었으니 슬픔은 배가 되어 연일 통곡을 했다. 보다 못한 이웃의 유계조란 자가 인정을 베풀어 묘지 하나를 마련해 주어 깨진 몇 조각의 돌로 시체를 덮어 부모와 큰형을 매장했다. 훗날 주원장이 황제가 된 뒤이곳에 명황릉(明皇陵, 봉양 서남쪽)을 세웠다. 이때 주원장에게 남은 가족이라곤 둘째 형, 형수 왕씨, 질녀 문정뿐이었다. 그러나 이들은 또 살기 위해 동·서로 뿔뿔이 흩어져야만 했다.

주세진 부부가 살아 있을 때 일찍이 어린 아들 주원장을 사찰에 보내려 했다. 그러나 예물을 준비하지 못해 난감해 하던 중에 이웃이 호의를 베풀어 향과 양초를 준비해 주었다. 부부는 주원장을 황각사(皇覺寺)에 보내 거둬 주기를 호소했고 사찰의 장로가 주원장을 받아들여 제자로 삼았다.

황각사는 고장촌에 있었다. 고빈(高彬) 장로는 처음부터 잡일을 시키려는 생각으로 어린 주원장을 받아들였다. 주원장은 머리를 깎고 가사를 입었으나 수계를 받지 않고 바로 정식으로 출가해 소항동(小行童)이라고 불렸다. 노스님의 어린 종복이 된 주원장은 사찰을 청소하고 향을 피우고 종을 치며 밥과 빨래까지 도맡았다. 하루 종일 피곤해

어지러웠는데 때때로 노스님의 훈계까지 참아내야 했다. 이렇게 밥을 먹기 위해 사원에서 혀를 깨물며 힘든 노동을 참아냈으니 유년 생활은 전혀 즐겁지 않았다.

어느 날 그가 가람전(伽藍殿)을 청소하다가 신좌에 걸려 넘어졌지만 아픈 내색도 하지 못하고 청소를 마쳐야 했다. 또 어느 날은 노스님이 불전의 부처상 위 놓인 양초에 쥐가 갉아 먹은 자국을 보고 주원장을 불러 나무랐으나 아무 말도 하지 못했다. 그러나 속으로는 가람의 보살이 자신의 물건도 관리하지 못한 것을 되레 자신을 탓한다고 여겨 화가 났다. 정말로 야단을 들어야 할 사람은 자신이 아니란 생각에 붓을 가져와 가람보살에 낙서하기를 '삼천리 밖으로 유배를 보내라'(유배를 보내 노역에 종사케 하라는 뜻)라고 적었다.

갈수록 재해는 심해졌다. 연공미로 유지하던 황각사에도 그 여파가 미쳐 연공미가 끊기자 더 이상 생활을 유지할 수 없었다. 사찰 안의 일을 처리하는 많은 승려는 제각기 떠돌며 부호의 집에 의탁해 보시를 구했다. 절에 들어온 지 겨우 50일 만에 주원장도 이리저리 떠돌게 됐다.

주원장은 떠돌다 어디에 풍년이 들었다고 하면 곧바로 그곳으로 갔다. 호주에서부터 남쪽 합비에 다다랐고, 합비에서 서쪽 하남 경내에 들어와 다시 북쪽에서 동쪽의 안휘로 들어갔다. 안휘와 하남에 인접한 명천에 도착한 주원장은 많은 것을 보고 들었다. 3년 동안 고단한 유랑 생활을 하면서 세상에 조금씩 눈을 뜨게 된 주원장은 소년에서 청년으로 성장하고 있었다. 이 당시 나라에 전국적으로 농민 봉기가 빈번히 일어났다. 봉기군을 이끌던 팽형옥은 회서 일대에서 비밀스럽게 종교 활동을 벌였다. 팽형옥은 미륵불 또는 명왕(明王)으로 불리며 백성들에게 신으로까지 숭배됐다. 천하는 머지않아 대란이 일어나니 미륵불이 세상에 나오기를 기다리면 가난한 사람들이 곤경에서 빠져나올 날이 찾아온다는 게 그의 주장이었다. 동북의 비밀 종교 백련교의 수령 한산동 역시 같은 교리를 선전했다. 백련교·미륵교·명교는 세 가지 다른 종파였으나 점점 하나로 합쳐졌고 대다수의 교도는 빈곤한 농민, 영세 수공업자, 도시 빈민, 떠도는 유민이었다.

1348년 말에 주원장은 고향인 황각사로 돌아왔다. 3년 동안 떠돌면서 국사는 갈수록 피폐해지고 백성들의 생활도 악화돼 미륵교와 같은 종교가 하층민들에게 넓게 침투하는 상황을 직접 보았다. 아울러 미륵교가 선전하는 천하대란이 머지않았음도 예감했다. 사찰로 돌아온 주원장은 큰 뜻을 품고 학문에 몰두했다. 그는 영원히 스님으로 남고 싶지는 않았기에 당장의 현실에서 벗어나기 위해 미래를 준비했던 것이다.

1351년에 전국적으로 원나라에 반대하는 봉기가 일어났다. 수년 전 황하가 수차례 범람하여 수많은 사람들이 유리걸식하게 됐기 때문이다. 이 해에 원 순제는 15만이나 되는 백성을 징병해 황하의 낡은 제방을 수리하라고 명했다. 그런데 공사 감독관이 중간에서 인부들의 식량을 가로채고 학대를 일삼으면서 농민공(농촌 출신 노동자)들의 원성이 높았다. 하남과 하북 등지의 백성들은 고된 생활에 지쳐 갔고 봉기를 일으키는 것 외에는 다른 길이 없었다. 한산동과 종교 영수 유복통은 한산동의 고향인 엄평부에서 기회를 타 봉기를 일으켰다. 봉기군은 한산동을 명왕으로 추대했다. 그들은 붉은 머리띠를 두르고 있었다.

이 때문에 그들은 홍건군(紅巾軍)이라고 불렸다. 그러나 봉기가 일어난 첫날 엄평부의 관군이 병사를 이끌고 습격해 한산동을 체포했다. 이에 유복통은 한산동의 아들 한림아를 작은 명왕으로 세워 곁에서 보좌하면서 홍건군을 지휘했다. 각지의 농민들도 계속해서 봉기를 일으켰다. 홍건군에 호응하는 사람들의 숫자가 크게 늘면서 봉기의 물결은 높아만 갔고 주원장의 고향에서도 혁명의 기운이 들끓기 시작했다.

1352년 봄이 되자 종리와 남쪽의 정원 일대 농촌에서 수만 농민들이 무기를 들고 일어났다. 그리고 2월 17일 밤, 정원 사람 곽자흥과 손덕애가 수천 명의 농민 부대를 이끌고 성을 공격해 관리를 살해하면서 호주성을 점령했다. 원나라 장수들은 감히 봉기군을 진압하지 못하고 무고한 백성들만 잡아들여서 홍건군을 잡았다고 상부에 보고해 상을 받았다. 이 때문에 백성들의 불안은 갈수록 커져 많은 사람이 호주성 안의 봉기군에게 의지했다. 이로 인해 봉기군의 기세는 한층 더 올라갔다. 관군이 마을에서 함부로 백성들을 잡아갈 때 사원 안의 주원장도 불시에 관군에게 끌려가 죽임을 당할 수도 있겠다는 생각이 들었다. 죽음을 기다리느니 차라리 홍건군에 참여하는 편이 낫겠다는 생각을 하던 중에 죽마고우 탕(湯)이 호주성 안에서 홍건군에 참여하라는 편지를 보내왔다. 그런데 갑자기 주원장의 사형이 달려와 주원장이 성안에서 편지를 받았다는 사실을 누군가 관가에 고발했다고 알려주었다. 일이 이렇게 되자 조급해진 주원장은 그날 밤 호주성으로 향했다. 호주성의 홍건군에는 절제원사(節制元帥)라 불리는 다섯 명의 수령이 있었다. 그 가운데 곽자흥이 가장 뛰어났기에 주원장은 그의 대열에 끼기로 했다. 이때 주원장의 나이 25세였다.

1352년 윤삼월 초 아침에 호주성 입구에서 홍건군이 한 젊은 스님을 막아서고 있었다. 젊은 스님은 바로 주원장이었다. 당시 많은 원군이 근교에서 활동했지만 호주성은 한창 전쟁을 앞두고 있었기에 통행하는 사람들을 엄격히 검문하고 있었다. 가슴 가득 열의를 가지고 홍건군에 온 주원장은 이것저것 심문당하는 통에 불쾌해하며 수위병에게 불만을 표시했다. 그러자 수위병이 그를 포박하고 상부에 간첩이라 보고했다. 이 소식을 들은 곽자흥은 괜한 실수로 사람을 죽일까 염려해 즉시 말을 타고 성 입구에 도착했다. 그곳에는 한 스님이 무서운 얼굴을 하고 있었다. 곽자흥은 바로 상황을 확인해 보고 수위병의 잘못을 밝힌 후 주원장을 풀어주고 보병으로 편성했다.

주원장은 사회 경험이 풍부했고 2년 전부터 줄곧 책을 읽어 보통의 문서를 이해할 수 있었다. 그러나 대다수의 봉기군에게 있어 글을 읽는 일은 매우 드물었다. 홍건군에 들어간 주원장은 나날이 두각을 나타내며 두 달 만에 원수부의 호위병이 됐다. 주원장은 일 처리가 능숙하고 사람이나 사물을 대하는 태도가 한결같아 원수부의 사람들이 모두 그를 좋아했다. 오래지 않아 곽자흥은 그를 심복으로 삼았다. 곽자흥과 친한 마공이 죽자 곽자흥은 마공의 어린 딸 마수영을 데려와 길렀다. 마수영은 부지런하고 상냥하며 영리하기까지 하여 곽자흥 부부의 총애를 받았다. 곽씨 부부는 주원장의 뛰어난 기량을 보고 21세의 양녀 마수영을 25세의 주원장에게 시집보낸다.

그런데 호주성 안에서 곽자흥과 기타 몇 사람의 관계가 좋지 않았다. 그해 9월에 서주에서 홍건군의 장수 지마리가 원나라군에게 살해 당하자 팽대와 조균이 군사를 이끌고 호주에 도착했다. 팽대와 곽자흥은 원래 친한 사이였기 때문에 손덕애는 조균을 끌어들여 편을 나누면서 사이가 더 벌어지게 됐다. 손덕애와 조균이 곽자흥을 인질로 잡고 독살하려 했으나 주원장이 팽대의 지지 아래 병사를 이끌고 곽자흥을 구해 냈다. 그 후로 쌍방의 원한은 더욱 깊어졌다.

주원장은 호주성에 머물면서 원래 기대했던 것과는 다른 상황을 보게 된다. 장수들 간에는 마찰이 잦았으며, 권력을 쟁탈하기 위한 암투가 끊이지 않았던 것이다. 이런 상황이라면 홍건군의 미래는 결코 낙관적이지 않았다. 이에 봉기군에게 의지하려는 결심을 바꾸고 자신의 노력에만 의지하기로 결심하게 된다. 이듬해인 1353년 6월에 주원장은 곽자흥의 허락을 받고 고향으로 돌아와 군사를 모았다. 어릴 때 친구인 서달과 주덕흥을 비롯해 마을 인근의 지인들과 소식을 듣고 온 사람들이 잇달아 주원장의 봉기군에 참여했다. 금방 700여 명의 군사를 모집한 주원장은 다시 호주로 돌아갔다. 곽자흥은 많은 군사를 모아 온 주원장에게 상을 내리고 파격적으로 진무(鎭撫)에 임명해 군사를 인솔하도록 했다. 얼마 후 주원장은 이 새로운 병사들 가운데 서달을 포함한 24명을 선발해 10개의 정예부대를 구성하고, 이들을 이끌고 정원에 도착했다. 주원장은 정원의 지주 여패채의 무장병 3,000명을 투항시킨 뒤 이들을 이끌고 동쪽으로 향했다. 주원장이 한밤중에 횡간산(横澗山)의 원나라 군영을 공격하자 원나라 군대는 견디지 못하고 투항했다. 주원장은 용감하고 건장한 병사 2만 명을 자신의 부대에 편성하고 당당하게 남쪽의 저주로 향했다.

주원장이 저주로 남하하는 도중에 정원의 선비 이선장을 만났다. 주원장이 그에게 물었다.

"지금 도처에서 전쟁이 벌어지고 있으니 언제쯤 평정될 것 같으시오?"

이선장이 대답했다.

"진나라 말기 천하가 어지러울 때 한나라 고조 유방은 평민 출신이었으나 큰 포부를 품었고, 인재를 알아보았으며 함부로 사람을 죽이지 않았습니다. 그것이 바로 5년 만에 제업을 완성시킨 이유이지요. 지금 원나라의 정치는 혼란스럽고 천하는 붕궤되었습니다. 장군께서 한 고조를 본받으신다면 천하를 평정하는 일은 그리 어렵지 않을 것입니다."

주원장은 이 말을 듣고 이선장을 군대에 남겨 참모를 맡게 했다. 이후 주원장은 빠르게 저주를 함락시켰다. 호주에서 심하게 배척당한 곽자흥도 얼마 후 저주에 도착했다. 그리고 1354년 10월에 원나라 군대가 육합의 봉기군을 포위하고 공격했다. 육합의 수장은 저주에 사람을 보내 구원을 요청했다. 그러나 곽자흥은 지난날 육합 수장과의 원한으로 지원군을 보내지 않으려 했다. 그러나 주원장이 여러 번 설득하니 곽자흥도 동의했다. 먼저 파견한 다른 장군이 육합을 공격하는 원나라의 100만 군사에 겁을 먹고 공격을 머뭇거리자 곽자흥은 점을 쳐 보며 출정을 고민했다. 곽자흥이 다시 신(神)에게 자신의 출정을 물으려는 찰나 그 모습을 본 주원장이 곽자흥에게 말했다.

원나라 병사가 수적으로 우위를 차지하고 있었기에 육합의 수비대는 어쩔 수 없이 저주로 철수했다. 그러나 주원장은 복병을 배치해 원나라 군대를 격퇴하고, 노획한 말을 돌려주어 병력상 우세한 원나라 군대가 자신을 따르도록 회유했다. 주원장이 용감하게 육합을 구원하고 원나라 군사를 저지한 것이다.

1355년 정월에 주원장이 군사들을 이끌고 화주를 점령하자 곽자흥은 그를 총병관으로 임명하고 화주의 모든 군대를 통솔하게 했다. 당시 각지의 반원 봉기 무장 세력에게는 군기를 떨어뜨리는 문제들이 있었다. 곽자흥의 부대도 예외가 아니었다. 화주에 주둔하는 부대가 백성들을 괴롭히는 일은 다반사였고, 무엇보다 가장 심각한 문제는 혼란을 틈타 성안의 부녀자들을 강탈하는 일이었다. 이때 주원장이 화주 장군으로 임명되자 범상이란 막료가 진언했다.

주원장은 군에 명을 내려 남편이 있는 부녀자를 돌려보내고 성안에 헤어진 부부들을 다시 찾아주라고 했다. 이 일이 인근에 알려지면서 주원장은 널리 민심을 얻게 되었다.

그해 2월에 유복통은 한산동의 아들 한림아를 소명왕으로 세우고 국호를 송(宋)으로 고치면서 호박주에 도읍했다. 3월에 곽자흥이 병사하자 소명왕은 그의 아들 곽천서를 도원수, 그의 처남 장천우를 우부원수, 주원장을 좌부원수에 각각 임명했다. 명칭으로 보면 도원수는 한 부대를 이끄는 장수이고, 우부원수의 지위는 좌부원수보다 높았다. 그러나 저주와 화주의 부대는 대부분 주원장이 모으고 주원장이 재편성한 군사들로 이뤄졌다. 게다가 주원장은 곽천서와 장천우보다 지모와 결단력이 있었고 수하에 문무에 능한 인재를 거느리고 있었기 때문에 곽자흥 사후의 실질적인 장수는 주원장이었다.

집경의 함락과 점진적 발전

주원장은 군대를 이끌면서부터 이후의 행보를 생각해 보았다. 화주는 장강과 근접하고 강의 측면에 마주한 태평 옆에 있었기에 미곡이 풍부했다. 아울러 동북에는 동남의 중요 도시 집경이 있었다. 주원장은 장강을 건너 강남의 곡식 지대를 정복하고 집경까지 점령하고 싶었으나 수군이 없다는 게 문제였다. 강을 바라보며 한탄만 하고 있을 때 기회가 찾아왔다. 소호(巢湖)의 수군이 원나라의 공격을 받고 주원장에게 도움을 요청한 것이다. 주원장은 직접 군사를 이끌고 소호에 도착해 그곳의 군대와 함께 태평을 공격했다. 소호의 수군은 원주사(元舟師)를 공격하자는 주원장의 의견에 동의하고 선박과 인마를 화주에 보냈다.

1355년 6월 초에 주원장의 군대는 소호 수군의 선박으로 화주 동쪽을 통해 장강을 건넜다. 배가 건너편에 도착하자 용맹한 장수들이 선두에 서서 날렵하게 해안으로 올라 원나라의 군사들과 싸워 원나라 진영을 점령했다. 오랫동안 식량난을 겪은 부대는 적군의 식량을 빼앗아 허기를 채웠고, 하나둘 실은 전리품은 어느새 배를 가득 채웠다. 군사들은 화주로 돌아가고 싶은 생각이 간절했다. 그러나 목전의 적을 그냥 놔둘 수도 없었다. 주원장은 군사들의 심경을 눈치 채고 군함의 밧줄을 모두 끊어 전리품을 실은 배를 거친 물살로 흘려보냈다. 이렇게 하여 군사들의 마음을 다잡고 다시 전군에게 남쪽으로 전진해 태평을 공격하라고 명했다. 주원장은 사전에 이선장을 불러 성으로 들어가는 모든 길에 백성들의 재물을 약탈하는 자는 사형에 처한다는 글을 써 붙이게 했다. 군사들은 겁을 집어먹고 명대로 따랐다. 이로써 태평 일대에는 점령군으로 인한 범죄가 발생하지 않았다.

이때 인근의 소호 수군이 화주에서 강을 건넜다. 수군의 두목 이국승은 야심이 큰 인물로, 주원장을 공격하려 했다. 그런데 누군가가 이 사실을 주원장에게 알렸고 주원장은 갑자기 이국승을 불러 연회를 벌였다. 아무 생각 없이 잔뜩 술을 마신 이국승이 곯아떨어지자 그를 강가에 묶어 놓았다. 이를 본 이국승의 부하들은 주원장에게 투항해 왔고 주원장은 이들을 자신의 부대에 편입시켰다.

원나라 군대는 태평을 잃자 수군과 육군을 함께 동원해 반격해 왔다. 주원장도 전력을 다해 막아 수만 명의 원나라 군사들을 물리치고 장수 진야선을 생포했다. 진야선은 주원장의 설득으로 투항 의사를 밝혔으나 진심인지는 알 수 없었다. 7월에 주원장은 장천우에게 명을

내려 집경을 공격했지만 진야선이 전력을 다하지 못해 실패하고 돌아
왔다. 다시 9월에 집경을 공격했다. 이때 진야선은 집경의 원나라 장군
복수와 결탁해 곽천서과 장천우를 유인해 죽이고, 남은 부대를 추격
해 율양까지 쫓아왔다. 당시 진야선의 배반을 몰랐던 무장들은 이를
뒤늦게 알고 복병을 보내 그를 죽였다. 진야선은 이렇게 수치스러운 죽
음을 맞이했다.

이후 주원장은 반년 동안 집경 주변의 원군과 지주의 무장 세력을
모두 소탕했다. 1356년 3월 초하루에 친히 수군과 육군을 통솔한 주
원장은 세 번째 집경 진공에 나섰다. 작전 사흘째 되던 날 성 밖에 있
던 진야선의 조카 진조선의 군영을 공격해 3만 6,000명의 적군을 투
항시켰다. 주원장은 투항한 진조선군 가운데 용맹스러운 군사 500여
명을 뽑아 근위병으로 삼은 뒤 그들에게 야간 수비를 맡기고 자신의
주변에는 근위병의 통솔자인 풍국용 한 사람만을 남겨 두었다. 이튿날
이 사실을 알고 크게 감동한 3만여 명의 투항 병사들이 사심을 버리
고 주원장을 따랐다. 주원장은 3월 10일 집경을 총공격했다. 500명의
수비대를 이끌고 선봉에 선 풍국용이 입성하자 전군이 신속하게 뒤를
좇아 싸워 원나라의 장수들을 사로잡고 참수시켰다. 원나라 수군의
장수 강무는 다급히 도망쳤으며, 병사들은 모두 투항했다.

집경에는 50여 만 명의 군민이 있었다. 주원장은 이 지방의 관리들
과 노인들을 소집해 말했다.

"원나라의 정사가 바뀌지 않으니 전국에서 대란이 일어나는 것이
오. 나는 백성들을 위해 위험을 무릅쓰고 여기까지 왔으니 그대들은 모

두 안심하시오. 나와 함께 위업을 이룰 현명한 자가 있다면 나는 예로 대하겠소. 원나라의 낡은 정치는 백성들에게 맞지 않으니 내 그것을 폐지할 것이며, 관리된 자가 백성들의 재산을 빼앗고 횡포를 부리도록 가만히 놔두지 않을 것이오."

주원장의 말에 백성들은 하나같이 기뻐했으며, 성안의 질서는 빠르게 안정됐다.

주원장은 집경을 공격해 함락시킨 뒤 집경을 응천부(應天府)라고 개칭했다. 소명왕이 이 보고를 받은 뒤 주원장을 최고 군사 기구인 추밀원의 동첨(부장관)으로 임명했다. 그리고 얼마 후 다시 강남의 행중서성 평장(平章)으로 승진시켰다. 행중서성 평장은 한 성의 행정장관이다. 주원장은 응천부에 천흥건강익대원수부를 설치했다. 그가 이끄는 10만 군사들은 응천부에 주둔해 과거보다 더 큰 성세를 떨쳤다. 그러나 여전히 외곽 지역에 있다 보니 사방으로 적의 공격을 받았다. 당시 동쪽과 남쪽에 원나라 군대가 있었으며 동쪽에는 장사성, 서쪽에는 서수휘가 원나라에 반대하고 있었다. 이들은 각자 일부 지방을 차지해 소명왕을 적대하고 있었다. 이런 가운데 소명왕과 유복통은 장강과 회수 지역에서 활동하면서 원군의 주력군을 견제하고 있었으며, 주원장은 원군이 남쪽을 돌볼 겨를이 없는 시기를 틈타 점차 이곳을 정복해 발전해 나갔다.

집경을 점령하고 난 뒤 얼마 후 주원장은 수하 가운데 제일의 대장군 서달을 보내 진강을 점령했다. 주원장은 출병 전에 군대의 규율을 한층 더 다잡기 위해 고의로 서달에게 방종하다는 죄명으로 군법에 의해 참수하겠다고 으름장을 놨다. 이때 이선장이 그를 구하고자 나서자 모든 장군도 주원장의 계책임을 눈치 채지 못하고 하나같이 무릎을 꿇고 애원했다. 주원장은 짐짓 부하들의 의견을 들어주는 척하면서 서달을 당분간 살려두겠다고 한 발 물러서면서 서달에게 일렀다.

"네가 이번에 삼군을 통솔하여 진강을 공격한 뒤 백성들에게 해를 입히지 않으면 그때 너의 죄를 면해 주겠다."

대장군에게 이 같은 처분이 내려지자 삼군의 장병들도 엄격히 군율을 지키지 않을 수 없었다. 진강은 빠르게 함락됐으며, 성내는 평상시와 같이 안정을 되찾았다. 부근 지역 백성들은 원군의 괴롭힘을 받고 있었기에 주원장의 군대가 하루빨리 자신들의 마을에 도착하길 기다렸다.

1년 동안 전쟁을 치른 주원장의 군대는 1357년 겨울에 금단, 단양, 강음, 상주, 상숙, 양주, 영국, 지주, 휘주를 함락하고 응천부 주변을 모두 장악했다.

그러나 점령 지역이 갈수록 넓어지고 군대가 증가하자 군량 공급이 심각한 문제로 대두됐다. 원나라 말년의 연이은 전쟁과 재해에 따른 흉작으로 농업 생산력은 극히 낮았다. 원나라 군대뿐 아니라 각지의 반원 봉기군 또한 백성들로부터 강제로 군량을 강탈하면서 전쟁을 지속했다. 주원장의 군대는 규율이 매우 엄격했지만 마찬가지로 백성들에게 군량을 징수했다. 이를 채량(寨糧)이라 불렀다. 이처럼 오랫동안 백성들의 식량을 약탈하니 민심은 점점 나빠졌다. 주원장은 이 문제를 해결하기 위해 백성들이 안심하고 생산할 수 있도록 장려하고, 한 무제와 조조(曹操)가 시행한 둔전법(屯田法)을 활용해 군사들을 농사에 투입시켰다. 아울러 강무에게 둔전에 사용할 물을 확보하게 하고 수리 와 농지의 사무를 주관하도록 했다. 1360년에 이르자 양식 생산은 나 날이 호전돼 주원장은 다시 재량을 징수하지 못하게 하여 농민의 부 담을 줄였다.

식량 생산을 촉진하고 후방을 안정시키기 위해 일련의 조치를 실시 한 뒤 주원장은 남쪽의 절강으로 나아갔다. 1358년 3월에 절서 지역 의 건덕, 10월에 의흥을 함락시켰다. 12월에는 10만 대군을 이끌고 절 동의 요지인 무주를 공격해 함락시켰다. 주원장은 무주로 진군할 때 깃발에 금 한 덩이를 매달아 '봉천도통중화(奉天都統中華)'라는 글귀를 새겼다. 무주를 함락시켜 영월부로 이름을 바꾸고 절동행성을 건립했 다. 아울러 성의 관아 대문 밖 양쪽에 커다란 황색 깃발을 세워 '강산 은 중화의 땅으로 뒤덮이고(山河奄有中華地), 세월은 송의 하늘로 다시 열릴 것이다(日月重開大宋天)'라는 글귀를 적었다. 여기서 '중화'와 '송'이 란 단어에는 몽고족이 세운 원나라를 축출하고 한족 정권을 중건한다 는 의미가 담겨져 있었다. 원나라의 통치자는 줄곧 한족을 차별하고 억압하는 정책을 펴왔다. 이 때문에 주원장이 민족 반항의 기치를 든 것이다. 그리고 실제로 주원장의 정책은 큰 호소력을 지녔다.

주원장은 전국을 통일하기 위해 열심히 민심을 살피고 인재 발탁 을 중요시했다. 당시 농민 봉기군에도 용맹한 장수가 적지 않았으나 전 대 왕조의 흥망과 역사에 밝고 풍부한 정치 경험을 갖춘 인재는 역시 지주층이었다. 이 때문에 점령 지역이 확대되자 주원장은 수많은 실학 문인을 뽑았다. 특히 명망 있고 호소력 있는 유학자들을 부대로 불러 응천부에 따로 예현관(禮賢館)을 세워 이들을 우대했다. 이들은 주원장이 전국을 평정하도록 보좌하는 데 큰 역할을 했다. 예를 들면 이선장의 경우 막료장이 되어 군사를 계획하고 인사를 조정하는 등 주원장의 유능한 참모 역할을 해냈다. 또한 1357년에 휘주를 점령한 뒤 부장 등유의 추천을 받은 지주학정 주승은 성벽을 높이 쌓고 식량을 비축하자는 등 유익한 제안을 내어 주원장을 도왔다. 성벽을 높이 쌓자는 제안은 후방 강화를 위한 일이었고, 식량을 비축하자는 제안은 군량뿐 아니라 나라 전체의 생산 발전의 중요성을 암시하는 주장이었다. 아울러 왕위에 오르는 일을 미루라는 제안도 있었다. 너무 일찍 왕이 되면 적이 많아지기 때문이다.

지주층의 많은 유학자가 주원장의 주위로 모여들어 나라를 다스리는 데 커다란 영향을 미쳤다. 특히 유기는 원나라 군대에 반격할 부대를 만들기도 했다. 엽의, 송렴, 유기와 같은 유명한 학자들은 원래 홍건군을 비난했다. 이들은 주원장의 군대에 들어온 뒤에도 이전과 똑같이 홍건군을 비난하는 말과 행동을 했다. 그러나 주원장은 그들을 특별히 제지하지 않았다. 1358년에 주원장이 무주를 공격하는 도중에 휘주를 지나게 됐다. 그때 주원장은 유생 당중실을 불러 물었다.

"한 고제, 한 광무, 당 태종, 송 태조, 원 세조가 천하를 평정한 방법이 무엇이더냐?"

당시 주원장은 단지 하나의 홍건군을 통솔하고 있었으나 미래의 목

표는 한 고조처럼 전국을 통일하고 개국 황제가 되어 새로운 봉건 왕
조를 창시하는 일이었던 것이다.

진우량을 섬멸하다

주원장이 건립한 응천부는 사방이 적으로 둘러싸여 있었다. 장강
상류에는 진우량, 장강 하류에는 장사성, 동남에는 방국진, 남쪽에는
진우정이 있었는데 이 중 진우량의 세력이 가장 컸다. 주원장이 응천
부을 점령한 뒤 만난 첫 번째 강적이었다.

진우량은 어민 출신으로 현의 작은 관리를 지내다가 원나라 말기
때 서수휘가 이끄는 홍건군에 참가했다. 1351년에 서수휘는 기수에서
스스로 황제가 되어 국호를 천완(天完)으로 하고 나중에 다시 한양(漢
陽)으로 천도했다. 진우량은 무술이 출중했으며, 여러 번 전공을 세워
장수가 됐다. 1360년 5월 말에 진우량은 서수휘의 지지로 그가 다스
리던 주대에서 출병해 동쪽으로 진격했다. 다음 달 초하루에 주원장
군대가 점령하고 있는 태평을 공격해 함락시킨 뒤 계속해서 채석으로
진격했다. 진우량은 응천부에 대한 자신의 계획이 머지않아 실현되리
라 예상했다. 야심이 컸던 그는 서수휘를 암살하고, 채석에서 스스로
황제가 된 뒤 국호를 한(漢)으로 정했다.

진우량은 장사성과 연합해 응천부를 공격했다. 이로 인해 응천부
는 큰 혼란에 빠졌다. 주원장은 부하들을 소집해 대책을 상의했다. 대
담한 부하들은 태평을 공격해 진우량의 군대를 견제하자 했고, 소심한

부하들은 투항하자고 했다. 주원장은 유기가 침묵하고 있자 다른 계책이 있음을 알아차리고 그를 따로 내실로 불러서 물었다. 처음 유기가 응천부에 왔을 때, 유기는 장사성은 다른 뜻 없이 자신의 거점만을 고수할 것이지만 진우량은 상류를 점거하고 응천부를 공격할 것이니 먼저 진우량을 대적해야 한다고 주장했다. 그런데 지금 다시 주원장이 계획을 묻자 유기는 단호하게 말했다.

"투항과 후퇴를 주장하는 사람들을 참수해야 합니다. 적군은 교만하고 방자하니 그들이 깊이 들어올 때까지 기다린 다음 매복해 둔 군사들로 적을 친다면 승리도 크게 어려운 일이 아닙니다. 이번 전쟁은 아주 중요합니다."

주원장은 유기의 말에 동의하고 곧바로 그와 함께 작전 계획을 세웠다. 진우량과 장사진이 연합군을 만들기 전에 먼저 두 군대를 격파하기 위해 진우량을 동쪽으로 유인하기로 했다. 한편 강무는 진우량의 오래된 친구였다. 강무는 주원장의 지령을 받자 심복을 시켜 진우량에게 편지를 보냈다. 응천부를 공격하러 오면 안에서 호응하겠다는 것이다. 진우량은 편지를 보고 크게 기뻐하며 파견된 심복에게 강무의 위치를 물었다. 심복이 나무로 만든 강동교(江東橋)에 있다고 대답했다.

6월 10일 진우량은 직접 주력부대를 이끌고 급히 응천부 교외의 강동교에 도착했다. 그런데 도착하고 보니 강무가 말한 다리가 목교가 아니라 석교임을 보고 의아해 했다. 그리고 암호를 연달아 외쳤으나 강무의 그림자조차 나타나지 않았다. 그는 그제야 계략에 걸려들었다는 생각이 들어 즉시 군사를 돌렸다. 그때 주원장의 복병이 나타나 진우량을 공격했다. 진우량은 황급히 강주로 도피했지만 수만의 대군 대부분은 소멸됐다. 이때 포로로 잡힌 군사만 해도 2만 명에 달했다. 전쟁에서의 큰 승리로 응천부는 안전해졌다. 그러나 주원장은 여기서 멈추지 않았다. 다시 반격에 나서 태평을 수복하고, 신주와 안경을 점령하고, 요주와 원주에 있던 서수휘의 옛 부하들로부터 투항을 받아냈다.

1361년 정월에 소명왕은 주원장을 오국공(吳國公)에 임명했다. 일설에 따르면 1356년 7월에 주원장은 이미 부하들에 의해 오국공에 봉해졌다고 한다. 한편 1361년 7월에 진우량은 안경을 탈환했다. 당시 신우량의 병력은 여전히 주원장보다 많았으나 서수휘를 암살한 뒤 군심이 흩어져 내부가 혼란스러웠다.

주원장은 상대의 약점을 파악한 뒤 서쪽에서 군사를 일으키기로 결정하고 8월에 대군을 이끌고 안경을 공격했다. 그러나 진우량의 군대가 성에 올라 방어하자 쉽게 점령시키지 못했다. 주원장은 유기의 건의를 수용해 잠시 안경을 놔두고 진우량의 오랜 근거지인 강주로 향했다. 8월 25일 강주를 함락시키자 진우량은 무창으로 도망쳤다. 주원장이 연달아 안경까지 수복해 진우량의 부장들이 계속해서 투항함으로써 강서와 호북의 동남부까지 주원장에게 귀속됐다.

이때 북쪽의 형세가 점차 악화되기 시작했다. 원래 소명왕과 유복통이 다스리고 있던 홍건군 내부에 난이 일어나 군사력이 크게 떨어지는 바람에 산동 지역이 대부분 원나라의 손에 넘어가고, 소명왕은 수안풍으로 도피한 것이다. 1363년 2월에 장사성이 이러한 혼란을 틈타 여진(呂珍)을 보내 안풍을 공격하자 유복통은 주원장에게 구원을 요청했다. 주원장은 대군을 이끌고 안풍으로 향했다. 그러나 안풍에 도착했을 때는 여진이 안풍을 함락시키고 유복통을 살해한 뒤였다. 주원장은 여진을 공격해 물리치고 소명왕을 구한 뒤 저주로 옮겨 거주하도록 했다.

주원장이 주력부대를 이끌고 소명왕을 구할 때 진우량은 반격의 기회를 잡아 넉 달 동안 홍도를 포위했다. 홍도의 장수는 주원장의 조카인 주문정이었다. 그는 진우량의 공격을 완강하게 버티고 있었다. 주원장은 홍도의 방어가 견고하고 병사들의 사기가 높자 즉시 지원병을 보내지 않고 대규모의 군량을 준비해 진우량과의 결전을 기다렸다.

1363년 7월에 주원장은 20만 수군을 이끌고 홍도로 진격했다. 이 소식을 들은 진우량은 85일 만에 포위군을 철수시키는 한편 동쪽 파양호로 출격해 주원장의 공격에 대응했다. 진우량은 자신의 군대 60만과 수백 척의 거선을 10여 리에 걸쳐 늘어 놓았다. 그러나 진우량의 군사들은 석 달 동안 홍도에서 전쟁을 치른 터여서 피로가 쌓여 있었으며, 많은 사상자로 사기가 저하돼 있었다. 또한 군량 공급에도 큰 어려움을 겪고 있었다. 반면에 주원장의 군사는 적었으나 위에서부터 아래까지 똘똘 뭉쳐 사기가 높았고, 이미 장악하고 있는 지역 안에서 전쟁을 치렀기에 물자와 식량 공급에 어려움이 없었다. 물론 진우량에 비해 군함 또한 적었으나 조종하는 기술은 그보다 뛰어났다.

7월 21일에 양군은 파양호에서 개전했다. 주원장은 화공법을 쓰기로 하고 화포와 화전을 진우량의 군함을 향해 쏘아 댔다. 주원장은 작은 배에 화약과 갈대와 같은 가연성 높은 물질을 가득 싣고 바람을 이용해 점화시킨 뒤 적의 함대에 던졌다. 진우량의 큰 군함은 견고해 보였으나 불을 만나니 어쩔 도리가 없었다.

주원장은 전쟁 중에도 배에 올라 직접 지휘하면서 위험을 피하지 않았다. 전투 첫날에 주원장의 배는 진우량 부대의 용장 장정변이 이 끄는 부대에게 삼면으로 포위당했다. 곁에 있던 장군과 병사들은 죽 거나 부상을 입어 상황이 점점 나빠졌다. 다행히 대장 상우춘이 배를 가지고 빠르게 도착해 원거리에서 화살을 쏴 장정변에게 상처를 입히 고 겨우 주원장을 구출했다. 그런데 사흘이 지나자 주원장이 탄 배에 문제가 생겼다. 진우량이 먼 곳에서 주원장이 탄 배가 망가지는 것을 보고 좋아라 하며 크게 소리쳤다. 그러나 주원장이 배가 폭발하기 전 에 가까운 배로 뛰어올라 부대를 지휘하고 있었음은 알지 못했다. 장 수들은 주원장이 위험을 무릅쓰고 직접 작전을 지휘하자 이에 감격해 용기를 내어 맹렬하게 적군을 향해 진격했다. 결국 진우량의 수군은 대패했다. 강에는 패전한 진우량의 군대가 버린 깃발·북·갑옷·무기가 가득했다.

며칠 동안 격전을 벌인 뒤 패한 진우량은 도망치기 위해 수군을 이 끌고 강 입구를 향해 진격했다. 그러나 입구에는 일찍부터 주원장이 군사를 주둔시켜 놓았던 터라 진우량의 군대는 그냥 돌아올 수밖에 없었다. 당시 연속해서 공격을 펼친 주원장의 군대도 큰 손실을 입었 기 때문에 바로 공격하지 않고 적군을 감시하며 기회를 기다렸다.

8월 26일에 진우량은 사력을 다해 포위망을 뚫으려 했다. 그러나 주원장이 군대를 지휘하고 있어 쉽지 않았다. 진우량의 부대는 사지에 서 겨우 목숨을 부지하면서 저녁까지 매서운 공격을 간신히 막고 있 었다. 그러다가 뱃머리에서 사태를 관찰하던 진우량이 머리에 화살을 맞고 죽었다. 원수가 죽자 진우량의 군사들은 혼란에 빠졌다. 장정변은 한밤중에 진우량의 시체를 작은 배로 옮기고 진우량의 아들 진리를 태워 무창으로 도피했다. 이 전투에서 주원장은 공격 시기를 적절히 조절하는 탁월한 지휘력을 보여 주었다.

10월에 주원장은 군대를 이끌고 무창과 부근의 마을을 포위했다. 나중에 주원장은 응천부로 돌아오면서 상우춘을 남겨 계속 공격하게 했다. 그 이듬해인 1364년 2월에 주원장은 다시 무창으로 돌아와 더욱 강력하게 공격을 개시하면서 투항을 권유하자 진리는 전군을 이끌고 투항했다.

진우량의 군대는 군사 수도 많았고 형세도 유리했지만 결국 패했다. 그 원인은 무엇일까? 주원장이 여러 장군에게 그 이유를 말해 주었다.

"옛말에 하늘이 내린 시기는 지리의 유리함을 얻느니만 못하고, 지리의 유리함은 민심을 얻느니만 못하다 했다. 진우량은 의심이 많아 제멋대로 사람을 죽였기에 군사들의 마음을 잡지 못했다. 그래서 결국 그는 전멸하게 된 것이고, 나는 군사들의 마음을 사로잡아 승리한 것이다."

장사성을 섬멸하다

주원장은 진우량을 소멸시킨 뒤 다음 공격 목표로 장사성을 택했다. 장사성은 태주 사람으로, 원래 소금을 사고팔았다. 그러다가 1353년에 소금 판매업자, 소금 행상, 유민, 빈곤한 농민들과 연합해 원나라에 반대하는 봉기를 일으키고 태주와 고우를 점령했다. 그 이듬해에 장사성은 스스로 성왕(誠王)이 되어 대주(大周)라는 나라를 세웠다. 장사성은 1356년 2월부터 평강, 상주, 송강, 호주를 점령하고 고우에서 평강으로 천도했다.

주원장이 집경을 점령하고 인접한 장사진의 통치 지역에서 끊임없이 전투를 벌였다. 주원장의 군대는 1357년 2월에 태호 입구의 장흥, 3월에 중요 도시인 상주, 5~7월에 태흥·상숙과 장강 하류의 강음을 차례차례 점령했다. 이렇게 되니 장사성의 군대는 자연히 밀리게 됐다. 이때 원나라 정부는 장사성을 끌어들여 태위(太尉)에 봉했다.

장사성은 매년 원나라 조정에 10여 만 석의 식량을 바쳐야 했지만 여전히 자주권을 인정받고 있었다. 당시 대강 이북은 주로 원나라 군대가 소명왕의 홍건군과 싸우고 있었고, 장강 중류에서는 주원장이 진우량과 전투를 벌이고 있었다. 장사성은 이 틈에 세력을 확장시킨 것이다. 1363년 9월에 장사성은 스스로 오왕(吳王)이 되어 더 이상 원나라 조정에 식량을 바치지 않았다.

오국공 주원장은 1364년 정월에 부하들에 의해 오왕(吳王)으로 추대됐다. 주원장은 핵심 기구로 중서성을 만들어 이선장을 우상국으로, 서달을 좌상국으로 각각 임명하는 한편 여전히 용봉(龍鳳)의 연호를 사용해 명나라 황제의 성지와 오왕의 영지라는 명의로 선포했다. 당시 장사성도 오왕으로 칭하고 있었기에 역사에서는 장사성을 동오(東吳), 주원장을 서오(西吳)로 각각 기록하고 있다.

진우량이 패한 뒤 주원장은 1365년 10월에 군사를 동쪽으로 출격시켜 강회 지역에서 장사성을 공격하고 첫 번째 승리를 거뒀다. 그 이듬해 봄에는 통주, 홍화, 염성, 태주, 고우, 회안, 숙주, 안풍, 호주까지 점령하고 장사성을 북쪽으로 몰아냈다.

주원장은 1366년 5월에 공식적으로 장사성을 규탄하는 격문을 발표했다. 주원장은 격문에서 장사성의 8가지 죄목을 나열했다. 그 가운데에 백성들을 괴롭혔다는 마지막 죄목을 제외한 나머지 일곱 가지는 원나라를 배반했다는 내용이었다. 예를 들면 원나라에 거짓으로 투항하고, 원나라 관리들을 죽였으며, 원나라에 수년 동안 식량을 바치지 않은 것 등이다.

아울러 동오의 신하와 백성들에 대한 정책도 선포했다. 반항하는 자는 섬멸하고, 투항하는 관리에게는 작위를 주며, 지주는 이전부터 가지고 있던 전답과 가옥을 그대로 유지하게 해 준다는 내용이었다. 이는 동오의 관료와 지주를 끌어들려는 의도였다. 격문에서는 노골적으로 미륵교의 요언과 요술을 비난하고, 홍건군의 봉기가 사대부를 살육하고 인민을 박해한다고 공격했다. 반면에 자신들의 전쟁은 천하를 구하고 백성을 구제하기 위한 것이라고 주장했다.

격문의 내용으로 주원장은 이미 홍건군의 통솔자가 아닌 지주층의 대표자가 됐음을 알 수 있다. 이렇게 된 이상 주원장은 소명왕의 명의를 받들 필요가 없어졌다. 그해 12월에 요영충은 주원장의 명으로 응천부에 오는 소명왕을 영접하러 떠난다. 그러나 요영충은 소명왕이 과주에서 강을 건너자 배를 침몰시켜 소명왕 한림아를 죽였다. 그리고 주원장은 곧바로 용봉이란 연호를 폐지하고 오(吳) 원년(元年)으로 바꿨다. 이후로 주원장은 자신이 소명왕을 추대했던 역사를 없애는 데 주력했다. 사실상 소명왕의 명을 받들어 홍건군의 통솔자로 세운 업적을 지우려는 일이었다.

1366년 8월에 동오의 두 번째 전쟁이 시작됐다. 목표는 항주와 호주였다. 11월에 이 두 곳의 수비군은 주원장 군대의 공격을 견디지 못하고 잇달아 투항해 왔으며, 평강(平江)만 홀로 고립되기에 이른다. 같은 달 하순에 주원장은 장사성과 마지막 전쟁을 시작했다. 바로 평강에서의 전투이다.

주원장은 병력을 분산시켜 평강의 모든 성문에 군사들을 주둔시키고, 성의 사방에 담을 쌓아 완벽하게 포위했다. 또 성벽보다 높은 삼층 목탑을 만들어 그 안에 화살과 화통을 설치해 높은 곳에서 성안으로 쏘아 댔다. 이 밖에도 많은 화포를 가져와 밤낮으로 포격을 퍼부었다. 연이은 공세로 성안은 두려움과 혼란에 빠졌다. 장사성은 여러 번 포위를 뚫으려 했으나 전부 실패로 돌아갔다. 일찍이 원나라에 반대하는 군사를 일으키고 다시 원나라에 투항했던 변덕스러운 장사성은 사치와 향락에 빠져 부하를 대하는 태도도 제멋대로였다. 이 때문에 동오의 조정은 위에서부터 말단까지 모두 주색에 빠진 채 부패한 생활을 하고 있었다. 평강이 포위된 뒤 어느 날 장사성의 형제 장사신이 성 위에서 사태를 감독하면서 은으로 만든 화려한 의자에 앉아 연회를 열었다. 즐겁게 떠드는 와중에 시중드는 자가 그에게 복숭아를 건넸다. 그러나 장사신은 복숭아를 먹을 수 없었다. 그가 복숭아에 입을 대기도 전에 머리 위로 포탄이 날아들었기 때문이었다. 주원장은 계속해서 사람을 보내 투항을 권고했으나 전부 거절당했다.

1367년 9월 8일, 주원장의 군대는 평강성 안으로 공격해 들어갔다. 장사성은 완강히 맞섰으나 결국 패전하고 말았다. 이에 장사성은 왕부로 도피해 문을 닫아걸고 스스로 목숨을 끊으려는데 부하들이 찾아와 만류했다. 그러나 그때 주원장의 군사들이 그를 찾아내 응천부로 호송했다. 응천부에서 주원장은 장사성에게 말을 걸었으나 장사성은 끝내 입을 열지 않았다. 이선장이 다시 말하자 장사성은 독설을 퍼부었다. 이에 크게 노한 주원장은 호위병에게 몽둥이로 때리라고 명을 내렸고 장사성은 그렇게 맞아 죽었다.

주원장의 대군은 평강에서 응천부로 돌아왔다. 주원장은 공적을 따져 그에 걸맞은 상을 내렸다. 이튿날 주원장은 신하들을 불러서 물었다.

"그대들은 집에 돌아와 기쁜가?"

모두들 그렇다고 대답했다. 주원장이 다시 말했다.

"지금 중원은 대체로 평정되었으나 아직 기뻐할 시기가 아니다. 그대들은 장사성을 보지 못했는가? 매일같이 연회를 열어 기쁨을 누렸으나 그 결과는 어떠했는가? 모두 이 점을 경계해야 할 것이다."

남북 정벌

주원장은 장사성을 소멸시킬 때 이미 장강 중·하류에 있던 적들을 소탕하고 호남, 호북, 하남 동부, 강서, 안휘, 강소와 절강 서부를 차례로 점령했다. 주원장이 점령한 이들 지역은 물자가 풍부하고 인구가 많아 전국적으로 가장 부유한 곳이었다. 이제 대규모의 남북 정벌을 진행할 조건이 마련된 것이다. 그렇다면 당시 남쪽의 상황은 어떠했을까?

당시 남방은 방국진이 절강의 동쪽을 점거하고 1348년에 원나라에 반대하는 봉기를 일으켰다. 나중에 원나라의 투항 권고를 받아들였지만 여전히 군사를 보유하고 있었다. 복건 지역은 진우정이 봉기군을 진압한 뒤 복건성의 평장정사가 돼 다스리고 있었다. 광동과 광서는 여전히 원 조정의 통치 아래 있었고, 사천은 명옥진이 점령하고 있었다. 명옥진은 원래 서수휘의 부하 장수였다. 그는 사천을 점령한 뒤 1362년에 중경에서 스스로 황제가 되어 국호를 하(夏)라고 했다. 명옥진은 1366년에 죽었고 아들 명승이 그 뒤를 이었다.

1367년 11월에 주원장의 군대가 절강의 동쪽을 공격하자 한 달 뒤에 방국진이 투항해 왔다. 주원장은 1368년 정월에 황제로 등극하고 국호를 대명(大明), 연호를 홍무(洪武)로 각각 정했다. 같은 해 7월, 주원장의 명나라 군대는 광동과 광서를 점령한 뒤 한 달 뒤에 복건까지 평정시켰다.

북쪽 정벌은 1367년 10월 21일에 선포됐다. 이날 주원장은 응천부 북문으로부터 7리 떨어진 곳에서 제사를 지낸 뒤에 출정하는 장병들에게 당부했다.

"함부로 사람을 죽이지 말고, 백성들의 재산을 탈취하지 말며, 백성들의 집을 허물지 말라. 백성들의 농기구를 망가뜨리지 말고, 농경에 이용하는 소를 죽이지 말며, 부녀자를 겁탈하지 말라."

또한 송렴이 기초한 북방의 관리와 백성들에게 알릴 고시문을 발표했다. 고시문에는 원 왕조의 부패한 통치를 비판하고 황제의 권한은 신이 내려준다는 천명론과 유가의 기본 도리를 내용으로 담고 있다. 고시문을 통해 주원장은 자신이 천명을 받들어 기강을 바로잡아 통치 질서를 갖춘 새로운 제국을 만들었다는 점을 알리고 싶었던 것이다. 고시문에서는 또 원나라가 시대를 역행하고 민족을 억압한 사실을 강조하면서 자신이 오랑캐를 몰아내고 중화로 회복한다고 밝혔다. 즉 몽고 귀족의 통치를 물리치고 한족 정권을 재건하겠다는 말이었다. 주원장의 고시문은 중원 지역에서도 큰 반응을 불러일으켰다. 아울러 몽고인과 색목인 가운데 새 왕조의 백성이 되고 싶은 자는 중원의 백성들과 똑같이 대하겠다는 말에 소수 민족 백성들도 주원장을 환영했다. 당시 원나라가 시행한 민족 정책은 백성을 몽고인, 색목인, 거란과 여진을 포함한 한족, 남인 및 남송 귀족 순서로 차등을 두었기 때문이다.

북벌군은 서달을 대장군으로, 상우춘을 부장군으로 하여 각각 25만 대군을 이끌었다. 당시 명나라 군대의 실력은 이미 원나라 군대보다 강했기 때문에 상우춘은 단번에 원나라의 수도를 공격하자고 주장했다. 그러나 주원장은 먼저 지원군이 될 산동·하남 지역을 공격한 뒤 수도를 쳐야 한다고 생각했다. 이에 등유령으로 하여금 양양을 공격하게 하고 원나라의 병력을 분산시켰다. 당시 원나라는 지배층인 하남의 장수 확곽첩목아와 중원의 이사제 간 다툼이 한창이었다. 내부가 분열되자 주원장의 북방 정벌은 크게 어렵지 않았다. 주원장의 북벌군은 순조롭게 출격해 1368년 2월에 산동을 평정하고, 4월에 하남과 동관을 정복했다. 5월에 변량에 도착한 주원장은 서달과 상우춘을 불러 전략을 세웠다.

8월 중순에 서달은 산동 임청에서 모든 장군을 소집해 회의를 열고 기병·보병·해병을 운하를 따라 북상시켰다. 원나라 군대는 싸울 힘을 잃고 주원장의 공격에 무너지면서 주원장의 북벌군은 순조롭게 수도로 들어갔다. 이에 앞서 원나라 순제는 지원군이 올 수 없음을 알고 나서 홀로 성을 지킬 수도 없어 7월 28일 밤에 태후와 태자를 데리고 북성의 건덕문을 나가 개평으로 도망쳤다. 8월 2일, 서달은 군사를 이끌고 수도를 공격해 원 왕조의 몰락을 선포했다. 그리고 얼마 후 명나라는 북평부로 옮겼다.

주원장은 시달에게 군사를 산서와 섬서 지역으로 돌려 공격하라고 명했다. 12월에 명나라 군대가 산서 지역을 평정하니 확곽첩목아는 영하로 갔다가 나중에 다시 북쪽 화림으로 도망쳤다. 이듬해 4월에 이사제도 투항해 섬서 지역 또한 평정됐다. 6월에 상우춘과 이문충은 9만 보병과 기병을 이끌고 전속력으로 개평을 향했다. 원 순제는 대사막 북쪽으로 도망갔다. 그런데 7월에 회군하는 도중 상우춘이 병을 얻어 세상을 떠났다. 그는 명나라의 개국공신 중 서달 다음으로 큰 공을 세운 장수였다. 주원장은 그의 죽음을 애도하고 그를 개평왕(開平王)으로 추봉했다.

1370년 4월 순제가 응창에서 죽자 그의 아들이 뒤를 이어 사막 이북을 통치했다. 역사에서는 이를 북원(北元)이라 한다. 1372년 5월에 주원장은 서달에게 명을 내려 군대를 이끌고 화림에 있는 확곽첩목아를 공격했으나 실패했다. 그러나 확곽첩목아는 3년 뒤에 화림에서 죽었다. 이때 원 왕조의 잔여 세력은 요동과 운남을 장악하고 있었지만

1382년 3월에 운남, 1387년 6월에 요동이 잇따라 평정되면서 주원장의 남북 정벌은 완성된다.

명 왕조를 건립하다

1367년 겨울 명나라의 남북 정벌군은 파죽지세로 연일 승전보를 알려왔다. 주원장은 전국통일의 대업이 머지않았다는 생각에 기뻤다. 이때 이선장을 필두로 조정의 대신들이 주원장에게 황제가 되길 권하자 주원장은 몇 번 사양하다가 받아들였다. 1368년 정월 초사흘에 주원장은 응천부 남쪽 교외에서 하늘에 제를 올리고 제위에 오름을 선포했다. 마수영을 황후, 장자인 주표를 태자로 각각 삼았고 이선장과 서달을 각각 좌·우승상으로 삼는 한편 문무 공신들은 관직을 올려주고 토지와 집을 하사했다.

같은 해 8월에 주원장은 응천부을 남경(南京), 개봉을 북경(北京)으로 각각 하고 이듬해 9월에 임호를 중도(中都)로 삼았다. 당시에는 수도를 한 곳으로 정하지 않았다가 1378년에 남경을 정식 수도로 선포했다. 일찍이 1366년 8월에 주원장은 종산 남쪽 녹흥에 황궁인 자금성을 건설하도록 명령하는 동시에 응천부를 확장시켰다. 1386년 12월에는 남경성의 확장 공사가 완성됐다. 성벽은 67.3화리(1화리는 0.5킬로미터)에 달했다. 또 1390년에는 성 밖에 길이 120화리의 외곽을 만들었다.

전체적으로 원나라는 중앙집권 체제를 시행했으나 지방 정권도 재정과 군사를 보유하며 세력을 행사하고 있었다. 원나라 말년에 농민 봉기가 발발해 조정에서 지방의 군대를 모으려 했으나 쉽지 않았다. 때로는 각지의 군대가 분열돼 서로 싸우면서 조정이 말려도 듣지 않을 정도였다. 당시 주원장은 바로 이러한 원나라 조정의 문제를 분명하게 인식하고 있었다. 그러나 홍무 초반 몇 년 동안에는 여러 가지 군사적 문제가 있어 이를 개혁하지 못했다. 그러다가 1376년에 행중서성을 정사사로 고치고, 전국에 13개의 포정사사를 설치했다. 각 포정사사에는 다시 좌·우 포정사사 한 명씩을 두도록 했다. 포정사사는 지방의 민정과 재정을 관리하면서 큰일이 생기면 즉각 조정에 알려야 했기 때문에 원나라 때처럼 독자적인 권력을 지닌 지방장관과는 달랐다. 또한 안찰사사를 두어 해당 성의 사법을 관리하게 하고, 도지휘사사를 두어 해당 성의 군정을 주관하게 했다. 포정사사·안찰사사·도지휘사사는 중앙 조정에서 파견해 각자 권력을 침범하지 못하게 했으며, 전부 조정의 명령에 따르도록 했다. 또 원나라 때 성 이하의 지방 행정구역인 노(路)·부(府)·현(縣)을 부와 현으로 간추려 조정에서 명령을 하달하는 데 효율적이도록 했다.

중앙집권 체제를 강화하자 중추 기구인 중서성의 권력은 더욱 커졌다. 당시 중서성 장관과 승상 호유용이 권력을 독점했으며, 옛 세력이 조정 안팎으로 퍼져 있어 하나의 세력 집단을 형성하고 황제의 권위를 위협했다. 1380년에 주원장은 법을 어긴 죄목으로 호유용과 관련이 있는 신하들을 사형에 처하고, 중서성을 없앤 이후 다시는 승상을 두지 않도록 규정했다. 또한 원래 신서성에 속해 있던 이(吏), 호(戶), 예(禮), 병(兵), 형(刑), 공(工) 등 6부의 지위를 제고시켜 중앙의 최고 관리 기구로 삼고 황제의 밑에 두면서 황명을 처리하게 했다.

원나라의 최고 군사 기구는 추밀원이었다. 일찍이 주원장도 집경을 점령한 뒤 추밀원을 세웠다가 1361년에 추밀원의 명칭을 대도독부로 고쳤다. 승상을 폐지한 그해 병권의 독점을 막기 위해 주원장은 대도독부를 좌, 우, 전, 후, 중 5개의 군도독부로 분리한 뒤 각 군의 좌와 우 도독을 장관으로 삼았다. 도독부와 병부는 최고 군사 기구로서 도독부는 병적(兵籍), 병부는 군령과 장관 선발을 담당했다. 그러나 두 기구는 군대를 통솔하고 지휘하는 권한이 없었다. 군대는 평소에 각지의 위(衛)와 소(所)에 있다가 전쟁이 발생하면 황제의 결정을 거쳐 병부로부터 이동을 명령받고, 도독부 장관이 작전을 통솔했다. 전쟁이 끝나면 병사를 통솔하던 장군은 장인(將印)을 반환했으며, 군사들은 원래의 위와 소로 돌아갔다. 이렇듯 황제가 군권을 갖게 되자 장수는 병권을 독점해 횡포를 부릴 수 없었다.

주원장은 역사상 성이 다른 제후 왕들의 반란을 교훈 삼아 생전에 성이 다른 신하를 제후 왕으로 봉하지 않았다. 대신 자신의 자손들을 왕으로 봉하고 중요 도시로 보내 지방을 통제했다. 이러한 조치는 새로 건립된 왕조를 공고히 하는 데 어느 정도 도움이 됐다. 그러나 시간이 갈수록 친왕의 권한도 커지고 군대를 보유하면서 황실을 위협했다.

주원장이 죽고 황태자 주표도 일찍 사망하자 황태손 윤문이 제위를 이어받은 뒤 연호를 건문(建文)으로 고쳤다. 역사에서는 이를 건문제라고 한다. 주원장의 넷째 아들 연왕 주체는 오랫동안 북평에 주둔하면서 병력을 가지고 있었다. 그런데 그가 어느 날 군사를 일으켜 남경을 공격하고 건문제 수중에서 황위를 탈취해 명 성조(成祖)가 되었다. 물론 이 일은 주원장이 생전에 예상하지 못한 것이었다.

원나라 탐관오리들의 탐욕과 부패는 원나라를 붕괴시킨 원인 가운데 하나였다. 주원장도 탐관오리의 횡포를 잘 알고 있었다. 1385년에 호부시랑 곽환이 뇌물을 받은 일이 생겼다. 그런데 곽환이 죄를 인정하지 않고 구차하게 속임수를 쓰자 화가 난 주원장은 조정 내외의 좌우시랑 이하 관리 수만 명을 사형에 처했다. 그는 은 60냥을 뇌물로 받은 관리들은 참수시키는 데 그치지 않고 피부를 벗겨냈다. 관부의 공무를 보는 자리 옆에는 피부가 벗겨진 채 말라서 죽은 전임 관리의 시체가 걸려 있어 현임 관리들에게 경계심을 갖게 했다. 주원장은 이처럼 엄한 형벌로 탐관오리들을 징벌했다. 그러나 그 효과는 또 잠시뿐이었다.

주원장이 황제가 되고 난 뒤 얼마 후에 외지의 관리들이 수도로 주원장을 알현하러 왔다. 주원장은 그들을 만나 이렇게 훈계했다.

"막 날기 시작한 새의 깃털을 뽑으면 안 되고, 막 심은 나무의 뿌리를 흔들어서도 안 된다. 천하가 평정되었을 때 가난한 백성들이 가장 크게 고통을 받았다. 따라서 백성들의 생활을 안정시키는 일이 무엇보다 중요하다는 것을 명심하라."

원나라의 학정과 장기간에 걸친 전쟁으로 쌓인 백성들의 부담을 덜어 주고, 그들이 편안하게 농사에 전념할 수 있도록 하는 정치를 당부한 것이다.

원나라가 막 건립됐을 때 몽고족 사회는 노예제에서 봉건제로 넘어가는 과도기였다. 따라서 몽고 귀족에게는 여전히 노예제 사회의 잔재가 남아 있었다. 예를 들어 몽고 귀족은 전쟁 때 포로로 잡은 한족을 노예로 삼았다. 당시 이를 구구(驅口)라고 불렀다. 또한 원나라의 관청은 주로 관비를 이용해 수공업을 발달시켰으므로 자연히 노비의 수가 많았다. 주원장은 명나라를 세운 뒤에 구구와 관비들을 일부 해방시켰고 아울러 백성의 신분으로 회복시켜 주었다.

1370년에 주원장은 신하들의 건의를 받아들여 유민들을 모아 황무지를 개간하도록 했다. 북방 군현의 성 가까이 있는 황무지를 개간하는 자에게는 논 15무(畝)와 밭 2무를 주도록 규정했다. 교외의 황무지는 이런 식으로 대부분 개간됐다. 또한 인구 밀도가 높은 지역의 백성들은 인구가 적은 지역으로 이주시켰다. 유민들을 모아 황무지를 개간하고 백성들을 이주시킬 때 관부에서는 농기구와 종자 등 농경에 필요한 물품을 주고, 3년 동안 조세를 면해 주었으며, 개간된 땅을 개간한 자의 소유로 해 주었다. 아울러 5무에서 10무의 논을 가진 농민에게는 뽕나무·목화·삼을 토지의 절반에 심게 하고, 10무 이상을 가진 농민에게는 절반 이상을 심게 했다. 또한 주원장은 각지에 관리를 파견하고 농경지에 물을 대는 관개 시설을 살펴보도록 명을 내렸다. 1395년에 이르자 전국적으로 벌인 대규모의 저수지 공사가 모두 4만 9,000여 곳에 달했다. 수로 공사는 4,100여 곳, 수로를 위한 제방 공사도 5,000여 곳에 달했다.

주원장은 빈곤한 농민 출신이었기에 재해가 얼마나 농민들에게 심한 고통을 안겨 주는지 잘 알고 있었다. 이 때문에 즉위한 뒤에는 항상 재해와 전쟁의 영향을 받은 지역의 농민들에게 조세를 감해 주거나 국고를 열어 구제해 주었다. 『명사(明史)』의 「태조본기(太祖本紀)」에 기록된 자료를 보면 주원장이 집권 31년 동안 조세를 감해 주거나 재해민을 구제해 준 일이 전부 70여 차례에 달한다. 이러한 조치는 농민들의 생산을 적극적으로 격려해 명나라 초기 생산력을 빠르게 증대시켰다. 1393년에 전국의 개간지 면적은 850만여 경(頃)에 달했으니 홍무 원년과 비교하면 거의 네 배나 증가한 셈이었다. 원나라 말기의 폐허가 된 황하 유역과 회하 유역에 펼쳐진 광대한 황무지도 백성들의 노력으로 많이 바뀌었다. 농업 생산의 회복과 발전은 자연스레 명나라 초기에 수공업과 상업의 번영을 가져왔다. 상품 유통이 활발해지자 화폐의 쓰임도 늘어 이에 따라 명나라는 초기에 대중통보와 홍무통보를 주조하고, 대명보초라는 지폐도 발행했다.

주원장은 아들 주표에게 농가를 다니면서 백성들의 음식과 용품이 충분한지 둘러보게 했다.

"농민의 몸은 전답을 떠날 수 없고, 농민의 손은 농기구를 놓을 수 없으니 한 해 동안 쉬지 않고 열심히 일을 하지만 그들의 생활은 초가를 벗어나지 못하고, 의복은 거칠고 낡았으며, 먹는 것은 채소와 죽뿐이다. 그런데도 국가의 경비를 전부 농민에게 부담케 하고 있다. 너는 마땅히 이 점을 기억해야 한다. 네가 먹고 자고 쓸 때 반드시 농민의 고충을 떠올려라. 농민의 절약을 본받아 너 또한 근검절약해야 한다. 설령 농민들이 괴로워하지 않고, 춥거나 배고파하지 않는다 해도 황제 된 자가 가혹하게 대한다면 백성은 살아가지 못할 것이다."

백성을 안정시키려는 정책이 주원장의 통치 기반이었던 것이다. 그는 봉건 제국의 경제는 농민의 부담에서 나오기 때문에 무절제하게 착취를 하면 백성들이 살 수 없다는 사실을 이해하고 있었다. 백성들이 잘 살지 못하면 나라의 경제는 더 생각할 수 없는 일이었다. 원나라의 폭정으로 전국에서 봉기가 일어났고, 이로 인해 원나라가 멸망되는 모습을 주원장은 직접 목격하고 체험했기 때문이다. 또한 백성들이 안정돼야 자신이 건립한 새 왕조도 무너지지 않기 때문이다.

중앙집권제를 강화하고 민생 안정을 정책화한 것은 새로 건립된 왕조의 기반을 다지기 위함이었다. 그러나 주원장은 아직 부족하다고 생각했다. 혹시라도 백성들이 반란을 일으키고 신하들이 배신을 할까 두려워 군주전제 정치를 강화했다.

주원장은 신하들을 감시하기 위해 검교(檢校)라는 관리를 보내 비밀리에 크고 작은 관청의 관리들이 저지르는 불법 행위와 세간의 풍문을 보고하도록 했다. 하루는 학사 송렴이 조정에 들어오자 주원장이 물었다.

"어제는 어느 집에서 누구와 술을 마셨소? 또 무슨 음식을 먹었소?"

송렴이 사실대로 말하자 주원장은 흡족했다.

"그대는 나를 속이지 않는구려."

주원장은 하루 전날 저녁의 송렴에 대한 행적, 심지어 그가 먹은 음식까지 미리 알고 있었던 것이다. 또 한 예로 『맹자절문(孟子節文)』을 편찬한 유학자 전재가 퇴청하고 집으로 돌아가는 길에 시를 한 수 지었다.

> "사방의 둥둥둥 북소리에 옷을 입고(四鼓冬冬起着衣)
> 오문에서 알현하니 늦었다고 싫어하네(午門朝見尚嫌遲),
> 언제나 전원의 즐거움 누릴 수 있을까(何時得遂田園樂)
> 밤이 다 될 때까지 잠이나 자 둬야지(睡到人間飯熟時)."

이튿날 주원장은 문화당(文華堂)에서 유학자들을 조견할 때 전재에게 물었다.

> "그대가 어제 참으로 훌륭한 시를 지었다던데, 난 늦었다고 싫어한 적은 없으니 차라리 걱정했다고 바꾸는 게 어떻겠소?"

깜짝 놀란 전재는 전신에 식은땀을 흘리면서 계속해서 머리를 조아리고 사죄를 올렸다. 전재가 무심코 지은 시를 듣고 검교가 주원장에게 보고한 것이었다. 이 때문에 승상 이선장부터 그 이하의 관리들은 모두 검교를 두려워했다. 주원장은 만족스러웠다.

> "어떤 이들(검교)은 사나운 개와 같아서 사람들을 두렵게 하는구나."

검교의 수는 많지 않았으며, 업무도 정찰만으로 제한했다. 1382년에 주원장은 황제가 관할하는 금위군을 금의위로 고쳤다. 금의위는 황제를 호위하는 업무와 더불어 정찰과 체포하는 일도 맡았다. 또한 따로 옥을 만들었는데 이를 조옥(詔獄)이라고 했다. 금의위는 황제가 직접 지휘하는 특별 군사 기구였다. 조옥 안에서는 살가죽을 벗기거나, 창자를 도려내거나, 심장을 찌르는 등 매우 잔혹한 형벌을 실행했다. 주원장은 충성하지 않는 관리들을 징계하기 위해 때로는 조정에서 장형(杖刑)을 실시했는데, 이를 정장(廷杖)이라고 한다. 정장 또한 금의위가 집행했다. 이 시기에 수많은 조정 대신이 공부상서 설록처럼 매를 맞아 죽었다.

명나라 초년은 원나라 말년에 비해 지주층과 농민층 사이의 마찰이 많이 완화됐다. 따라서 주원장이 집권한 시기에는 그의 통치에 대한 반항도 크지 않았다. 평민에서 황제의 자리에 올랐던 그이기에 신하들이 옥좌를 넘볼까 두려워 잔인한 수단과 방법으로 공신들을 죽였기 때문이다. 앞에서 얘기한 호유용 사건도 일이 커지면서 그와 관련돼 죽음에 이른 사람이 3만여 명에 달했다. 심지어 77세의 이선장 또한 전 가족이 몰살당했을 정도였다. 1393년에 금의위 관리들은 전공이 많은 양국공을 모반 혐의로 고발하고 1만 5,000여 명을 그와 연루시켜 죽였다. 이런 식으로 대부분의 공신과 노장들이 주원장의 손에 죽었으며, 주원장은 그들을 제거하면서 안심했다.

주원장은 사상을 통제하기 위해 문화 전제 정책을 추진했다. 그는 과거시험을 시행해 관리 선발의 중요한 과정으로 삼고, 시험의 내용은 『사서(四書)』『오경(五經)』 등 유가 경전에만 한정했다. 아울러 시험의 문장은 팔고문 형식으로 제한했다. 이러한 과거 제도로 충신을 선발해 군주의 전제권을 극대화하는 도구로 이용한 것이다. 그러나 과거 제도와 팔고문은 많은 사람의 사상을 구속해 오히려 사상 문화의 발전을 저해했다. 주원장은 '백성을 귀하게 여기고, 군주를 가벼이 여겨야 한다'기나 '군주가 신하 보기를 풀같이 여기면 신하는 군주 보기를 원수와 같이 어긴다'는 맹자의 사상에 반대하고 공자묘에 모신 맹자의 위패를 철거했다. 나중에 맹자의 학설이 전체적으로 봉건 통치를 위호한다는 사실을 깨닫고 맹자의 위패를 다시 모셨으나 『맹자』 속에서 전제 정치에 해가 되는 부분은 삭제하도록 하고 다시 『맹자절문(孟子節文)』을 편찬케 했다.

한편 주원장은 명 왕조에 도움이 되지 않는 지식인들을 엄격히 배척하고 사대부가 군주를 돕지 않으면 처벌하도록 따로 법을 제정했다. 이 때문에 강서의 유학자 하백계의 조카는 스스로 손가락을 잘라 명조의 관원이 되지 않기로 맹세했으며, 소주의 요윤과 왕모는 조정의 부름을 거절해 재산을 몰수당하고 사형됐다.

주원장은 황제의 위엄을 세우기 위해 다른 사람의 비판을 조금도 허용하지 않았다. 가난한 집안에서 태어나 절에도 들어갔던 주원장은 항상 남들이 자신을 우습게 볼까 의심했다. 때로 문인들이 지은 시를 보고 그 내용이 자신을 풍자한다고 의심해 죽이기까지 했다. 북평부의 학훈도(學訓導) 조백녕은 한 문장에서 '자손에게 전해지면서 모범이 되리라(垂子孫而作則)'라는 글귀를 써서 목이 잘렸고, 절강부의 학교수(學敎授) 임원량도 글 속에 '법칙을 만들어 가르침을 드러내네(作則垂憲)'라는 글귀를 써서 처형당했다. 두 사람의 글 속의 '즉(則)'이라는 글자가 '적(賊)' 자와 비슷했기 때문이다. 또한 항주부 학교수 서일기가 쓴 '천하를 빛내기 위해 하늘이 성인을 낳아 세상의 법도로 삼으셨다(光天之下 天生聖人 爲世作則)'라는 축하문에 대해 문장 속의 '광(光)' 자를 지난날 스님이던 자신을 비꼬기 위해 넣었다며 억지를 부렸다. 이렇게 수많은 사람들이 한 편의 시와 한 편의 문장으로 죽임을 당했으니 이 같은 주원장의 문자옥(文字獄)은 봉건 전제 군주의 잔혹함을 충분히 보여 주는 대목이라 할 수 있다.

주원장의 태자 주표는 부친의 엄격한 통치에 반대했다.

"폐하, 천하가 살육으로 넘치니 화가 미칠까 걱정입니다."

주원장은 그 자리에서 아무 말도 하지 않았다. 이튿날 아들을 불러 가시가 잔뜩 박힌 긴 나무를 손에 들게 했다. 주표가 손이 찔릴까 두려워 들지 못하자 주원장이 말했다.

"지금처럼 네가 가시 박힌 나무를 들지 못하니 내가 너를 대신해 껍질을 벗겨 다시 너에게 주려는 것이다. 그래도 불만이 있느냐?"

명나라가 자신의 집권 시기에서 그치지 않고 후대까지 안정적으로 황위를 계승할 수 있도록 고압적인 정책을 실행한다는 뜻이다.

이전의 황제들처럼 주원장도 살아있을 때 자신의 후사를 준비했다. 그는 남경 종산 남쪽 독룡부에 자신의 능인 효릉(孝陵)을 지었다. 1381년부터 짓기 시작해 2년 만에 완성됐다. 효릉의 둘레가 45화리나 되는 웅대한 규모였다. 당시 능을 만들 때 개인의 관이나 분묘 등은 일괄적으로 철거돼 옮겨졌다. 당시 신하들이 주원장에게 삼국시대 때 손권의 묘를 옮길지 여부를 묻자 손권 또한 한나라 사람이므로 남겨 두라고 명했다. 이후 청대 함풍 연간에 청나라 군대와 태평군이 전투할 때 효릉의 지면이 훼손됐다. 그리고 민국 시대 때 중국 정부가 효릉의 잔존 건축물을 보수했다.

1398년 6월 10일, 71세의 주원장은 병으로 세상을 떠난다. 그의 장사는 효릉에서 치러졌다. 시호는 고황제(高皇帝), 묘호는 태조(太祖)라 했기에 역사에서 그를 명 태조라고 한다.

주원장은 황제가 된 뒤 화공에게 자신의 초상화를 그리게 했다. 그런데 완성된 그림이 자신과 너무도 닮아 불만스러웠다. 자신의 용모가 그리 빼어나지 않았기 때문이었다. 다른 화공이 그를 자애로운 모습으로 그리자 주원장이 그제야 만족했다고 한다. 따라서 현재까지 전해지는 주원장의 초상화는 실제의 모습과 다르다고 볼 수 있다.

주지하다시피 주원장은 농민 봉기를 기회로 권력을 잡았고 원나라를 무너뜨리고 새로운 봉건 왕조를 건립했다. 잔혹한 억압 정치로 군주 전제 정치를 시행하고, 금의위를 만들어 공신들을 죽였으며, 팔고문으로 관리를 뽑고, 문자옥을 시행했다. 이런 부분은 역사에서 부정적으로 평가하고 있는 정책이다.

그러나 주원장 개인은 무척 뛰어난 인물이었다. 당나라 말기에 오대 십국으로 전국이 분열되고 다시 남북으로 나뉘었다가 원나라가 통일했으나 그 역시 오래가지 못했다. 홍건군의 봉기가 일어난 뒤에도 각 봉기군은 분열됐으며, 각지에 무장 세력이 할거하고 있던 원나라 말기도 분열과 혼란이 가득한 시대였다. 이때 사회·경제는 크게 훼손됐으며, 백성들의 생활은 극도로 악화됐다. 그러나 명나라가 들어서면서 중국은 분열에서 화합, 혼란에서 안정으로 바뀌었다. 용기와 지략을 갖춘 주원장이 없었다면 명나라도, 백성들의 안정도, 통일도 생각할 수 없었을 것이다.

민심을 잃고도 제국을 오래 끌고 간 왕조는 없었다. 당나라의 재상 위징이 이야기한 것처럼 그토록 강력했던 수나라는 수 양제의 폭정과 무리한 대외전쟁 때문에 결국 3대를 끝으로 왕조가 망하고 말았다. 한때 100만 대군을 가진 항우도 민심을 헤아리지 못한 탓에 결국 천하를 눈앞에서 놓쳤다. 일찍이 뛰어난 제왕들은 이런 민심의 중요성을 간파하고 있었다. 한 문제는 강력한 경제부양책으로 백성들에게 선정을 베풀었고, 한 무제는 통일 제국의 당위성을 설파하기 위해 다양한 사상통제법을 쓰기도 했다. 과연 역사 속에서 제왕들은 민심을 잡기 위해 어떤 통치술들을 사용했을까? 한 문제부터 원 세조까지 제왕들의 통치법을 살펴보자.

대중·민심
_ 민심을 등에 업고 천하를 다스려라

한 문제(漢文帝, 기원전 202년~기원전 157년)

전한의 제5대 황제. 대(代)나라 왕이었으며, 여태후의 죽음과
함께, 형제들에 의해 황제로 추대되었다. 소모적인 대외원정을
피하고 경제를 안정시켜 '문경의 치세'를 이룩하였다.

"사람이 하루 동안 밥을 먹지 못하면 배가 고프고, 한 해 동안 입을 옷이 없으면 추
위를 견디지 못합니다. 배가 고파도 먹을 것이 없고 추워도 입을 옷이 없으면 자애로
운 부모도 아들에게 나쁜 짓을 하지 않는다는 보장이 없는데 어찌 군주가 백성들의
죄를 단속할 수 있겠습니까? 백성들의 음식과 옷은 나라가 주는 게 아니라 나라가
세운 생산력 증대 정책으로 조달하는 것입니다."

— 한 문제의 참모 조조(曹操)

밥보다 더 훌륭한 민심수습책은 없다
– 한 문제의 경제우선론

한(漢) 문제(文帝)의 이름은 유항(劉恒)으로 한 고조 유방의 아들이 며, 모친은 박부인이다. 유항은 기원전 196년에 대왕(代王)으로 봉해져 중도(산서성 평요 서북)에 도읍했다. 대(代)나라는 편벽된 곳에 위치해 토지가 척박했기 때문에 여러 제후국 가운데 중에서 가장 약했다. 기 원전 180년에 여후가 죽자 태위 주발과 승상 진평이 여씨 일가를 주 살하고 대왕을 즉위시켰으니 그가 바로 한 문제이다.

한 문제의 재위 시기(기원전 179~157년)는 한나라가 막 전성기로 넘 어가는 과도기에 해당된다. 한 문제는 국가의 생산력을 높이기 위해 힘쓰고 통일된 나라를 유지하기 위해 다방면의 노력을 아끼지 않았다. 송사는 공정하게 심판했고, 형벌은 느슨하게 했으며, 인재를 알아보고 등용했다. 개인 생활에 있어서는 엄격하게 관리하고 검소하게 처신했 다. 이러한 한 문제의 노력으로 한나라는 초기의 불안했던 상황을 극 복하고 전성기로 넘어가는 기반을 형성할 수 있었다. 이에 역사학자들은 한 문제와 한 경제(景帝)의 통치 시기(기원전 156~141년)를 두고 훌륭한 정치라며 '문경의 정치(文景之治)'라 극찬하고 있다.

세금을 낮추고 생산력을 높이다

진나라의 폭정과 한나라 초기까지 이어진 장기간의 전쟁으로 당시 사회와 경제는 말할 수 없이 심각한 위험에 직면해 있었다. 비록 통일 국가인 한나라가 들어섰으나 토지는 여전히 황폐했으며, 전쟁으로 감소된 인구는 더 늘지 않았다. 낮은 생산력은 곧바로 백성들의 고된 생활로 이어졌다. 게다가 쌀값이 폭등하고 국고마저 텅 비게 됨으로써 지배 계층이 부를 누리는 데에도 한계가 있었다. 남아 있는 자료에 따르면 황제는 같은 색의 말을 네 마리도 가질 수 없었으며, 상국과 장군은 말이 아닌 소가 끄는 마차를 탔을 정도로 경제난이 심각했다.

한 혜제와 여후가 통치한 15년 동안(기원전 194~180년) 깨끗한 정치와 민생 안정 정책 시행으로 사회·경제는 점차 나아졌지만 한 문제 초년까지의 상황은 근본적으로 크게 달라지지 않았다.

한 문제는 진나라의 멸망을 통해 백성의 역량을 깨달았다. 백성들의 고통이 얼마나 극심한지를 이해했으며, 백성의 중요성을 느꼈다. 이에 백성을 위한 정치를 펴기 위해 가의(賈誼)와 조조(晁錯)의 건의를 받아들여 부세를 가볍게 하고 생산력을 높이는 정책을 실행했다.

기원전 178년에 젊은 정치가 가의는 한 문제에게 상소를 올려 생산력 증대의 중요성을 피력했다.

"『관자(管子)』에 보면 '창고가 가득 차야 예절을 알고 의식이 족해야 영욕을 안다.'고 했습니다. 백성들이 배불리 먹고 따뜻하게 입어야만 비로소 나라가 태평할 것입니다. 반대로 백성들의 의식이 풍족하지 않으면 빈란이 일어날 테니 지금 상황으로는 제대로 정사를 펼 수 없을 것입니다. …… 만일 비축해 놓은 식량이 없다면 흉년이 들었을 때 나라가 어떻게 백성들을 구제하겠습니까? 만일 변경에서 전쟁이 일어나 수십만 대군의 군량이 필요하면 또 어떻게 조달하겠습니까? 이런 일들이 생긴다면 천하는 분명 크게 혼란스러워질 것입니다. 그리고 그때 가서 구제할 방법을 찾는다면 이미 늦습니다.

…… 식량이 곧 나라의 생명줄입니다. 식량이 많아야 나라가 부유해지고 무슨 일이든 잘할 수 있습니다. 전쟁이 일어나도 승리할 수 있고, 먼 곳의 적을 복종시킬 수 있습니다. 따라서 지금 가장 시급한 일은 전국의 백성들이 농경에 심혈을 기울이도록 하는 것입니다. 비축해 둔 양식이 많아질수록 백성들은 편안하게 살 수 있으니 이것이 바로 천하가 부유해지고 편안해지는 정치입니다."

한 문제는 가의의 건의를 받아들여 그해 정월에 '농업이 천하의 근본'이라는 조칙을 내려 농업 생산력을 높이기로 했다. 그리고 그 노력의 일환으로 자신이 직접 적전(籍田, 황제가 직접 경작해 수확물을 제사에 쓰는 밭)에서 파종하는 모습을 보여 천하 백성들의 귀감이 되게 했다. 그해 9월에 추수를 끝낸 한 문제는 다시 조칙을 내려 한나라 초기의 세제를 15세(稅)에서 30세로 바꾸었다. 세금을 절반으로 줄여 백성들의 농업을 적극 권장한 것이다.

10년 뒤인 기원전 168년에 조조는 한 무제에게 생산 과정에서 생기는 문제점의 개선 방향을 제시했다.

"사람이 하루 동안 밥을 먹지 못하면 배가 고프고, 한 해 동안 입을 옷이 없으면 추위를 견디지 못합니다. 배가 고파도 먹을 것이 없고 추위도 입을 옷이 없으면 자애로운 부모도 아들에게 나쁜 짓을 하지 않는다는 보장이 없는데 어찌 군주가 백성들의 죄를 단속할 수 있겠습니까? 백성들의 음식과 옷은 나라가 주는 게 아니라 나라가 세운 생산력 증대 정책으로 조달하는 것입니다. 지금 전국은 하나로 통일되었고, 수년 동안 재난이 발생하지도 않았는데 백성들이 양식을 축적하지 못하는 이유가 무엇입니까? 그것은 바로 농업 생산력을 키우지 못했기 때문입니다."

조조가 지적한 대로 당시 가정마다 적어도 두 명의 백성이 나라에 부역을 해야 했기 때문에 경작할 수 있는 토지가 100무(畝, 지금의 천 평 정도)이지만 수입은 그에 못 미쳐 전 가족을 부양할 수 없었다. 혹시라도 가뭄이 들거나 전쟁이 일어나면 수확한 농작물을 싼값에 팔거나 높은 이자의 고리대를 빌려야 했으며, 그러다가 결국 땅을 팔거나 아내와 딸을 팔아 빚을 갚아야 하는 상황까지 몰렸다. 거기에 거상들이 사재기를 통해 폭리를 취하면서 물가를 올려놓았으니 대다수의 농민들은 고향을 등지고 타지로 떠돌게 됐다.

그렇기 때문에 조조는 당장 농업 생산력을 늘리는 일이 급선무라고 역설한 것이다. 백성들이 농사일에 더욱 힘을 기울이도록 하기 위해서는 양식의 가치를 알려 주어야 했다. 조조는 다시 한 문제에게 구체적인 방법을 이야기했다.

"누구든 일정한 양의 식량을 나라에 바치면 관직을 하사하고, 죄를 지어도 양식으로 사면 받을 수 있게 해야 합니다. 그래야만 식량의 수요가 증가할 것이고, 농민들은 재산을 가질 수 있을 것입니다. 또 관직을 팔아 양식을 모으면 나라는 백성들에게 많은 조세를 거두지 않아도 될 것입니다."

한 문제는 조조의 말대로 식량을 바치는 자에게는 관직을 주었다. 그 이듬해인 기원전 167년부터는 모든 토지세를 폐했고 기원전 155년에 30세제를 본격적으로 시행했다.

한나라 초기에는 백성들이 토지세뿐 아니라 인구세도 부담해야 했다. 7세부터 14세까지는 매년 20전을 내고, 15세부터 56세까지는 매년 120전을 냈다. 한 문제 때는 이를 한번에 40전을 내도록 바꾸었다.

한나라 초기의 부역에는 병역(兵役)과 역역(力役)이 있었다. 일반적으로 성인 남자는 모두 부역을 지내야 했다. 부역에도 세 가지 방법이 있었다. 정식으로 병역을 지내는 정졸(正卒)과 변경을 수비하거나 수도를 지키는 무졸(戍卒)은 모두 1년 동안 복역했다. 정졸과 무졸은 돈으로 다른 사람에게 부역을 대신 시킬 수 있었고 돈을 내고 나라가 고용한 사람에게 대신 부역을 시키기도 했다. 따라서 부자들은 갈수록 돈을 주고 대리 부역을 시키는 일이 많아졌지만 가난한 백성들은 직접 부역을 지내야 했다. 마지막으로 경졸(更卒)은 매년 한 달에 한 번 나라 안에서 토목공사와 수로공사 현장에서 부역을 지냈다. 여기서 자신이 직접 부역하는 것은 천경(踐更), 돈을 주고 대리로 부역을 시키는 것은 과경(過更)이라고 했다. 과경은 한 사람마다 매년 300전이다. 서한 시기의 부역은 백성들에게 큰 부담이 되었으나 한 문제는 경졸을 3년에 한 번으로 바꿔 백성들의 부담을 줄였다.

이러한 한 문제의 정책 시행으로 한나라의 경제는 점점 회복했으며, 부세를 가볍게 부과하면서 백성들의 생활은 나날이 나아졌다. 아울러 한 문제는 중앙집권 체제를 공고히 다지고 나라의 통일을 유지하면서 한나라가 발전할 수 있는 기초를 닦아 놓았다.

삭번 화친으로 통일을 유지하다

유방은 한나라를 세운 뒤 진 이세의 패망 원인을 분봉제, 즉 제후들에게 영토를 나누지 않았다는 점에 두었다. 분봉제를 실시하지 않았기 때문에 위기가 닥쳐도 도와줄 제후국이 없었기에 진나라의 통치가 단 15년 만에 그쳤다고 생각했다. 이에 유방은 군국제 시행으로 중앙에 약간의 군현만 남긴 채 나머지는 황실 친척에게 나누어 주면서 그들을 왕으로 봉하고 과거와 같은 제후국을 만들었다. 각 제후국의 왕은 대대로 세습이 가능했기에 한 문제가 즉위하고 나서는 지방경제가 눈부시게 발전하면서 제후국의 힘이 커지게 됐다. 제후 왕들은 분봉 받은 영토 안에서 정권과 통치를 강화시킬 수 있었으니 이는 점차 중앙 정권에 심각한 위협이 됐다. 한 문제가 즉위한 후 바로 이 문제에 당면하게 된다. 중앙 정권에 가장 먼저 반기를 든 자는 바로 제북왕 유흥거였다.

유흥거는 이전 제나라 왕인 유비의 아들이다. 일찍이 여씨 일가를 주살하는 과정에서 유흥거는 형인 유장과 함께 공을 세웠고, 형인 유장은 조왕(趙王)에 봉해졌고 자신은 양왕(梁王)에 봉해졌다. 한 문제는 즉위 후 유장과 유흥거가 형인 제나라 왕 유양을 황제로 옹립하려 했다는 사실을 알고 그들을 다시 넓고 인구가 많으며 험준한 조와 양 땅에 나누어 봉한 것이다. 기원전 178년에 한 문제는 제나라의 2개 군을 유장과 유흥거에게 하사하고 유장을 성양왕(城陽王), 유흥거를 제북왕(濟北王)에 각각 봉했다. 두 형제는 이러한 처사에 불만을 품고 있었으나 아무런 행동을 취하지 못한 채 지냈다. 그리고 그 이듬해 형인 유장이 병으로 세상을 떠났다.

기원전 177년에 흉노의 우현왕(右賢王)이 하남지를 침략한 뒤 다시 상군에까지 넘어와 변경의 관리와 백성들을 죽이고 재물을 약탈해 갔다. 한 문제는 승상 관영에게 군사 8만 5,000을 주고 고노(섬서성 연안 동북)에 주둔시켜 우현왕의 공격에 대응한다. 그리고 자신은 직접 태원에서 군대를 지휘했다. 한 문제와 승상이 장안성을 비우자 유흥거는 이를 기회로 반란을 일으켰다. 유흥거의 반란 소식을 접한 한 문제는 다시 관영에게 장안으로 돌아오라고 명했다. 그리고 시무를 대장군으로 임명하고 10만 대군을 주어 양형에서 유흥거에 맞서 싸우게 했다. 아울러 한 문제는 제북의 관민들에게 유흥거를 떠나 조정에 투항하면 죄를 묻지 않고 원래의 관직을 그대로 줄 것이며, 유흥거를 따라 반란을 일으킨 무리도 당장 조정에 투항하면 죄를 사해 주겠다고 일렀다.

이렇게 조정에서 반란군에 대한 대응이 갖춰지자 유흥거를 따르던 장수들은 반란이 성공하지 못할 것을 예감했다. 때마침 조정에서 관용을 베푸니 유흥거의 장수들은 잇달아 조정에 투항했다. 같은 해 8월에 유흥거는 전투에서 패한 뒤 자결한다.

유흥거의 반란이 실패로 끝난 뒤 바로 회남왕(淮南王) 유장(劉長)이 모반을 일으켰다. 유장은 한 문제의 이복동생으로, 일찍이 유방에 의해 회남왕에 봉해졌다. 어려서 모친을 잃은 유방은 여후의 손에서 자라면서 여후를 무척 따랐다. 이로 인해 여후가 정권을 잡았을 때 유씨 성을 지닌 많은 제후가 죽었지만 유방의 이복동생인 유장만은 무사했던 것이다. 한 문제가 즉위하자 유장은 더욱 교만해져서 조정의 법령을 자주 어기고 거만한 모습을 보였다. 그의 위세는 조정의 대신뿐 아니라 태후와 태자까지 두려워할 정도였다.

유장의 거만함을 예로 들면 다음과 같다. 고대에 천자가 외출하면 길을 깨끗이 치우고 지나가는 사람들을 물리게 했는데 유장도 회남에서 황제의 행차와 똑같이 했다고 한다. 또한 중앙에서 제후국을 관리하는 수단의 하나로 2,000개의 자리는 조정에서 임명했으나 유장은 이를 무시하고 자기 마음대로 관리를 임명했다.

기원전 174년에 유장은 수레 40대에 병기를 실어 장안 북쪽의 곡구(섬서성 예천 동북)로 옮겨 놓고 반란을 준비했다. 그러나 얼마 후 그의 계획이 발각되어 한 문제는 유장의 왕위를 폐하고 촉군(蜀郡)의 공도로 귀양을 보냈다. 유장은 공도로 가던 도중에 스스로 목숨을 끊었다.

유흥거와 유장의 반란이 성공하지 못하고 실패로 끝났기에 다행히

나라 안에 큰 재난은 없었다. 그러나 이 두 사람의 반란은 한나라의 중앙집권 체제가 불안하다는 증거였기에 나라 전체에 큰 충격을 주게 됐다.

이러한 상황에서 가의는 한 문제에게 상소를 올렸다.

> "지금까지의 교훈을 되새겨 보면 대체로 강한 제후국이 먼저 반란을 일으킵니다. 지금 가장 강한 제후 왕은 2만 5,000호를 가진 장사왕(長沙王)입니다. 당장은 조정에 순응하는 듯 보이나 이는 형세에 따른 것이지 그가 충성심을 가졌음이 아닙니다."

가의는 천하가 오랫동안 안정되고 태평하려면 여러 제후국을 만들되 그 힘은 약해야 한다고 보았다. 나라가 작으면 조정에 사심을 갖지 않을 테니 지금의 제후국을 다시 여러 개의 소국으로 나누고 제후 왕의 자식들에게 봉해야 한다고 했다. 제후 왕의 힘을 약화시켜야 나라 전체가 마치 팔과 손가락을 움직이는 것처럼 자유자재로 이용될 수 있다고 생각했다.

한 문제는 가의의 말대로 힘이 커진 제나라를 여섯, 회남을 셋으로 각각 나누었다. 한 경제 시기 때 조조가 다시 변방 세력을 약화시킬 것을 주장하며 제후들의 영토와 세력을 감소시킬 것을 건의했다. 한 무제(기원전 140~87년) 때 근 100년간의 노력으로 중앙정부와 제후 왕들 사이의 마찰이 해결됐다. 이러한 사실만으로도 한 문제가 나라의 통일을 확립하고 중앙집권을 정착시켰음을 알 수 있다. 그리고 전국통일의 일환으로 한나라와 남월(南越)·흉노 간 관계를 저절히 처리했다.

한 나라 초기에 남월 지역은 지금의 광동과 광서 지역에 속했다. 일찍이 진 시황이 영남 지역을 정복한 뒤 이곳을 계림, 남해, 상군으로 나누었다. 진 시황은 이곳에 50만의 군사와 백성을 보내 오령을 수비하면서 월인(越人)과 함께 섞여 살게 했다. 그러다 진나라 때 남해군위가 된 조타가 계림과 상군을 점령하고 스스로 남월왕이 됐다. 그는 여후 집권 시기에는 스스로 남월무제(南越武帝)라 칭하며 장사왕의 영토와 남군(호북성 강릉)을 공격했다. 여후 말년에는 남월로 진격했으나 남방의 습하고 무더운 기후로 많은 군사가 병에 걸리는 통에 오령을 넘지 못했다. 한 문제가 즉위한 뒤에 장사왕과 남군 군수가 계속해서 남월의 침략을 보고했다. 한 문제는 남월과 중원 지역의 역사를 되돌아보고 공격보다 회유를 이용하기로 했다.

조타는 진정(하북성 정정 남쪽) 사람이다. 한 문제는 진정 지방관에게 조타 조상묘를 돌보게 하고 조타의 형제들에게 관직을 내리며 육가를 보내 서신을 전하게 했다.

"그대가 오령 이남 지역을 점령하는 것은 허락할 수 있다. 그러나 나라의 황제는 하나이기에 그대가 스스로 황제라 칭하는 것은 결코 용납할 수 없다. 양쪽이 예전처럼 왕래하면서 남월이 장사왕과 남군을 침략하지 않기를 바란다."

조타는 한나라에 반기를 들어도 좋은 결과를 얻지 못한다는 생각에 황제라는 호칭을 폐하기로 하고 장사왕의 영토와 남군에 있는 군사들을 물렸다.

조타의 서신을 본 한 문제는 매우 기뻐했다. 이후로 남월은 더 이
상 북쪽을 침략하지 않았다. 이로써 한나라 남방은 일시적으로 평화
를 찾게 됐다. 그러나 얼마 후 남월에 내란이 발생하면서 한나라의 신
하를 죽이자 한 무제는 남월을 평정하고 남월왕을 폐위하기에 이른다.
그리고 남해(광주시), 창오(광서성 창오), 담이(광동성 담현 서북), 주애(광
동성 경산), 욱림, 합포(광동성 해강), 교지(베트남 하내 서쪽), 구진(베트남
청화 부근), 일남(베트남 순화 부근)에 9군을 설치하고 남월 지역을 정식
으로 한나라에 편입시켰다.

흉노는 오랫동안 중국 북방에 자리 잡은 유목 민족이었다. 진나라
말기에 농민 봉기가 일어나자 진 이세는 흉노의 남침을 막기 위해 배
치해 둔 군사를 농민 봉기 진압에 투입시켰다. 이때를 틈타 흉노는 하
남지를 점령했다. 한나라 초기에 유방이 유경(劉敬)의 건의로 흉노와
화친을 맺고 한 문제 때도 화친 정책이 이어졌지만 흉노의 남침에 대
비해 백성들을 북쪽으로 이주시키고 군량을 옮기는 등 변방의 성을
견고히 지켰다.

기원전 177년에 흉노의 우현왕이 상군(上郡)을 침범해 소란을 일으
켰다. 한 문제가 승상 관영에게 기병 8만 5,000을 주어 반격에 나서자

우현왕은 북으로 퇴각했다. 10여 년이 흐른 기원전 166년에 다시 흉노의 노상(老上) 선우(單于)가 14만 기병을 이끌고 조나와 소관을 침범해 북지의 도위를 죽였다. 흉노의 정찰병은 관중의 옹(섬서성 봉상)과 감천궁(섬서성 순화 서북)까지 진입해 장안을 위협하기에 이른다. 한 문제는 상군·북지·농서에 군사를 보내 수비를 철저히 하는 한편 위수(渭水) 북쪽에 10만 대군을 집결시켜 장상여를 대장군, 동적과 난포를 장군으로 각각 임명하고 흉노를 변경 밖으로 내쫓았다. 그 후에도 흉노의 남침은 그치지 않았다. 기원전 158년에 흉노가 3만 기병을 이끌고 상군과 운중으로 쳐들어오자 한 문제는 주아부를 보내 그들을 다시 변경 밖으로 쫓아냈다.

한 문제가 남월을 달래고 흉노와는 화친을 맺는 과정에서 공격보다 방어와 수비를 선택한 이유는 당시 충분치 못한 국력에 기인했다. 당시 한 문제에게 무엇보다 중요했던 것은 평화로운 상황을 유지해 백성들의 생활을 안정시키고 생산력 증대에 힘을 쏟는 일이었다.

형벌을 완화하고 공정하게 심판하다

한나라 이전 진나라의 형법은 상당히 엄격했다. 거리에는 죄수복을 입은 자들로 가득 차 길을 막을 정도였으며, 감옥 안에는 빈 방이 없을 지경이었다. 엄격한 법률을 견디지 못한 백성들은 나무에 목을 매달아 스스로 목숨을 끊었고, 급기야 온 성안에 시체가 널려 있는 참상이 나타났다. 백성들을 통제하기 위해 만든 법률은 정반대의 결과를 가져와 가혹한 형벌을 이기지 못한 백성들이 끝내 반란을 일으킨 것이다.

서한이 들어서자 소하는 진나라 상앙이 만든 6률을 바탕으로 한나라의 9장률(九章律)을 제정했다. 그러나 소하의 9장률 역시 백성들에게는 가혹한 형법이었다. 그러나 혜제·여후의 집정 시기에 금서 소지를 금하는 법인 협서률(挾書律)과 유언비어를 퍼트리는 사람을 처벌하는 법령인 요언령(妖言令)을 폐지했고, 한 문제 때는 육형(肉刑)과 비방요언죄(誹謗妖言罪)를 폐지하는 등 진나라 일부 법률을 없앴다.

육형에는 경형(黥刑), 의형(劓刑), 월형(刖刑)이 있었다. 경형은 죄인의 얼굴에 죄명을 새기고, 의형은 죄인의 코를 베며, 월형은 죄인의 양 다리를 자르는 형벌이다. 모든 형벌 가운데 사형을 제외하면 육형이 가장 잔혹한 형벌이었다. 그런데 기원전 167년에 한 문제는 한 소녀의 상소를 읽고 육형을 폐지했는데, 그 일의 전말은 다음과 같다.

제(齊)나라 임치에 제나라의 관리를 지낸 순우의(淳于意)라는 서생이 살았다. 순우의는 의술이 뛰어나기로 유명해 많은 사람이 그에게 와 병을 보였다. 그러던 어느 날 한 거상이 순우의에게 부인의 병을 고쳐달라고 부탁했다. 그러나 불행히도 순우의의 치료가 듣지 않아 부인의 병세는 더욱 악화되었다. 며칠 뒤 부인이 죽자 거상은 순우의를 돌팔이라고 하면서 관가에 고소했다. 재판 결과로 육형을 받게 된 순우의는 최선을 다해 치료했음에도 벌을 받게 되자 억울했다. 일찍이 순우의는 제나라에서 관리를 지냈기에 장안에 가 처벌을 받아야 했다. 떠나기 전날 순우의는 다섯 명의 딸을 보고 한탄했다.

"지금처럼 위급한 때 아들이 없으니 딸이 무슨 소용이더냐!"

다섯 명의 딸들은 부친의 한탄을 듣고 눈물을 멈추지 못했다. 그런데 작은 딸 제영이 아버지를 보고 말했다.

"제가 아버지와 함께 떠나 장안으로 가는 동안 모시겠습니다."

임치에서 장안으로 가는 길은 멀고도 험했다. 순우의는 작은 딸을 만류했으나 고집을 꺾지 못해 하는 수 없이 동행했다. 순우의가 장안에 도착하자 제영은 미영궁 문 앞에서 황제에게 부친의 억울함을 호소했다. 문을 지키는 관리가 그녀를 제지하자 제영은 상소를 써 황제에게 전해 달라고 간곡히 부탁했다.

"소녀는 제나라의 태창령(太倉令)을 지낸 순우의의 작은 딸 제영입니다. 소녀의 아비가 관직에 있을 때 제나라 백성들은 아비의 청렴함과 정직함을 칭찬했습니다. 그런데 지금 죄를 지어 육형의 형벌을 판결 받았으니 소녀가 아비를 대신해 상소를 올립니다. 사람이 죽으면 다시 살 수 없습니다. 육형을 받은 사람이 지난날의 죄를 뉘우친다 해도 되살아날 수 없습니다. 청컨대 소녀가 관부의 노비로 지낼 테니 아비의 형벌을 사하여 개과천선할 기회를 주십시오."

제영의 상소를 본 한 문제는 그녀의 효심에 감동했다. 그리고 그녀의 말대로 육형이 합리적이지 못한 형벌이라는 생각에 대신들을 불러 육형을 대신할 법률을 만들라고 명했다.

승상 장창과 어사대부 풍경은 한 문제의 명으로 육형을 다음과 같이 바꾸었다. 첫 번째 경형을 받은 자는 4년 동안 힘든 노역을 시키고, 의형을 받은 자는 300대를 맞으며, 월형을 받은 자는 500대를 맞는다. 육형의 처벌 방식은 이렇게 바뀌긴 했으나 매를 맞다가 죽은 죄인 또한 많았기 때문에 바뀐 형벌 역시 가볍다 할 수도 없었다. 혹자는 형벌을 가벼이 한다는 명분으로 오히려 사람을 죽이려 한다면서 당시 상황을 비판하기도 했다. 그 후 한 경제가 왕위에 오른 뒤에는 매질의 횟수를 300대에서 100대, 500대에서 200대로 각각 줄이고 곤장의 길이와 폭을 규정했으며 엉덩이만 때리게 했다. 그 후로 형벌을 받는 도중에 죽는 사람이 없어졌다.

한 문제가 폐지한 형법에는 연좌법도 있었다. 예부터 삼족을 멸하는 법령인 이삼족(夷三族)이 있었으니 한 사람이 죄를 지으면 친척이 모두 연루되는 형벌이었다. 한 문제는 이 역시 부당하다고 여기고 대신들을 불러 연좌법 폐지를 상의했다.

시 공평해야 옳지 않은가. 한 사람이 죄를 지었으면 죄를 지은 자만 형벌을 받으면 될 것을 죄가 없는 부모와 처자식도 같은 벌을 받는 일은 부당하다.”

그러나 형법을 관장하는 일부 대신들은 연좌법을 통해 백성들을 통제할 수 있다고 생각했다.

“백성들은 엄한 형벌을 쓰지 않으면 통제할 수 없습니다. 한 사람이 죄를 지으면 부모와 처자식까지 벌을 받는다고 해야만 백성들이 법제를 중요하게 여길 것입니다. 게다가 온 집안사람들이 서로 죄를 짓지 않도록 감시할 테니 누구도 쉽게 죄를 짓지 못할 것입니다. 예부터 전해진 연좌법을 고쳐 백성들을 통제하지 못하느니 차라리 그대로 두는 편이 낫지 않겠습니까.”

그러나 한 문제의 생각은 달랐다.

“법제가 공정해야만 백성들이 믿고 따르며, 형벌이 적합해야만 백성들이 준수한다는 말을 들었소. 백성을 다스리는 일은 법을 지키며 선량한 사람이 되게 하는 것이오. 그런데 백성들을 바로 인도하지 못하고 공정치 못한 형법으로 처리한다면 백성들은 당연히 따르지 않을 것이오. 이는 더 잘못된 일이 아니겠소?”

연좌법을 폐지하려는 한 문제의 뜻이 완고하자 대신들은 더 반대하지 못하고 결국 폐지하기로 결정했다. 그러나 한 문제의 노력에도 봉건 사회에서 줄곧 시행되던 연좌법은 사실상 완전히 폐지되지 않았다. 하지만 지금부터 2,000년 전에 한 문제가 연좌법이 공정치 못함을 인식했다는 점에서 그의 높은 식견을 엿볼 수 있다.

한 문제가 폐지한 또 다른 형벌은 비방요언죄였다. 고대 통치자들은 신하들이 적극적으로 의견을 내도록 비방목을 만들어 신하들에게 자유롭게 적게 했다. 그러나 진나라 때는 비방목이 황제를 비판하고 요사스러운 말로 대중을 현혹시킨다고 여겨서 비방요언죄를 만든 것이다. 비방요언죄를 범한 자는 가족이 전부 주살을 당했다. 이로 인해 비방목에는 황제에 대한 칭송의 말만 적힐 뿐 그 누구도 감히 바른 말을 적지 못했다. 가장 높은 자리에 앉은 황제는 눈과 귀가 먼 것처럼 잘못을 해도 깨달을 기회가 없었다. 그러나 한 문제는 질서를 안정시키고 사회 모순을 해결하기 위해 신하들에게 적극적으로 상소를 올리라고 권장했다.

"고대에 비방목을 만든 이유는 신하들의 충언을 적극 권장하여 청명한 정치를 펼치기 위해서요. 그런데 지금 비방요언죄로 신하들이 섣불리 진실을 말할 수 없으니 내가 내 과오를 깨달을 기회가 없소. 이렇게 되면 멀리 있는 인재들이 내게 와 충언을 할 수 없지 않겠소?"

이렇게 한 문제는 칙령을 내려 비방요언죄를 폐지했다.

한 문제는 부적합한 법률을 폐지함과 동시에 법을 처리하는 관리의 중요성도 인식하고 있었다.

진한 시기 나라의 최고 사법 관리는 정위(廷尉)이다. 과거 정위는 일반적으로 황제의 뜻에 따라 재판을 처리하기 때문에 공정한 판단을 할 수 없었다. 그러나 한 문제 때 정위를 맡은 장석지(張釋之)는 황제나 고위 관료들을 신경 쓰지 않고 법에 따라 공정하게 처리했다. 한 문제도 장석지의 의견을 존중하면서 그의 권한을 지켜 주었다. 이 두 사람의 이야기는 후대의 미담으로 남아 전해진다.

장석지는 원래 한 문제의 시종이었다. 그는 진나라가 망하고 한나라가 세워진 과정을 논하면서 한 문제로부터 인정을 받아 알자부사로 임명되고 얼마 후 궁전의 외문인 사마문(司馬門)을 관장하는 공거령으로 승진했다. 그가 공거령이 되고 나서 얼마 후, 황태자와 양효왕이 수레를 타고 조정으로 들어가는 길에 사마문을 그냥 지나쳤다. 장석지가 수레를 쫓아가 앞을 막고 궁 안으로의 출입을 저지한 뒤 상소를 올려 그들의 불경(不敬)을 탄핵했다. 당시 법에 따르면 신하가 사마문을 지날 때 반드시 수레에서 내려야 했기 때문이다. 이 일을 듣고 기분이 상한 박태후(薄太后)가 한 문제에게 경위를 묻자 한 문제는 예를 갖춰 사죄했다.

"이는 신이 엄격히 가르치지 못한 잘못입니다."

박태후가 태자와 양효왕의 죄를 사해 주자 두 사람은 궁 안으로 들어갔다. 이 일이 있고 난 뒤 한 문제는 장석지를 매우 중요시했다. 그리고 얼마 후 그를 정위의 자리에 임명한 것이다.

장석지는 정위에 임명되자마자 곤란한 문제를 처리하게 된다. 어느 날 한 문제가 궁 밖으로 나가 장안성 북쪽의 중위교(中渭橋)를 건너는데 갑자기 누군가 다리 아래로 뛰어가 한 문제의 말을 놀라게 한 것이다. 한 문제는 사람을 보내 그를 잡아들여 정위에게 보내 죄를 묻게 했다.

장석지가 심문해 보니 그는 시골에서 막 올라온 사람이었다. 중위교를 지나려는데 마침 황제의 행차 소식을 듣고 피할 곳을 찾지 못해 다리 아래로 숨었고, 한참을 기다린 뒤 황제가 지나갔다고 생각해 다리 아래에서 걸어가다가 말을 놀라게 한 것이다.

조사를 마친 장석지는 황제에게 판결문을 올렸다.

"이 자에게는 황상의 행차를 피하지 못한 죄로 벌금형에 처하겠습니다."

한 문제는 장석지의 판결이 불만스러웠다.

"그 자는 내 말을 놀라게 했다. 다행히 말이 온순했기에 무사했지만 만일 격한 말이었다면 분명 내가 다쳤을 것이다. 그런데 그대는 단지 벌금으로 처리하겠다는 말인가!"

장석지가 그 까닭을 밝혔다.

"법은 천자와 신하가 모두 따르고 지켜야 합니다. 지금의 법에 그의 죄는 벌금으로 규정되었으니 처분을 가중한다면 백성들이 법을 믿지 않을 것입니다. 정위는 반드시 공정하게 법을 집행해야 하는 사람입니다. 정위의 집행에 치우침이 있다면 천하의 모든 관리가 제멋대로 판결을 내릴 것입니다. 그렇게 된다면 백성들이 무엇을 보고 따르겠습니까?"

한 문제는 잠시 생각을 하고 나서 입을 열었다.

"정위, 그대의 판결이 옳구나."

그런데 얼마 후 이보다 더 큰 사건이 발생한다. 누군가 한 고조 사당의 옥고리를 훔쳐간 것이다. 오래지 않아 절도범이 잡혀 정위에게 끌려갔다. 한 문제는 조상의 기물에 손을 댄 간 큰 도적의 죄가 크다고 생각했다. 그런데 장석지가 법에 따라 그를 사형으로 판결하자 화가 났다.

"그 자는 법도 몰라보고 하늘도 몰라보는 자다. 어찌 감히 선제의 기물을 훔칠 생각을 한단 말이냐! 멸족을 해도 시원치 않을 판에 사형에 그친다니 이는 조상의 사당을 모욕하는 게 아닌가?"

장석지가 예를 갖춰 한 문제에게 물었다.

"법에 따르면 사형은 이 자가 받는 최고의 형벌입니다. 조상의 기물을 훔친 자에게 멸족을 판결하신다면 선왕의 무덤을 판 자는 장차 어떤 죄로 다스리시겠습니까?"

장석지의 말을 들은 한 문제는 이번에도 그의 판결에 수긍할 수밖에 없었다.

장식지는 황제의 눈지를 보지 않고 나라의 법에 따라 송사를 처리했다. 권력이 법의 위를 차지하고, 황제의 말이 곧 법이 되는 봉건사회에서 쉽지 않은 일이었다. 장석지가 정위를 맡았을 때 한나라는 전국적으로 죄인이 크게 줄었다고 한다. 그렇기에 한 문제가 더욱 더 장석지를 믿고 그의 공정한 판결을 지지했던 것이다.

기원전 176년에 박태후의 아우 박소(薄昭)가 황실의 친척이라는 점을 이용해 황제의 사자를 마음대로 죽이는 등 횡포를 부렸다. 법에 따르면 박소는 사형을 받아야 했지만 그는 박태후의 하나뿐인 동생이었기에 한 문제는 쉽게 결정을 내리지 못하고 있었다. 그렇다고 박소가 법을 따르지 않으면 자신의 통치력에도 타격이 될 것이 빤했다. 이에 한 문제는 대신들을 불러 박소와 함께 술을 마시면서 넌지시 스스로 잘못을 인정하고 자결하게 하라는 암시를 주었다. 그러나 박소가 끝까지 버티자 한 문제는 대신들에게 상복을 입고 박소의 집 앞에서 곡을 하라고 명했다. 박소는 할 수 없이 스스로 목숨을 끊었다.

인재를 등용하여 간언을 받아들이다

한나라는 진나라의 제도를 따라 조정에 삼공 구경(三公九卿, 삼공은 승상·태위·어사대부, 구경은 봉상·낭중령·위위·태부·정위·전객·종정·치속내사·소부이다)을 주요 관직으로 두었다. 이 가운데 승상과 태위는 가장 높은 지위였다. 승상은 황제를 보좌해 전국의 정치를 담당했으며, 태위는 전국의 군사들을 담당했다.

여후 집권 시기에 우승상으로 진평, 좌승상으로 역의기, 태위로 주발을 각각 임명했다. 한 문제가 황제 자리에 오르는 데 주발과 진평의 공이 컸기 때문에 진평을 그대로 우승상에 두고 주발을 좌승상, 관영을 태위로 각각 임명했다. 관영을 태위로 임명한 이유는 그가 유방을 도와 천하를 통일시킨 공이 있었고 여씨 일가를 주살하는 데에도 힘을 보탰기 때문이었다. 그런데 임명이 발표되는 날 우승상인 진평이 조정에 나가지 않았다. 한 문제가 진평을 불러 조정에 오지 않은 까닭을 묻자, 그가 대답했다.

"고제 때 주발의 공은 저보다 크고 여씨 일가를 평정하는 데도 저의 공이 주발에 미치지 못합니다. 그러니 우승상의 자리를 주발에게 주심이 마땅하여 조정에 나가지 않았습니다."

우승상은 좌승상보다 높았다. 한 문제는 진평의 말대로 주발을 우승상, 진평을 좌승상에 각각 임명했다. 그러나 실제로 주발의 공은 진평에 미치지 못했다.

어느 날 한 문제가 주발에게 물었다.

"1년 동안 죄를 지은 자는 얼마나 되오?"

“모르겠습니다.”

“그렇다면 1년 동안 전국의 식량 소비량은 얼마나 되오?”

“그것도 잘 모르겠습니다.”

한 문제의 질문에 대답을 하지 못한 주발은 온몸에 비 오듯 땀을 쏟아냈다. 한 문제는 고개를 돌려 진평에게 같은 질문을 했다.

“그대는 1년 동안의 식량 소비량을 아시오?”

“그것은 그 일을 담당하는 관리에게 물으셔야 할 것입니다.”

한 문제가 다시 물었다.

“누가 이 일을 맡고 있소?”

“우선 폐하께서 1년 동안 죄 지은 자의 수가 궁금하시다면 정위에게 물으시면 되고, 식량의 생산과 소비량이 궁금하시다면 치속내사에게 물으시면 됩니다.”

“모든 일에는 그 일을 담당하는 관리가 있는데 그렇다면 그대가 하는 일은 무엇이란 말이오?”

진평이 대답했다.

“신이 맡은 일은 천자를 보좌하는 것입니다. 밖으로는 사방의 오랑
캐와 제후들을 안정시키고, 안으로는 백성들이 편하게 살 수 있도록 하
며, 여러 대신이 각자 맡은 일을 충실히 할 수 있게 하는 것, 그것이 바
로 소신의 임무입니다.”

한 문제는 감탄하여 옳다는 말을 연발했다. 곁에서 듣고 있던 주발
은 진평이 자신보다 뛰어남을 깨닫고 부끄러워했다. 며칠 뒤 주발은 병
을 핑계로 우승상에서 물러났다. 한 문제는 진평에게 우승상을 맡기고
1년 뒤에 진평이 죽자 다시 주발에게 우승상의 자리를 넘겨 주었다.

이렇게 한 문제는 능력을 보고 인재를 등용했다. 설령 실제로 과거
주발이 세운 공이 진평보다 컸다 해도 주발의 능력이 진평에 미치지
못하면 당연히 진평에게 더 높은 자리를 내주었을 것이다.

주발 이후 우승상을 맡은 자는 관영과 장창이었다. 진평·주발·장
창은 모두 서한의 개국공신으로 유방을 따라 사방에서 전쟁을 치르
며 큰 공을 세웠다. 나중에 장창이 물러나고 대다수의 개국공신이 늙
어 죽자 한 문제는 처남 두광국(竇廣國)을 승상으로 임명한다. 두광국
은 두황후의 남동생으로, 원래 가난한 집안에서 자랐다. 노비로 팔려
간 두광국은 45세 때 주인을 따라 장안으로 들어왔다가 황후가 두씨
라는 말을 듣고 한 문제에게 두씨가 자신의 헤어진 누이라고 주장했
다. 그는 누이와 헤어질 당시의 상황을 자세히 적어 한 문제에게 올렸
다. 한 문제가 황후와 두광국을 만나게 하여, 그때부터 두광국은 귀족

이 되었다. 당시 주발과 관영은 두광국이 외척의 신분으로 정권에 간섭할까 염려해 덕행을 갖춘 자를 불러 두광국과 사귀게 했다.

장창이 우승상의 자리에서 물러나자 한 문제는 두광국을 승상으로 삼고 싶어 했으나 친척을 고관에 등용한다는 비난을 받을까 걱정이 되었다. 오랫동안 고민한 끝에 결국 당시 어사대부를 지낸 신도가(申屠嘉)에게 우승상을 맡겼다. 신도가는 과거 큰 공을 세운 인물은 아니었다. 그러나 사람됨이 강직하고 사사로운 정에 끌리지 않는 자였다. 혹자가 값진 예물을 들고 집까지 찾아와도 절대 만나거나 청을 들어주지 않았다. 신도가와 관련된 일화로 한 문제가 총애하는 신하 등통(鄧通)과의 일이 인상적이다.

한 문제는 만년에 나라의 큰일을 맡아 보는 태중대부 등통을 매우 총애했다. 그에게 수천만 냥에 이르는 금은보화를 하사하고, 종종 등통의 집에서 연회를 열어 함께 즐겼다. 황제의 신임과 사랑을 받은 등통은 갈수록 자만해지고 겁이 없어졌다. 하루는 신도가가 상소를 올리는데 등통이 한 문제 곁에서 오만한 자세로 서 있자 신도가가 한 문제에게 말했다.

"폐하께서는 총애하시는 신하에게 부귀를 하사하실 수 있습니다. 그러나 조정에서의 예절만은 엄격하게 하시지 않으면 안 됩니다."

등통을 두고 한 말임을 안 한 문제가 말했다.

"그대는 더 이야기할 필요가 없소. 내 나중에 그에게 말하리다."

　조정에서 나온 신도가는 사람을 보내 등통을 승상부로 불렀다. 혹시라도 등통이 오지 않으면 참수하겠다는 엄포도 놓았다. 그러자 겁에 질린 등통이 궁에 들어와 바로 한 문제에게 달려가 감싸주기를 청했다. 한 문제는 등통에게 골치 아프다는 표정을 지어 보였다.

　“일단 가보라. 나중에 내가 사람을 보내 그대를 부르도록 하겠다.”

　등통은 하는 수 없이 가슴을 졸이며 승상부로 가 신도가에게 머리를 조아리며 사죄했다. 신도가는 일부러 못 본 척하다가 한참이 지난 뒤에 등통을 바라보며 꾸짖기 시작했다.

　“조정에서의 예절은 고제께서 만드신 것이다. 너는 조정에서 방자하고 무례하게 행동함으로써 불경대죄를 지었으니 참수함이 마땅하다! 여봐라, 저 자를 끌어내 참수토록 하라!”

　등통은 겁에 질려 머리를 조아리며 빌었으나 신도가는 본체만체했다. 머리 위로 칼이 떨어지려는 찰나에 한 문제가 사람을 보내 승상에게 말을 전했다.

　“등통은 내가 총애하는 신하이니 그만 놓아주라.”

　등통이 풀려나 황궁으로 들어가 한 문제에게 말했다.

한 문제는 자신이 총애하는 신하라 해도 잘못을 저지른 신하를 무조건 두둔하지 않았다. 신도가도 등통이 황제가 총애하는 신하임을 알고 있었지만 재상의 자리에서 맡은 임무를 소홀히 할 수 없었다. 다행히 죽음에까지 이르진 않았지만 이 일은 등통에게 큰 교훈이 됐다.

한 문제는 개국공신을 저버리지 않았을 뿐 아니라 새로운 인재를 찾아내면 적재적소에 등용했다. 대표적인 사례로 가의를 들 수 있다. 한 무제는 가의가 스물 남짓의 서생일 때 만나 어린 나이에 비해 깊은 학식을 쌓았음을 알아보고 바로 등용했다. 그리고 1년 뒤에 그를 태중대부로 승진시켰다. 조조 역시 뛰어난 능력을 인정받아 600석을 받는 작은 관리에서 태자가령으로 승진시켰다. 그는 한 경제 때 다시 삼공의 하나인 어사대부로 승진한다. 이 두 사람은 서한 초기 때 사회·경제 발전과 중앙 정권을 확립하는 데 있어 많은 의견을 낸 신하이다. 앞에서 말한 정석지 역시 평범한 시위(侍衛)에서 전국의 형법을 관장하는 정위로 승진돼 천하의 명신으로 활약했다.

한 문제가 주아부를 등용한 일은 그가 어떻게 인재를 찾아내고 적재적소에 쓰는지를 구체적으로 보여 준다. 기원전 158년 겨울에 흉노가 상군과 운중 지역을 침략했다. 한 문제는 황실의 종친인 유례에게 군대를 주고 패상(섬서성 서안 동남쪽)에 주둔해 흉노군의 공격에 대비하게 했다. 아울러 서려에게도 군사를 주어 극문으로 보내고, 주아부에게는 세류에 주둔케 했다. 얼마 후 한 문제는 장수들을 위로하기 위해 직접 주둔지를 찾아보기로 했다. 먼저 패상과 극문에 갔다. 위태로운 시기임에도 군영의 분위기는 긴장감이 없었다. 성문을 지키는 관병은 황제가 왔다는 말만 듣고 문을 **활짝** 열어 장막까지 안내했다. 마지막으로 한 문제는 세류를 찾았다. 그런데 앞서 두 주둔지와 달리 성문을 지키는 관병은 완전무장을 하고 있었고 막 전쟁을 치를 듯 삼엄한 분위기가 만연했다. 선행관이 성문을 지키는 도위에게 일렀다.

"천자께서 오셨으니 어서 빨리 군영을 열고 맞을 준비를 하라."

그런데 도위가 뜻밖의 대답을 했다.

"군영에서는 장군의 명령만 따를 뿐 천자의 칙서는 따르지 않습니다."

선행관과 도위가 말을 주고받는 사이에 한 문제가 도착하자 선행관은 다시 크게 소리쳤다.

"천자께서 오셨으니 빨리 문을 열어라!"

"장군의 명이 없으면 문을 열 수 없습니다."

한참을 기다리던 한 문제가 사람을 보내 주아부에게 칙령을 전달하자 그제야 성문이 열렸다. 그런데 한 문제의 일행이 군영으로 들어서자마자 성문을 지키는 관병이 황제의 수레를 가리키며 말했다.

"장군께서 군영 안에서는 수레를 빨리 몰게 하지 말라고 정하였습니다."

한 문제는 수레의 속도를 늦추라 명하고 서서히 안으로 들어갔다. 군영에 이르자 주아부가 칼을 차고 두 손을 모아 한 문제에게 인사를 했다.

"전사는 무릎을 꿇지 않으니 청컨대 군사의 예로 인사드림을 윤허해 주십시오."

한 문제는 주아부의 인사에 답례하고 위문을 마친 뒤 군영을 나왔다. 수행하던 사람들이 주아부의 지나친 행동을 문제 삼자 한 문제는 되레 그들을 나무랐다.

"그야말로 진정한 장수이다! 패상과 극문의 군영은 그야말로 어린애들의 놀이터가 아니겠는가. 그곳의 장수들은 기습을 당하면 포로로 잡힐 수 있으나 그 누가 주아부와 같은 장수를 만만히 볼 수 있겠느냐!"

장안으로 돌아오는 내내 한 문제는 계속 주아부를 칭찬했고 수행원들도 엄격하고 공정하게 군사를 다스리는 주아부의 능력에 감탄했다. 얼마 후 한 문제는 주아부를 중위(中尉)에 임명하고 장안성의 수비를 맡겼다. 그리고 자신이 임종할 때 태자 유계(한 경제)에게 당부했다.

"나중에 혹시 긴급한 일이 생기면 대군을 통솔하는 임무를 주아부에게 맡기거라."

그 후 한 경제 때 오초칠국(吳楚七國)의 반란이 일어났다. 주아부는 한 문제의 예상대로 대군을 이끌고 석 달 만에 반란을 평정시켰다.

한 문제는 마음을 열어 신하들의 충고를 받아들이는 황제였다. 그는 황제로 즉위한 그 이듬해에 조정의 대신들에게 칙령을 내렸다.

"천하의 어지러움을 다스리는 사람은 나 하나다. 그러나 대신들은 팔과 다리처럼 나와 밀접한 관계이다. 그러니 그대들은 나의 잘못과 내가 생각하지 못한 일을 그 즉시 말하여 고칠 수 있도록 해야 한다."

당시 가산(賈山), 가의, 조조, 장석지와 같은 신하들이 조목조목 의견을 올리거나 안색을 붉히면서까지 직간했지만 한 문제는 대체로 큰 불만 없이 받아들였다. 한번은 조조가 옛이야기를 인용해 한 문제에게 상소를 올린 일이 있었다. 그리고 마지막에 다음과 같이 적었다.

"미친 사내의 말이나 현명한 제왕은 가려서 택한다 했습니다."

스스로를 낮추는 조조의 말에 한 문제가 회답했다.

"실제로 지금은 옛날과 같지 않고 말한 자는 미치지 않았소. 다만 제왕이 현명하게 가릴 수 없었으니 나라의 큰 우환이 있는 것이 아니겠소."

　한 문제는 충신의 올바른 의견을 미친 말로 생각지 않고 오히려 잘
못은 자신이 현명하게 판단하지 못함에 있다고 스스로를 질책한 것이
다. 물론 때로 신하들의 직언을 흔쾌히 받아들이지 못한 적도 있다. 그
러나 의견이 정확하고 올바르다고 판단되면 곧바로 수용했다. 기원전
166년에 한 문제는 풍당(馮唐)과 전국 시기 조나라의 명장 염파·이목
에 관한 이야기를 나누었다.

　　"염파와 이목 같은 명장이 없으니 안타깝구려. 그들이 있었다면 내
어찌 흉노를 두려워하겠소!"

　　"폐하께서 염파와 이목을 만났다 해도 그들을 쓰지 못하셨을 것입
니다."

　풍당의 말을 듣고 한 문제는 화가 나 옷소매를 뿌리치며 자리를 떴
다. 궁으로 돌아간 한 문제는 풍당의 말을 다시 곱씹어 보며 분명 이
유가 있으리라 생각해 다시 풍당을 불렀다.

　　"그대는 내가 염파와 이목 장수를 쓰지 못한다고 어찌 확신하오?"

　　"신이 듣기론 옛날 성군께서는 장수가 출정할 때 전장에서 일어나
는 모든 일을 장수에게 맡기셨습니다. 전장에서 공을 세우면 장수가 상
을 결정하여 조정으로 돌아와 황제께 아뢰었습니다. 신의 조부가 이르
길 이목 장군이 흉노와 싸울 때도 그렇게 하였다고 합니다. 그러나 지

금 여러 번 흉노와 싸워 이겼으나 전공이 크지 않다는 이유로 폐하께서
는 운중의 위상(魏尙)을 파면하고 감옥에 보내셨습니다. 폐하께서 내
리시는 상은 심히 가볍고 벌은 지나치게 무겁기에 염파와 이목과 같은
장수를 만나도 폐하께서 그들을 중용하실 수 없을 것이라고 말씀드린
것입니다.”

“그대의 말이 옳소! 그대의 말이 옳소!”

한 문제는 풍당에게 위상을 석방하라 명하고 그를 다시 운중의 군
수로 삼았다. 아울러 풍당을 거기도위에 임명했다.
기록에 따르면 한 문제는 조회할 때 상소를 올리는 자가 있으면 가
리지 않고 일단 전부 받아들였다고 한다.

“신하들이 올리는 상소를 이용할 수 있으면 받아들이고 그렇지 않으
면 그만두면 될 일이다.”

한 문제가 이런 생각을 가졌기에 그가 재위하는 동안 상소를 올려
처벌당한 사람은 단 한 명도 없었다.

스스로를 엄격하게 단속하다

역사적으로 볼 때, 황제는 봉건 왕조의 최고 통치자로서 절약보다

낭비를 하고, 자신을 엄격하게 단속하기보다 향락에 빠지는 경우가 많았다. 그러나 한 문제는 여타의 황제들과 달리 절약과 절제를 중요시했다. 역대 황제들의 낭비는 대체로 화려한 궁전이나 엄청난 규모의 능묘에서 드러난다. 대표적인 예로 기원전 213년에 진 시황이 지은 아방궁과 여산묘이다. 아방궁의 크기는 동서로 45리, 남북으로 1,000보(진나라 때에는 6척을 1보로 삼았다)이며, 전전(前殿)은 동서로 500보, 남북으로 50장(丈)으로 1만 명이 앉을 수 있는 크기였다. 이 밖에도 진 시황은 각지에 수많은 별궁을 지었다. 아방궁과 여산묘를 짓기 위해 가혹한 진나라 법에 의해 죄인이 된 70만 명의 사람들이 동원됐다고 한다. 그들은 직접 석재료를 북산, 목재료를 지금의 사천과 호북 지방에서 운반했다. 교통이 발달하지 않았던 고대에 사람의 힘으로만 공사 재료를 운반하고 엄청난 규모의 건축물을 완성했으니, 당시 백성들이 겪어야 했을 극심한 고통을 충분히 알 수 있다.

진 시황은 아방궁과 여산묘가 완성되기 전에 죽었다. 당나라 때의 시인 두목은 그의 시 「아방궁부(阿房宮賦)」에서 진 시황의 학정을 비판하며 그 무서움을 일깨워 주었다.

"천하의 사람들은 감히 말도 못하고 화만 났으니,

(……)

진나라 사람들은 스스로 슬퍼할 겨를도 없었는데

후세 사람들이 슬퍼하고 있네.

후세 사람들이 슬퍼하는데도 교훈으로 삼지 않는다면

후세 사람들이 다시 그 후세 사람들을 슬프게 하리라."

두목과 시기적인 차이가 있는 한나라 때 한 문제는 이미 그 교훈을 깨달은 황제였던 것이다.

한 문제 재위 23년 동안에 한 번도 궁전이나 정원을 만들지 않았다. 한번은 문제가 누대를 만들고 싶어 장인에게 예상 금액을 물었더니 100근의 금이 든다 했다. 당시 100근의 금은 중산층 열 가구를 먹여 살릴 수 있는 금액이었다. 장인으로부터 예산을 듣고 난 한 문제는 결국 누대를 만들지 않기로 결정했다.

"내 선대 황제께서 만드신 궁전에 살면서도 늘 마음이 편치 못했는데 그렇게 많은 돈을 들여 누대를 짓는 일은 당치도 않다."

그렇다고 당시 나라의 경제 상황이 나빴던 것도 아니었다. 오히려 한나라 초기의 어려움을 극복해 지주나 거상들의 노복까지 비단옷을 걸칠 정도였다. 그런데도 한 문제는 검은 명주를 입었고 그가 총애하는 신부인(愼夫人)도 옷에 문양을 넣지 않을 정도로 검소하게 생활했다. 한 문제는 자신부터 절약하여 천하의 귀감이 되고자 했던 것이다.

한 문제의 절약 정신은 그가 죽은 뒤 장례에도 그대로 반영됐다. 한 문제는 여타의 봉건 황제와 달리 후하게 장사를 지내길 원치 않았다. 그의 묘는 장안 부근 패수(霸水) 근방에 있어 패릉(霸陵)이라 불린다. 패릉을 만들 때 문제는 금·은과 같은 귀중품을 이용하여 장식하지 못하도록 명하였고 전부 질그릇을 사용하도록 했다. 기원전 157년에 한 문제가 임종을 앞두고 초연한 모습을 보였다.

"만물은 태어나면 죽게 마련이다. 이것은 바로 자연의 규율이니 지나치게 상심할 필요 없다. 내 덕과 재능이 부족하여 20년 동안 많은 실수를 저질렀다. 그러나 다행히도 큰 전쟁이 일어나지 않아 천하가 평화로웠으니 이제 마음 편히 눈을 감을 수 있겠구나."

한 문제는 후하게 장례를 치르기 위해 많은 재물을 쓴다면 살아 있는 자들의 생계가 어려워질 것을 알았다.

"내가 죽으면 사흘 동안만 상복을 입어라. 그 기간에 혼인·제사·음식·고기 등을 금하지도 말라. 상복은 석 치면 되니 지나치게 길게 하지 말고 백성들에게 궁전 앞에서 곡을 하도록 시키지도 말라. 궁 안의 사람들이 아침과 저녁에만 곡을 하면 그것으로 족하다."

한 문제는 상복을 입는 기간을 3년에서 사흘로 줄이고, 부인 이하의 궁녀들을 집으로 돌려보내 재가시켰다. 사실 한 문제의 검소한 생활은 일찍부터 시작되었다. 한 예로 즉위 초에 누군가 천리마 한 마리를 바친 일이 있었다.

"내 밖을 나갈 때는 앞에 말이 있고 뒤에는 수레가 따른다. 하루에 많이 가도 고작 몇 리인데 천리마가 무슨 소용이냐?"

한 문제는 천리마를 원래 주인에게 돌려주면서 말했다.

"나는 예물을 받지 않을 테니 다시는 보내지 말기 바란다."

한 문제는 황제로서 차리는 허례허식에도 회의적이었다. 역시 즉위 초에 관리들이 의례를 정해야 한다고 하자 한 문제가 말했다.

"허례허식은 나라를 다스리는 데 아무런 도움이 되지 않으니 오늘 부터 폐하겠소."

대부분의 고대 황제들은 공이 있으면 자신에게 돌리고 잘못이 있으면 신하에게 돌렸다. 그러나 한 문제는 달랐다. 기원전 167년에 내린 조령에서도 확인할 수 있다.

"내 듣기로 재앙은 원망에서 생기고, 복은 덕에서 생긴다 했소. 관리의 잘못이 있다면 그것은 분명 황제의 책임일 터인데 잘못을 관리에게 돌리는 것은 옳지 않소."

그의 말대로라면 관리는 단지 황제의 명령을 집행할 뿐이니 문제가 생긴다면 마땅히 명령을 내린 자의 책임이었다. 한 무제 때의 역사학자 사마천(司馬遷)도 이러한 한 문제의 공적을 칭송하며 다음과 같이 종합했다.

"한나라가 세워진 뒤 효제와 문제의 40여 년 동안에 나라 안에는 덕이 가득했다."

　사마천의 말처럼 한 문제는 백성들의 안정을 위해 다양한 정책을 시행했고 그것이 바탕이 되어 한 무제 때 한나라를 전성기에 올려놓을 수 있는 기반이 마련됐다. 다음 세대를 내다보고 더 큰 발전을 이루도록 훌륭한 기반을 마련해 준 한 문제는 분명 진보적인 황제였다.

한 무제(漢武帝, 기원전 156년~기원전 87년)

전한의 제7대 황제. 유학을 바탕으로 하여 국가를 다스렸으며 해외 원정을 펼쳐 흉노, 위만조선 등을 멸망시켰다. 당시 중국 역사상 가장 넓은 영토를 만들어 전한의 전성기를 열었다.

"황제는 상제의 뜻을 받들어 백성을 다스리며, 상제가 황제에게 백성들을 통치할 수 있는 권력을 주었기 때문에 황제를 따르지 않으면 안 된다."

— 동중서

한 무제의 사상통치의 기반이 된 동중서의 주장에 따르면 지방은 중앙 조정에 의해 통제되어야 하고, 황제의 명령에 복종해야 하며 무한한 충성심을 가져야 한다. 이는 모든 권력을 오직 황제에게 부여한다는 이론의 근간이 되니 한 무제도 동중서의 학설을 적극 지지했다.

자신의 지배 당위성을 끊임없이 설명하라

— 한 무제의 사상통제론

재능과 계책을 가진 황제

한(漢) 무제(武帝)는 한나라를 세운 고조 유방의 증손으로, 이름은 유철(劉徹)이다. 기원전 141년에 부친인 한 경제가 세상을 떠나자 16세의 나이로 제위에 올라 기원전 87년까지 서한 역사의 4분의 1에 이르는 54년 동안 한나라를 훌륭하게 통치했다.

한 무제는 출중한 재능과 비범한 계책을 지닌 봉건 황제이자 역사상 가장 뛰어나다고 평가받는 정치가였다.

기원전 209년에 진승과 오광이 이끈 농민 봉기가 진나라 전역을 뒤흔들었고 곧이어 초나라의 항우와 한나라의 유방이 대치했다. 수많은 백성이 전쟁 중에 사망해 도처에는 황량한 토지만 남게 됐다. 유방은 민간에서 진나라에 반대하는 봉기를 일으켰기 때문에 황제가 된 뒤에도 백성늘의 입장을 고려해 경제를 회복시키고 서한의 동치 기초를 안정시키려 노력했다. 전쟁에 참가한 군사들은 제대를 시켜 고향으로 돌려보내면서 농사지을 토지를 나누어 주었고, 전쟁에서 도망친 백성들에게도 원래 소유했던 토지를 환급해 소농경제를 키웠다. 또한 매년 15분의 1로 조세를 거두고, 자식을 낳으면 2년 동안 부역을 면제하는 등 조세와 부역에 대한 백성들의 부담도 덜어 주었다. 이후 한 문제는 천하의 모든 토지세를 12년 동안 면해 주고, 한 경제 시기에는 15분의 1을 다시 30분의 1로 경감시켰다. 한 문제의 노력으로 백성들의 생활은 전에 비해 훨씬 안정됐으며, 백성들은 생산량을 늘리기 위해 농사일에 집중할 수 있게 됐다. 역사에서 우리는 이 한 문제와 한 경제 시기의 훌륭한 정치를 두고 '문경의 정치'(文景之治)라고 칭송하고 있다.

한 고조에서 한 무제까지 50~60년 동안 한나라의 경제는 활기차게 발전했다. 경제가 발전함에 따라 나라의 창고도 빈곳 없이 가득 찼다. 곡식도 가득하고 돈도 넘쳐 돈을 꿴 줄이 끊어질 정도였다. 또한 곡식을 저장해 둔 창고가 가득 차자 밖에다 쌓아 놓는 바람에 썩어 버리는 경우도 허다했다. 물론 이 모든 것은 백성들의 노력으로 만들어진 재산이었다. 그러나 한 무제라는 훌륭한 황제가 없었다면 백성들의 노력도 이만큼의 성과를 올릴 수 없었을 것이다.

한 무제 유철은 사회·경제가 이미 상당 수준 발전했고 국력도 충분한 상황에서 한 경제를 이어 황제의 자리에 올랐다. 탁월한 재능과 계책으로 한나라를 번영시켰으며, 자신의 재능을 더욱 발휘할 수 있는 제반 조건을 완벽히 만들어 냈다.

중앙집권을 강화하다

한 무제는 후대 중국 역사 발전에 큰 영향을 끼친 인물이다. 그의 영향력에 대한 논의에 앞서 우리는 먼저 한나라의 통일과 발전을 위해 그가 어떻게 중앙집권 통치를 강화시켰는지를 살펴보아야 한다.

진 시황은 중국 역사상 최초의 통일국가를 세웠으나 중앙집권 통치를 완전히 확립하지는 못했다. 이 때문에 진나라가 멸망한 뒤 항우와 유방이 제위를 두고 쟁탈전을 벌일 때 실력 있는 자를 자기 편으로 만들기 위해 전공이 있는 장수나 큰 세력을 지닌 지방 귀족을 왕으로 봉해 주었다. 진 시황의 통일 국가를 다시 분봉제로 되돌린 것이다. 각 지방의 왕은 자신의 영토에서 독립적으로 백성을 다스리며 부와 권력을 쌓으면서 다시 중앙 정부에 큰 위협이 됐다. 유방이 황제가 된 뒤에도 상황은 크게 달라지지 않았다. 유방은 다양한 방법으로 제후 왕들을 제거했으나 자신의 정권이 전역에 전부 퍼지기 힘들다고 생각해 같은 성을 가진 친족들에게 토지를 나누어 주었기 때문이다. 항우 때에 비하면 조정의 통치권은 강화된 셈이었으나 그 과정에서 수많은 문제가 발생해 강력한 힘을 지닌 중앙정권을 기대할 수 없었다.

그러나 수십 년이 지나자 한나라의 상황은 이전과 많은 변화가 생겼다. 수십 년 동안 민생 안정을 위해 노력한 한나라 중앙정부의 힘은 전보다 강해졌으며, 아울러 각지의 번왕 세력도 커졌다. 세력을 키운 번왕들은 중앙정부와의 마찰이 잦았다. 기원전 154년에 한 경제는 조조의 건의로 삭번(削藩), 즉 번왕의 세력을 약화시키기 시작했다. 이에 오, 조, 조, 교서, 교동, 치천, 제남 등 7국의 왕들이 조조를 수살한다는 명분으로 반란을 일으켰다. 이것이 바로 그 유명한 오초칠국의 반란이다. 오초칠국의 반란은 얼마 후 대부분 평정되었고 이후 조정은 번국의 관리들을 직접 임용하고, 번왕에게 조세를 부과해 실질적인 권력을 갖지 못하게 했다. 번왕의 세력이 약화되자 당연히 중앙 조정의 통치는 강화됐다. 그러나 당시 지방 세력을 완전히 소멸시킨 것은 아니었다. 30세제 정책 아래 상인과 지주들은 농민의 토지를 대량으로 사들여 각지에 크고 작은 부호 세력이 출현했던 것이다. 이들은 조정에서 시행하려는 정책을 자주 반대하면서 중앙정부에 적지 않은 부담이 되었다. 이 모든 문제가 바로 한 무제에게 남겨진 숙제였다.

한 무제는 16세의 어린 나이에 황제가 됐기에 처음부터 직접 정권을 행사하지 못했다. 한 무제를 대신해 대권을 잡은 자는 바로 그의 조모인 두태후(竇太后)이다. 두태후는 조카 두영(竇嬰)을 승상에 앉히고 도가에 기반을 둔 청정무위(淸靜無爲)를 주장했으나, 사실상 현재의 상태를 그대로 유지하려는 보수파에 속했다. 그러나 두태후와 달리 유가를 존숭한 두영은 유가 학설을 통치의 도구로 하여 기존의 정권을 개혁하려 했다. 이 때문에 갈수록 두영은 두태후와 마찰을 일으켰다. 오래지 않아 두태후는 두영을 파면시킨다. 그 후 건원 6년에 두태후가 죽자 그때부터 한 무제는 서서히 자신의 정권에 대한 방해물을 제거하기 시작했다.

같은 해 승상이 된 자는 외척인 전분이었다. 전분은 한 무제 모친인 왕태후의 아우로 유가 학설에 치우친 경향이 있었지만, 왕태후의 지지로 전권을 잡자 조정에서 그를 따르지 않는 이가 없었다. 조정의 신하들이 황제가 아닌 승상을 따르자 자연히 승상과 한 무제의 사이가 좋을 리 없었다. 하루는 전분이 한 무제에게 상소를 올려 관리를 추천했다. 평소 전분에게 불만을 품었던 한 무제가 냉담하게 말했다.

"이제 그대가 임용할 관리들을 모두 추천한 것이오? 나도 몇 명을 쓸 생각이 있소!"

한 무제의 말 속에는 전분의 세력이 지나침을 비난하는 뜻이 담겨 있었다. 이 일이 있고 난 뒤 전분은 조정 일에 대한 간섭을 줄였고 이로부터 한 무제는 적극적으로 정사를 보게 됐다.

모든 대권을 자신의 손에 넣자 한 무제는 자신이 품은 정치적 포부를 순조롭게 실현시킬 수 있었다. 전분과의 일이 있고 난 뒤에 승상이 자신을 보좌하는 것도 원치 않았다. 사실 승상은 모든 행정을 관리하는 최고 직책이었으나 한 무제가 원래 곁에서 문서를 나르는 상서(尙書)와 중서(中書)의 직위를 강화시키면서 승상은 유명무실한 직위가 됐다.

한 무제는 나라의 대권을 완전히 장악하자 중앙집권 체제를 강화하기 위한 일환으로 번국의 문제를 철저히 해결하기로 했다. 그 방법으로 주보언의 건의를 받아들여 번국의 왕들에게 영토를 세습할 수 없게 하고 다른 친족에게 원래의 영토를 나누어 주었다. 이로써 번국 안에서 나뉜 여러 후국(侯國)은 독립성을 가지고 번국의 통제를 받지 않았다. 번국의 영토는 갈수록 작아져 적게는 서너 개 현, 많게는 10여 개의 현을 보유하게 되었다. 번국의 영토와 세력이 약화될수록 중앙정부에 반항할 힘도 줄어든 것이다. 아울러 한 무제는 여러 가지 이유를 들어 후국 군주의 작위를 박달했다. 매년 8월 제후들에게 제사에 사용할 비용을 바치게 하면서 금의 순도가 나쁘다는 이유로 작위를 박탈당한 자가 100여 명에 달했다. 자료에 따르면 한나라 초년에 공을 세워 봉후를 하사받은 자는 143명이었으나 한 무제 초년(기원전 104~101년)에는 이 가운데 5명만 남았다고 한다. 한 무제는 자신이 분봉한 75명 가운데 68명의 작위를 박탈하고 번국의 영토를 나누어 받은 번왕의 친척도 175명에서 113명으로 줄였다.

중앙집권 체제를 강화하기 위한 한 무제의 또 다른 노력은 감찰 제도를 강화한 데서 나타난다. 한나라 초년에 진나라의 제도를 따라 어사대부를 두었으나 지방의 감찰을 책임지는 감어사는 폐지했다. 한 무제는 감찰 제도를 대대적으로 확충해 주자사(州刺史)를 세웠으며, 사예교위와 13명의 자사를 두고 각지를 더욱 엄밀하게 감찰했다. 주자사는 지방의 부호와 군 태수가 중앙의 법을 잘 따르고 있는 지를 감시하는 동시에 억울한 송사에도 관여할 수 있는 사법권까지 가졌다. 이렇게 하여 진 시황이 세운 통일된 중앙집권 체제는 한 무제 때에 이르러 완성된다.

한 무제는 관리를 임용하는 제도에도 변화를 주었다. 한 무제 이전 중앙정부 고관은 대다수가 공신이나 공신의 자제였고, 일반적으로 낭관(郎官) 출신이었다. 낭관은 황제의 주변을 보좌하는 말직인데다 많은 사람이 맡을 정도로 중요한 직책이 아니었다. 그러나 관리 집안이거나 재물이 많은 집안이 아니라면 이 또한 쉽게 얻을 수 없었다. 당시 중앙으로 정권이 집중되고 관료 기구가 팽창된 상황에서 시급히 해결해야 할 문제는, 관리를 뽑는 통로가 좁다는 것이었다. 신흥 지주계층들은 갈수록 강해지면서 조정에서의 지위를 간절히 원했다. 한 무제는 이들의 지지를 얻기 위해 파격적인 정책 시행으로 많은 수의 신흥 지주계층을 선발했다. 이들을 임용해 지방과 중앙의 관리를 충당하면서 자신의 통치력을 강화시킨 것이다.

관리 선발의 문을 넓히기 위해 한 무제는 이전에 제정되었으나 크게 시행되지 못한 관리 등용 제도를 대대적으로 확대했다. 그는 관리들에게 재능과 덕행을 겸비하고, 정직하며, 과감히 직언할 수 있는 인재를 추천하라고 명했다. 유명한 학자 동중서와 공손홍은 바로 이렇게 등용된 인물들이다. 나중에 한 무제는 동중서의 의견을 수렴해 매년 각지에서 효렴(孝廉)이라는 유가 덕목으로 인재를 뽑아 관직을 주었다. 간혹 재능이 있는 자가 벼슬을 원치 않으면 조정에서 징집의 일환으로 불러들이기도 했다. 한 무제는 이렇게 등용된 자들을 직접 만나보고 적당하다고 판단되면 관직을 하사했다. 또한 관리와 백성들이 황제에게 상소를 올려 추천한 인물의 장점을 보고 그에 맞는 자리에 앉혔다. 동방삭·주보언·주실신과 같이 유명한 한나라 신하들이 바로 이렇게 등용된 인물이다.

한 무제는 진나라 이전부터 시작된 여러 제도와 진 시황이 발전시킨 관료 제도를 대폭 강화시켰다. 특히 민간에서 관료를 등용하고 귀족의 세습을 막았다는 점은 한 무제만이 행한 특징적인 정책이었다. 이후 2,000년 동안 이어진 중국의 봉건 사회에서 역대 봉건 황제들은 줄곧 한 무제가 확립한 제도를 대대로 이어 사용했다.

유가를 받들다

한 무제는 자신의 통치를 확립하기 위해 중국 역사에서 오랜 학설인 유가를 받들었다. 한 무제 이후 2,000년 동안 중국 봉건사회에서 유가에 대한 옹호와 비판은 끊임없이 이어졌으니 처음으로 유가를 최고 학설로 제창한 사람은 다름 아닌 한 무제였던 것이다. 그는 다른 학술을 배척하고 오직 유가만 배우고 따른다는 이른바 독존유술(獨尊儒術)을 기초로 유가의 학설을 사상 통치의 도구로 삼았다.

한 무제가 유가를 받든 이유는 도가를 받든 두태후에 대한 불만에서 시작됐다. 아무 간섭도 하지 않는 정치를 표방하는 두태후의 통치로 인해 당시 지방의 부호들이 제멋대로 날뛰고 있었으며, 제후 왕의 횡포는 더 말할 필요도 없었다. 게다가 북방의 흉노가 한나라의 서북 지방을 침범해 소란을 일으키는 일이 갈수록 심각해진 상황에서 한 무제는 도가의 정치 사상을 긍정적으로 받아들일 수 없었다.

여기서 한 무제에게 가장 큰 영향을 미친 인물이 바로 동중서이다. 동중서는 등용된 다음날부터 한 무제에게 유가 학설을 실제 정치에 반영하는 방법을 제안했다. 동중서는 유가 학설에다 신비롭고 종교적인 색채를 더한 저서인 『춘추번로(春秋繁露)』를 지었다. 동중서의 주장에 따르면 황제는 상제의 뜻을 받들어 백성을 다스리며, 상제가 황제에게 백성들을 통치할 수 있는 권력을 주었기 때문에 황제를 따르지 않으면 안 된다는 것이었다. 또한 대통일(大一統) 사상을 통해 지방은 중앙의 조정에 의해 통제되어야 하고, 황제의 명령에 복종해야 하며 무한한 충성심을 가져야 한다고 했다. 그의 대통일 사상은 중앙으로 권력을 집중시키려는 한 무제의 노력과 평화 통일을 희망하는 지주 계층의 바람이 맞물려 당시에 상당히 큰 호응을 얻게 됐다. 물론 모든 권력을 오직 황제에게 부여한다는 이론이 근간이 되니 자연히 한 무제도 동중서의 학설을 적극 지지했다. 아울러 봉건 사회의 도덕 관념인 삼강(三綱), 즉 군위신강·부위부강·부위자강도 동중서가 제시한 것이었다.

동중서는 이른바 재이론(災異論)을 통해 상제를 대신해 도를 행하는 황제는 자연의 흐름에 따라 일을 처리해야 한다고 주장했다. 황제가 잘못하면 상제의 분노를 사서 일식·월식·지진·산사태와 같은 자연 현상이 나타나며, 이는 상제가 내리는 경고라고 보았다. 그리고 이런 상황이 발생하면 황제는 자신의 잘못을 반성해야 한다고 했다. 사실 이는 황제의 행동을 어느 정도 제약하려는 의도를 담고 있지만 황제가 사치와 향락에 빠질 수 없게 하니 결과적으로 황권을 강화하는 역할을 했다.

동중서의 학설은 완전히 유가 본연의 사상뿐 아니라 도가·법가·음향오행가 등의 기타 사상을 부분적으로 통합했다. 이에 중국 사상사를 연구하는 사람들은 동중서의 사상적 이론을 신유가(新儒家)라 한다.

한 무제는 동중서의 학설을 바탕으로 백성들을 다스리고 봉건제도를 유지했다. 이 때문에 인재를 뽑을 때 유가를 제외한 기타 학파의 학설을 논하는 자는 일절 등용하지 않았다. 또한 동중서의 건의로 태학(太學)을 세워 각지의 지주 자제들을 가르쳤다. 태학에는 『시경』『상서(尙書)』『춘추』『역경』『예기』 등 오경박사를 교관으로 두고 유학을 존숭하는 정치 인재를 키웠다. 지방에도 학교를 세워 지방 관리에게 경학을 연구하게 하고 후학을 양성했다. 각 현에서 조정에 등용해 달라고 추천해 올리는 이도 반드시 유생이어야 했다. 이처럼 유학을 배우지 않으면 관직에 나갈 수 없었으니 이로 인해 사인들이 유생으로 변화하는 등 유학과 관직이 결합하기 시작했다. 물론 정치와 함께 당시의 학술에도 오직 유가만이 논의 대상이었다. 이는 여러 학술 사상이 고루 발달하지 못했다는 한계가 있으나 한나라의 통일과 중앙집권 확립에는 큰 이점이 된 것이 분명했다. 한 무제에 의해 채택된 동중서의 학설은 한나라를 넘어 이후 2,000년 동안의 봉건 사회에서 극대한 영향을 미쳤다.

흉노를 물리치고 서역 길을 열다

중앙집권 체제를 확립하고 유가로 전국의 사상을 통제한 것은 한 무제의 정치 포부 중 일면에 불과했다. 이어 한 무제는 북방의 흉노를 격파하면서 한나라의 군사력을 강화시키고 서역 각 나라와의 교통을 소통시켜 문화 교류를 촉진시켰다.

흉노는 진 시황에 의해 한때 사막 이북으로 내쫓겼으나 진나라가 멸망하고 전란이 일자 그 틈을 타서 서북 지역을 침범해 소란을 일으켰다. 한나라 초년에는 수도인 장안에서 700리 떨어진 곳까지 침범해 한나라에 심각한 위협이 되었다. 일찍이 한 고조는 기원전 200년에 직접 32만 대군을 이끌고 흉노와 맞섰으나 오히려 백등(산서성 대동 부근)에서 모돈 선우에게 7일 동안 포위를 당하는 수모를 겪고 돌아왔다. 그 후로 흉노는 더욱 힘을 키워 중국의 서북 지역에서 백성과 재물을 약탈해 갔다. 한나라 초기에는 국력이 강하지 않았기 때문에 흉노가 소란을 피워도 타협하고 물러설 수밖에 없었다. 후한 혼수를 준비해 황족의 공주를 흉노의 선우에게 시집을 보내거나 매년 대량의 재물을 보내 잠시나마 평화를 유지하고자 했다. 이것이 바로 화친 정책이었다. 그러나 이러한 노력에도 불구하고 흉노는 아예 한나라 북부를 점령하고 매년 1만여 명의 백성들을 데려가 노예로 삼는 등 횡포를 그치지 않았다.

한나라가 흉노를 물리치려면 충분한 인력·재력·물력과 강한 기병을 갖춰야 했다. 한 문제와 한 경제는 이런 부분에서 준비를 많이 하면서 흉노에 대항할 힘을 키워 나갔다. 그러나 한 경제 때까지도 흉노의 침입을 완벽히 차단할 수는 없었다. 그러다가 비로소 한 무제 집권 시기에 이르러 흉노를 공격할 준비를 모두 갖추게 된 것이다. 앞에서 살펴보았듯이 전국의 백성들이 들인 수십 년 동안의 노력으로 한나라는 충분한 재력과 물력을 갖췄고, 번국의 문제를 완전히 해결하여 흉노에만 집중할 수 있었다. 이 시기에 한나라에서도 흉노와 견줄 만한 대량의 군마를 키우고 강한 기병을 훈련시켰다. 서서히 공격할 준비가 갖춰지고 한 무제의 강한 의지가 더해지자 마침내 한나라는 흉노와의 전쟁을 시작했다.

한 무제 때 흉노와의 전쟁은 기원전 133~119년에 일어났다. 기원전 133년에 왕회는 흉노를 마읍으로 유인해 마읍 부근 산에 30만 군사를 매복시킨 뒤 흉노의 주력 부대를 공격해 치명적인 타격을 주자는 계책을 냈다. 한 무제는 왕회의 계책에 동의했지만 얼마 후 누설되는 바람에 성공하지 못했다. 이때부터 한나라와 흉노의 화친은 자연히 단절됐다. 계획은 물거품이 되었지만 기원전 127년 전까지만 해도 흉노의 공격에 시종 방어적이었던 한나라가 한 무제에 의해 공세적인 태도로 바뀌었다는 점에서 의미가 있었다. 그리고 한나라는 다음의 세 차례의 공격으로 흉노에 대처하는 방식을 완전히 바꾸게 됐다.

첫 번째 공격은 기원전 127년에 시작했다. 한 무제는 위청(衛靑)에게 대군을 주고 운중으로 출정해 하투에서 흉노와 대전을 벌이게 한다. 그 결과 위청의 부대가 승리를 거두어 흉노가 오랫동안 점령하던 하투 지역을 빼앗고 그곳에 삭방군을 설치했다.

두 번째 공격은 기원전 121년 봄에 치뤄졌다. 곽거병이 출격해 언지산을 넘어 흉노와 싸웠고, 여름에 다시 기련산을 넘어 흉노를 포위해 대승을 거뒀다. 같은 해 일어난 전쟁에서 흉노의 혼야왕이 수만 명의 군사를 이끌고 투항해 와 기련산 이북의 광활한 지역, 즉 지금의 감숙성 서북부의 하서주랑이 한나라에 편입됐다. 한 무제는 그곳에 사군(四郡), 즉 무위·주천·장액·돈황을 설치해 흉노와 청해 강족 간의 관계를 차단시키고 변경의 수비를 더욱 강화시켰다. 또한 한나라는 사군을 설치하여 서역으로 가는 길을 열고 서방 문화와 교류할 수 있는 기반을 마련했다.

세 번째 공격에서 한나라는 한층 적극적이었다. 기원전 119년에 위청과 곽거병이 수만 기병과 수십만 보병을 이끌고 사막 이북까지 들어가 흉노의 주력 부대를 크게 무찌른 것이다. 그러나 이 전쟁으로 한나라 조정도 막대한 군사와 물력을 소모했다. 그 후 기원전 100년에 한 무제는 소무(蘇武)에게 군대를 주어 보냈으나 패했고, 소무는 흉노의 인질로 붙잡혔다. 흉노는 갖은 방법으로 소무를 투항시키려 했으나 끝까지 설득할 수 없었다. 소무는 흉노에게 19년 동안 잡혀 있다가 다시 한나라로 돌아와 많은 백성들에게 존경을 받았다. 소무가 흉노에게 잡혀 있을 때 한 무제는 여러 차례 흉노를 공격했으나 장수 이릉과 이광리가 전쟁에서 패하면서 흉노에게 투항해 버렸다. 그러나 한나라의 공격을 받은 뒤 흉노는 섣불리 대규모로 영토를 침범하지 않았다.

흉노와 전쟁을 치르면서 한 무제는 많은 백성을 변방으로 이주시켰다. 일찍이 기원전 119년에 70여 만 명을 이주시켜 초목 지대에서 농사를 짓도록 했고, 서하 지역의 안전을 위해 1만여 리에 이르는 장성도 쌓았다. 한 무제가 세운 장성은 오늘날 잔벽만이 남아 있다.

한나라와 서역의 여러 나라는 한 무제 시기에 새롭게 관계를 맺었다. 한나라 때는 지금의 신강과 신강의 서쪽 지방까지를 서역이라 불렀고, 그곳에는 36개의 소국이 있었다. 대부분 농사를 지었으나 생산 기술은 상당히 낙후됐으며, 때때로 쳐들어 오는 흉노의 착취와 약탈을 견뎌내야 했다. 그동안 흉노는 서역에서 탈취한 재물로 세력을 키웠던 것이다. 한 무제가 서역과 소통하기 시작한 이유도 바로 여기에 있었다. 서역과 흉노 간의 관계를 차단하면 흉노의 힘을 약화시키는 동시에 서역의 여러 나라와 협공 계획을 세울 수 있기 때문이다.

기원전 138년에 중국 역사에서 길이 전해지는 장건(張騫)이 한 무제의 명을 받고 서역으로 떠난다. 그의 목적은 대월지(아프가니스탄)와 연합을 맺어 흉노를 공격하게 하는 것이었다. 그러나 장건은 목적을 달성하지 못하고 대월지로 떠나는 길과 다시 돌아오는 길에 흉노에게 12년 동안 잡혀 있었다. 목적을 달성하지는 못했지만 장건의 첫 번째 서역행으로 한나라는 서역의 지리와 물산, 각 나라의 풍습에 대한 정보를 얻을 수 있었다. 기원전 119년에 한 무제는 장건에게 두 번째 서역행을 명했다. 이번에는 오손과의 연합이 그 목적이었다. 장건은 오손에 도착해 대완, 강거, 월지, 대하에 사람을 보내 한나라와 교류를 맺게 했다. 이후 한 무제는 안식(페르시아)·신독(인도)·대진(로마)으로 사신을 보냈으며, 기원전 104년에는 대완의 투항을 받아냈다.

이렇게 한나라와 서역이 소통되면서 시작되면서 포도·호두·누에콩·석류와 같은 농산물에서부터 악기와 악곡과 같은 문화에까지 폭넓은 교류가 이어졌다. 특히 대월지를 통해 전해진 인도의 불교는 중국을 넘어 동양인의 삶에 큰 영향을 미쳤다.

남방 지역을 개척하다

한 무제는 월족(越族)을 비롯한 서남의 소수 민족과 한족의 융합을 위해 노력했다. 월족은 원래 동구(절강성 연해), 민월(복건성 연해), 남월(광동성·광서성과 베트남 북부)이라는 3개 부락에 퍼져 있었다. 일찍이 진 시황에게 정복당했으나 진나라가 멸망하자 다시 독립했는데 한 무제는 월족을 다시 한나라로 편입시키려 한 것이다.

한 무제의 첫번째 목표 대상은 바로 동구였다. 때마침 기원전 138년에 민월이 동구를 공격해와 동구가 한나라에 구원을 요청했다. 한 무제는 강남 회계군의 군대를 보내 동구를 구하고 부락민들을 장강과 회하 지역으로 이주시켜 한족과 어울려 살게 했다.

남월이 평정된 것은 이로부터 20여 년이 지난 뒤이다. 남월 역시 동구처럼 민월의 공격을 받아 한나라에 구원을 요청했으며, 한 무제는 군대를 지원하는 대신 남월의 왕 조호(趙胡)에게 한나라로 들어오라고 명했다. 그러나 남월은 바로 회답을 보내지 않았다. 당시 한나라도 흉노와의 전쟁이 한창이었기 때문에 지원을 잠시 유보시켰다. 그러다가 기원전 113년에 남월의 지도층에서 반란이 일어났다. 한나라에 투항하려는 남월왕 조흥(조호의 손자)과 그의 모친이 투항에 반대하는 승상 여가(呂嘉)와 마찰을 빚어 다툼이 일어난 것이다. 소식을 들은 한 무제는 군사를 보내 조흥을 구출하려 했으나 이미 여가가 조흥 모자를 죽여 버렸다. 이에 한 무제는 장수 노박덕과 양박에게 10여 만의 군사를 주고 길을 나누어 남월을 공격하게 했다. 기원전 110년에 한나라 군대는 남월의 수도 번우(광주시)를 점령해 남월국을 멸망시키고 영토를 9개의 군, 즉 남해, 창오, 욱림, 합포, 담이, 주애, 교지, 구진, 일남으로 나눴다.

한 무제가 민월을 멸망시킨 때는 기원전 110년이다. 한 무제 초년에만 해도 민월의 세력은 비교적 강했기 때문에 북쪽의 동구를 공격하고 남쪽의 남월을 공격한 것이다. 그러다가 기원전 137년에 민월의 국왕인 영(郢)이 아우 여선(餘善)에게 살해당하면서 내란이 발생했다. 한 무제는 민월을 두 지역으로 나누어 여선을 동월왕(東越王)으로 세우고 다른 쪽에는 월요왕(越繇王)을 세웠다. 일찍이 한 무제가 남월을 평정할 때 여선은 남월의 여가와 연합했다가 남월이 멸망하자 한나라 군대를 공격했다. 이에 한 무제도 반격하라는 명령을 내렸다. 마침 동월에서 다시 내란이 발생해 여선의 부하들이 월요왕과 손을 잡고 여선을 죽였다. 이에 한나라는 큰 힘을 들이지 않고 동월과 월요왕의 투항을 받아냈다. 적이 모두 평정되자 한 무제는 민월의 백성들도 장강과 회하 지역으로 이주시켜 한족과 더불어 살게 했다.

이로부터 월족과 한족은 오랫동안 함께 살면서 융합됐다. 한 무제는 월족을 평정한 뒤 번우 지역에 대외무역을 관리하는 전문 관직을 두었으며, 인도에 상선을 보내 통상을 시작했다.

월족을 평정한 뒤 한 무제는 서남 지역의 소수 민족을 한나라로 귀속시키면서 그 가운데 소규모의 병력을 편성했다. 군사들은 귀주 서부에 거주하는 야랑인, 운남 북도의 전인, 사천 북부의 인도인, 운남 서부의 휴인, 사천 서부의 염인으로 구성되었다.

기원전 130년에 한 무제는 당몽을 보내 야랑왕에게 많은 예물을 주고 협정을 맺었다. 야랑은 한나라에 귀속하겠다고 했으나 본국에서는 여전히 왕으로 칭하며 행동을 취하지 않았다. 당몽이 야랑을 다녀온 뒤 한 무제는 다시 사마상여를 보내 서남 지역을 경영하게 했다. 사마상여는 풍부한 언변과 많은 예물을 이용해 인도족과 염족의 왕을 한나라에 귀속하도록 설득했다.

8년 뒤인 기원전 122년에 장건이 서역에서 돌아온 뒤 흉노는 다시 막힌 한나라와 서역 간의 노선 대신 파촉(巴蜀)으로부터 인도와 대하(大夏)에 이르는 노선을 건의했다. 한 무제는 장건의 의견을 수렴하고 기원전 110년에 서남으로 군사를 보내 그곳의 수많은 소국을 평정했다.

서남을 평정한 한 무제는 건위군(사천성 의빈현), 장가군(귀주성 귀양), 월휴군(사천성 서창), 침려군(사천성 한원), 문산군(사천성 무현), 무도군(감숙성 성현), 익주군(사천성 진저)을 설치했다.

비록 한 무제가 세운 군현제는 취약했으나 한나라의 철제기구와 발달된 문화가 서남에 전해지면서 그동안 고립됐던 서남 지역의 경제와 문화가 발달하는 계기가 된 것이다.

한 무제는 54년이란 재위 기간 중 50년 동안 크고 작은 전쟁을 치렀다. 장기간 지속된 대규모 전쟁은 백성들의 삶을 고달프게 했으나 한 무제가 벌인 전쟁은, 흉노의 침입을 막아 나라의 통일을 강화했다는 측면에서 중국 역사 발전에 큰 기여를 했다.

부호와 거상에게 타격을 주다

한 무제는 정치와 군사 방면에서 탁월한 지휘 능력을 보여 줬을 뿐 아니라 재정난을 처리하는 과정에서도 과감한 모습을 보여 주었다. 앞에서 보았듯이 한 무제는 남방과 북방을 평정하여 정치적으로 큰 업적을 이루었으나 사적으로는 호화스러운 것을 좋아해 한 고제 때부터 50~60년 동안 쌓은 재부를 즉위 후 20년 만에 완전히 소모해 버렸다. 이 때문에 한 무제는 황급히 황실의 재정난을 해결해야 했다. 그러나 이는 단순히 황제 개인의 재부가 아닌 나라의 정치와 경제에도 큰 문제였다.

당시 상업은 상당한 수준으로 발전해 있었으나 거상들이 물가를 조정하고 고리대를 놓는 등 횡포를 부리면서 백성들의 돈을 쓸어 모았다. 거상은 농민들의 토지를 사들이고 농민과 그 처자식을 노비로 만드는 등 마을 하나, 심하게는 한 군현의 재정을 거머쥐고 있었다. 게다가 한나라 초년에 실시한 조세 경감 정책은 일반 백성이 아닌 거상들이 혜택을 보아 부유해진 거상 세력이 중앙 정권에 위험이 됐다. 따라서 한 무제는 조정의 위험 요소를 제거하고 더불어 재정난을 해결하기 위해 거상의 재부를 취하기로 했다.

그 첫 번째 방법은 화폐 제도를 통일하고 화폐 주조를 조정에서 담당하는 것이었다. 진 시황이 여섯 나라를 통일한 뒤 줄곧 화폐 통일 정책을 시행했으나 전국적으로는 완벽하게 적용되지 않았다. 따라서 한나라 초년에 이르기까지 지방의 제후 왕과 부호, 거상들은 개별적으로 화폐를 주조하면서 큰 부를 쌓고 있었다. 한 무제는 지방 부호 세력에게 타격을 주기 위해 화폐를 다시 주조하고 따르지 않는 자에게는 가차 없이 처벌을 내렸다. 기원전 119년에 삼수전(三銖錢)을 만들어 전국에 통용시켰지만 너무 가벼워서 도리어 사전을 쓰는 사람이 늘어났다. 이에 기원전 113년에 다시 오수전(五銖錢)으로 바꾸고 사전을 엄격하게 금지했다.

한 무제는 사전을 썼다는 이유로 수십만 명을 죽였다. 당시 사전을 썼다고 자수한 사람만 해도 100만 명이 넘었다고 한다.

다음으로 선택한 방법은 소금·철·술의 전매였다. 소금은 백성들의 생활 필수품이었고, 철은 농민과 수공업자들이 주로 사용하는 도구의 재료였다. 한나라는 무제 이전까지 지방의 부호와 상인이 소금과 철을 생산하고 판매하면서 재부를 쌓고 있었다. 대표적인 예로 소금으로 거상이 된 동곽함양(東郭咸陽)과 철로 거상이 된 공근(孔僅)이 여기에 속했다. 이전까지 재정난을 해결하기 위해 한 무제는 여러 방법을 동원해 보았으나 소금과 철로 부자가 된 상인들의 재물을 취하지는 못했다. 그러던 가운데 기원전 119년에 한 무제는 상홍양·동곽함양·공근에게 이재관(理財官)을 맡기고 전국에서 철이 생산되는 지방에 40여 철관(鐵官), 소금이 생산되는 지방에 30여 염관(鹽官)을 각각 설치했다. 민간에서 소금 제조를 희망하는 자가 자본을 대면 정부는 도구를 제공하고 생산된 소금을 조정에서만 판매하게 했다. 철을 제련하고 철기구를 주조하는 것도 전부 철관에서 관리했으니 사가에서 소금이나 철과 관련된 상업 활동을 하면 여러 형태의 벌금을 물어야 했다.

술에 대한 전매 제도는 기원전 98년에 상홍양의 주도로 시작되어 백성들이 사가에서 술을 빚을 수 없게 하고 오로지 관부에서 도맡아 관리하게 했다.

소금·철·술을 관영에서 도맡아 관리하자 사영은 자연히 쇠락했다. 이 세 가지 주요 수공업이 조정에서 이루어졌으니 남은 것은 일부 소규모의 가내 수공업뿐이었다.

세 번째 방법은 산민전(算緡錢)을 징수하는 것이었다. 민전은 상인들의 자본을 일컬으며, 상인들에게 자본세를 징수하는 것을 산민전이라 한다. 산민전은 기원전 119년에 시행하기 시작했는데 구체적인 방법은 대략 다음과 같다. 첫째 상인들이 상업을 하거나 고리대를 놓는 자본에는 2,000전(錢)에 1산(算, 120전)을 징수한다. 둘째 수공업자들의 자본에는 세율을 절반으로 줄여 4,000전마다 1산을 징수한다. 셋째 마차를 가진 백성들에게 한 대에 1산을 징수한다. 두 대의 수레를 가졌다면 2산을 징수하는 식이다. 넷째 길이가 5장(丈) 이상의 배를 가진 자에게는 1산을 징수한다.

상인의 자본은 스스로 환산해 조정에 보고하게 했는데 액수를 속이면 전 재산을 몰수당했다. 그러나 부호와 거상들은 법에 따라 솔직하게 보유한 재산을 보고하지 않았다. 이로 인해 한 무제는 그들에게서 무수히 많은 현금과 물품, 노예와 토지를 벌금이라는 명목으로 몰수했다. 이런 방법으로 한 무제는 재정난을 해결하면서 부호와 상인 세력에게 대대적으로 타격을 가했고 거상들로부터 벌금으로 몰수한 토지는 농민에게 나누어 주었다.

네 번째는 기원전 110년부터 시행한 균수관(均輸官)과 평준관(平准官)이다. 정부가 운송과 무역을 관리하여 상인들의 활동을 제한한 방법으로, 각 군에 균수관, 도성에 평준관을 각각 설치했다. 균수관은 세금을 징수하고 물품 구매를 책임지고 시가에 따라 합리적인 가격으로 각지에서 도성으로 운송해 교환하는 일을 맡았다. 평준관은 각지에서 도성으로 운송된 물품과 조정에서 만든 수공업품을 비쌀 때 팔고 쌀 때 사들이며 물가를 안정시키는 일을 맡았다. 이렇게 하여 한 무제는 도성을 중심으로 전국적인 범위로 넓혀 가며 거대한 국영 상업망을 구축했다. 또한 균수관과 평준관 운용으로 각지의 경제는 한층 더 긴밀해졌다.

균수관과 평준관을 설치한 그해부터 조정의 수입은 크게 늘어났다. 같은 해에 한 무제가 순시를 나가 많은 돈을 쓰고 100필이 넘는 비단을 하사했음에도 조정의 창고는 여전히 가득 찼다.

한 무제의 다양한 경제 정책은 당시 조정의 재정난을 해소하고 아울러 지방 부호와 상인 세력에 큰 타격을 가함으로써 나라 경제의 명맥을 조정의 손에 쥐게 했다. 이는 나라의 통일을 다지는 데 크게 도움이 되는 정책이었으며, 당시 사회의 불균형을 조절하는 데에도 일정부분 도움이 됐다.

농업 발전을 위한 정책

한 무제는 농업 발전을 상당히 중시했다. 일생 동안 흉노와 전쟁을 치르는 일을 제외하고 그가 가장 많이 신경을 쓴 부분도 바로 농사에 영향을 주는 수리 공사였다. 수리 공사를 하면 농업을 발전시킬 수 있고, 농업이 발전하면 물질적으로 전쟁을 뒷받침할 수 있으니 한 무제에게는 이 공사가 더 없이 중요한 일이었다.

사실 치수 사업은 중국 전설에서 치수를 맡았다는 우(禹) 때부터 각 조대의 조정에서 중요하게 다뤄진 일이었다. 그러나 대규모 치수 사업은 바로 한 무제 때부터 시작되었다고 볼 수 있다.

한 무제의 수리 공사는 주로 섬서성 장안현 서남쪽의 황하로 통하는 운하에서 이뤄졌다. 길이가 300리가 넘어 1만여 경(頃)에 물을 댈 수 있었다. 또한 곡구(섬서성 경양 서북)에서 역양(섬서성 임동관 동북)으로 물을 끌어 위수로 들여보냈는데 200리나 되는 길이로 4,500경에 물을 댈 수 있었다. 또 정현(섬서성 징성현) 상안산(섬서성 대려현) 아래에 용수거(龍首渠)를 만들었다. 용수거는 우물을 파서 지하의 물길을 끌어오는 방법으로, 지세가 평탄하지 못한 지역에 상당히 유용했다. 기원전 109년에 한 무제는 수만 군사를 징발하고 호자구(하남성 복양현)를 막아 황하 입구를 트게 했다. 한 무제는 직접 현장을 시찰하고 관리들도 함께 작업에 동참하라고 명했다. 이렇게 하여 황하 하류는 약 80년 동안 홍수가 나지 않았다.

둔전(屯田)과 개간도 한 무제가 농업을 발전시키는 데 있어 중요한 사업이었다. 당시 감숙성과 섬서성 일대에는 황무지가 많았는데 한 무제는 일찍이 변경을 수비할 목적으로 많은 백성을 이쪽으로 이주시켜 목초지를 농경지로 바꾸는 작업을 했다. 그러나 한 무제의 수리 공사와 농업 발전 정책은 서한 초년에 실시된 조세 경감 정책처럼 그 이익이 대부분 부호들에게 돌아갔다.

한 무제는 만년에 특히 농민 봉기를 겪으면서 다시 생산력 증대에 신경을 썼으니 기원전 89년에 조과를 수속도위로 임명하고 양식 생산법을 계획하게 했다. 조과는 농학자로서 과거의 경험을 바탕으로 대전법(代田法)을 만들고 누거(耬車), 우리(耦犁), 인력리(人力犁)와 같은 새로운 농기구를 만들었다.

이전의 농경법은 일반적으로 땅을 파서 이랑 없이 씨를 뿌리는 방법인 만전(縵田)이었다. 만전은 토양의 양분을 쉽게 소모해 버려 다음 경작까지 3년을 기다려야 했다. 때문에 작물의 수확 속도가 더딜 수밖에 없었다. 그러나 대전법은 이랑을 만들어 이랑 사이에 간격을 두어 파종하고 이듬해에 파종하지 않은 이랑에 씨를 뿌릴 수 있어 3년을 기다릴 필요가 없었다. 농작물이 자라면 두덩 위로 자란 잡초를 제거하고 그 흙으로 이랑 안의 묘근을 북돋워 줌으로써 추위와 바람을 막는 효과가 있는 등 생산력도 높일 수 있었다.

또 한나라 초년에는 소가 있었음에도 우경전(牛耕田)이 보편화되지 않았다. 조고는 우리와 누거를 만들어 우경을 널리 보급했다. 우리는 소 두 마리가 쟁기 두 개를 끄는 식으로 한 사람이 쟁기, 다른 한 사람이 소를 잡고 밭을 가는 방법이다. 이렇게 하니 밭을 가는 속도가 전보다 훨씬 빨라졌다. 누거는 소를 끌면서 씨를 뿌리는 농기구이다. 조고는 또한 소를 기르지 못하는 가난한 농민을 위해 인력리를 보급함으로써 생산력을 크게 증가시켰다.

한 무제는 대전법과 새로운 농기구를 전국에 보급시키고, 공장을 세워 관부의 노비들에게 새로운 농기구를 만들게 했다. 또한 전국 군수에게 명을 내려 수하를 관리하게 하고, 농부들이 수도에 들어와 새로운 농기구 사용법과 경작 방법을 배우게 했다.

농민을 잔혹하게 착취하다

봉건시대의 모든 황제가 그랬듯이 한 무제도 조세라는 명목으로 농민에게서 잔혹하게 착취했다. 앞에서 이야기한 토지세 외에도 인구세와 부역이 바로 대표적인 예이다. 인구세는 다음의 네 가지로 나뉜다.

① 구부(口賦) — 한나라 초기에는 7~14세는 남녀를 불문하고 매년 인구세로 20전(錢)을 냈다. 한 무제 때는 이를 3세부터 시작해 매년 23전을 부과하도록 바꾸었다.

② 산부(算賦) — 한 나라 초기에 15~56세는 매년 한 사람당 120전을 냈다. 한 문제 때는 40전으로 낮췄으나 한 무제 때 다시 120전으로 고치고 변경 수비 비용으로 30전을 더 부과했다.

③ 헌부(獻賦) — 한 사람당 매년 62전을 냈다.

④ 호부(戶賦) — 한 가구당 매년 200전을 냈다.

부역은 세 가지로 나뉜다.

① 경졸(更卒) ― 23~56세의 남자는 매년 소속된 군이나 현에서 한 달 동안 복역했다. 복역을 하지 않으면 경부(更賦)로 대체할 수 있었다.

② 정졸(正卒) ― 모든 사람이 수도에서 1년 동안 복역했다.

③ 수졸(戍卒) ― 모든 사람이 변경에서 1년 동안 복역했다.

사실상 한 무제 때 경졸의 복역 기간은 한 달만으로 그치지 않았으며, 정졸과 수졸도 1년 넘게 복역해야 했다. 동중서의 계산에 따르면 농민은 매년 석 달 동안 부역을 한 셈이다. 무겁고 고된 부세와 부역 제도가 농민들의 생활을 힘들게 했음은 자명한 일이었다.

또한 한 무제는 이전보다 더 광범위하게 관리와 유생에게까지 부역을 면제해 주고, 관직을 사고 팔 수 있게 하며, 돈으로 부역을 면제하는 제도를 더 많이 만들었다. 이 때문에 부역이나 부세는 가난한 농민들에게 집중됐다.

한 무제의 가혹한 착취로 생산력은 크게 늘지 않았다. 혹시라도 자연재해가 발생하면 떠돌고 굶어 죽는 백성이 허다했으며, 심지어 인육을 먹는 참상이 나타나기도 했다. 이 때문에 한 무제가 죽기 전 10여 년 동안 많은 지역에서 참지 못한 농민들이 반기를 들었다. 그 가운데 기원전 99년에 산동성 일대에서 일어난 농민 봉기가 가장 대표적이었다. 물론 한 무제는 이들을 진압했으나 그 이듬해에 자신의 잘못을 뉘우치고 전쟁을 하지 않겠다고 표명하고 아울러 농업을 발전시켜 백성을 부유하게 하는 정책을 적극 시행했다.

맺는 말

지금까지 살펴본 것처럼 한 무제는 탁월한 재능과 출중한 계획을 지닌 황제였다. 내부 정치에 있어서는 제후 왕의 세력을 약화시켜 전국을 통일하고 중앙집권 체제를 강화시켰으며, 승상의 직권을 약화시켜 황제인 자신에게 대권을 집중시키는 등 관료 제도를 대대적으로 강화했다. 중앙집권제를 확립하기 위해 동중서와 같은 유가 학파를 등용해 정사를 펼쳤으며, 여러 경제 정책을 통해 부호와 거상들에게 타격을 가해 나라 경제를 조정의 손에 넣었다. 이 모든 것은 당시로 볼 때 새로운 변화였으며, 나아가 이후 2,000여 년에 이르는 중국 역사 발전에 지대한 영향을 미치게 됐다.

한 무제는 전국의 군사력을 동원해 흉노의 침입을 막아 한나라 북서부 변경의 안전을 도모했다. 동·서 간의 교통로를 개척해 경제·문화 교류를 촉진시켰으며, 서역의 각 민족과 한족 간의 관계를 더욱 밀접하게 했다. 물론 남쪽과 서쪽에서의 전쟁으로 소수 민족에게 전쟁의 상처를 남기고 백성들에게는 큰 부담을 주긴 했으나 발달된 한족의 문화와 기술을 변방으로 전파하는 등 발전적인 측면이 더 컸다.

한 무제는 중국 역사상 크나큰 공헌을 한 황제임이 틀림없지만 그역시 봉건사회 통치자의 한계를 벗어날 수 없었다. 타고난 재능과 계획으로 정치적 포부를 실현시키는 반면에 사치와 향락을 즐겨 백성들에게 화려한 궁전을 짓게 하고, 순시를 통해 자신이 이룬 업적을 자랑하길 좋아했다. 향락적인 생활 속에서 자신이 불로장생하리라는 망상에 빠져 방사의 말을 듣고 사방으로 신선초를 찾게 했으며, 각지로 순시할 때에는 수많은 건축물을 지어 신선을 부르는 데 사용했다. 특히 만년에는 누군가 지하에서 오동나무로 만든 인형으로 자신을 저주한다고 의심해 신하들에게 그를 찾게 하기도 했다. 이 때문에 끌려가 죽임을 당한 사람만 해도 수만 명에 달했다. 황후와 태자도 그런 황제의 강박증에 못 이겨 자결했으니 이는 한 무제가 아무리 뛰어난 황제라 해도 결국 백성들의 머리 위에 군림하는 봉건 통치자였음을 보여 주는 부분이다. 따라서 한 무제를 평가함에 있어 중국 역사 발전에 남긴 공헌과 동시에 백성들에게 크나큰 고통을 안겨 주었다는 점도 함께 생각해야 할 것이다.

당 태종(唐太宗, 598년~649년)

당나라의 제2대 황제. 사심을 누르고 백성을 불쌍히 여김으로써 공정한 정치를 펼쳤다. 그의 치세는 '정관의 정치(貞觀之治)'라 칭송받았고, 후세 제왕의 모범이 되었다.

"황제는 배이고 백성은 사해의 물과 같다. 물은 배를 먼 곳으로 실어 나를 수도 있고 바다 속으로 빠뜨릴 수도 있는 것이다."

— 당 태종

"수나라가 멸망한 이유는 나라 자체가 약소했기 때문이 아니다. 수나라는 강한 나라였다. 그러나 수 양제의 폭정은 나라의 강한 국력보다 더 강하고 영향력 있는 백성의 반발을 불러일으켰다."

— 당나라 재상 위징

국민을 위태롭게 하고 성공한 제왕은 없다

수나라에 반기를 들다

당(唐) 태종(太宗) 이세민(李世民)은 중국의 황제로 역사서뿐 아니라 문학책에도 자주 등장하는 인물이다. 이세민은 599년에 섬서성 무공의 한 귀족 집안에서 태어났다. 고조(高祖)인 부친 이연(李淵)은 수 문제 양견과 친척이다.

귀족의 작위는 대대로 계승됐기에 귀족 자제들은 훗날 작위를 이어받았고 군사를 지휘하기 위해 어려서부터 병서를 읽으면서 엄격한 교육을 받았다. 이세민과 그의 형 이건성(李建成), 아우 이원길(李元吉)도 어려서부터 귀족 자제가 받아야 할 고된 훈련을 받았다. 무예 훈련을 받을 때 이세민은 다른 사람보다 두 배나 큰 화살을 썼으며, 문짝을 관통시킬 정도로 실력이 대단했다고 한다. 무예뿐 아니라 모든 훈련에서 세 형제 가운데 이세민이 가장 뛰어났다.

604년에 수 문제가 죽고 수 양제(煬帝)가 뒤를 이었다. 수 양제는 중국 역사상 가장 교만하고 사치스러운 황제였다. 그는 동남쪽에서 강남으로 놀러 가기 편하도록 수백만 백성들에게 대운하를 만들게 했다. 절제를 모르고 육욕에 빠져 낙양에 큰 궁전과 원림을 짓게 하고 수많은 곳에 화려한 별궁도 만들었다. 또한 무력을 과시하기 위해 대외적으로 끊임없이 영토 전쟁을 일으켜 백성들의 생활을 피폐하게 만들었다. 수 양제의 폭정 아래 당시 백성들의 원한은 뼈에 사무칠 정도로 깊었다.

611년에 수 양제는 고구려를 공격하기 위해 대대적으로 백성들을 징집했다. 백성들은 오랫동안 쌓인 원한을 참지 못하고 곳곳에서 봉기를 일으켰다. 먼저 왕박이 산동성 장백산에서 수나라에 반대하는 기치를 들자 연이어 수많은 도성에서 백성들의 봉기가 빗발쳤다. 대표적으로 이밀이 이끄는 와강군은 하남 일대를, 두건덕이 이끄는 농민군은 하북 일대를, 두복위가 이끄는 농민군은 강회 일대를 점령했다. 이렇듯 도처에서 수를 헤아릴 수 없는 크고 작은 봉기군이 결성되어 나라 전역에 수나라에 반대하는 목소리가 진동했다.

수나라의 멸망이 눈앞에 보이는 그때 지배층 내부에 문제가 생겼다. 수많은 귀족 관료가 살길을 찾기 위해 농민 봉기를 틈타 제각기 세력을 구축한 것이다. 616년에 다양한 인물이 수나라에 반기를 들었을 때 이연은 수나라 대원을 지키고 있었다. 이연은 현지 최고 관리로서 진압에 공을 세웠지만 수 양제의 눈에 들지 못하고 오히려 의심을 받았다. 수 양제가 왕위와 고군아를 보내 이연을 감시하게 한 것이다.

18세의 이세민은 산서 지방의 농민군 세력을 보고 자신도 군사를 일으켜야 한다는 생각에 부친에게 반기를 들자고 설득했다.

> "지금 봉기군의 수가 갈수록 많아지고 있습니다. 부친께서 황명을
> 받들어 진압하신다 한들 이들을 전부 죽일 수 있겠습니까? 결국 명을
> 받들지 못해 벌을 받으실 것이 뻔합니다! 그러니 차라리 우리도 반기를
> 드는 게 낫지 않겠습니까?"

당시 형세로 보아 이연도 수나라에 반기를 들지 않을 수 없다고 느끼고 이세민의 말을 따라 군사를 일으키기로 결정했다. 617년 5월에 이연은 왕위와 고군아를 죽이고 정식으로 반란을 일으켜 관중(섬서성)을 겨누었다. 장안(섬서성 서안)의 수나라 정부는 이연이 반란을 일으켜 관중으로 향한다는 소식에 황급히 송노생과 굴돌통에게 군사를 주어 곽읍과 하동으로 보내 이연의 서쪽 출정을 막으려 했다. 이연과 송노생의 군대는 곽읍에서 맞서게 되었다. 그러나 오랜 장마로 양쪽은 대치 상태를 유지한 채 싸우지 못했다. 갈수록 군량이 떨어져 이연이 퇴각하려 하자 이세민이 단호하게 막아섰다.

> "지금 가장 시급한 일은 하루 빨리 수도로 들어가 천하를 호령하는
> 것입니다. 도중에 문제가 생겨도 그 걸림돌을 넘고 나가지 않으면 적군
> 은 유리해지고 우리는 전군이 패할 것입니다!"

형인 이건성도 이세민의 의견에 동의하고 나서자 이연은 퇴각하려는 마음을 바꾼다. 8월에 장마가 그치자 이연의 부대는 곽읍을 지키

고 있던 수나라 군대를 향해 맹렬히 공격했다. 이세민은 직접 군사들 앞에 서서 지휘를 하며 온몸이 피로 뒤덮일 정도로 혼신을 다해 싸웠다. 결국 이연의 부대는 큰 승리를 거두고 수나라 장수 송노생을 죽여 곽읍을 점령했다. 여세를 몰아 하동의 굴돌통이 이끄는 대군을 제압하고 황하를 건너 순조롭게 장안으로 향했다.

당시 이밀의 와강군이 하남성 일대에서 최후의 반격을 펴는 수나라 군대를 물리치면서 관중 지역 봉기군의 움직임이 활발해졌다. 관중에 있던 이연의 친척들이 호응해 수나라에 반기를 들어 현지의 농민 봉기군과 손을 잡고 장안을 둘러싼 여러 지역을 점령했다. 이런 상황에서 이연과 이세민은 민심을 잡기 위해 잔인한 수나라의 법을 폐지하고, 영봉창을 점령한 뒤 창고를 열어 백성들을 구제했다. 아울러 관중 지역의 봉기군을 모으면서 동시에 현지 지주들의 지지를 구했다. 단 몇 달 사이에 이연과 이세민이 이끄는 부대는 20만 명이 넘어 금세 장안을 포위하기에 이른다.

11월에 이연의 부대는 수나라 수도인 장안으로 진군했다. 이연은 수 양제의 어린 아들을 황제로 옹립하고, 스스로 관중과 산서 남부의 최고 통치자가 됐다.

천하를 통일하다

618년 3월에 수 양제가 강도에서 부하에게 살해되면서 수나라는 멸망했다. 같은 해 5월, 이연은 장안에서 황제로 등극해 국호를 당(唐)

으로 바꾸고 고조(高祖)가 되었다.

당나라는 관중에서 기반을 잡은 뒤 각지의 봉기군을 진압하는 한 편 지방 부호들의 무장 할거 세력을 없애고 통일된 정권을 도모했다. 이때 봉기군의 목적은 수나라를 타두하는 것에서 전국을 통일하는 것으로 바뀌었다. 그리고 그 임무는 주로 이세민이 맡았다.

장안에 도읍한 이연은 관중과 농서 지역을 통제해야만 관중을 기반으로 서쪽까지 세력을 뻗으면서 통일된 중앙 정권을 구축할 수 있다고 생각했다. 이에 전국 통일을 위한 첫 번째 전쟁으로 난주와 천수 일대를 점령한 설거(薛擧)와 무위 일대를 점령한 이궤(李軌)를 공격 대상으로 삼아 후환을 없애려 했다. 야심이 컸던 이궤는 이미 617년에 스스로 왕이 되어 국호를 진(秦)으로 고친 상태였다.

617년에서 618년 봄까지 당나라는 설거의 부대와 두 차례 대전을 벌였다. 618년 11월에 설거의 부대가 아들 설인고의 지휘 아래 장안으로 진공해 오자 이세민이 군사를 이끌고 나갔다. 당시 설인고는 군사들의 사기가 올라 있었기에 속전을 펴려 했지만 이세민은 성급히 나서기보다 일단 수비를 하고 기다렸다. 두 군대가 두 달 남짓 대치 상태에 놓이자 설인고의 부대는 서서히 군량이 부족해졌고 엎친 데 덮친 격으로 설인고와 사이가 나쁜 일부 장수들이 당나라에 투항해 버렸다. 이세민은 이제 싸울 시기가 됐다고 판단해 소수 부대를 전방에 배치시키고 빠른 기병들을 골라 직접 적의 후방으로 향했다. 갑작스러운 공격에 설인고의 부대가 큰 타격을 받고 사방으로 흩어지자 이세민의 추격 명령이 떨어졌다. 숙부 두궤(竇軌)가 경솔하게 따라가지 말라고 만류했으나 이세민은 설인고를 살려두면 훗날 큰 화근이 되리라는 생각에 직접 추격병을 이끌었다. 날이 어두워질 무렵에 이세민이 설인고를 따라잡아 완전히 포위하자 설인고의 군사들은 투지를 잃었고 이튿날 설인고가 투항해 왔다.

619년에는 무위의 이궤가 완전히 멸망하게 되었으니 일의 전말은 다음과 같다. 이궤의 대장군 안수인의 형 안흥귀는 원래 장안의 관리로 있었다. 하루는 안흥귀가 당 고조에게 이런 건의를 했다.

"제 아우 안수인은 이궤의 대장군으로 이궤로부터 신임을 받고 있습니다. 청컨대 제가 무위로 가서 투항을 권해 보겠습니다."

당 고조는 안흥귀를 무위로 보내 이궤를 설득케 했다. 그러나 이궤가 말을 듣지 않자 안흥귀는 안수인과 서쪽의 부락 토곡혼 및 돌궐에서 군사를 일으켜 이궤를 습격했다. 이궤는 포로로 잡혀 장안으로 이송되는 도중에 죽었다. 여기에 이르러 당나라는 하서(河西, 황하 서쪽으로 감숙성과 섬서성 일대)를 점령하게 된다.

막 후환을 제거하자마자 동쪽에서 일이 또 터졌다. 마읍(산서성 삭현)의 유무주가 돌궐과 손을 잡고 산서의 당나라 군대를 공격한 것이다. 당나라 군대가 수차례 패하자 태원을 지키던 이원길이 소문을 듣고 놀라 달아났다. 유무주의 장수 송금강이 하동까지 세력을 뻗치니 당 고조는 하동을 포기하고 관서를 수비하려 했다. 그러나 이때 이세민이 당장 출격을 하자고 제안한다. 이세민은 직접 대군을 이끌고 용문(산서성 하진현)에서 황하를 건넜다. 송금강의 군대는 한창 사기가 고조되어 있었다. 이에 이세민은 속전을 해야겠다는 생각에 군대를 백벽

(산서성 신강현)에 주둔시키고 동시에 적군의 보급로를 차단했다. 이런 상태로 두 달을 대치하니 결국 송금강은 군량이 떨어져 퇴각할 수밖에 없었다. 적군의 퇴각 소식을 듣자 이세민은 여세를 몰아 하룻밤 사이에 200리를 추격해 서작곡에서 여덟 차례를 싸워 크게 승리했다. 이세민은 이틀 동안 아무것도 먹지 못했지만 다시 정신을 가다듬고 맹렬하게 추격하자 감당하지 못한 유무주는 황급히 도망쳤다. 620년 5월에 이세민은 태원을 수복했다. 유무주와 송금강은 패전한 뒤 돌궐에게 살해됐다.

배후와 측면의 위협을 제거한 당나라 군대는 드디어 중원으로 진입했다. 같은 해 7월에 이세민은 군사를 이끌고 함곡관을 나와 낙양으로 진격해 하남성 일대를 점거한 왕세충을 다음 목표로 정했다. 왕세충이 이끄는 군대는 원래 수 양제가 와강군을 진압하도록 보낸 군사들로 구성되어 막강한 군사력을 보유하고 있었다. 왕세충은 이밀을 물리치고 국호를 정(鄭)으로 고쳐 낙양에서 황제로 군림했다. 당나라 군대가 공격하자 왕세충 정권 내부에 불만을 품은 사람들이 당나라에 투항해 이세민은 어렵지 않게 왕세충의 근거지인 낙양을 포위했다. 낙양성은 견고하고 군수 물자가 충분했다. 왕세충은 포위망을 뚫기 위해 하북의 두건덕에게 구원을 요청했다. 원래 하북의 농민군을 이끌던 두건덕은 수나라 군대를 상대로 연승을 거두자 스스로 하왕(夏王)으로 칭하면서 왕세충과 손을 잡았다. 두건덕은 정나라와 하나라 간의 관계가 입술과 이와 같아서 정나라가 망하면 당나라의 다음 목표는 하나라가 되리라는 생각에 10만 대군을 이끌고 왕세충을 도우러 갔다. 두건덕이 이끄는 부대는 우레와 같은 기세로 정주와 형양에서 승리하는 등 위세를 떨치며 서쪽으로 진격했다.

당나라 군대가 두건덕의 지원군으로 위기에 놓이자 내부에 두 가지 의견이 충돌했다. 하나는 신안으로 퇴각해 기회를 기다리자는 것이고, 다른 하나는 호뢰관(虎牢關, 하남성 형양)으로 진격해 두건덕을 막아 낙양을 함락시키자는 의견이었다. 이세민은 후자를 받아들이기로 하고 직접 정예병을 이끌고 호뢰관을 점거해 두건덕의 10만 대군을 맞았다.

두건덕은 하루 빨리 싸우고 싶었지만 석 달 동안 대치하게 되면서 군사들의 사기가 갈수록 떨어졌다. 이때 이세민은 두건덕을 유인하기 위해 군초가 떨어진 양 군마를 바깥에 풀어 놓았다. 두건덕은 이세민의 계책에 넘어가 20여 리 떨어진 곳에 일자로 길게 진을 펼치고 당나라 군대와 결전을 벌이려 했다. 당나라 군대의 장수들은 적군의 위세에 겁을 먹었지만 이세민은 속으로 미리 계산을 해 둔 터였기에 담담하게 바라보며 군사들을 이동시키지 않았다. 오후가 되자 두건덕의 군사들이 지쳐 갔다. 일부 군사들은 앉아서 물을 마시는 등 휴식을 취하면서 진세가 흐트러졌다. 이때 이세민이 공격 명령을 내렸다. 미리 준비하고 있던 당나라의 철기병이 두건덕의 진영으로 돌진하자 두건덕은 황급히 군사를 모아 순식간에 전투를 임했다. 그러나 이미 크게 흐트러진 진세로는 당나라 군사들을 막아낼 수 없었다. 이세민이 직접 정예병을 이끌고 적군의 후방을 공격하자 두건덕의 10만 대군은 순식간에 전멸했다. 당나라 군대는 30여 리를 추격해 5만 여 명의 적군을 포로로 잡았고 이 과정에서 두건덕도 부상을 입은 채 사로잡혔다.

지원병이 무너지자 왕세충도 당나라에 투항했다. 이로써 마침내 하남과 하북 지역도 당나라의 영역으로 편입됐다. 621년 5월의 일이었다.

이세민은 두건덕과 왕세충을 격파해 전국 통일에 결정적인 역할을 했다. 같은 해 강회 일대의 두복위가 당나라에 투항해 왔고, 장강 중류의 소선은 당나라의 대장군 이정에게 패했다. 이때 당나라의 이연 부자는 이미 전 중국을 통일한 셈이었다. 그러나 같은 해 7월 하북에서 다시 전쟁이 일어난다. 두건덕의 부하 유흑달이 돌궐의 지지를 받아 신속히 세력을 확장하면서 반년 만에 원래 두건덕이 할거하던 지역을 회복한 것이다. 이세민은 하북 지역을 수복하기 위해 522년 봄에 다시 대군을 이끌고 진격했다.

유흑달과 이세민의 부대는 명수에서 대치했다. 당시 유흑달의 부대는 명수현을 함락시키고 당나라의 대장군 나사신을 죽인 터라 사기가 올라 있었다. 이런 상황에서 이세민은 자신이 늘 쓰던 방법, 즉 주력 부대는 수비를 견고히 하면서 진지를 지키는 동시에 적군의 보급로를 차단시키고 두 달 넘게 대치 상태를 유지했다. 군량의 보급로가 끊기자 유흑달은 마음이 조급해져 하루 빨리 전투를 치르고 싶었다. 이세민은 사람을 보내 명수 상류를 막고 강으로 유흑달을 유인했다. 유흑달이 성급히 강으로 군사들을 보내자 이세민이 상류를 터 강물을 방출시켜 유흑달의 군대를 크게 물리쳤다. 유흑달은 간신히 200여 기병만 이끌고 돌궐로 도망쳤다.

얼마 후 유흑달은 다시 동돌궐의 군사를 이끌고 공격하고, 동돌궐의 힐리 가한도 정예 부대를 이끌고 산서를 공격했다. 623년에 이세민은 산서 분양에서 돌궐 기병을 물리쳤고 유흑달은 이건성에게 패해 당나라군에 잡혀 죽었다.

이세민과 그 부대의 적극적인 전투로 하북과 산서 일대의 상황은 완전히 바뀌었다. 같은 해 두복위의 잔여 세력이 반란을 일으켰으나 금세 진압되어 624년에는 강남도 평정되기에 이른다.

이 당시 당나라는 각지에 퍼진 봉기군과 할거 세력을 완전히 소멸시키고 전국을 통일했다. 그해 이세민의 나이는 겨우 24세였다. 당나라의 전국 통일은 생활의 안정을 바라는 당시 백성들의 소망이었다.

동돌궐을 격파하다

전국 통일은 중원 백성들에게 기쁜 일이었으나 당나라 북부의 돌궐에게는 달갑지 않은 일이었다. 돌궐족은 원래 알타이산 일대에서 유목 생활을 하며 지냈는데 6세기 중엽부터 세력이 커지면서 당나라의 북부 지역을 상대로 약탈을 일삼고 많은 백성을 잡아가 노비로 부렸다. 수나라 초년에 돌궐은 동서로 분열되었는데 수 문제는 돌궐 지배층의 마찰을 이용해 돌궐 세력을 약화시키며 타격을 입혔다. 그러나 수 양제 집권 시기에 다시 강대해진 돌궐은 615년 안문관 일대에서 수 양제가 이끄는 대군을 크게 격파했다. 이후 나날이 세력을 팽창시켜 동쪽으로는 거란과 실위를, 서쪽으로는 토곡혼과 고창까지 점령했다.

수나라 말년에 농민 봉기군이 구름처럼 일자 정치적 야심이 가득 찬 사람들이 봉기군을 이끌었다. 이들 가운데 일부는 패왕이 되기 위해 동돌궐의 신하국이 되어 동돌궐의 군사적 지원을 받았다. 이연 부자가 군사를 일으킬 때도 바로 이 동돌궐의 지원을 받았던 것이다. 동돌궐도 중원을 약탈하려는 목적으로 흔쾌히 할거 세력에게 병력을 지원했다.

당 고조 이연 집권 시기에 동돌궐은 계속해서 북부 지역을 약탈하며 장안 성까지 넘보았기에 당나라는 이제 군사적 대응을 생각하지 않을 수 없었다.

624년 가을에 동돌궐의 힐리 칸과 돌리 칸이 당나라가 막 세워져 불안정한 틈을 타 남침해 관중을 공격했다. 위기가 닥친 당 조정에서는 이건성과 이원길을 주축으로 장안을 불태우고 먼 곳으로 천도하자는 의견이 일어 당 고조는 천도를 준비했다. 물론 반대하는 의견도 있었으나 감히 말을 꺼내지 못하고 있었다. 이때 이세민이 용감하게 앞으로 나섰다.

"이민족의 침입은 어제오늘의 일이 아닙니다. 100만 정예군을 가진 우리가 어찌 이민족이 두려워 도망쳐 수도까지 옮겨야 합니까? 이는 나약한 모습입니다. 백성들과 후세에게 부끄러운 일입니다! 변방을 지키는 책임이 제게 있으니 몇 년만 주신다면 반드시 외적의 목을 가져 오겠습니다. 혹시라도 성공하지 못한다면 그때 천도하셔도 늦지 않을 것입니다."

이세민의 설득으로 당 고조는 일단 천도하려는 계획을 중지한다. 이세민은 군사를 이끌고 화친을 도모하기 위해 잠시 공격을 미룬다.

626년 8월에 당 고조가 물러나 태상황(太上皇)이 되고 이세민이 황제로 등극한다. 봉건 사회의 황위 계승은 당연히 태자로 세워진 첫째 아들 이건성이 돼야 했으나 그동안의 전공으로 둘째 아들인 이세민을 황제로 세웠다. 게다가 이세민은 수하에 수많은 인재를 두어 영향력 있는 집단을 형성했고 지주층의 지지까지 받고 있었다. 이세민이 황제가 되면서 형 이건성과 아우 이원길과의 골이 깊어졌다. 626년 6월에 이세민은 장안에서 '현무문의 변(玄武門之變)'을 일으켜 이건성과 이원길을 죽이고 8월에 태종(太宗)으로 등극한다.

그해 가을 동돌궐의 힐리 칸이 10여 만의 기병을 이끌고 장안 부근 위수까지 침입하자 장안성 안은 한바탕 혼란에 휩싸인다. 당 태종은 황급히 적에 맞설 준비를 갖추는 한편 직접 말에 올라 힐리 칸과 담판을 지으러 나섰다. 당 태종이 6명의 시종만 데리고 말에 올라 나는 듯이 위수로 향하자 그 모습을 본 힐리 칸과 그의 부하들이 크게 놀랐다. 당 태종과 힐리 칸은 강을 사이에 두고 대화를 시작했다. 당 태종이 먼저 이치를 따져가며 예전의 화친을 깬 힐리 칸을 준엄하게 나무랐다. 이때 당 태종은 적의 지원 부대가 왔다는 급보를 들었으나 놀란 내색을 하지 않았다.

힐리 칸은 당 태종이 평상시처럼 침착한 모습을 보이자 당나라의 군대가 충분히 준비를 마쳤다고 생각했다. 이 전쟁이 아울러 반드시 치러야 하는 전쟁은 아니라고 판단해 당 태종과 화친을 맺고 돌아갔다.

그러나 동돌궐이 해마다 침범해 소란을 일으키자 당 태종은 시간이 갈수록 동돌궐을 평정해야 할 필요성을 절감했다. 북방 지역에 사는 백성들의 고통도 물론이지만 동돌궐의 침입으로 자신의 통치 지위마저 흔들리고 있기 때문이었다. 이에 당 태종은 동돌궐을 치기로 결심하고 군사 훈련을 강화시키는 한편 전쟁에 필요한 물적 기반을 조성하기 위해 생산력을 높이는 데 주력했다. 아울러 동돌궐 내부를 분열시키기 위해 힐리 칸과 돌리 칸 사이를 이간질하려는 시도도 여러 차례 했다.

당나라는 해마다 군사력을 강화시키고 사회·경제를 발전시켜 마침내 동돌궐을 공격할 준비를 마쳤다. 630년에 관중 지역은 풍년이 들었으나 돌궐은 그 반대였다. 내부의 갈등이 극화된 상황에서 자연재해까지 겹치니 동돌궐의 국력은 크게 떨어졌으며, 통제하던 수많은 부족이 떠나가고 일부 부족은 당나라에 투항해 버렸다. 또 일부 부족은 동돌궐에 맞서 전쟁을 벌이기도 했다. 627년 5월에 당 태종은 출병을 결정한다.

우선 629년 8월에 설연타 부족과 연합해 동돌궐을 공격했다. 그리고 같은 해 11월에 다시 대장군 이정과 이적에게 각각 10만 대군을 주고 섬서·산서·감숙 등지로 나누어 동돌궐로 출격시켰다. 이듬해 초에 이정은 돌궐을 크게 무찔러 돌리 칸의 투항을 받아내고, 바로 3,000 기병을 이끌고 동돌궐의 핵심 지역으로 들어갔다. 힐리 칸은 이정의 대담한 행동에 겁을 먹고 황급히 적구(대사막으로 들어가는 입구)로 퇴각했으나 도중에 이적이 이끄는 군대의 공격을 받아 크게 패하고 도망쳤다.

힐리 칸은 숨 돌릴 시간을 벌기 위해 당 태종에게 거짓으로 화친을 제안했다. 당 태종도 모르는 척 화친을 받아들이고 위문한다는 핑계로 힐리 칸의 군영으로 사신을 보냈다. 이정은 백도(내몽고자치구 호화호특시)에서 이적과 만난 뒤 당 태종의 의도를 알아차리고 1만 정예병과 20일 동안의 군량을 가지고 당 태종이 보낸 사신의 말발굽 흔적을 따라 힐리 칸의 진영으로 향했다. 힐리 칸은 당 태종이 사신을 보내자 안심하고 경계를 풀었다. 그런데 얼마 뒤 이정이 군사를 이끌고 눈앞에 나타나자 그제야 당 태종의 화답이 거짓임을 알아차렸다. 그러나 때는 이미 늦었다. 힐리 칸은 도망치려고 말에 올랐으나 후방에서 당나라 군대가 기습해 왔다. 결국 당나라 군대는 힐리 칸의 군사 1만여 명을 죽이고 10만여 명을 포로로 잡았다. 힐리 칸은 500여 패잔병을 데리고 적구로 도망쳤으나 일찌감치 적구에서 기다리던 이적의 대군을 만났다. 돌궐군은 전부 와해됐으며, 힐리 칸은 빠른 말에 올라 다시 토곡혼으로 도망쳤다. 그러나 그곳에서도 당나라 군대를 만나 결국 포로로 잡혀버렸다. 이로써 마침내 동돌궐은 멸망됐다.

당나라는 남쪽으로는 음산(내몽고자치구), 북쪽으로는 대사막에 이르기까지 적이 차지했던 영토를 전부 점령해 동돌궐을 상대로 완벽한 승리를 얻게 되었다. 승전보가 장안까지 퍼지자 태상황 당 고조도 크게 기뻐하며 직접 당 태종과 여러 대신을 불러 축하연을 열었다. 연회에서 당 고조는 직접 비파를 연주하고 당 태종은 춤을 췄으며, 여러 대신은 잔을 들어 승리를 축하하는 등 즐거운 분위기가 깊은 밤까지 이어졌다. 이렇게 하여 당나라 북부는 수십 년 동안 평화로운 상태를 유지하게 되었다.

한편 멸망한 동돌궐의 백성들은 설연타에게 투항하거나 서역으로 도망쳤고, 또 10여 만 명은 당나라에 투항했다. 그렇다면 당 태종은 이들을 과연 어떻게 처리했을까?

당 태종은 돌궐족의 반항을 잠재우고 그들을 자신의 정권 아래 포함시키기 위해 회유책과 억압책을 적절하게 운용했다. 그는 온언박의 제안으로 투항해 온 돌궐족을 동쪽으로 유주, 서쪽으로 영주 일대로 나누어 보내고 돌리 칸과 힐리 칸이 원래 통치하던 지역에 6개의 도독부를 설치했다.

당 태종은 돌리 칸을 순주(요녕성 서부와 하북성 북부 일대)의 도독,

힐리 칸을 우위대장군으로 각각 임명했다. 나머지는 당나라의 부족장을 맡기거나 장안의 관직을 주었다. 오품 이상에 이르는 돌궐족 관리가 모두 100명이 넘을 정도로 당 태종은 억압보다 회유책으로 그들을 포용한 것이다. 장안에 들어와 거주하는 돌궐족은 거의 1만 가구에 달했다.

당나라가 동돌궐과의 전쟁에서 승리한 것은 역사적으로 의미가 깊다. 당나라는 북방으로부터의 위협에서 벗어나 안정된 정권을 유지할 수 있었고, 북쪽 변방의 사회·경제 발전도 도모할 수 있었기 때문이다. 즉 동돌궐의 입장에서도 당나라에 귀속되어 경제와 문화를 발전시킨 계기가 된 것이다. 대다수의 돌궐족이 남쪽으로 진입하면서 한족과 교류를 맺었으며, 이로부터 발달된 생산 기술과 문화를 흡수한 돌궐족은 큰 발전을 이룰 수 있었다.

동돌궐이 패망한 뒤 설연타와 회흘 등 서북 부족들은 돌궐의 잔혹한 통치에서 벗어났다. 당나라 황제가 그들의 황제가 됐으니 당시 당나라는 수많은 소수 부족들을 포용하고 동아시아의 가장 강성한 다민족 국가로 성장하게 된다.

정관의 정치(貞觀之治)

당 태종 이세민은 황제로 즉위한 이듬해에 연호를 정관(貞觀)으로 고쳤다. 627년부터 649년까지는 당 태종이 집권한 정관 연대로, 이 시기 중국의 정치·사회·경제는 급속히 발전했다. 이에 역사에서 우리는 이를 '정관의 정치(貞觀之治)'라 부르고 있다.

정관 시기 당 태종이 나라를 훌륭하게 통치할 수 있었던 가장 주요한 원인은 그가 농민 봉기로 망한 수나라를 통해 깊은 교훈을 얻었기 때문이다. 수나라 말기에 일어난 농민 봉기라는 폭풍 속에서 세력을 키운 당 태종은 역사적 사변을 몸으로 겪었다. 당 고조와 당 태종을 비롯해 그들 수하의 문무 대신들도 농민 봉기의 위력을 느꼈으며, 수나라가 망한 이유도 분명히 알고 있었다. 특히 당 태종은 수나라 말기 농민 봉기의 원인을 다음과 같이 분석했다.

"첫째는 무겁고 고된 부역이고, 둘째는 부패된 정치와 탐관오리였으며, 셋째는 백성들의 추위와 배고픔이었다. 만일 나라가 지출을 줄이고, 부역과 부세를 경감하며, 정치를 깨끗이 하여 백성들이 먹고 입는데 부족함이 없었다면 그들은 절대로 반발하지 않았을 것이다."

때문에 당 태종은 아들에게 항상 백성의 중요성을 가르쳤다.

"황제는 배이고, 백성은 사해의 물과 같다. 물은 배를 먼 곳으로 실어 나를 수도 있고 바다 속으로 빠뜨릴 수도 있는 것이다!"

당 태종의 신료들도 대부분 같은 생각이었으니, 위징(魏徵)도 수나라의 멸망 원인을 백성을 등한시한 폭정으로 보았다.

"수나라가 멸망한 이유는 나라 자체가 약소했기 때문이 아니다. 수 황제를 비롯해 조정 대신들이 모두 같은 생각을 가졌기에 당 조정은 오랫동안 통치를 유지시키기 위해 백성을 먼저 생각했다.

우선 경제 면에서 당 태종은 당 고조가 무덕(武德) 7년에 선포한 균전제를 크게 제창하고 농업을 장려했다. 조세나 부역을 통한 착취를 완화하고 사회·경제가 빠르게 회복하고 발전할 수 있도록 안정적인 기반을 마련하는 데 힘썼다.

균전제는 18세 이상의 남자에게 각각 구분전(口分田) 80무(畝), 영업전(永業田) 20무를 주는 제도로, 구분전은 농민이 죽으면 나라에 환납했으나 영업전은 자손에게 물려주거나 자유로이 매매할 수 있었다. 백성들은 분배받은 토지에 대하여 나라에 조용조(租庸調)라는 부세를 제공할 의무가 있었다. 조(租)는 매년 곡식(粟) 2석(石)의 납부, 용(庸)은 매년 20일 동안의 부역, 조(調)는 매년 비단 2장(丈)과 면 3장 또는 포 2장 5척(尺) 및 마 3근을 내는 것이다. 윤년이면 부역에서 이틀을 더하고 또 부역을 면하는 대신 하루에 깁(명주실로 바탕을 조금 거칠게 짠 비단) 3척을 환산해 납부할 수 있었다. 부역을 15일 연장하면 조(調)가 면제되고, 30일 연장하면 조(租)와 조(調)를 모두 면제해 주었다. 자연재해가 발생해 농작물의 손해가 40퍼센트에 이르면 조(租)를 면제했고, 60퍼센트이면 조(調)를 면제했으며, 70퍼센트 이상인 경우에는 조(租)와 조(調)를 모두 면제했다.

균전제는 농민들에게 토지를 분배해 오히려 지배층이 더 쉽게 착취하게 했다는 점이 문제였다. 그러나 당시 농사 지을 땅이 절실히 필요했던 농민들에게 균전제는 많은 도움이 됐으며, 사회 전체의 생산력 증대에도 큰 역할을 한 셈이었다. 결과적으로 균전제와 조용조 제도는 당나라의 국력을 강화하는 데 필요한 물적 기반을 만들어 주었다.

군사 방면에서 당나라 정부는 균전제의 추진 아래 우병어농(寓兵於農), 즉 병사들을 농사일에 귀속시키는 부병 제도를 시행했다. 구체적으로 살펴보면 전국 각지에 634곳의 절충부(折沖府)를 설치하고 부병을 훈련시켰다. 부병의 최고 통치권은 중앙 정부에 있었으며, 절충부는 주로 훈련과 관리를 맡았다. 한 집에 장정 3명이 있으면 1명을 차출해 부병으로 삼았고 연령은 대체로 20~60세였다. 충당된 부병의 무기·행장·양식 등 여러 군수 용품은 부병이 스스로 준비했으며, 부병들은 균전제에 따라 토지 분배의 우선권을 가졌다. 부병은 경성과 변방을 수비했으며, 부역을 하면서 집에서 농사를 지을 수 있었다. 그러나 매년 휴농기에는 절충부에서 군사 훈련을 받았다.

부병제의 장점은 여러 가지가 있다. 사병은 농민 가운데에서도 건장한 남자를 골라 징집했기 때문에 전투력이 강했으며, 직업적인 군사가 아니었기 때문에 나라의 군비 지출도 절감할 수 있었다. 게다가 지방에서는 군사를 훈련시키기만 하고 군권은 중앙 정부가 가졌기 때문에 중앙집권 체제가 보장됐다. 이처럼 부병제는 당나라가 대외 전쟁에서 승리할 수 있도록 강한 무력을 갖게 한 제도였다.

정치 면에서 당 태종은 다양한 정책을 실시했다. 우선 황제의 권력을 강화한다는 전제 아래 중앙관료 기구를 조정하고 이전의 관직 제도가 지닌 장점을 총결한 새로운 제도를 만들었다. 재상의 직권을 삼분해 중서성은 군국 대사의 심의와 결정을 담당했고, 최고 관리로 중서랑을 두었다. 문하성은 시중을 최고 관리로 두고, 중서성의 결정을 심사해 동의할 수 없는 경우 되돌려 보내는 일을 맡겼다. 상서성은 결의된 법을 구체적으로 집행했는데 최고 관리로 상서령을 두었다. 상서성은 맡은 일이 많아 그 하부 기관으로 6부(部)를 두었다. 6부는 인사를 담당하는 이부, 재정을 담당하는 호부, 과거를 담당하는 예부, 군사를 담당하는 병부, 사법을 담당하는 형부, 건설을 담당하는 공부로 나누었다. 최고 관리는 상서라고 불렀다. 3성 6부 외에도 관리를 감찰하는 어사대가 있었다. 이러한 통치 기구는 맡은 업무가 세세하고 분명했다. 또한 재상의 직권을 나누어 황제의 권력을 더욱 두드러지게 했다. 황권과 재상의 권력이 뒤섞이지 않았으니, 황제와 대신들 간의 마찰도 자연히 조정됐다. 당나라 이후 봉건 왕조의 중앙관리 제도는 대부분 당나라 제도를 따른다.

중앙관료 기구를 조정하자 중앙집권 체제가 강화됐으며, 이에 따라 행정 효율이 눈에 띄게 높아졌다. 당나라 조정이 제정한 정책과 법령은 철저하고 순조롭게 집행됐으며, 이로부터 봉건 전제 통치는 더욱 공고해졌다. 정치가 제대로 돌아가자 백성들의 생활도 서서히 안정을 되찾으면서 생산력도 높아졌다.

당 태종은 과거 제도를 통해 선발된 인재의 권력을 모두 중앙에 집중시켰다. 지배층 인사들, 특히 중소 지주 계층의 인사들에게 정권에 참여할 수 있는 기회를 넓혀 주었으며, 각계각층의 우수 인력을 뽑아 중앙 정부를 강화하는 데 효율적으로 이용했다. 한번은 진사를 뽑는 과거장에 들른 당 태종이 사방을 둘러보며 만족한 듯이 말했다.

당 태종은 관리 임용, 특히 지방 관리의 임용을 상당히 중시했다. 그는 각 주의 도독(都督)과 자사(刺史)들의 이름 및 성과를 침상 병풍에 적어두고 상벌을 결정했다. 또한 오품 이상의 관리들에게는 중앙 관리를 추천하게 했으며, 각 주의 자사는 자신이 직접 뽑았다.

당 태종이 인재를 선발하는 기준은 바로 능력과 학식이었다. 출신이나 종족과 관계없이 능력만 있으면 관리로 등용하고, 공을 세우면 관직을 올려 주었다. 당 태종의 문무 대신 가운데 군관 출신의 진숙보·정지절, 농민 출신의 장량, 소수 민족인 계필하력·아사나사이·흑치상 등이 있었다. 심지어 자신의 적대 세력이던 이건성 수하의 인물인 위징도 당 태종의 명신이었다.

인재 등용에 차별을 두지 않는 정책은 지배층 내부의 모순을 완화하고 중앙집권을 강화하는 한편 청렴한 관리를 뽑아 다스리게 하여 백성들과의 마찰까지 줄여 정치 안정과 더불어 생산 발전에도 긍정적인 작용을 했다.

당 태종이 신하들의 비판과 의견을 잘 받아들였다는 점은 그가 지닌 장점 가운데 하나이다. 당시 당 태종에게 가장 많은 의견을 내면서 또 가장 많은 충돌을 일으킨 대신이 바로 위징이다. 위징은 당나라 정치에 유익한 여러 의견을 제시했기에 당 태종은 그를 최고의 공신으로 여겼다. 위징은 수나라 말기의 농민 봉기를 교훈으로 새기고 항상 당 태종을 깨우쳐 주었다. 때론 대담한 직언으로 당 태종의 기분을 상하게 했지만 당 태종도 위징이 자신을 위해 하는 충고임을 잘 알고 있었다. 위징이 죽은 뒤 당 태종은 자신의 부족함을 비춰주는 거울을 잃었다며 크게 슬퍼했다고 한다.

당 태종은 욕심을 부리지 않고 절제된 생활을 했다. 628년 가을에 대신들이 당 태종을 위해 누가을 지으려 했다. 마침 그해 기품이 들었기에 당 태종은 누각을 짓지 말라 명하고 아울러 후궁 3,000명을 내보내 궁궐의 지출을 줄였다. 또 한번은 당 태종이 훼손된 건원전(乾元殿)을 다시 지으려다가 대신들의 만류로 명을 거둔 일도 있었다.

628년에 당 태종은 국고 안에 쌓인 금은보화로 기근 때 팔려간 백성들을 되찾고, 631년에는 또 많은 돈을 들여 돌궐로 잡혀간 한족 8만여 명을 되찾아왔다.

당나라는 637년에 법전 『당률(唐律)』을 만들었다. 모두 500개 조항으로 묶인 『당률』은 당시 지배층의 이익을 보호하는 내용이었으나 전대의 법전보다 내용이 완벽하고, 체제가 명확했으며, 형벌이 경감됐다. 『당률』은 이후 중국 왕조의 법률의 근간이 됐을 뿐 아니라 당시 동아시아 여러 나라의 모범이 됐다.

문화 방면을 살펴보면 당 태종은 사관(史館)을 설치하고 진(晉), 양(梁), 진(陳), 북제(北齊), 북주(北周), 수나라의 역사를 쓰게 했다. 유학을 제창하고, 학술·문예 활동을 장려했으며, 학교를 열어 귀족 자제들을 가르쳤다. 당시 국자감(國子監)은 최고의 학부로서 이곳에 8,000여 명의 학생이 있었다고 한다.

당 태종이 재위하던 기간에 중국은 생산력이 많이 늘어났고, 문화 예술도 크게 발전해 전대에 볼 수 없던 번영된 국면을 조성했다.

기록에 따르면 630년에 전국에 풍년이 들어 고향을 떠난 백성들이 다시 집으로 돌아가 농사에 전념했다고 한다. 나라 안의 정치가 안정되자 죄인의 수도 대대적으로 감소했으니 1년 동안 전국에서 사형을 받은 자는 단 29명뿐이었다. 길에 떨어진 물건이 있어도 자기 것이 아니면 줍는 이가 없었고 밤에 문을 잠그지 않아도 도둑을 맞지 않았다. 먼 길을 떠나는 사람도 가는 길에 밥을 얻어먹을 수 있을 정도로 인심이 좋았다. 이는 모두 올바른 정치에서 비롯된 안정된 사회의 일면을 살펴볼 수 있는 이야기이다.

변경 및 이웃나라와의 관계

당 태종이 황제가 된지 10여 년이 지난 뒤 당나라의 정권은 확립되었고 국력도 강해졌다. 이에 따라 당 태종의 통치욕도 점점 커지면서 이제 시선을 밖으로 돌려 영토 확장을 생각하기 시작했다.

당시 중원 밖의 형세는 강대한 서돌궐이 수많은 서역의 소국을 통제하던 상황이었다. 서돌궐은 중원과 서역 여러 나라 사이의 교역을 막고, 경제·문화 교류를 차단시켰다. 서역의 여러 나라는 당나라와 화친을 맺고 싶어 했으나 서돌궐의 심한 압박으로 실행하지 못했다. 그러나 당 태종이 즉위한 뒤 서돌궐 지배층에서 자주 다툼이 생기는 바람에 서돌궐의 서역 통제는 일부분 해이해졌다.

한편 청장고원에는 토번의 힘이 커지고 있었다. 당나라는 필히 대책을 세워 토번의 서역 진출을 막아야 했다. 당 태종은 서쪽으로 공격하기로 하고 그 첫 번째 상대로 토곡혼을 택했다.

토곡혼은 지금의 청해고원과 신강 동남부에 위치하면서 당나라의 난주와 경주(감숙성 무위) 일대를 자주 침범했다. 당 태종은 635년 봄에 이정과 후군집을 보내 토곡혼을 공격했다.

당나라 군대는 토곡혼의 내륙으로 깊이 들어가 토곡혼 정에 부대를 상대로 연승을 거뒀으며, 토곡혼 왕이 복윤(伏允)은 남은 병사들을 수합해 도망쳤다. 당나라 군대는 남북으로 길을 나누어 추격해 들어가 망망대해의 대사막을 지나 수차례 고된 전투를 치렀다. 결국 복윤의 아장(牙帳, 행군과 전투 중에 지휘를 맡은 장수)을 물리치면서 토곡혼의 부대를 철저하게 부수고 20여 마리의 가축을 포획했다. 복윤은 자살하고, 그의 아들 모용순은 당나라 군대에 투항했다. 당 태종은 모용순을 서평군(西平郡)의 왕으로 세우고 토곡혼 지역을 접수한 뒤 고창으로의 공격을 준비했다. 고창은 지금의 신강 토로번(투루판) 지역으로, 장안과 중간에 대사막을 사이에 두고 있어 거리가 상당했다. 길이 멀고 험했기 때문에 고창의 왕은 당나라 군대가 자국을 무너뜨리지 못하리라 생각했다. 고창은 서돌궐의 부추김에 넘어가 서역의 여러 나라와 당나라 사이의 교통을 막고 변경을 지나는 서역 상인들의 재물을 빼앗았다.

639년에 당 태종은 군사를 출정시켰다. 이듬해 후군집과 계필하력이 이끄는 당나라 군대가 적구에 모습을 드러내자 이 소식을 들은 고창왕 국문태는 두려움에 끝내 병사하고, 아들 지성이 왕위를 계승했다. 당나라 군대는 신속하게 고창을 점령해 지성의 투항을 받아내고 마침내 서역까지 세력을 뻗치게 된다.

당나라는 고창을 서역 진출의 근거지로 삼고 서돌궐과의 전투를 준비한다. 642년에 공격을 개시해 이주(신강성 동부 합밀현)를 치고 서돌궐의 기병을 격퇴했다. 승세를 몰아 천산 남북 쪽에 이어진 서돌궐의 세력을 모두 뿌리 뽑고 세력을 확장했다. 644년에는 언기(신강성 언기현), 647년에는 구자(신강성 고차와 사아 사이)를 점령했다. 이로써 천산 남로의 모든 나라가 서돌궐의 지배로부터 벗어나 당나라와 화친을 맺고 통상을 했다.

상황이 나빠지자 서돌궐도 점점 고립돼 결국 당나라에 멸망당한다. 당나라는 서돌궐을 멸망시켜 영토를 서역 전역으로 넓히고 세력을 키웠다. 중원과 서역의 통상이 시작되자 이 소식은 지중해에까지 퍼져나가 거의 40개국에 이르는 사절단이 장안으로 왔다. 당나라는 이들 나라와 밀접한 관계를 맺고 강국으로 자리매김 한다.

당 태종은 이웃나라와 소수 민족에 우호적인 태도를 취했다.

"예부터 사람들이 중화(中華)는 존귀하고 외국이나 이민족은 비천하다고 생각했다. 그러나 나는 이 모두를 똑같이 대할 것이다."

당 태종이 열린 생각을 갖고 있었기에 수많은 외국인과 소수 민족들이 중원 땅을 밟았다. 특히 수도인 장안으로 많은 사람이 몰려들어 경제·문화 활동을 펼쳤고, 당나라의 과거시험을 보는 사람들도 있었다. 서역과 각 소국의 입장에서 보면 당나라의 승리는 서돌궐의 핍박에서 벗어나 발달된 당나라의 문화를 받아들여 빠르게 발전할 기회가 생긴 것이다.

당나라는 서역과 아시아의 여러 나라와 경제·문화 교류를 대폭 강화했다. 언기와 구자의 명마, 우전의 옥대, 고창의 면화, 서역 각지의 음악과 춤, 페르시아의 사자, 인도의 파인애플 나무가 당나라로 전해졌다. 반대로 당나라에서는 비단, 차, 종이, 도자기, 의학이 외국으로 전해졌다. 장안성 안에는 외국에서 유학 온 학생도 많았다. 이처럼 빈번하고 광범위한 교류는 아시아에서 전 세계에 이르기까지 경제와 문화를 발전시켰다는 점에서 의미가 크다.

당나라는 서역의 여러 나라를 다스리며 토번과도 밀접한 관계를 맺었다. 토번은 장족(藏族)의 선조로, 당나라 초기에 기종룽찬(棄宗弄贊, 장족의 왕)이 정권을 잡으며 강성해졌다. 토번은 634년에 당나라에 사신을 보냈으며, 당 태종은 그들을 융숭히 대접했다. 이후 당나라는 토번과 연합해 토곡혼을 공격하기로 한다. 기종룽찬은 평소 당나라의 발달된 문화를 부러워하고 수차례 사신을 보내 당 태종에게 혼인을 요청했다. 당 태종은 641년에 이도종에게 문성(文成) 공주와 기종룽찬의 혼인을 위해 토번까지의 호위를 명했다. 그 후 당나라는 토번과 더욱 빈번하게 왕래했고 이로 인해 발달된 당나라의 기술과 문화가 토번에 전해지면서 토번의 사회는 급속도로 발전했다. 아직까지 납살(라싸)의 대소사(조캉사원)에서 문성 공주를 모시고 있는 점으로 보아 당 태종 때부터 한족과 장족의 관계가 우호적이었음을 알 수 있다.

서역까지 세력을 넓혔지만 당태종의 꿈은 완전히 실현되지 않았다. 그리고 649년에 52세의 당 태종은 그만 세상을 떠나고 만다.

사치스러운 만년생활

당 태종은 재위 23년 동안 나라 안에서는 정치·사회적으로 큰 성공을 거두었고, 나라 밖에서는 전쟁에서 거듭 승리했다. 그러나 만년이 되자 대신들의 충고를 듣지 않고 명마나 진귀한 물건을 모으고 거대한 궁전을 짓는 등 향락적인 생활에 빠졌다. 재위 초기에 자신이 주장하던 백성들의 고초와 생활에 대한 중요성은 망각한 채 백성들에게 일을 시키지 않으면 게을러진다는 그릇된 말로 자신의 사치스러운 생활을 덮으려고 했다. 647년 4월에 당 태종은 여산 정상에 취미궁(翠微宮)을 짓고, 7월에 다시 의춘 봉황곡에 옥화궁(玉華宮)을 지으면서 막대한 인력과 물력을 낭비했다. 또한 해마다 대외 전쟁을 벌여 대규모의 징집과 부역을 실시했으니 이 모든 부담은 당연히 백성들의 생활고로 돌아갔다.

645년에 전쟁에서 패한 당 태종은 다시 전쟁을 벌이기 위해 647년 10월 강남 12개 주에 선박을 만들라고 명했다. 그리고 이듬해 6월에 검남(사천성 일대)의 백성들에게도 길이 100척, 너비 50척의 대형 선박을 만들라고 명했다. 당시 대선은 비단 2,236필에 상당하는 가격이었기 때문에 검남 백성들은 논밭을 팔고, 심하게는 자식까지 파는 지경에 이르렀다. 이 때문에 아주, 공주, 미주의 백성들은 참지 못하고 반란을 일으켰다. 물론 백성들의 반란은 조정에 의해 금방 진압됐지만 당시 당나라 조정에 대한 백성들의 불만이 서서히 불거지고 있었다.

당 태종은 만년에 점점 사치와 향락에 빠져 초기보다 업적이 많지 않다. 그러나 전체적으로 보면 당 태종은 분명 역사에서 긍정적인 평가를 받을 만한 인물이다. 18세부터 전쟁을 시작해 중국을 통일시키고 수나라의 패망 원인을 교훈으로 삼아 백성들에게 도움이 되는 여러 정책을 실시했다. 이로 인해 중국의 사회·경제·문화가 발전해 당나라는 중국 역사상 가장 부강한 왕조가 됐다. 물론 이 모든 업적이 당 태종 개인의 능력만으로 가능한 것은 아니었다. 전 백성의 지지가 없었다면, 위징과 같은 뛰어난 정치가가 없었다면, 이적이나 이정과 같은 용맹한 장수가 없었다면 당 태종 혼자서 이룰 수 없었을 것이다. 결국 모든 백성이 역사 발전을 이끌어 낸 것이라면, 당 태종의 역할은 발전을 가속화시키기 위해 정치·군사 방면에 뛰어난 지도력을 발휘한 점이라고 얘기할 수 있을 것이다.

주 세종(周世宗, 921년~959년)

중국 오대의 후주 제2대 황제. 내정적으로는 농업을 중시하여
권농에 힘쓰는 한편, 불교의 위세를 꺾음으로써 왕권을 강화
했다. 황제의 자리에 오른 지 불과 6년 만인 39세의 나이로 병
사했다.

"동으로 만든 조각일 뿐 그것이 무슨 부처라도 된다는 말이오! 부처는 자비가 근간

이니 사람에게 이롭다면 머리를 자르고 눈을 파내도 기꺼이 원할 것이오. 그런데 어

찌 한낱 조각상을 부처라 믿고 두려워한단 말이오? 만일 내 몸을 베풀어 백성이 이

롭다면 내 결코 아끼지 않을 것이오!"

— 주 세종(불교의 폐단을 성토하는 자리에서)

출생과 성장

동쪽으로 흐르는 황하는 어머니의 젖줄처럼 대륙의 백성들을 먹여 살린다. 황하의 하류에 충적된 화북평원은 토지가 비옥하고 물산이 풍부해 역대 황제들이 끊임없이 쟁탈전을 벌인 곳이다. 화북평원의 서쪽에는 고도 형주(邢州)가 자리하고 있다. 921년 9월 24일에 시영(柴榮, 주 세종)은 바로 형주의 몰락한 지주인 시수례(柴守禮)의 집에서 태어난다.

때는 중국 역사의 대분열기인 5대 10국 시기이다. 907년에 주온(朱溫)은 당나라 정권을 빼앗고 국호를 양(梁)으로 고쳐 황제의 자리에 올랐다. 각지의 군벌도 잇달아 정권을 세우고 스스로를 왕 또는 황제라 칭했다. 53년이라는 짧은 시간 동안 중원 지역에는 후량, 후당, 후진, 후한, 후주 5대 왕조가 흥망을 거듭했다. 남방에도 오, 남당, 오월,

전촉, 후촉, 남한, 초, 민, 형남 등 여러 나라가 세워지고 북방에도 태원 부근을 점령한 북한이 생겨 도합 10국이 탄생했다.

이 시기에 중원 일대는 전쟁으로 사방이 소란스러웠다. 후량의 주온과 후당의 이극용·이존욱 부자는 토지와 백성을 빼앗기 위해 17년 동안 끊임없이 전쟁을 벌였다. 심지어 황하의 제방을 트는 바람에 기(冀)·예(豫)·노(魯) 평원에 10여 차례 심각한 수해를 불러들여 수천 리에 이르는 농작물이 전부 물에 휩쓸려 버렸다. 후진의 석경당도 제위를 차지하기 위해 북방의 거란을 끌어들여 아황제(兒皇帝)라 자칭하며 공공연히 유운(幽雲) 16개 주(하북성 화산 서북부)의 토지와 백성을 팔았다. 이로 인해 거란은 장성 일대의 요새를 점령하고 황하 양안에 거주하는 백성들의 생명과 재산을 위협했다. 석경당이 죽자 거란은 석경당의 아들 석중귀가 충성하지 않았다는 이유로 대군을 일으켜 후진의 도성 개봉을 함락시키고 사방으로 횡포를 부리며 노략질했다. 사람들은 그들의 행위를 타초곡(打草穀, 전쟁시 식량이나 말먹이를 현지에서 조달하는 것)이라고 불렀다. 거란은 산동·하남 등 먼 곳까지 곡식을 전부 태우고 백성들을 죽였다. 나중에 상주성에서만 10만이 넘는 유해가 발굴되었는데 자료에 따르면 이 시기에 전란으로 165만 명이 넘는 인구가 줄었다고 한다.

시영은 바로 이렇게 전란이 끊이지 않았던 시대에 청소년기를 보냈다. 혼전 속에서 시수례의 집안도 무너져 갈수록 사정이 어려워졌고 시영은 고모부 곽위(郭威)의 집에 맡겨졌다.

사실 곽위의 형편도 그리 좋지는 않았다. 당시 곽위는 말단의 군관이었기에 봉록이 많지 않았으니, 적은 봉록으로 대가족의 생활을 유지하기는 쉬운 일이 아니었다. 곽위는 어리지만 신중하고 총명한 시영을 양자로 삼은 뒤 가계에 보탬이 되도록 장사를 하라고 내보냈다. 청소년기에 시영은 힐질이란 상인과 찻잎을 팔면서 멀리 남쪽 형남의 수도 강릉 일대까지 다니면서 장사를 했다.

전쟁으로 어수선한 때여서 그런지 장사도 쉽지 않았다. 이곳저곳에 교통이 막히면서 검문소가 즐비하게 생겨나 세금을 내는 일이 많았다. 일부 지방 관리들은 일부러 산골짜기를 막고 통행세를 요구하기도 했다. 곳곳을 떠돌며 장사를 다닌 시영은 힘들게 번 돈을 곽위 집에 보탰다.

장사를 하러 다닌 몇 년 동안 시영은 많은 곳에서 백성들의 고통스러운 삶을 직접 체감했다. 두 눈으로 어지러운 사회를 목격하고, 고을의 악질 유지와 결탁해 제멋대로 백성들을 핍박하는 관리도 보았다. 당시 시형이 보고 들은 사회 현실은 개혁이 절실히 필요한 상황이었다. 어느 날 밤 객잔에서 상인 힐질과 시영이 술을 마셨다. 한창 취기가 오른 시영이 의미심장한 목소리로 물었다.

"만약에 내가 황제가 된다면 당신은 어떤 관직을 원하시오?"

갑작스러운 질문에 힐질은 금방 대답을 하지 못했다. 힐질은 30년 동안 각종 세금에 시달린 장사치인지라 이렇게 대답했다.

"난 수도의 세금을 담당하는 관리가 되고 싶소!"

시영이 미소를 지었다.

청년 시영은 힐질과 비교할 수 없는 큰 포부를 품고 있었던 것이다.

나중에 곽위의 관직이 나날이 높아지면서 시영은 곽위의 수하에 들어가 군관을 맡았다. 947년에 곽위가 유지원(劉智遠)의 후한 정권 건립을 도와 구밀부사에 오르게 되고, 시영도 좌감문위로 승진한다. 곽위는 또 950년에 천웅군(天雄軍) 절도사가 되어 업성의 수비를 맡게 됐으며, 시영도 다시 천웅군의 내도지휘사가 됐다. 시영은 열심히 무예를 배우고 각종 서적을 탐독했다. 빈객을 맞아 토론할 때면 항상 상대방의 의견을 진지하게 경청했으며, 논제가 군사 문제로 옮겨지면 구구절절 물 흐르듯 이야기 하는데 한 치도 틀림이 없었다. 곽위는 시영의 재능을 높이 사 늘 자신의 곁에 두었다.

그해 겨울에 후한 왕조 내부에서 다툼이 발생했다. 군권을 가진 일부 고위관리가 후한의 황제 유승우(劉承祐)를 죽이면서 개봉에 있는 곽위의 집에도 파장이 미친 것이다. 곽위는 시영에게 업성을 지키며 후방의 군대를 맡기고 직접 대군을 이끌어 개봉으로 진격했다. 그 이듬해 초(951년)에 곽위가 개봉을 점령하고 제위에 올라 후주 정권을 세운다. 이때 후한의 종실인 유숭(劉崇)이 하동에서 북한(北漢)을 세워 독립했다. 이로부터 태자 자리에 오른 시영은 단주 절도사가 된다.

단주에서 시영은 모든 일을 분명하게 처리했다. 죄인을 판결할 때는 여러 번 조사를 거친 뒤 최종으로 판결을 내렸으며, 단주 백성을 보살피기 위해 과감히 선례를 깨기도 했다. 특히 빈곤한 농민에게만 조세를 부과하고 부호 지주에게는 감해 주는 제도를 바꾸어 공평하게 처리하는 한편 도로를 넓히고 관사를 다시 짓는 등 단주의 여러 일을 도맡아 처리했다. 갈수록 그의 재능이 두드러지자 후주 태조가 된 곽위는 다시 한 번 시영의 능력을 칭찬하며 상을 내렸다. 그러던 어느 날 연주에서 반란이 일어났다는 보고가 들어왔다. 후주 태조는 대신들이 모인 자리에서 말했다.

오랫동안 단련된 시영의 정치·군사적 재능을 높이 평가한 것이다.

그러나 총명하고 용맹한 시영은 수구 세력의 질투를 샀다. 특히 왕준(王峻)의 시기가 가장 심했는데 그는 시영이 수도로 와 높은 관직을 맡을까 두려워 온갖 방법으로 시영을 고립시키려 했다. 후주 태조가 시영을 수도로 부르려 할 때마다 왕준을 필두로 수구 세력이 무리를 이뤄 반대하고 나섰다. 한번은 왕준이 교외로 제방을 시찰하러 갔을 때 시영을 수도로 부른다는 소식을 들었다. 왕준은 당장 급한 일을 모두 내팽개치고 한밤중에 수도로 돌아와 후주 태조를 극구 말렸다. 이 때문에 이후 시영은 황제가 된 뒤 자주 후주 태조처럼 수구 세력을 수용하지 않겠다는 표현을 하곤 했다.

얼마 후 왕준이 죽자 후주 태조는 시영을 수도로 불렀고, 954년 정월에 병으로 쓰러지자 시영을 전국 군대의 최고 통솔자이자 황위 계승자로 지정했다. 정월 17일에 태조가 마침내 병으로 세상을 떠났다. 21일에 시영은 개봉에서 즉위해 연호를 현덕(顯德)으로 고치고 주(周) 세종(世宗)이 됐다.

고평 전투의 승리

주 세종이 즉위하고 얼마 후 북한의 유숭이 거란과 결탁해 남쪽 후주 국경을 침범하고 노주(산서성 장치현)까지 진격했다.

변경이 위험에 처했다는 소식은 휘날리는 눈발처럼 후주의 개봉까지 전해졌다. 주 세종은 대신들을 불러 자신이 직접 군사를 이끌고 응전하겠다는 뜻을 밝혔다. 그러나 수구파 관료들이 이를 반대했다.

"폐하께서는 이제 막 즉위하셔서 정국이 아직 불안한 상태입니다. 그러니 함부로 움직이시면 안 될 것입니다!"

"유숭은 내가 어린 나이로 즉위했다는 걸 알고 천하를 가지려는 야심을 펴고 있소. 그렇기에 더욱 더 직접 군사를 움직이지 않으면 안 된다는 말이오!"

주 세종이 굳은 의지를 보였으나 수구파의 관료 풍도가 다시 반대했다. 주 세종은 다시 당 태종을 인용해 반박한다.

“당 태종이 천하를 통일할 때 직접 군대를 지휘하지 않은 적이 없었소. 그런데 내 어찌 일신의 안위를 바라겠소?”

그러자 풍도가 무시하는 듯이 비꼬았다.

“폐하께서 당 태종과 같은 분이 될지 어찌 알겠습니까?”

“강대한 병력으로 유숭을 물리치는 일은 바위로 계란을 으깨 버리는 것과 같소!”

풍도가 다시 거만하게 말했다.

“폐하께서 계란이 될지 그 또한 어찌 알겠습니까?”

기분이 상한 주 세종은 차가운 표정으로 풍도를 노려보았다. 결국 간신히 재상 왕부(王溥) 등의 지지를 얻고 직접 대군을 이끌고 출정한다.

주 세종은 954년 3월 11일 개봉에서 출발해 18일 택주(산서성 진성현)에 도착했다. 그날 유숭도 대군을 이끌고 택주에서 65리 떨어진 고평 남쪽에 도착했다. 이튿날 후주의 존망이 달린 고평의 전쟁이 시작됐다.

19일 양쪽이 처음으로 교전을 마치고 북한의 군대가 패주하자 주 세종은 후방의 유사(劉詞) 부대를 기다리지 않고 즉각 추격했다. 주 세종의 부대는 유숭의 주력부대와 고평 남쪽의 파공원(巴公原)에서 다시 겨루게 됐다. 이때 유숭의 3만 대군은 중심에, 1만여 군사를 이끌고 있던 대장군 장원미는 좌측에 각각 위치했고 1만여 기병을 이끌고 있던 거란의 대장군 양곤도 진을 쳤다. 유숭의 대군은 정연하게 진세를 갖춘 반면 후주의 지원부대는 아직 도착하지 않은 상태였다. 게다가 급하게 추격한 터여서 후주의 군사들은 상당히 지쳐 있었다. 상황이 불리해지자 일부 장수들이 겁을 내기 시작했으나 주 세종은 조금도 동요하지 않고 침착하게 군사들을 지휘했다. 유숭은 후주의 군사 수가 아군에 비해 현격한 차이를 보이자 금방 자신만만해졌다. 거란의 대장군 양곤은 들떠서 속전을 펼치려는 유숭을 말렸으나 소용이 없었다.

"장군께서는 출전하지 않으셔도 되오. 그냥 앉아서 내가 적을 무찌르는 모습을 지켜보시구려!"

양측이 다시 교전을 벌인지 얼마 지나지 않아 후주의 대장군 번애능과 하휘가 기병을 이끌고 남쪽으로 도망갔고 보병 1,000여 명이 무기를 버리고 투항했다. 군사들의 사기가 갈수록 떨어지자 주 세종은 갑자기 말에 올라 50여 명을 이끌고 적진으로 들어가 술을 마시며 연회를 즐기고 있는 유숭을 공격했다. 순식간에 벌어진 일에 유숭은 놀라 허둥대며 어쩔 줄 몰라 했다. 후주의 장수들은 다시 사기가 오르기 시작했다. 이때 후주 대장군 조광윤(趙匡胤)이 여러 장수에게 말했다.

"폐하께서 이렇게 위급하신데 우리가 어찌 목숨을 걸고 싸우지 않을 수 있겠소!"

조광윤은 말을 마치고 대장군 장영덕과 좌우로 나뉘어 군사들을 이끌고 적진으로 돌격했다. 주 세종과 장수들이 용기를 내자 군사들도 저마다 힘을 얻어 앞 다투어 나갔다. 이 전투에서 유숭의 대장군 장원미는 후주군에게 살해되었고, 유숭이 자신의 의견을 기볍게 넘겨 기분이 나빴던 거란의 대장군 양곤은 후주의 장수들이 용맹스럽게 싸우는 모습을 보고 재빨리 도망쳤다. 유숭은 군사들이 줄줄이 쓰러지는 모습을 보고 깃발을 흔들어 퇴각을 명했지만 때는 이미 늦었다. 그날 저녁에 후주의 유사가 이끄는 후방 지원병이 도착하자 주 세종은 적군에게 숨 돌릴 틈을 주지 않기 위해 즉시 전투 명령을 내렸다. 유사가 대군을 이끌고 왔기에 큰 힘을 들이지 않고 유숭의 남은 군사들을 베어나가면서 추밀사 왕연사까지 죽였다. 유숭은 더 이상 버티기 힘들다고 판단해 남은 100여 명의 군사들을 데리고 도망쳤다. 그러나 어수선한 상황에서 나갈 방향을 잡지 못하자 백성들을 협박해 길을 안내하게 했다. 거란의 착취와 억압에 원한이 사무쳤던 백성들은 일부러 유숭에게 잘못된 방향을 알려 주었다. 나이가 들어 더욱 지친 유숭은 말 위에 엎드려 밤낮으로 달려 허기와 피로를 참은 채 간신히 태원으로 도망쳤다.

고평에서의 승리는 후주 정권에 있어서 의미가 크다. 먼저 후주의 정권을 안정시켜 주 세종의 위엄을 떨치게 했으며, 아울러 군기를 바로잡으려는 주 세종의 결심을 다지게 했기 때문이다.

일찌감치 도망간 후주의 장수 번애능과 하휘는 전쟁에서 제대로 싸우지도 못하고 도망쳤으면서 퇴각하던 길에 백성들의 재산을 약탈했다. 또한 후방의 유사 부대와 만났을 때는 헛소문을 퍼트려 유사의 진격을 저지하려 했다.

"거란의 군대가 왔으니 우리 군사들은 전멸해버리고 말 것이오."

그러나 그들의 바람과 달리 고평에서 승전보가 울리자 번애능과 하휘는 슬그머니 주 세종의 장막으로 돌아왔다. 오대 이래로 장수들은 황제마저 우습게 보며 제멋대로 굴었다. 교만이 하늘을 찔러 때로는 황제에게 창을 겨누는 일도 있었다. 이 때문에 주 세종은 버릇없는 장수들을 조금도 망설이지 않고 처단했다. 어느 날 장막 안에서 깊은 생각에 잠겼던 주 세종이 곁에 있던 장영덕에게 이 문제를 물었다. 장영덕은 솔직하게 자신의 생각을 털어놓았다.

"번애능 무리는 아무런 공도 없이 나라의 중임을 저버렸습니다. 이번 고평 전투에서도 가장 먼저 도망쳤고, 적군 앞에서 한 번도 제대로 싸우지 않았습니다. 폐하께서 전국을 통일하시려는 데 만일 군기가 엄하지 않으면 아무리 용맹한 장수가 있고 100만의 군사가 있다 해도 제대로 지휘하실 수 없을 것입니다."

주 세종은 머리맡의 베개를 던지며 '옳구나!'하고 크게 소리쳤다. 그러고는 모든 장수를 불러 연회를 베풀었다. 연회 분위기가 한창 무르익자 주 세종이 갑자기 자리에서 일어나 번애능과 하휘를 가리켰다.

"그대들은 수대에 걸친 노장들이니 전쟁을 모르진 않을 것이오. 그런데 이번 전쟁에서 적들을 맞아 싸우기는커녕 가장 먼저 도망쳤소. 게다가 나를 유숭에게 팔아먹으려 했소!"

주 세종은 말을 마치고 즉시 참수를 명했다. 그리고 다시 공을 세운 장수들에게 상을 내렸다.

6월 28일에 주 세종은 개봉으로 돌아와 군대를 재정비했다. 후주의 군대에는 이미 대다수 군사들이 나이가 들어 쇠약했으며, 훈련도 부족했다. 거기에 군사 기율도 해이해져 강적을 만나면 쏜살같이 도망치거나 투항하기 일쑤였다. 주 세종은 고평 전투에서 이 점을 절감하고 대신들에게 말했다.

"군사는 수가 중요한 게 아니라 힘이 중요하오. 지금 100명의 농민이 한 명의 군사를 먹이기도 힘든 상황에서 어찌 백성들의 피와 땀을 아무 쓸모없는 군사를 먹이는 데 쓰겠소?"

주 세종은 장영덕과 조광윤에게 군대를 재정비하라고 명했다. 먼저 중앙의 기병과 보병 가운데 늙고 약한 군사를 솎아낸 뒤 정예 병력을 만들고 전국적으로 젊고 키가 큰 병사들을 모았다. 군기를 분명하게 정하고 엄격하게 훈련을 시켰으며, 그 가운데 무예가 뛰어난 이들을 모아 전전제반(殿前諸班)이라는 정예부대를 조성해 황제의 직속 부대로 배치했다.

인재를 찾고 기강을 세우다

고평 전투에서 승리한 뒤 나라를 다스리는 일로 종종 잠을 이루지 못하던 주 세종이 하루는 측근에게 말했다.

"내가 즉위한지 얼마 되지 않아 경험이 부족하고 아는 것이 별로 없소. 그러나 나라의 일은 심히 중대하니 내가 잘할 수 있을까 걱정이 되오."

주 세종은 신하들이 자신을 도와 조정에 의견을 내고 인재를 추천하기를 바랐다.

"그대들이 의견을 냈는데 내가 받아들이지 않았다면 그것은 분명 나의 잘못이오. 허나 내 그대들의 의견을 구하는데 그대들이 말을 하지 않는다면 이는 누구의 잘못이겠소?"

주 세종은 신하들이 언제라도 상소를 올려 조정을 비판하거나 인재를 추천할 수 있게 법으로 정했다. 955년 4월에 주 세종은 대신들에게 명하여 『위군난위신불이론(爲君難爲臣不易論)』과 『평변책(平邊策)』를 짓게 했다. 글을 보고 좋은 의견이 있으면 직접 불러 의견을 들었다.

주 세종은 관리를 임용할 때 자신과의 관계나 친분을 고려하지 않고 오직 능력과 품행만을 보았다. 한 예로 위인포(魏仁浦)를 재상에 앉히려 할 때 여러 대신이 심하게 반대하고 나섰다.

"위인포는 과거를 본 자가 아니기에 재상의 자리에 오를 수 없습니다."

주 세종이 반문했다.

"자고로 재능 있는 재상들이 모두 과거 출신이었다는 말이오?"

주 세종은 결국 자신의 고집대로 낮은 관직에 있던 위인포를 파격적으로 재상에 임용한다. 주 세종이 인재를 선발하는 방식은 매우 엄격했다. 955년 3월에 16명의 진사를 선발하면서 혹시 모를 부정행위를 적발하기 위해 재시험을 보게 했는데 그 결과 통과한 자가 단 4명에 불과했다. 주 세종은 당시 시험을 주관했던 관리를 엄하게 꾸짖었다. 이 때문에 주 세종이 뽑은 관리들은 확실히 상당한 능력을 가진 인재였다. 대표적인 인물로 왕박(王樸)이 있다. 그는 뛰어난 지략가로, 전해지는 바로는 조광윤이 송 태조가 된 뒤 공개적으로 왕박이 없었으면 자신이 황제가 되는 일은 불가능했을 것이라 말했다고 한다.

주 세종은 고위 관리를 비롯해 주현(州縣)의 관리도 신중하게 뽑았다. 당시 한 측근이 이런 말을 했다.

"지금 백성들은 자주 나쁜 짓을 저지르고 있습니다."

주 세종은 심기가 불편해 근엄한 얼굴로 말했다.

"그것은 백성들을 관리하는 자의 잘못이오. 오늘 이후 지방 관리를 엄정히 선발하여 백성들의 고통을 덜어 주어야겠소!"

주 세종은 현령에 이르는 절도사 아래의 막료들이 백성들의 일을 관리함에 중대한 책임이 있기에 반드시 재덕을 겸비한 인물이 맡아야 한다고 생각했다. 955년 정월 주 세종은 조정의 문관들에게 한 명씩 인재를 추천하라고 명했다. 추천한 인재를 등용해 보고 훌륭하게 일을 처리하면 상을 내렸고, 그렇지 못하면 추천한 관리까지 같은 죄를 적용해 벌을 주었다.

주 세종은 기강을 바로잡는 일에도 각별히 신경을 썼기에 여러 신하에게 이 점을 자주 강조했다.

"나는 절대로 순간의 분노로 사람을 죽이거나 순간의 기쁨으로 상을 내리지 않을 것이오."

지난날 후주 태조를 교훈으로 삼아 공을 세운 신하에게 상을 아끼지 않고, 잘못을 저지른 신하에게는 그 즉시 질책해야 한다고 생각했던 것이다. 잘못을 저질렀어도 뉘우치고 고친다면 과거의 잘못은 더 따지지 않고 그대로 관직을 주었다. 법을 집행함에도 엄격했던 주 세종은 탐관오리에게 철저하고 냉정한 모습을 보였다. 그렇게 하여 관리들이 청렴하게 공무에 힘쓰게 하는 풍토를 조성한 것이다.

과거 주 세종이 곽위의 수하에서 장군으로 있을 때 관리들의 공무 집행을 보고 크게 느낀 바가 있었다. 당시 그가 개봉성의 외곽을 돌아보다가 현령을 찾았는데 마침 현령이 여러 사람과 어울려 도박판을 벌이고 있었다. 그 모습을 본 주 세종은 화가 나 그대로 떠났고 이후 황제가 된 뒤 주 세종은 그 현령을 찾아 죄를 물었다.

"백성들의 부모가 되어야 할 관리가 뇌물을 받고 법률과 기율을 위반한다면 마땅히 참수해야 하오!"

그러자 곁에 있던 재상 범질(範質)이 말렸다.

"뇌물을 받고 법을 어긴다면 물론 대죄입니다. 그러나 법률에 따른다면 그 죗값은 사형에까지 이르지 않습니다!"

주 세종은 버럭 화를 냈다.

"자고로 황제가 법을 만드는 까닭은 나쁜 행동을 막기 위함이오. 내가 법을 만들어 탐관오리를 죽이겠다는데 이 어찌 잔혹한 일이겠소!"

범질이 다시 설명했다.

"폐하께서 사형하라 명하시면 형은 즉각 집행될 것입니다. 그러나 폐하의 법에 따르면 먼저 관련 부서에서 처결해야 하니 그리 명하시면 신도 동의하지 않을 수 없을 것입니다."

주 세종은 범질의 말에 일리가 있다고 여겨 그 현령의 사형을 면해 주고 판결에 맡겼다.

주 세종은 재위 기간에 엄격히 법을 집행해 관리들이 법을 어기거나 맡은 일을 잘못 처리하면 예외 없이 사형에 처했다. 954년 겨울에 대장군 맹한경이 세금을 걷을 때 잘못해 더 많이 걷자 주 세종이 사형을 명했다. 그런데 누군가 나서서 이를 만류했다.

"맹한경이 저지른 잘못으로 사형은 지나칩니다!"

"나 역시 알고 있소. 그러나 이번 일은 다른 사람의 본보기가 될 것이오."

957년에는 조정에서 영복전(永福殿)을 수리하기로 하여 환관 손연희에게 공사 관리를 맡겼다. 하루는 주 세종이 현장을 시찰하러 나왔다가 인부들이 깨진 기와에 밥을 담아 먹고, 젓가락도 없이 부러진 나뭇가지를 쓰는 모습을 보았다. 화가 난 주 세종은 그 길로 손연희를 참수했다.

주 세종의 장점 가운데 하나는 바로 민간 송사에 깊은 관심을 보였다는 점이다. 955년에 일어난 일이다. 여주(하남성 임여)에 마우(馬遇)라는 백성이 있었다. 당시 마우의 부친인 마온과 아우 마복은 죄도 없이 잡혀가 옥중에서 죽어버렸다. 마우는 개봉으로 올라가 억울함을 호소했다. 주 세종은 즉시 마우의 송사를 다시 조사한 뒤, 마우 부자가 무고하다고 판단해 마우의 원한을 풀어 주고 곡식과 비단을 하사했다. 동시에 여러 관리에게 이 일을 알려 송사에 각별히 주의를 기울이라고 명했다.

오대의 법률은 복잡하고도 난해하며 형벌이 매우 잔혹하다는 점이 큰 병폐였다. 주 세종은 신하들에게 명을 내려 5대 법률에 주석을 달고 군더더기를 제거해 21권의 『형통(刑統)』을 제정했다. 그리고 958년 7월에 『대주형통(大周刑統)』을 정식으로 공포하고 전국적으로 통일된 법률을 지키도록 했다. 새로운 법률이 제정되자 당나라 말기부터 거의 100년 동안 행해 오던 관리들의 횡포가 바로잡혔다. 『대주형통』은 이후 송나라 형법의 기초가 됐다.

주 세종은 신하들에게 충언을 구하고, 어진 인재를 받아들이며, 기강을 바로잡았다. 그 결과 오대 동안 이어져 온 관리들의 전횡을 뿌리 뽑고, 부패한 정치를 바꿔 당시 전란으로 혼란스러웠던 사회를 안정시켰다.

경제 회복 정책

주 세종은 내정 개혁과 더불어 경제 회복과 생산력 증대를 위해 일련의 정책을 시행했다.

당나라 말엽의 경제는 군벌의 혼전으로 말할 수 없이 심각한 상황이었다. 전란 속에서 농사를 지어야 할 농민들이 군사로 징집되느라 많은 토지가 황무지로 변한 것이다. 주 세종은 당면한 현실을 인식하고 즉위한 첫 달에 늙고 병든 군사들에게 집으로 돌아가 농사를 지으라고 명했다. 또한 지방 정부에는 각지의 유민들을 적절하게 안배해 황무지를 나누어 주어 경작하게 함과 동시에 조세를 면해 주어 살길을 열어 주라고 명했다. 955년에는 버려진 땅에 대한 법령이 반포되면서 백성들이 주인이 없는 토지를 신청하면 조정에 일정한 조세를 내고 이용하도록 했다. 원주인이 3년 안에 돌아오면 토지의 절반을 돌려주고, 5년 안에 돌아오면 3분의 1일을 돌려주었으며, 5년이 넘으면 묏자리만 내주었다. 그러나 거란에게 끌려간 백성들에게는 기간을 연장해 5년 안에 돌아오면 3분의 2, 10년 안에 돌아오면 절반, 15년 안에 돌아오면 3분의 1을 돌려주었고 15년이 넘으면 묏자리를 내주도록 봐주었다. 이렇게 하여 주 세종은 유민들을 정착시키고 생산력을 회복하면서 조세로 조정의 수입을 늘렸다.

주 세종은 5대 이래로 이어진 과중하고 잡다한 조세 제도를 고치기 위해 우선 조세를 징수하는 때를 매년 여름과 가을로 정하고 여름에는 6월 1일, 가을에는 10월 1일부터 조세를 거둬 이를 공평하게 처리했다. 아울러 지나칠 정도로 과중하고 잡다한 세금은 과감하게 폐지했다.

958년 10월에 주 세종은 애영(艾潁)을 보내 하남의 60개 주(州)의 토지세를 고루 정하게 했다. 각지로 조세를 정하러 가는 사신들이 주 세종에게 작별 인사를 하자 주 세종은 그들에게 간곡하게 일렀다.

"근래에 들어 부세가 불공평하여 부유한 자들은 넓은 땅을 가지면서도 조세를 적게 내고 있소. 이는 주현의 관리들이 예전의 법 그대로 조세를 징수하기 때문이니 반드시 바로잡아 백성들의 부담을 줄이고 생활을 안정시켜야 할 것이오."

조사를 한 결과 정말로 4만 2,000여 경(頃)의 토지가 은닉돼 있었다. 이렇게 부호 지주층이 경제적 타격을 받자 얼마간 나라의 부세 수입이 늘어났고 이로 인해 빈곤한 농민들은 잠시나마 숨을 돌릴 수 있었다.

주 세종은 백성들의 부담을 줄여야 생활이 안정되고 사회가 회복된다고 생각했다. 당시 민중에는 당나라 말기부터 불교가 급속도로 퍼지고 있었는데 곳곳에 수많은 사원이 세워지면서 사원에서 많은 토지를 보유해 백성들의 노동력을 함부로 착취하는 등 여러 가지 폐단이 나타났다. 대다수의 승려들이 아무런 생산 활동을 하지 않고 백성들의 시주를 받았기 때문이다. 게다가 사원에서 대량의 동기(銅器)를 녹여 불상을 만드느라 시장의 구리 값을 올려놓았고, 급기야 화폐까지 녹여 불상을 만드는 등 화폐 유통에도 심각한 문제를 초래했다.

더 이상 방관할 수 없었던 주 세종은 불교 세력을 누르기 위해 화폐로 불상을 주조하지 못하게 했다. 그리고 955년에 사원과 승려에 대해 여러 규정을 반포해, 법으로 규정된 일부 사원을 제외한 모든 사원을 폐지시키고 이후 사원을 만들지 못하게 했다. 또한 계단(戒壇)을 설립해 백성들이 마음대로 출가할 수 없도록 규정했다. 출가하려면 가장의 동의를 받아야 하고, 경문을 학습하고 암송해야 하는 등 여러 제약 조건을 만들었다. 아울러 팔을 불태우거나 수족을 자르는 등 신체를 훼손시키는 나쁜 풍습과 기타 미신 행위를 일절 금지시켰다. 그 결과 전국의 3만여 사원이 문을 닫게 되어, 승려의 수가 크게 감소했다.

주 세종이 불상을 녹여 화폐를 만들라고 명하자 각지의 불상이 수도로 옮겨져 녹일 준비를 마쳤다. 이때 불교를 신봉하는 일부 대신들이 두려워하며 주 세종을 말렸지만 아무 소용이 없었다.

> "동으로 만든 조각일 뿐 그것이 무슨 부처라도 된다는 말이오! 부처는 자비가 근간이니 사람에게 이롭다면 머리를 자르고 눈을 파내도 기꺼이 원할 것이오. 그런데 어찌 한낱 조각상을 부처라 믿고 두려워한단 말이오? 만일 내 몸을 베풀어 백성이 이롭다면 내 결코 아끼지 않을 것이오!"

주 세종은 신하들을 호되게 야단치면서 곧바로 불상을 녹이라고 명했다. 일대의 파란이 잦아들기도 전에 또다시 소란이 일어났다. 진주의 한 관음상이 매우 영험하다는 미신이 퍼지면서 아무도 관음상을 만지려 하지 않은 것이다. 주 세종은 직접 진주로 내려가 도끼를 들고 관음상을 조각냈다. 순식간에 관음상의 머리가 잘려지고 어깨가 떨어져 나가자 곁에서 지켜보는 사람들은 마음을 졸이며 식은땀을 흘렸다. 그러나 주 세종은 조금도 흔들림이 없었다.

황제가 직접 나서자 전국 곳곳에서 활활 타오르는 불속으로 불상을 녹여 동전을 만들기 시작했다. 얼마 후 동값이 안정되고 화폐 유통에도 큰 무리가 없어졌다. 결과적으로 주 세종의 불교 제한 정책은 백성들의 생활에 큰 도움이 된 것이다.

이 밖에도 주 세종은 수리 공사에 각별히 신경을 썼다. 그가 즉위한 이듬해에 사람을 보내 하천의 제방을 조사하게 하고, 6만여 농민을 징집해 황하를 수리하게 했다. 즉 황하의 물을 회하로 통하게 하여 동쪽으로 산동, 남쪽으로 가외(江淮)에까지 각각 배가 다닐 수 있게 하고 수도인 개봉까지 소통시킨 것이다. 이 수리 공사는 주변 농업의 관개 시설에도 큰 도움이 됐으며, 이후 전쟁에서 수군을 이용하는 데도 편리하게 했다.

주 세종의 정치·경제 개혁은 후주의 사회 안정, 국력 증강, 전국의 안정적인 통치에 목적을 두었다. 그가 실시한 일련의 정책으로 중원은 점차 안정을 되찾았으며, 경제 수준도 높아져 전국 통일의 기반을 조성하게 됐다.

진·봉·남당을 정벌하다

주 세종은 이어 전국 통일의 뜻을 세운다. 실제로 그는, 일찍이 955년 4월에 대신들에게 자신의 생각을 솔직히 드러내기도 했다.

> "짐은 나라를 다스리는 법을 항상 고민해 왔소. 그러나 요지를 얻지 못해 밥을 먹고 잠을 자도 걱정이 사라지지 않는구려. 특히 당·진(晉) 이래로 중앙의 명령에 따르지 않는 오(吳)·촉(蜀)·유(幽)·병(竝) 일대 때문에 전국 통일이 더욱 어렵소. 그대들에게 좋은 생각이 있다면 말해 주시오."

대신 왕박이 대책을 내놓았다.

> "오·촉·유·병은 나라의 정치가 부패하여 잃은 것입니다. 지금 폐하

께서 이 지역을 수복하시려 한다면 먼저 정치를 개혁하여 백성들의 지지를 얻어야 합니다. 그 다음에 군사를 일으키신다면 큰 어려움이 없을 것입니다."

왕박은 먼저 경제를 발전시킨 뒤 거란과 북한을 공격해야만 전국을 통일할 수 있다고 주장했다. 주 세종은 그의 말을 일부 수용하고 당시의 실제 상황을 기반으로 먼저 남당(南唐)을 공격한 뒤 다시 유연을 쳐 전국을 통일하겠다는 계획을 세웠다. 마침내 전국 통일 전쟁의 서막으로 진·봉 땅에서 전쟁이 시작되었다.

진(秦)·봉(鳳)·성(成)·계(階) 땅은 지금의 감숙성과 섬서성 일대에 해당한다. 당시 후촉(後蜀)의 지배를 받고 있던 이곳에는 후촉 군주 맹창(孟昶)이 포악하기로 소문이 자자했다. 맹창은 자신처럼 잔혹한 관리를 임용해 백성들의 피와 땀을 마구 착취하고, 억압된 백성들이 난을 일으킬까 걱정해 매일 계엄령을 내려 민심을 흉흉하게 만들었다. 이렇게 백성들의 원한이 나날이 커져 가다 곧 진 땅의 백성들이 자발적으로 후주에 군사를 요청하는 상황까지 이르렀다. 955년 4월에 주 세종은 대장군 왕경과 향훈에게 군사를 주고 진과 봉 지역으로 출격 명령을 내린다.

후주의 공격 소식이 후촉에 전해졌을 때 맹창은 마침 장군 조계찰과 진·봉 땅을 둘러보고 있었다. 상황이 급박해지자 조계찰이 맹창에게 말했다.

"진·풍 지역을 지치는 장수는 후주의 군대를 대적할 수 없습니다."

맹창이 반문했다.

"그렇다면 누가 막을 수 있겠소?"

"저를 보내 주십시오!"

맹창의 허락을 받은 조계찰이 군사를 이끌고 진·풍에서 수백 리 떨어진 덕양현에 도착했다. 그런데 그곳에는 이미 후주의 군대가 신속하게 공격을 펼치고 있었다. 당황한 조계찰은 싸울 엄두도 내지 못하고 놀라 맹창에게 사람을 보내 사직하겠다고 전했다. 그리고 얼마 지나지 않아 조급해진 조계찰은 맹창의 답신을 기다리지 못하고 홀로 일부 군사를 이끌고 성도로 도망쳤다. 얼마 후 맹창이 보낸 대장군 이정규의 지원부대가 도착했다.

진·봉 땅에서의 전투는 두 달이 넘도록 끝나지 않았다. 후촉에서 지원병을 보내기도 했지만 교통이 불편해 군량 수송에 어려움을 겪고 있는 터라 전세는 큰 진전이 없었다. 후주의 대신들은 점점 동요하기 시작해 급기야 주 세종에게 군사를 물리자는 말을 꺼냈다. 그러나 주 세종의 의지는 완강했다.

"지금까지 중원의 일을 처리하느라 이곳을 생각할 겨를이 없었소. 그런데 지금 이곳을 수복하지 못한다면 실로 부끄러운 일이거니와 중도에 퇴각한다면 군사들의 사기도 꺾일 테니 이로울 게 하나도 없소."

말을 마친 주 세종은 조광윤에게 전선의 상황을 살펴보게 했다. 조광윤이 돌아와 형세가 유리하다는 보고를 하자 주 세종은 바로 공격 명령을 내렸다. 그 결과 이정규의 부대를 크게 무찌르고 진 땅을 점령했다. 그리고 얼마 후 성·계 지역의 장수들도 성문을 열고 투항 의사를 밝혀왔다. 11월 14일이 되자 왕경이 다시 봉 땅을 점령하고 후촉의 장수 왕환을 비롯해 군사 5,000명을 포로로 잡았다. 이로써 네 지역의 영토는 후주로 편입되면서 진·봉의 전투를 승리로 끝마쳤다.

당초 진·봉 전투에서 승전보가 날아들자 주 세종은 대장군 이곡을 남당(南唐)으로 보내 정벌하게 했다.

남당은 장강 남북으로 광활한 토지를 보유해 후주 다음으로 풍요로운 나라였다. 남당은 일찍이 이웃한 민·초를 멸망시키고 거란·북한과 손을 잡아 후주를 위협했기 때문에 주 세종 입장에서 볼 때 반드시 꺾어야 할 적이었다. 주 세종이 남당을 공격하려던 무렵 남당의 황제 이경(李璟)은 사치스러운 생활에 빠져 정사를 돌보지 않고 있었다. 게다가 해마다 대외 전쟁을 일으켜 백성들의 부담을 가중시켜 백성들의 한탄이 끊이지 않았다. 956년 정월 10일에 주 세종은 군사를 이끌고 직접 남당 정벌에 나섰다.

주 세종이 먼저 보낸 대장군 이곡은 금세 회하를 건너 남당이 관할하는 수주에 도착했다. 그러나 수주를 지키는 장수 유인섬이 완강히 대응해 왔다. 남당의 이경은 대장군 유언정에게 군사 2만, 황보휘에게 군사 3만을 주고 수주를 지원하게 했다. 두 부대가 수주에 도착해 이곡을 포위하자 안팎으로 적의 공격을 받게 된 이곡은 더 버티지 못하고 가진 군량과 군수품을 모두 태운 뒤 정양으로 퇴각했다.

남당으로 향하던 길에 주 세종은 이곡의 퇴각 소식을 듣고 바로 이중진을 보내 정양을 지원했다. 이중진은 정양의 동쪽에서 남당의 지원군을 크게 무찌르면서 유언정을 죽이고 다시 수주를 겹겹이 포위했다. 유언정이 죽자 황보휘는 저주로 퇴각하는 수밖에 없었다. 이때 주 세종이 수주에 도착해 직접 대군을 지휘했다. 황보휘가 저주로 도망치자 대장군 조광윤을 보내 추격하게 하여 마침내 황보휘를 생포하고 저주까지 점령하면서 남당이 보낸 지원군을 모두 섬멸했다.

비록 전쟁에서 승리했으나 후주의 상황도 그리 좋지는 않았다. 전쟁이 오래 가기도 했지만 무엇보다 군량의 공급이 제대로 이뤄지지 않았기 때문이다. 오랜 전쟁으로 군사들이 많이 지친 데다 많은 비가 내려 행군도 쉽지 않았다. 이에 주 세종은 일부 군대를 남기고 개봉으로 돌아왔다.

주 세종이 돌아가자 수주에 남은 군사들은 과거 남당의 관리와 다를 바 없이 백성들을 마구 부리고 공공연히 재물을 약탈했다. 참지 못한 남당의 백성들은 스스로를 보호하기 위해 백갑군(白甲軍)이란 부대를 조직하고 불시에 후주의 군사들을 공격했다. 이때 남당에서 대장군 이경달과 허진을 다시 수주로 보내 후주를 공격했다. 이 소식이 개봉에까지 전해지자 신하들은 주 세종에게 군사를 물리라고 재차 설득했다. 주 세종은 노장 이곡에게 의견을 물었다. 당시 이곡은 병환 중이어서 서신으로 답을 했다.

"만일 폐하께서 다시 한 번 군대를 이끄신다면 분명 군사들의 사기가 올라갈 테니 그것만으로도 수주는 자연히 함락될 것입니다."

주 세종은 이곡의 말대로 957년 2월에 다시 남당으로 향했다. 주 세종은 남당과의 전쟁에서 승리하려면 무엇보다 새로 점령한 지역의 백성들이 후주를 지지해야 한다는 사실을 깨달았다. 이에 출발할 때부터 후주의 점령지는 과도한 세금을 없애겠다고 선포했다. 일찍이 주 세종은 수주에서 돌아왔을 때부터 수백 척의 군함을 제작하고 수군을 훈련시키는 일에 힘을 쏟고 있었는데 다시 남당으로 향하면서 훈련시킨 수군도 함께 출정시켰다.

3월에 주 세종은 전군을 무장시키고 수주 점령에 나섰다. 군사들은 용감히 싸움에 임하는 황제를 보고 사기가 크게 올라 남당의 원군을 무너뜨리고 대장군 허진을 포로로 잡았다. 이어 보병과 기병을 회하의 양쪽, 수군을 회하의 중류에 배치시켜 지휘하는 등 삼면에서 적군을 추격했다. 남당의 대장군 이경달이 이끄는 부대는 크게 패하고 금릉(남경)으로 도망쳤다. 수주는 완전히 고립된 데다 수주를 지키던 유인섬은 병이 났으며, 식량까지 바닥난 상태였다. 얼마 후 군사들은 유인섬을 버려두고 성문을 열어 투항했다. 주 세종은 수주를 점령한 뒤 창고를 열어 백성들에게 식량과 재물을 나누어 주었다.

새로 점령한 지역을 안정시키고 군대를 정비하기 위해 주 세종은 다시 개봉으로 돌아갔다. 같은 해 10월에 주 세종은 세 번째로 남당 정벌에 나섰다. 출정이 정해진 날 주 세종이 갑자기 낙타를 준비시키자 부하들은 영문을 알지 못하고 어리둥절해 했다. 그리고 한 달 뒤 군대가 호주 지역에 도착했다. 그런데 사방에 물이 넘쳤으며, 남당의 군사들은 성을 굳게 지키며 방어하고 있었다. 주 세종은 군사들에게 낙타에 올라 물을 건너라고 명을 내렸다. 그제야 군사들은 주 세종이 낙타를 준비한 이유를 알게 되었고, 주도면밀한 황제의 면모에 모두 탄복했다. 이때 남당에서 수백 척의 군함을 지원부대로 보내자 주 세종도 기병을 보내 한밤중까지 싸웠다. 결국 주 세종은 사주(泗州)를 점령하고, 회화의 남당 군함을 섬멸하기 위해 수군과 육군을 함께 보내 추격한 끝에 마침내 호(濠)·초(楚) 지역을 모두 점령한다.

후주의 군대는 장강까지 이르러 남당의 수도인 금릉을 위협했다. 이에 당황한 남당의 군주 이경은 금세 사람을 보내 화친을 제안했다. 아울러 후주를 군주국으로 삼고 신하가 되겠다고 약속했다. 주 세종은 세 차례 남당을 공격해 강북의 14개 주를 얻음으로써 나라의 위신을 높였다. 그리고 이어 유(幽)와 운(雲)을 공격할 준비를 하기 위해 수도로 돌아갔다.

거란을 물리치고 삼관(三關)을 수복하다

주 세종의 통일 사업에 가장 큰 장애물은 바로 거란이었다. 후진(後晉)의 석경당(石敬塘)이 거란에 유와 운 16주(州)를 할애하면서 거란의 야욕은 날로 커져 갔다. 주 세종이 즉위하고 얼마 후 거란과 북한의 유숭은 손을 잡고 주 세종이 남당을 정벌하느라 성을 비우자 그 틈을 타 침략했다. 이 때문에 유와 운 지역을 수복해 북부의 위험을 제거하는 일은 당시 주 세종 앞에 놓인 가장 큰 문제였다. 주 세종은 남당의 항복을 받은 뒤 바로 거란을 목표로 잡고 수로 조성과 제방 보수를 명했다. 즉 창주(하북성 창주)에서 영주(하북성 하간)와 막주(하북성 임구현)

의 수로를 이어 거란 변경까지 이르게 한 것이다.

당시 거란 황제 야율술률(耶律述律)은 어리석은 군주였다. 정사는 내팽개친 채 하루 종일 호랑이와 표범을 잡거나 술을 마시며 늦은 저녁까지 놀다가 낮에는 잠에 취해 일어나지 못했다. 이 때문에 나라 안에서 백성들은 그를 '잠자는 왕'이라고 불렀다. 야율술률은 백성들에게 무거운 세금과 부역을 부과하며 해마다 중원을 침략해 백성들의 원망 소리가 도처에 가득했다. 특히 유와 운 지역의 백성들이 심한 차별과 억압을 겪어야 했기 때문에 잇달아 남쪽으로 도망쳐 후주에 귀속했으며, 하루 빨리 후주의 군대가 거란을 정벌해 주기 바랐다.

주 세종은 전세에 유리한 시기를 택해 959년 3월 대군을 이끌고 북진해 4월에 창주에 도착한다. 도착한 날 저녁에 주 세종은 수만 군대에게 거란의 점령 지역을 공격하라고 명했다. 주 세종이 이끄는 군대는 엄격한 기율을 따랐기에 새로 점령한 지역의 백성들은 후주의 군사들에게 양식을 내주고, 고기와 술을 아끼지 않았다. 거란의 저주 자사는 백성들의 강압에 못 이겨 투항했다. 전방에서 시급하다는 전갈이 오자 주 세종은 한통에게 육군을, 조광윤에게 수군을 이끌라는 명을 내려 수로와 육로에서 동시에 진격했다. 주 세종도 용주(龍舟)에 올라 북상하는데 강 위에 전함이 빽빽이 수십 리에 이르렀다. 후주의 깃발이 사방에서 세차게 펄럭이고, 전투를 알리는 북소리가 울려 퍼지자 익진관의 장수는 겁을 먹고 투항했다. 그 후로 수로가 좁아지자 주 세종은 배에서 내려 수백 명의 육군을 이끌고 적진으로 들어갔다. 수만 개의 거란 깃발이 주위를 둘러싸자 당시 주 세종을 수행하던 장수들은 간담이 서늘해졌다. 그러나 주 세종은 침착하게 전투를 지휘했다. 거란군은 후주의 군대와 현지 백성들의 공격을 이겨내지 못하고 잇달아 투항해왔다. 승세를 탄 주 세종은 연이어 와교관과 어구관을 점령하고 나아가 막(莫)·영(瀛) 지역까지 수복한다. 단 42일 만에 모두 3개 주와 17개 현을 얻은 것이다. 후주의 군대가 연승을 기듭하자 거란의 통치자는 공황 상태에 빠져 북한으로 구원을 요청하는 동시에 도망칠 준비를 했다. 후주의 군대가 영주에 도착하자 유주에 주둔해 있던 거란의 군사들은 한밤중에 도주했다.

5월 2일 유난히 맑은 날에 주 세종은 승리하리란 자신감을 갖고 와교관에서 연회를 베풀며 유주 점령을 상의했다. 그러나 일부 장수들은 거란의 기병을 두려워했다.

"폐하께서 수도를 떠나신 지 42일이 되었습니다. 군사 하나, 화살 한 촉 잃지 않으시고 연남을 수복하신 것만으로도 크나큰 공적을 이루신 것입니다. 지금 적군이 유주 북부에 주둔하고 있으니 우리가 깊이 들어가긴 힘들 것입니다."

황제를 믿지 못하는 말투에 기분이 상한 주 세종은 바로 유중진을 선봉으로 보내고 자신은 안양수(安陽水)에 도착해 다리를 만들라고 명하면서 진격 준비를 했다. 그날 밤 장막으로 돌아와 휴식을 취하던 주 세종은 갑자기 병에 걸려 승리를 앞에 두고 어쩔 수 없이 공격을 중지시켰다. 병세는 날로 악화됐다. 침상에 누운 주 세종은 초조하고 안타까운 마음에 신하들의 문병도 받지 않았다.

어느 날 밤에 후주 태조의 사위 장영덕(張永德)이 조용히 주 세종의 침상으로 다가왔다.

"전국이 아직 통일되지 않았는데 우리 내부가 비면 적군은 내란이 일어나길 바랄 것입니다. 폐하께서 하루 빨리 돌아가 민심을 안정시키지 않으신다면 무슨 일이 생길지 모릅니다."

힘겹게 몸을 일으킨 주 세종이 물었다.

"누가 그대를 보낸 것이오?"

장영덕은 솔직하게 대답했다.

"모든 대신이 제게 폐하를 만류하라고 했습니다."

주 세종은 잠시 생각에 잠긴 뒤에 입을 열었다.

"내가 이곳에 머물고 있는 이유를 그대도 모른단 말인가?"

주 세종은 탁자에 놓인 등불을 응시하다가 길게 한숨을 내뱉고는 회군을 명했다. 회군을 명하기 며칠 전부터 주 세종은 미리 새로 점령한 지역의 수비와 행정을 구체적으로 지시해 두었다. 와교관은 웅주(雄州), 익진관은 패주(霸州)로 각각 이름을 바꾼 뒤에 패주성에서 적군을 막고 진군할 준비를 했다.

그러나 개봉으로 돌아온 지 18일째 되는 날에 39세의 주 세종은 병사하고 만다. 유와 운 16개 주를 점령했으나 주 세종의 꿈이 이루어지려면 아직 멀었던 것이었다. 백성들의 적극적인 지지 아래 석 달이 되기도 전에 많은 지방을 점령했으니 이는 분명 역사에 길이 남을 진공이라 할 수 있다.

주 세종은 생전에 왕박에게 다음과 같은 말을 했다.

> "만일 내가 30년을 더 산다면 10년 동안 천하를 돌보고, 10년 동안은 백성을 돌보고, 10년 동안은 태평성대에 이르게 하겠다."

30년 동안 통일된 국가를 안정시키고 백성들이 편안하게 살도록 만들겠다는 뜻이었다. 군기를 바로 잡고, 어진 이의 간언을 받아들였으며, 법령을 엄격히 하고, 부호층과 불교의 세력 확장을 막는 등 주 세종이 한 모든 일이 바로 마지막 10년을 위한 일이었다. 그러나 안타깝게도 주 세종은 큰 뜻을 온전히 펴지도 못하고 젊은 나이로 세상을 떠났다. 황제에 오르고 5년 6개월 동안 지난날의 5대 병폐를 없애고 전국 통일의 발판을 만든 주 세종은 불후의 업적을 남긴 황제이다.

원 세조(元世祖, 1215년~1294년)

몽골제국 제5대 칸이며, 중국 원나라의 시조. 35년간의 치세에서 한족의 세습적 봉건제후제를 폐지하고 민족융합책으로 중앙집권제를 확립했다. 금나라와 당나라의 제도를 본받아 관제와 세제를 정비했다.

"어느 추운 겨울날 여러 개의 머리를 가진 뱀이 추위를 피해 동굴로 들어가려 했다. 그러나 머리 하나가 들어가면 나머지 머리는 들어갈 수 없었다. 여러 개의 머리가 똑같이 움직이지 않으면 어떻게 해도 들어갈 수 없어 결국 밖에서 얼어 죽었다. 그러나 머리 하나를 지닌 뱀은 어렵지 않게 동굴로 들어가 추위를 피해 목숨을 건질 수 있었다."

— 성길사 칸

분열의 원흉이 된다면
민족이란 허상도 버려라

홀필렬(쿠빌라이, 1260~1294년 재위)은 몽고의 5대 칸(고대 북방민족 최고 통치자의 칭호)으로, 원나라를 세운 원(元) 세조(世祖)이다.

몽고족은 오래전부터 중국 북방의 대초원에서 거주하던 유목 민족이다. 선조는 동쪽의 흥안령(興安嶺)과 아르군 강에서 살기 시작했으며, 서쪽의 알타이 산 일대로 점점 이동했다. 몽고족은 한족·거란족·여진족과 교류하면서 생산력을 키웠다. 특히 수공업이 발달해 철과 목재로 화살·검·도끼와 같은 병기와 생활 도구를 만들었다. 12세기에 이르러 빈부의 격차로 사유제가 생겨났으며 이로부터 씨족의 평등 관계가 깨지기 시작했다.

많은 가축을 보유하면서 씨족의 공유 목초지를 관리하는 자를 나안(那顏)이라 했는데 이들이 노비 사회로 들어서면서 지배층으로 발전했다. 씨족의 구성원은 대다수가 보통의 유목민이었다. 이들은 합랄초(哈剌楚)라 불렸다. 합랄초는 적은 가축을 보유했으며, 일정 기간이 되면 나안에게 부세와 노역을 바쳤다. 제때 부세를 내지 못하거나 죄를 지으면 패알륵이라는 노비 신분으로 강등된다. 본래 패알륵은 전쟁 때 잡혀온 포로로 이들은 알난하(악눈하), 겁록하(극로륜하), 토올하(토랍하) 일대에서 유목 생활을 했다.

당시 몽고 초원에는 크고 작은 100여 개의 부락이 있었다. 그들 가운데 비교적 강대한 부락으로는 탑탑아·멸아걸·극렬·몽고가 있었고, 부분적으로 농사를 짓는 내만과 문화가 발달한 왕고도 있었다. 이들 부족은 주로 유목 생활을 하면서 사냥을 했으며, 재산으로 소와 말을 가지고 있었다. 평소 천막에서 생활하며 수레를 이용해 이동했는데 이들 부족은 이후 각 부락마다 독립적인 정권을 수립했다. 그 중 탑탑아 부락의 세력이 비교적 강했기에 사람들은 오랫동안 몽고 초원의 부락들을 탑탑아 또는 달단으로 통칭했다. 몽고 부락의 철목진(鐵木眞. 테무친)이 통일 정권을 세우고 나서야 부락들을 몽고족이라 부른 것이다.

12세기 말에 몽고 부락 출신의 철목진이 몽고 부락의 수령으로 추천됐다. 이후 철목진은 10여 년 동안 그칠 새 없이 전투를 벌여 탑탑아·멸아걸·내만과 같은 여러 부락을 정복하면서 1206년에 몽고 대초원의 모든 부락을 통일한다. 알난하에서 열린 씨족 수령의 회의에서 철목진은 전 몽고의 칸으로 추대되어 성길사 칸(成吉思汗, 칭기즈칸)이라 불리게 되면서 이로부터 몽고는 정식으로 정권을 세운다.

홀필렬은 성길사, 와활대, 귀유, 몽가의 뒤를 이어 몽고의 한(汗, 칸)이 되어 원나라를 세우고 전 중국을 통일했다. 또한 나라의 정치·경제·군사·문화를 발전시키기 위해 여러 민족을 통일시키면서 이 과정에서 많은 업적을 남겼다. 홀필렬은 소수 민족의 통치자일 뿐 아니라

뛰어난 정치가이자 군사 전략가로서 중국 제왕 가운데 빼놓을 수 없
는 인물이다.

성길사 칸의 손자이자 타뢰의 아들

홀필렬은 성길사 칸의 손자이며, 성길사 칸의 막내아들 타뢰의 아
들이다. 몽고의 개국 군주 성길사 칸이 세상을 떠난 뒤 홀필렬이 칸의
자리에 오르기까지는 우여곡절이 많았다.

성길사 칸의 부인 홍길랄씨 패아첩은 네 명의 아들을 낳았다. 첫째
아들은 술적, 둘째 아들은 찰합대, 셋째 아들은 와활대이고 막내아들
이 바로 타뢰이다. 네 명의 아들은 모두 저마다 장점이 있어 성길사 칸
은 각자에 맞게 일을 맡겨 모두가 스스로의 능력을 충분히 발휘할 수
있었다. 이들은 오랫동안 이어진 성길사 칸의 전쟁을 도우며 몽고를 발
전시켰다. 술적은 수렵에 관한 일, 찰합대는 법령에 관한 일, 와활대는
조정의 일을 각각 맡았다. 타뢰라는 이름은 몽고어로 '부뚜막의 주인'
이란 뜻이기에 성길사 칸은 그에게 가업을 지키도록 했다. 막내아들에
게 영토를 지키게 하는 몽고인의 관습대로 성길사 칸은 타뢰를 알난
하와 겁록연하 유역의 몽고 영토를 수비하게 하고 대다수의 군대를 맡
겼다.

타뢰는 성길사 칸이 가장 총애하는 아들이었다. 때문에 매번 출정
을 나갈 때마다 타뢰와 함께 머무르면서 막내아들을 자신의 반려자라
칭했다. 그렇기에 칸의 후계자가 타뢰에게 돌아가는 데 큰 문제가 없

는 듯 보였다. 그러나 성길사 칸은 총애하는 막내아들을 놓아두고 셋째 아들 와활대를 후계자로 지목한다.

성길사 칸은 사적인 감정이나 당시의 관습에 치우쳐 결정을 내린 게 아니었다. 당시 몽고는 막 형태를 갖춰 가는 중이었기 때문에 전쟁을 잘하는 군사가보다 정사를 잘하는 정치가가 절실히 필요했기 때문이다. 성길사 칸은 당시의 여러 상황을 종합적으로 고려하고 네 아들의 능력을 고려하여 가장 적합한 자를 선택한 것이다. 중국 역사상 수많은 제왕이 있었지만 성길사 칸의 현명한 선택은 쉽게 찾아볼 수 없는 제왕의 모습이었다. 그러나 이로부터 형제간의 사이가 틀어지고 다툼이 생기기 시작했다.

사실 성길사 칸이 후계자를 지정할 때부터 형제간의 불화는 이미 불거지고 있었다. 장자인 술적과 막내아들 타뢰가 한편이 됐고, 차남인 찰합대와 셋째 아들 와활대가 한편이 됐다. 술적과 타뢰는 부친의 결정에 드러내놓고 불만을 표시할 수 없었지만 와활대에 대한 적개심은 감출 수 없었다. 한 예로 성길사 칸이 타뢰를 제외한 세 아들에게 화랄자모의 올롱격적을 점령하라는 명을 내리고 출정시킨 일이 있었다. 세 아들은 군사를 이끌고 올롱격적 성에 도착했으나 술적과 찰합대가 다투는 바람에 성을 함락시키지 못하고 있었다. 세 아들은 사람을 보내 성길사 칸에게 물었다.

출정을 명하기 전에 분명 와활대를 후계자로 지정했건만 다시 지휘자를 묻는 의도는 무엇일까? 술적은 와활대를 후계자로 인정하지 않겠다는 뜻을 표현한 것이다. 우여곡절 끝에 올롱격적 성을 점령한 뒤 부친이 세 아들은 불렀다. 그러나 술적은 명을 따르지 않고 곧바로 자신의 진영으로 돌아갔다. 성길사 칸은 다시 술적에게 흠찰(欽察)을 공격하라고 명했으나 술적은 병을 핑계로 출정하지 않았다. 얼마 후 술적 진영의 사람이 성길사 칸에게 술적이 사냥을 나갔다고 보고하자 성길사 칸은 무척 화가 났다.

얼마 후 성길사 칸은 술적을 죽이기 위해 찰합대와 와활대를 선봉으로 하여 군대를 준비했다. 이때 술적의 사망 소식이 전해지면서 성길사 칸은 출정 명령을 거뒀다.

물론 성길사 칸도 네 아들 사이에 다툼이 발생하리라 예상하고 있었다. 네 명의 아들이 서로 싸운다면 분명 나라의 안정과 발전에 부정적인 영향을 미칠 것이라는 사실도 잘 알고 있었기에 일찍부터 아들들에게 이런 이야기를 해 주었다.

"어느 추운 겨울날 여러 개의 머리를 가진 뱀이 추위를 피해 동굴로 들어가려 했다. 그러나 머리 하나가 들어가면 나머지 머리는 들어갈 수 없었다. 여러 개의 머리가 똑같이 움직이지 않으면 어떻게 해도 들어갈 수 없어 결국 밖에서 얼어 죽었다. 그러나 머리 하나를 지닌 뱀은 어렵지 않게 동굴로 들어가 추위를 피해 목숨을 건졌다. …… 하나의 화살은 쉽게 꺾어도 여러 개의 화살은 쉽게 꺾이지 않는다."

성길사 칸은 네 아들에게 어째서 이런 이야기를 들려주었을까? 바로 네 명의 아들이 한 마음으로 단결해 후환을 남기지 않고 몽고를 잘 다스려 주길 바랐기 때문이다. 성길사 칸은 1227년에 세상을 떠나기 직전에도 마음을 놓을 수 없어 다시 한 번 아들들을 불러 와활대를 칸으로 인정하고 따라 주기를 당부했다.

1227년 8월에 성길사 칸은 병으로 세상을 떠났다. 후계자는 이미 정해졌으나 실제로 2년 동안 칸의 자리는 공석이었고, 타뢰가 섭정을 하고 있었다. 몽고족의 전통에 따르면 칸의 후계자 지정 문제나 전쟁 및 화친과 같은 나라의 중대사는 최고 권력 기구인 홀리륵대(忽里勒臺) 회의를 통해 결정된다. 몽고족이 계층사회로 들어서면서 홀리륵대 회의는 사실상 귀족회의로 변화됐다. 와활대도 반드시 홀리륵대 회의에서 동의를 거쳐야 정식으로 칸이 될 수 있었다. 그러나 내부 갈등으로 회의가 2년 동안 미뤄졌고, 또 정작 회의가 열렸으나 서로의 의견이 첨예하게 대립되어 거의 한 달 동안 쟁론이 끊이지 않았다. 일부 귀족들은 여전히 몽고의 전통을 고수하고 막내아들인 타뢰를 계승자로 삼아야 한다고 주장했다. 타뢰도 2년 동안 섭정을 해 온 터여서 쉽게 대권을 넘겨주고 싶지 않았다. 그러나 술적의 사망으로 타뢰의 세력도 타격을 받은 데다 더 이상의 내란을 막기 위해 타뢰는 부친의 유지를 받들기로 했다. 이렇게 하여 와활대는 칸의 자리에 오르게 됐다. 그러나 술적과 타뢰의 사람들은 여전히 결과에 불만을 품고 훗날을 기약하기로 했다.

와활대가 칸이 된지 4년 뒤에 타뢰가 죽었다. 사망 원인을 두고 다양한 의견이 있었다. 혹자는 과음으로 인해 죽었다고 하고, 혹자는 급병에 걸렸다고 했다. 비교적 믿을 만한 의견은 와활대를 죽이기 위해 독 탄 물을 대신 마셨다는 설이다. 1231년에 와활대는 직접 군사를 이끌고 금(金)나라를 공격하다가 중도에 병에 걸렸다. 나중에 와활대는 과음으로 사망한다. 와활대가 죽은 뒤 그의 부인 내마진(乃馬眞)이 칸의 대행인 제(制)가 되어 정권을 장악했다. 내마진은 속이 좁고 식견이 얕은 데다 교활한 여인이었다. 그녀가 집정한 지 5년째 되는 해에 궁정에서 마침내 내란이 일어났으며, 각종 문제가 터지면서 몽고는 큰 혼란 속에 빠진다. 와활대는 생전에 손자 실렬문(失烈門)을 후계자로 지정했으나 내마진은 교활한 방법으로 홀리륵대를 다시 열어 아들 귀유(貴由)를 칸으로 만들었다.

성길사 칸의 네 아들은 모두 죽었지만 그 후손의 관계는 전대와 다름이 없었다. 술적과 타뢰의 집안은 서로 단합했으나 와활대의 아들 귀유와 술적의 아들 발도는 사이가 나빴다. 귀유는 칸이 되고 난지 얼마 후에 직접 발도를 죽이려고 군대를 일으켰다. 이때 타뢰의 아내가 일찍 이 소식을 접하고 발도에게 알려 주었다.

발도가 만반의 준비를 마칠 때 즈음에 귀유가 돌연 사망한다. 혹자는 지나치게 술을 마시고 싸우다 죽었다 하고, 혹자는 발도가 미리 사람을 보내 독살했다고 하지만 정확한 사인은 아직까지 의문으로 남아 있다.

귀유가 죽은 뒤 칸의 자리를 두고 양측은 변화를 겪으면서 상황이 술적과 타뢰에게 유리해졌다.

귀유는 홀찰과 뇌홀이라는 두 아들이 있었지만 이들은 능력이 없고 사이도 나빴다. 반면에 술적의 아들 발도는 집안을 잘 다스리고 후계자가 되기에 적합했다. 그러나 권력에 대한 야심이 없었다. 한편 타뢰는 몽가, 홀필렬, 욱렬올, 아리불가 등 네 아들을 두었다. 이들은 모친 사로화첩니(唆魯和帖尼)의 열성으로 제대로 된 교육을 받으며 자랐다. 현명한 사로화첩니는 아들을 칸이 되게 하려고 오래전부터 여러 인물과 친분을 돈독히 쌓으면서 이들의 신임을 얻었다. 훗날 첫째 아들 몽가가 칸으로 추천된 것은 모두 그녀의 공이었다. 홀리륵대 회의에서 발도는 자기보다 어린 몽가를 추천해 몽고 전체의 이익을 우선시하는 모습을 보여 주었다. 두 집안의 오랜 우호와 발도의 원대한 식견을 엿볼 수 있는 장면이다. 1251년 7월에 몽가의 즉위식이 거행됨으로써 칸의 자리는 와활대에서 타뢰의 집안으로 옮겨진다.

몽가는 즉위한 뒤 계속해서 전쟁을 하다가 1259년 남송(南宋)과의 전투 중에 사천 합천에서 전사해 8년 동안의 짧은 재위를 마쳤다. 몽가가 갑자기 죽어 후계자를 정하지 못하자 그 아우 홀필렬과 아리불가는 칸이 되기 위해 격렬히 싸우게 된다. 결국 승자는 홀필렬로 정해졌고, 1260년에 전 몽고 발전사에 길이 남을 칸의 즉위식이 거행됐다.

원나라를 세우다

홀필렬은 1215년에 태어났다. 몽가가 즉위한 1251년은 그의 나이가 37세 되는 해였다. 처음에 몽가는 홀필렬에게 사막 남쪽의 한족 영토를 점령하는 일을 맡겼다.

몽가 칸이 즉위하고 얼마 후에 남송을 상대로 대규모의 진공이 시작됐다. 몽가 칸은 남송을 포위하기 위해 홀필렬에게 운남으로 출정하라고 명을 내렸다. 홀필렬의 운남 정벌은 중국 고대 군사 사상 최초의 우회 원정이었다. 1253년에 홀필렬은 감숙성 임조에서 출발해 지금의 감숙·사천·서장 변경의 고산협곡을 지나 2,000여 리를 우회한 뒤 군대를 세 길로 나누었다. 자신은 중간 길로 직접 군사들을 이끌고 높은 산을 넘어 금사강(金沙江)에 도착했고 얼마 후 대리(大理)의 수도 대리성에 다다랐다. 청나라 초기의 유명한 군사 지리학자인 고조우(顧祖禹)는 이 홀필렬의 군사 지휘를 두고 '하늘에서 내렸다'며 홀필렬의 대리 진군 노선과 전술이 2,000여 년 중국 용병사상 가장 독보적이라고 칭찬했다. 홀필렬은 운남의 대리국을 정복하고 대장군 올량합대만 남겨둔 채 자신은 북방으로 돌아왔다.

1258년에 본격적으로 남송을 공격할 시기가 왔다고 생각한 몽가는 홀필렬에게 악주(호북성 무창) 공격을 명하고 자신은 주력 부대를 이끌

고 육반산에서 사천으로 진입했다. 또한 운남에 남아 있던 대장군 올
량합대에게 담주를 공격하라고 명을 내렸다. 이렇게 삼면에서 남송을
포위한 채 공격할 태세를 갖추고 장강 동쪽을 따라 남송 정권을 차례
로 공격했다.

몽가가 이끄는 군대가 1259년 초에 사천 합주에 진입하자 합주의
군사와 백성들은 장수 왕견(王堅)의 지휘 아래 조어산(釣魚山)의 천연
요새를 기반으로 완강히 저항했다. 7월에 몽가는 성안에서 날아온 돌
에 맞아 합주성에서 죽는다. 몽가가 죽자 한창 발전하던 몽고족에게
하루 빨리 칸의 계승자를 세워야 하는 문제가 생겼다.

이때 홀필렬은 악주를 공격하고 있었다. 몽가의 사망 소식이 전해졌
으나 군사들을 돌릴 수는 없었다.

"명을 받들어 이곳에 왔는데 내 어찌 아무런 공도 없이 돌아가겠는
가?"

그러나 홀필렬의 막료 학경과 염희헌이 바로 돌아가길 권했다. 특히
학경은 더욱 간곡하게 말했다.

"즉각 바로 군대를 보내 몽가의 영구를 받고 하루 빨리 칸의 인수를
서두르셔야 합니다."

할 수 없이 이들의 의견을 따르기로 한 홀필렬은 남송의 재상 가
사도(賈似道)가 화친을 청해오자 은밀히 약속하고는 몽고로 돌아갔다.

한편 가사도는 남송 조정에 전공을 세우려고 홀필렬을 물리쳤다며 거짓으로 고했다.

1260년 3월에 홀필렬은 탑찰아, 목상가, 대합단, 적인철목아 등 일부 몽고 지배층의 지지를 받으면서 개평(내몽고 다륜)에서 즉위했다.

일찍이 몽가가 남송을 정벌할 때 막내 동생인 아리불가에게 몽고 본영인 화림(악이혼하 상류)을 지키게 하고 군대를 맡겼다. 몽가 칸이 죽은 뒤 황후 홀도대급과 몽가의 아들들을 비롯한 일부 귀족 대신들은 아리불가를 지지하고 있었다. 이처럼 정치적으로나 군사적으로 아리불가는 상당한 세력을 갖추고 홀필렬과 대적했다. 이 때문에 아리불가는 1260년 4월에 화림에서 따로 칸이 됐다.

"천상에는 해도 달도 하나인데 지상에 어찌 두 명의 군주가 있겠는가."

마침내 두 형제 사이의 왕위 다툼이 시작됐다.

처음에는 아리불가가 우세했다. 그는 강력한 군대로 홀필렬의 주둔지인 개평에서 거의 100리나 떨어진 곳까지 공격할 정도였다. 두 형제는 개평으로부터 연경에 이르는 지역과 사천·관롱 지역에까지 쟁탈전을 벌였다. 먼저 아리불가가 개평에서 연경 일대까지 점령하고 홀필렬의 퇴로를 끊으려고 했다. 홀필렬은 곧 조량필을 보내 상황을 살피게 하는 한편 염희헌을 섬서와 사천 지역의 선무사(宣撫使, 원나라 때 서남 소수 민족 지역에 설치한 기구)로 임명해 진, 촉, 농 지역의 정치·군사력을 키워 아리불가에 대응하게 했다.

1260년 9월에 두 군대는 감주(감숙성 장액) 동쪽의 산단 부근 요비

곡에서 격렬히 싸웠다. 그 결과 아리불가가 크게 패하고 만다. 그리고 다시 1261년 11월에 석목토뇌아에서 다시 크게 전투를 벌였지만 또다시 아리불가의 대패로 끝났다. 이 전투에서 아리불가는 더 버티지 못하고 1264년 7월에 홀필렬에게 투항했다.

홀필렬이 이른 시일에 아리불가를 이길 수 있었던 이유는 여러 가지가 있다. 우선 객관적으로 보면 경제적인 기초가 마련됐다는 점이다. 홀필렬은 오랫동안 사막 남쪽의 중원 지역을 지배하면서 후방으로 삼았다. 그는 농업 생산의 회복과 발전을 상당히 중시해 농경지를 목초지로 바꾸지 말라고 명했으며, 군대를 장강 이북에 주둔시켜 군사들이 백성들의 생산 활동에 방해가 되지 않도록 했다. 아울러 가축 때문에 농사 피해가 생기지 않도록 창고를 지어 농작물을 저장했다. 이처럼 물질적 기반을 탄탄히 하니 먼 곳에서 전쟁을 하더라도 순조롭게 물자를 지원할 수 있었다. 정치적인 부분에서 보면 홀필렬은 칸이 되기 전부터 한나라의 법제를 시행했다. 훌륭한 인재를 알아보고 적재적소에 임용하고 존중했으며, 덕을 후하게 베풀어 학경처럼 여러 부족의 인재들을 곁에 두었다. 1260년에 학경은 한림학사로 남송에 갔다가 가사도에게 붙잡혀 진주(강소성 의정)에 감금되는 신세가 됐다. 15년 뒤인 1275년에 풀려난 학경은 비록 몽고로 돌아왔지만 병으로 죽었다. 또 다른 인재로는 염희헌이 있다. 한족 문화의 영향을 받은 위구르족인 염희헌은 일찍이 지금의 서안인 경조(京兆)에서 선무사 같은 관직을 지냈다. 홀필렬이 즉위한 뒤 그의 관직은 재상에까지 이르렀다. 이 밖에도 양유중, 서세륭, 올량합대, 패돌로, 왕덕신, 왕량신, 포로해아, 야율주(야율초재의 아들)와 같은 신하들이 홀필렬 곁에서 중임을 맡았다. 홀필렬은 몽고 지배층의 지지에도 각별히 신경을 써 정치적으로도 상당히 안정적이었다. 군사 방면에서 보면 홀필렬은 일찍이 몽고군을 이끌고 남송을 공격한 경험이 있었기에 그의 부하들도 전쟁 경험과 용맹을 쌓아가며 점차 정예부대가 되어 갔다.

물론 아리불가에게도 몽가의 아들 아속알, 옥룡답부, 석리길, 와활대, 황후 해도와 같은 지지 세력이 있었다. 그러나 아리불가는 이들의 힘을 모을 줄 몰랐으며, 제멋대로 백성들의 재물을 약탈하고 무고한 자들을 죽여 수많은 사람의 원한을 샀다. 그로 인해 아로홀과 옥룡답부 등은 아리불가를 배반하고 적이 됐다. 또한 그는 홀필렬처럼 전쟁 경험도 없었던 터라 전투에서의 패배는 불 보듯 뻔한 일이었다.

홀필렬은 아리불가를 물리치고 칸의 지위를 확립했으나 그 앞에 또 다른 문제가 놓여 있었다. 개괄해 보면 첫 번째는 노비제와 봉건제 문제, 두 번째는 목축업과 농업 문제, 세 번째는 몽고족과 한족 간의 불화 및 기타 각 부족 간의 불화, 네 번째는 분권과 집권의 마찰이었다.

일찍이 성길사 칸이 몽고를 통일하고 정권을 세운 뒤에도 계속 전쟁을 하여 40개국을 멸망시켰다. 그로부터 유럽과 아시아를 잇는 몽고 대제국을 건립한 것이다. 이 시기에 몽고족은 중원의 발달된 문화적 영향을 받아 노비제 사회에서 봉건제 사회로 넘어가고 있었으나 그 발전의 수준은 중원과 상당한 차이가 있었다. 이제 막 문명 시대로 접어든 몽고족은 농업 생산의 중요성과 농업이 경제에서 차지하는 위치에 대해 제대로 이해하지 못했기 때문에 농업 발달과 생산력 증대는 더욱 생각할 수 없었다.

"한족은 나라에 아무런 도움이 되지 못하니 그들이 사는 곳을 목초
지로 바꾸시지요."

이런 생각을 한 일부 몽고족은 차라리 한족을 죽여 없애고 그들의
터전을 비워 유목을 할 수 있도록 하자고 주장했다. 물론 전체적으로
실현되지는 않았지만 일부 지역에서는 일시적으로 한족을 죽이고 유
목을 했다.

당시 몽고 정권도 상당히 혼란스러웠다. 칸은 몽고 귀족에게 영토
를 분봉하고 일부 토지와 백성을 지배하게 했다. 이때 이들 귀족이 차
지한 영토는 전체의 70퍼센트에 달했다. 몽고 귀족들은 점령지 안에서
정치와 군사권을 가지고 있어 하나의 독립국을 형성했다. 그들의 내정
은 칸도 간섭할 수 없었으며, 대대로 세습도 가능했다.

와활대가 집정할 때 야율초재(耶律楚材)를 등용해 나라의 정치·경
제·문화 방면에 걸쳐 다양한 제도를 만들고 개혁을 시도했으나 실상
각지에 실행할 방법이 없었다. 중국 북방은 오랫동안 지속된 전란으로
광활한 영토에서 백성들이 제대로 생활을 유지할 수 없었다.

또한 몽고군은 전쟁을 치를 때마다 생필품을 만드는 장인을 제외하
고 반항하는 자는 무참히 죽였다. 백성들의 재물을 강제로 빼앗으면서
심지어 누가 빼앗은 물건은 누가 갖기로 한다는 규정까지 만들기도 했
다. 1233년에 몽고군이 개봉을 공격하면서 함락을 앞두고 한 몽고 장
수가 와활대에게 주청을 올렸다.

"개봉성의 함락이 멀지 않았습니다. 우리 군의 사상자도 많으니 마

땅히 저들도 전부 죽여야 합니다."

곁에 있던 야율초재가 와활대를 말렸다.

"장수들은 10년 동안 전쟁을 벌였습니다. 장수들이 그토록 오랫동안 싸운 이유는 토지와 백성을 얻기 위해서입니다. 그러나 이제 백성을 모두 죽이면 토지를 얻은들 무슨 소용이 있겠습니까?"

가만히 듣고 있던 와활대가 명을 내렸다.

"금나라의 지배층을 제외한 그 누구도 함부로 죽이지 마라."

그러나 와활대의 명령에도 홀필렬이 칸의 자리에 오를 때까지 백성들에 대한 약탈과 살육은 끊이지 않았다. 홀필렬은 내부에서 완벽히 개혁을 이루지 못하면 결국 몽고의 기반이 흔들리고 자신의 통치권도 위험하리라고 생각했다.

홀필렬은 번왕 시절에 한족 유생들과 자주 교류하면서 나라를 다스리는 도리에 대해 배웠다. 그는 중원 지역의 발달된 봉건 정치와 경제·문화를 일찍부터 접했기 때문에 한나라의 법제를 통한 개혁을 꾀했다.

1260년에 홀필렬이 칸이 되고 난 한 달 뒤에 역대 중원의 왕조를 본떠 연호를 만들었다. 그리고 1271년에 몽고의 국호를 폐지하고 『역경(易經)』의 대재건원(大哉乾元)이란 구절을 따 국호를 대원(大元)으로 정했다. 홀필렬은 1274년에 송나라를 공격하고 1276년에 임안(절강성 항주)을 점령했다. 그리고 1279년에 남송 정권이 완전히 무너지면서 홀필렬은 전국을 통일하고 역사적인 원 왕조를 건립하게 된다.

한나라의 법제를 실시하다

몽고의 황제가 한족의 중원으로 들어온 뒤 가장 크게 고민한 것은 한족의 통치법을 따르느냐, 몽고의 노비제와 유목을 통해 중원을 통치하느냐 하는 문제였다. 이 문제를 두고 몽고의 지배층은 격렬히 토론했다. 홀필렬은 즉위한 뒤에 한나라의 법제를 따르자는 의견에 손을 들어 주었다.

그렇다면 한나라의 법제는 무엇인가? 간단히 말하면 한족 지배층의 통치를 나라의 기본 정책으로 삼는다는 것이다. 즉 1,000여 년 동안 이어진 한족 지배층의 축적된 경험과 방법으로 정치·경제·문화 제도를 아우르는 것이다.

홀필렬은 어려서부터 한나라 문화의 영향을 받았다. 총명하던 그는 원대한 포부를 품은 몽고 귀족의 자제로 항상 조부 성길사 칸의 칭찬을 받았다. 한나라 문화를 깊이 이해한 모친의 영향도 컸기에 그가 한나라 법제를 실행하는 데에는 망설임이 없었다.

청년 시기에 홀필렬은 당 태종을 표본으로 삼아 각 부족의 지식인들을 모아 그들의 도움을 받으며 천하를 다스려야겠다고 생각했다. 때문에 그의 주위에는 박학한 인재가 많았고, 그들은 훗날 홀필렬을 위해 다양한 의견을 내게 된다. 사막 남쪽 한족 군영을 정비하는 데 거의 10년이란 시간을 보낸 홀필렬은 경제와 군사력을 크게 확충시키면서 중원을 통치하는 초보적인 경험을 쌓았다.

사실 성길사 칸에서부터 몽가 칸까지 한족 지역을 통치하는 일은 몽고 정권에게 크게 중요하게 여겨지지 않았다. 그러나 홀필렬은 몽고 정권이 한족 영토를 다스리지 못하면 안 된다고 생각했다. 중원의 황제로 안정을 받아야 몽고 칸의 지위도 보전되기 때문이었다. 이에 홀필렬은 완벽한 통치권을 확립하기 위해 생산력 증대를 위해 노력했다.

홀필렬이 주장한 한나라 법제는 몽고 귀족에게 전혀 해가 되지 않았다. 홀필렬은 이 점을 분명하게 하여 현 상황은 조술변통(祖述變通)이 필요하다고 밝혔다. 여기서 조술은 몽고족의 특권을 계승한다는 말이고, 변통은 한나라의 법률을 융합한 개혁이란 뜻이다. 따라서 그의 개혁은 몽고의 옛 제도와 금·송의 제도를 병행하는 형태를 띠고 있었다.

홀필렬은 먼저 홀리륵대 회의를 폐지하고, 영토를 나누어 왕으로 봉하는 과거의 전통을 없앴다. 칸이 전국을 직접 지휘하는 절대적인 통치력을 가지고 중앙집권 통치를 대대적으로 강화했다. 그 일환으로 중앙에 중서성(中書省)을 설치해 전국의 행정을 담당하게 했다. 중서성 아래에는 이(吏), 호(戶), 예(禮), 병(兵), 형(刑), 공(工) 등 6부가 각각 일을 분담했다. 또한 감찰을 담당하는 어사대와 군사를 담당하는 추밀원을 두면서 3권을 분립시켰다. 이들은 각자 고유의 권한을 갖고 서로 견제했으며, 칸은 삼권을 마음대로 움직일 수 있었다. 홀필렬은 일찍이 다음과 같은 말을 했다.

  "중서는 나의 왼손이고, 추밀은 나의 오른손이며, 어사대는 내가 양
  손을 치료하는 도구이다."

  한편 지방에는 행중서성(行中書省)·행추밀원(行樞密院)·행어사대(行
御史臺)를 설치했다. 행중서성은 간략히 행성(行省)이라 칭했으며, 원래
는 중앙에서 파견된 기구였으나 시간이 지나면서 점점 지방 최고의
행정 기구가 됐다. 행성 아래는 노(路)·부주(府州)·현(縣) 급으로 행정
구획이 나뉜다. 지방의 행정은 장관이나 차관 및 달로화적을 두고 몽
고인과 색목인에게 고루 맡겼다.

  홀필렬은 경제를 발달시키기 위해 농업을 중시하고 부역을 줄였다.
중앙에는 생산력을 키우기 위해 대사농(大司農)을 두어 수리와 농업을
담당하게 했고, 목축이 농사에 해가 되지 않도록 엄격히 관리했다. 몽
고 군사들도 백성과 함께 농사를 짓게 했다. 홀필렬은 원래 유목을 하
던 몽고 군사들에게 둔전을 주어 일정한 수확을 올리게 했다. 대규모
로 둔전이 실시되자 수많은 황무지가 개간되어 전쟁으로 폐허가 된 지
역은 빠르게 회복했다. 홀필렬 때는 목축업도 상당히 발전했다. 목축
업을 기반으로 천하를 얻은 몽고인은 양·소·말·낙타를 특히 중시하
면서 각 지역에 목축을 따로 관리하는 기구를 만들었다.

  또한 홀필렬은 물자 교류를 위해 세 곳에 운하를 만들었다. 즉 제주
(산동성 제녕)에서 수성(산동성 동평)에 이르는 제주하(濟州河), 수성에서
통진(산동성 임청)에 이르는 회통하(會通河), 대도(북경)에서 노주(북경시
통주)에 이르는 통혜하(通惠河)가 바로 그것이다. 과학자 곽수경의 주관
아래 진행된 수리 공사였다. 게다가 원래의 운하를 수리해 남쪽의 항

주에서 6,000여 리를 지나 대도성의 적수담(積水潭)까지 소통시켰다. 이렇게 교통이 편리해지자 상업과 대외무역이 빠르게 발전했다. 그리고 동남 연해 일곱 곳에 시박사(市舶司)를 세웠는데 그 가운데 천주(泉州)는 중국 최대의 항구로서 세계 무역의 중심이 됐다. 당시 천주 항구의 등대는 지금까지 남아 있다.

홀필렬의 군사 제도는 전반적으로 기존의 몽고 군사 제도를 기반으로 하여 일부 보충했다. 먼저 군정과 민정을 나누어 군관이 민정에 관여할 수 없도록 했다. 그러나 군관의 세습은 여전히 남겨 두었다. 군권을 장악한 한족 관리를 민관으로 바꾸고 장관과 군사들이 결탁해 파벌을 만들지 않도록 장수들을 자주 교체했다. 각 부대에서 힘 있는 장사들을 뽑아 오위(五衛, 좌·우·전·후·중)라는 근위병도 두었다. 아울러 다양한 민족으로 구성된 21위친병을 만들었다. 이들은 사실상 황제의 호위군으로, 황제가 직접 지휘해 전군의 주력 부대가 됐다. 위친병은 대도와 대도 부근의 하북·산서·산동 지역에 퍼져 있었다.

원나라가 남송을 멸망시킨 뒤 군사의 중점은 반원 투쟁이 가장 극렬했던 강남 지역에 두었다. 전국 각지에 군사망을 형성시키고 군권을 담당하는 추밀원은 황제가 직접 지휘했다. 이에 따라 황제의 명령 없이는 군대를 움직일 수 없었다. 결국 군권이 중앙 조정에 집중되어 황제의 통치권은 안전하게 보장됐다.

홀필렬은 한족의 발달된 문화를 흡수해 한족 통치자의 통치 경험을 총결했다. 유가의 학설을 존중하고 이학(理學)을 제창했으며, 한족의 지배층을 최대한 끌어 모아 이들에게 국사를 편찬하게 하고 경서를 번역하게 했다. 또한 유생들에게는 부역을 면제시켜 주는 특권까지 부여했고 고대의 전적을 보존하고 학교를 세웠다. 중앙에 설립된 국학의 국자감 허형(許衡)은 이학의 대가로, 초대 국자감제주(國子監祭酒)를 맡았다. 국자감제주는 지금으로 보면 국립대학의 학장과 비슷한 자리였다. 허형은 실로 수많은 인재를 배출했다. 홀필렬은 몽고인의 문화 수준을 높이기 위해 토번의 승려 팔사파에게 몽고의 문자를 새로 만들게 하여 1269년에 전국에 반포했다. 아울러 학자들에게 몽고의 언어로 『자치통감』 『정관정요』와 같은 한족의 역사서를 번역하게 하여 몽고의 귀족 자제들을 교육시켰다. 홀필렬은 불교·도교·기독교 등 다양한 종교를 정치에 이용해 선정원(宣政院, 불교)·집현원(集賢院, 도교)·숭복사(崇福司, 기독교)와 같이 특정 종교의 일을 담당하는 기구도 만들었다.

이 밖에도 특징적인 것은 원나라의 역참 제도이다. 영토가 넓어지면서 대도를 수도로 정하자 홀필렬은 기존의 역참 제도를 정돈하고 대도를 중심으로 사방이 통할 수 있도록 역로를 만들었다. 전국의 역로에는 역참을 관리하는 참적(站赤)을 두었다. 참적은 육참(陸站)과 수참(水站)으로 나뉘는데 육참은 말·소·당나귀·개·수레를, 수참은 배를 이용했다. 전국에 참적은 1,400여 개가 있었다. 서북 지역의 역참은 정원(政院)이 통솔하고, 중원 지역은 병부에 속했다. 역참 제도는 여러 민족을 더욱 긴밀하게 해주었고, 동양과 서양의 문화 교류를 편리하게 했다. 또한 페르시아, 이집트, 중앙아시아, 서아시아, 러시아에도 영향을 주었으니 특히 러시아는 원대의 역참 제도를 수백 년 동안 사용했다.

홀필렬의 찬란한 업적 가운데 또 한 가지 언급할 것은 역사 발전의 흐름에 따라 한나라의 법제를 따랐다는 것이다. 물론 일부 보수파 몽고 지배층의 반발로 몽고인들에게 한나라의 법제를 실행하는 일은 쉽지 않았다. 보수파들은 때로 홀필렬에게 강하게 반대 의사를 밝혔다.

내안(성길사 칸 이복형제의 후손)과 해도(와활대의 손자)처럼 일부에서는 군사를 움직여 반란을 일으켰다. 물론 홀필렬은 이들을 모두 진압했다.

홀필렬이 한나라 법제를 따랐기에 수백 년 동안 전쟁으로 망가진 사회와 경제는 빠르게 회복됐으며, 아울러 노비제에서 봉건제로 넘어가는 몽고 사회의 발전에도 촉진제가 된 것이다.

그러나 시대적 한계로 홀필렬의 개혁은 완벽한 효과를 거두지 못했다. 홀필렬은 보수파에게 한 걸음 양보해 몽고 지배층에게 노비를 소유할 수 있게 하고, 많은 토지를 하사했다. 때문에 원나라 말기까지 노비와 토지 매매는 줄곧 남아 있었다.

대도로 천도하다

성길사 칸이 몽고를 통일한 뒤 몽고는 줄곧 사막 이북의 객랍화림을 중점 도시로 발전시켰다. 그러나 홀필렬이 원나라를 세운 이듬해(1272년)에 수도는 대도로 옮겨졌다. 지금의 북경인 대도는 당시 중국의 서쪽에서 '칸의 성'이라는 뜻의 한팔리(汗八里)로 불렸다. 북경이 전국의 정치 중심이 된 것은 바로 홀필렬 때부터였다.

북경은 문화의 도시로 3,000여 년의 유구한 역사를 지녔다. 진나라 때는 계성(薊城)이라 불렀고 광양군이 관할했으나 한나라 때는 유주자사가 관할했다. 당나라 때는 유주성이라 불렀으며, 요나라 때는 남경(南京)이라 했고 1012년에 다시 연경(燕京)으로 개칭했다. 금(金)나라는 1153년에 연경을 중도(中都)로 개칭하고 이곳으로 천도했다. 그러다가 몽고 군대가 1214년에 중도를 점령한 뒤 다시 연경으로 명칭을 바꾸었다.

홀필렬은 일찍부터 사막 이남의 한족 지역을 다스리는 데 많은 신경을 썼다. 이에 1256년에 유병충에게 명을 내려 통치의 중심 도시가 될 개평(開平)을 수리하게 하고 연경을 중원 지역 통치의 중심으로 삼았다. 개평에 중앙 행정 기구인 중서성을 설립하고, 연경에는 행중서성을 세웠다. 1263년 5월에는 개평을 상도(上都), 1264년 8월에는 연경을 중도(中都)로 각각 삼았다. 홀필렬은 이 두 도시를 수도로 삼아 매년 겨울을 연경에서 보냈다. 연경이 개평보다 따뜻했기 때문이다. 반대로 여름은 연경보다 시원한 개평에서 보냈다.

2개 수도 체제는 사실상 홀필렬의 탁월한 선택이었다. 원나라를 세운 뒤 계속해서 유목 위주로 경제를 성장시킬 수 없었기에 내린 결정이었다. 원래 몽고 정권의 중심인 객랍화림은 중원과 거리가 멀고 교통도 불편했기 때문에 홀필렬이 중원을 통제하기에 부적합했다. 수많은 인재가 홀필렬에게 통치 기반의 중요성을 말해 주었으니 몽고 귀족인 패돌로는 다음과 같이 건의한다.

"폐하께서 천하를 다스리시려면 가장 좋은 기반은 유연(幽燕)이 될
것입니다. 이곳은 지세가 험준하고 남쪽과 북쪽을 모두 통제할 수 있기
때문입니다."

그 후 학경도 홀필렬에게 연경에 수도를 세우자고 했다. 학경은 연
경이 사방을 통제하기에 더욱 적합하다며 홀필렬을 설득했다. 홀필렬
도 이들의 의견에 동의했지만 즉시 천도를 명할 수 없었다. 남쪽으로
이동하길 싫어했던 몽고 귀족의 반대 때문이었다.

홀필렬의 통치 영역이 확장되자 한족 지역의 농업은 점점 몽고 사
회 속으로 침투돼 몽고 경제의 주를 이뤘다. 이로써 천도 문제는 자연
히 시기가 앞당겨졌다.

홀필렬이 즉위했을 때 연경은 회복이 불가능한 옛 도시였다. 홀필렬은
연경에 갈 때마다 금나라 때 만든 교외의 궁에서 머물렀기에 1264년 2월
에 경화도(瓊華島) 공사를 명했다. 이와 동시에 경화도를 기초로 금나
라 때 연경성 동북쪽에 새로운 도성을 만들게 하고 이 임무는 유병충
에게 맡겼다.

유병충은 원래 승려였다. 1242년에 홀필렬이 해운 선사를 불러 사
막 북쪽의 통치를 물었을 때 해운이 데려온 제자가 바로 그였다. 해운
은 돌아가면서 유병충을 남겨 두고 홀필렬을 돕게 했다. 홀필렬은 학
식이 높은 유병충을 참모로 삼고 항상 조언을 구했다.

대도의 궁전 건설은 1267년 정월에 시작해 1276년까지 모두 10년
이란 시간이 걸렸다. 원나라의 대규모 도성은 남북으로 기다란 장방형
모양으로, 둘레가 2만 8,600미터이고 11개의 성문이 있었다. 홀필렬

의 집권 후기에 대도에는 약 10만 가구가 있었고, 450만 명이 거주했다고 한다. 새로운 도성이 완공되기 전인 1272년에 홀필렬은 미리 이곳을 정식 수도로 삼고 천도를 선포했다. 이로부터 원나라의 통치 중심이 한족의 영토에서 출발하니 역사상 최초로 북경을 중국의 수도로 삼은 자는 바로 홀필렬이 된 것이다.

다양한 민족 정책

　홀필렬이 세운 원나라는 여러 민족이 섞인 대제국이었다. 때문에 그는 두 가지 민족 정책을 실시했다. 하나는 소수의 몽고족이 다수의 소수 민족을 억압적으로 지배하는 것이었다. 각 소수 민족을 4등급으로 나누어 1등급은 몽고족, 2등급은 색목인으로 하여 색목인들을 몽고족 통치층으로 귀속시켰다. 몽고의 지배층은 색목인을 통해 각 민족의 백성들을 통치하는 게 효과적이라 여겼기 때문에 색목인을 두 번째 등급으로 매긴 것이다. 3등급은 한족으로, 금나라의 통치를 받던 북방의 한족을 비롯한 고려인·여진·거란 등이다. 4등급은 남인(南人)으로, 남송 통치를 받던 각 민족이 여기에 해당한다. 홀필렬은 몽고족과 색목인에게 갖가지 특권을 부여하는 한편 한족과 남인을 멸시했다. 사실상 대다수의 한족을 일부러 억압해 정치에서 배제하고 반항하지 못하도록 힘을 약화시킨 것이다. 물론 일반 몽고족과 색목인도 한족과 다름없이 고되고 힘든 부역과 조세를 담당해야 했기 때문에 생활이 고통스럽기는 마찬가지였다. 홀필렬 때 많은 몽고족이 가난으로 노비로 전락하고 해외로 팔려가기도 했다. 따라서 진정으로 다양한 특권을 누린 사람들은 극소수의 지배층뿐이었다.

홀필렬이 시행한 또 다른 민족 정책은 바로 융합이다. 그 역시 역사 발전의 추세에 따라 몽고족과 기타 민족 간의 마찰을 해결하면서 다민족 국가인 중국을 대대적으로 통일했다.

원나라는 다민족을 통일하는 과정에서 여러 민족을 한데 섞여 살게 했다. 서로 다른 민족들이 가까이 살면서 자주 교류하고 융합됐다는 점이 바로 원나라 민족 정책의 큰 특징이었다. 수많은 한족 백성은 변경으로 이주하면서 중원의 한족 문화를 가져갔으며, 일부 소수 민족 백성들은 반대로 변경에서 중원으로 들어가 생활했다. 예를 들면 원나라의 충신 여궐은 서하(西夏)의 당항족(黨項族)으로, 당시 안휘성 수비를 맡았다. 당항족은 이미 사라졌으나 몇 년 전 합비에서 그 후대가 수천 명에 달했음이 밝혀졌다. 또한 유명한 역사학자인 젠보짠(翦伯贊, 1898-1968년)은 위구르족으로, 선조 때부터 서주(신강성)에서 살았다. 그의 선조인 합륵(哈勒)이 성길사 칸 집정 때 부족민을 이끌고 성길사 칸에 귀속해 몽고족의 소하 정벌을 도왔다. 그 후 중원으로 들어와 호남성 도원현에 정착하고, 수백 년이 지난 뒤 가문을 이뤘다.

각 민족의 백성들은 오랫동안 교류하면서 우정을 쌓아 서로 융합하기도 하고 새로운 민족으로 탄생하기도 했다. 중국의 회족(回族)이 바로 이 시기에 형성된 새로운 민족이다. 또한 토족(土族)과 동향족(東鄉族)은 2개 또는 2개 이상의 민족으로 이뤄졌으며, 오랜 시간을 거치면서 하나의 새로운 민족이 됐다. 반면에 다른 민족으로 흡수돼 사라진 민족도 있었다.

원나라의 민족에 대해 한마디로 설명하면 이 시기는 중국 민족의 대융합이 이미 새로운 단계로 접어든 때라 할 수 있다.

홀필렬은 재위 시기 동안 항상 나라 전체의 이익과 공통성을 고려했다. 또한 각 민족이 처한 실제 상황에 따라 적절한 정책을 세웠으며, 구체적인 상황에 맞는 방침을 실행했다. 홀필렬이 지역별로 시행한 정책을 살펴보자.

우선 서장 지역은 중원과 매우 오랜 역사를 맺고 있었다. 당나라 이래로 토번이라 칭한 서장은 400년 가까이 지배층의 혼전을 겪었다. 1239년에 와활대 칸의 둘째 아들 활단이 군사를 이끌고 토번에 들어가면서 동시에 토번의 종교 지도자로부터 초청을 받았다. 그리고 1247년에 서장의 불교 살가파의 영수 살반(薩班)이 서경(감숙성 무위)으로 와 서장을 대표해 협상을 진행하면서 몽고와 종신 관계를 맺게 됐다. 아울러 중앙 정부에 세금을 바치고 호적을 편제하도록 규정했다. 이로부터 오랫동안 이어진 화친이 종결되어 서장은 중앙 정권의 관할지가 된다.

1253년에 홀필렬은 개평에서 살반의 조카 팔사파를 만났다. 그리고 1260년 홀필렬이 즉위한 뒤 팔사파를 국사로 추대해 태보법왕(大寶法王)에 봉하고 서장의 정치 지도자로 임명했다. 이로써 서장과 원나라 조정 간의 관계는 한층 더 발전했다. 팔사파는 홀필렬의 신임을 얻어 장문자모(藏文字母)를 본떠 새로운 문자를 만들었으니 이른바 팔사파몽문(八思巴蒙文)이라 한다. 일반적으로 관청에서 문서를 작성할 때 통용했다. 홀필렬이 팔사파에게 서장의 정무를 맡기면서 이때부터 서장의 정치와 종교가 합치됐다.

홀필렬은 효과적으로 서장을 통치하기 위해 서장 지역 특성에 맞는 정책을 제정했다. 중앙에 선정원을 세워 전국의 불교와 토번을 관리하게 했고, 서장 전 지역에 걸쳐 선위사 사도원수부를 만들었다. 이 밖에도 일부 지역에 징기직으로 호구를 조사해 부세와 부역을 규정하거나 역관을 설치하는 등 중원과 같은 정책을 시행했다. 이와 같은 홀필렬의 정책은 지역 사회의 생산 발전을 도모하고, 백성들의 생활을 안정시키며, 각 부족 사이의 교류를 목적으로 하고 있었다. 원나라 통치 100년 동안 서장의 정치는 안정됐으며 문화는 눈부시게 발달했으니 그 결과는 대단히 성공적이었다고 할 수 있다.

그 다음으로 운남 지역을 살펴보자. 운남은 중국의 서남 변경에 위치한다. 한 무제 때 중원에서는 운남에 익주군(益州郡)을 세우고 관리를 뽑아 다스리게 했고 중원의 한족 백성을 운남으로 이주시켜 현지 백성들과 함께 살게 했다. 시간이 흐르면서 운남은 중원의 지배에서 벗어나 스스로 세력을 키웠다. 당나라 때 운남에는 남조국이 건립됐으며, 송나라 때는 대리국이 세워졌다. 남조와 대리는 중원의 지배층과 밀접한 관련을 맺었지만 정치적으로 약 5년 동안 독립 상태를 유지했다. 1276년에 홀필렬은 운남에 행중서성을 설치하고 행성(行省) 아래 37로(路), 2부(府), 3속부(屬府), 54주(州), 74속현(屬縣)을 두었다. 이렇게 해서 운남은 다시 중원의 지배로 들어가, 명청 시대에 이르면 변방을 공고히 하는 기초가 됐다.

운남은 유이, 묘, 요, 합니, 태 등 20여 개의 소수 민족이 오래 전부터 거주해 오면서 각 민족 간의 사회·경제·문화 수준이 상당히 달랐다. 홀필렬은 여러 민족의 경제 발전과 문화 발달, 특히 구정의 안정을 중요시했다. 이 지역의 특수한 상황을 고려하기 위해 먼저 토관을 설치하고 사관의 관직과 임명을 규정했다. 토관은 언제든지 다른 곳으로 명을 받는 유관(流官)과 달리 행성 이하의 로(路)와 부주(府州)에서만 일했다.

몽고 초원 지역은 원래 몽고족의 본거지로, 낙후된 제도가 그대로 남아 있었다. 홀필렬은 이곳에 영북행성을 설치하고 몽고족을 살게 했다. 이렇게 원나라의 통일 과정에서 일부 몽고족은 전국 각지로 이주하고, 일부 몽고족은 초원 지역에서 목축업을 하며 그대로 살았다. 전국이 통일 된 뒤 홀필렬이 초원 지역을 개간해 한족 백성들을 이주시켰으며, 이로부터 한족과 몽고족은 섞여 살면서 농업과 수공업에 종사했다.

동북 지역은 지금의 송화강과 흑룡강 일대이다. 원나라 때 주로 여진족, 수달달족, 길렬미, 올자, 골귀와 같은 민족이 살았다. 이들은 일정한 거주지 없이 고기를 잡거나 사냥을 하여 물과 풀이 있는 곳으로 이동하며 살았다. 원나라 조정은 이 동북 지역에 요양행성, 행성 아래로 7로 및 부·주와 같은 하급 기관을 만들어 각 민족의 호적을 편입시켜 정기적으로 조공을 바치게 했다. 동북 지역의 백성들은 짐승 가죽과 해동청(사냥용 매)을 조공으로 내고 군역의 의무도 졌다.

홀필렬은 소수 민족이 거주하는 곳에 문무를 기초로 하여 실제 상황에 맞게 제도를 실시했다. 전국 통일을 전제로 각 민족의 지배층이 독립적으로 관리하도록 하여 홀필렬이 굳이 신경 쓰지 않도록 했다. 또한 각 소수 민족의 이익을 두루 살펴 그로부터 민족 간의 유대와 문화 교류를 강화시키고, 민족을 융합시켰다. 홀필렬이 시행한 융통성 있는 민족 정책은 소수 민족의 낙후된 문명을 개선하고, 민족 융합을 촉진시켰으며, 중국의 영토를 넓히는 데 견실한 기초를 다지게 했다.

전국통일의 역사적 의의

홀필렬이 원나라를 세우고 전국을 통일했다는 점은 큰 의미가 있다. 송(宋), 요(遼), 금(金), 하(夏), 몽고로 이어지면서 거의 300년 동안의 할거 상태를 종결시켜 혼전으로 망가진 사회가 홀필렬의 통일 사업으로 회복됐기 때문이다. 또한 명청(明淸) 양대의 통일 기초를 마련하고, 과거 한·당·송대의 최고 전성기보다 더 넓고 광활한 지역을 점령했기 때문이다. 당시 중앙 정권이 직접적으로 통제한 지역은 북쪽으로 음산을 넘고, 서쪽으로 유사에 미쳤으며, 동쪽으로 요좌에 이르고, 남쪽으로 해표를 지났다. 홀필렬 때부터 서장과 운남 지역이 이후로 줄곧 중앙 정부의 지배를 벗어나지 않았고 무엇보다 고대 중국 영토를 확장시켰다는 점에서 홀필렬의 업적이 뛰어나다는 평가를 받고 있다. 게다가 여러 소수민족을 통합하고 관계 개선을 위해 노력해 통일된 다민족 국가를 만들었다는 점에서 홀필렬의 통일 사업은 그 의미가 크다.

원나라 통일의 중요성은 이뿐이 아니다. 원나라 조정은 수륙을 통해 통상 정책을 실행했는데 이 시기에 중국의 인쇄술·화약과 같은 과학기술이 서양으로 전해졌고, 반대로 숫자·의술·건축과 같은 외국의 문화가 중국으로 유입됐다. 따라서 원나라가 전국을 통일하면서 중국과 외국의 경제·문화 교류가 더욱 활발해진 것이다.

그러나 홀필렬의 전국통일 사업은 전쟁을 수단으로 삼았다. 통일전쟁을 펼치면서 몽고군은 각 민족을 학살하고 재물을 약탈해 백성들에게 고통을 안겨 주었다. 그리고 통일이란 대업을 이룬 뒤에도 통치를 유지하기 위해 백성들에 대한 착취와 억압을 멈추지 않았다. 이런 부분은 봉건시대 그 어느 통치자도 예외가 아니었다.

맺는 말

홀필렬 만년에는 전반기에 보여 주었던 적극적인 개혁 의지가 점차 보수 성향으로 변해, 급기야 원나라 통치를 내리막길로 치닫게 했다. 홀필렬은 깊은 곳에 숨어 지내며 대신들을 만나지 않아 젊은 황후 남필(南必)이 대부분의 정무를 맡아 처리했다. 수차례 일본·안남(베트남)·점성(베트남 중부의 고대 국가)과 전쟁을 벌였으며, 종교에 빠지면서 제멋대로 재물을 낭비했다. 그는 1294년에 81세로 생을 마감했다.

홀필렬의 일생을 간단히 종합해 보면 반란을 바로잡았고, 정치 폐단을 개혁했으며, 원나라를 세워 천하를 통일했다. 그 과정에서 정치·군사적으로 뛰어난 지휘력을 발휘했으며, 한족화 정책을 수용해 사회의 안정과 평화를 유지하고 여러 민족이 통합된 통일국가를 만드는 데 찬란한 업적을 남겼다. 홀필렬은 분명 봉건시대를 살았던 소수 민족 황제 가운데 가장 뛰어난 능력을 지닌 인물이었다.

제국이 통일됐다고 전쟁도 끝난 것은 아니다. 유방은 초나라와의 전쟁에서 최후의 승자가 됐지만, 이후 제후국들의 반란으로 죽을 때까지 전쟁터를 누비고 다녀야 했다. 천하를 노리는 무리들이 득시글거리는 시대에 제왕들에게 전쟁은 숙명이었고, 전쟁을 잘하는 것은 무엇보다 훌륭한 재능이었다. 유방은 소하와 한신 등 뛰어난 인재들을 적재적소에 써서 천하를 얻었고, 누르하치는 분명한 상벌로 자신의 팔기군을 천하제일의 투사로 만들었다. 또한 강력한 청나라를 만든 강희제는 굳이 대만과 준갈이 등 주변국들과 예방 전쟁을 치르게 된다. 과연 각 시대, 각 왕조마다 달랐던 제왕들이 전쟁관은 어떠했으며 그들의 승리법은 무엇이었을까?

전쟁
_ 제국을 지킬 힘을 길러라

한 고조(漢高祖, 기원전 256년~기원전 195년)

한나라의 제1대 황제. 진나라 말기에 군사를 일으켜 진왕으로부터 항복을 받았으며, 4년간에 걸친 항우와의 쟁패전에서 승리했다. 뛰어난 용인술로 장수들을 끌어모아 천하통일의 대업을 실현시켰다.

"장막 안에서 천리 밖의 승리를 결정하는 일은 내 장량만 못하고, 백성들을 위로하고 보급로를 안전하게 하는 일은 내 소하만 못하며, 100만 군사라 하더라도 반드시 이기는 일은 내 한신만 못하다. 내가 천하를 취할 수 있었던 이유는 바로 이들을 잘 썼기 때문이다. 그러나 항우는 범증이라는 인재가 있었으나 그마저도 제대로 쓰지 못했기에 나에게 잡힌 것이다."

— 한 고조

위대한 장수를 얻는 자만이 천하를 얻는다

농부의 아들로 태어나다

전국시대 말기에 전국칠웅이라 불리는 일곱 제후국 가운데 강국이었던 진나라는 여섯 제후국을 계속 침략했다. 일곱 제후국 가운데 영토가 가장 크고 인구도 가장 많았던 초나라도 진나라의 공격을 받으면서 많은 영토를 빼앗겼다. 이 시기 기원전 256년에 초나라 패현의 평범한 농가에서 훗날 한나라를 세울 유방이 태어났다.

유방의 아버지는 유태공이고 어머니는 유온이다. 유온은 세 명의 아들을 낳았는데 첫째 유백은 일찍 죽었고, 둘째는 유중이며, 셋째가 바로 유방이다. 또 이들 형제의 이복동생으로 유교가 있었다. 유방은 어려서부터 형제들과 달리 농사일에 관심이 없었다. 친구 사귀기를 좋아하고 술을 좋아해 돈이 없으면 외상으로라도 마실 정도였다. 이 때문에 유태공은 막내아들을 탐탁지 않게 여겼다. 훗날 황제가 된 유방은 아버지에게 이렇게 물었다고 한다.

"옛날에 가업을 잇지 않는다고 저를 나무라셨는데 결국 누가 집안
을 일으켰습니까?"

유방은 옛날 아버지의 말을 가슴속에 담아 두었으나 그는 결코 속
이 좁은 사람이 아니었다. 오히려 포부가 컸고 너그러웠다.

진 시황이 여섯 제후국을 통일하자 전국은 안정을 되찾고 경제 발
전을 이루었다. 유방은 혼란스러운 전국 시대에서 강대한 통일국가인
진나라로 넘어가는 역사의 대전환 시기 속에서 살았다. 한번은 진나라
의 수도 함양을 가게 된 유방이 진 시황제의 순시 행렬을 보게 된다.
성대한 의장 행렬에 유방은 감탄을 금치 못했다.

"아! 대장부로 태어났으면 마땅히 저렇게 되어야지!"

어려서부터 농사에 관심이 없었던 유방은 훗날 지방에서 실시하는
시험을 보고 사상(강소성 패현)의 정장(亭長)이 된다. 진나라 때 행정구
역은 10리를 1정으로 하고 10정을 1향으로 했다. 정장은 바로 1정 안
의 치안과 도로를 담당하는 낮은 관직이다. 평소 유방은 현의 관리들
이 변변치 않다며 비웃었지만 유독 패현의 주리(主吏)인 소하와 옥연
(獄掾)인 조참과는 뜻이 맞아 친하게 지냈다.

어느 해, 여공(呂公)이 단보(산동성 단현)에서 패현으로 오게 되었다.
패현 현령은 여공을 환영하는 뜻에서 연회를 열었고 현의 관리와 지

방 유지들이 예물을 들고 현령의 집에 모여들었다. 그 자리에는 유방도 있었다. 연회를 주관하는 자가 가지고 온 예물이 1,000전(錢) 이하인 사람은 당 아래에 앉으라고 말하자 말단 관리인 유방은 돈 한 푼 가져오지 않았음에도 오히려 1만 전을 가져왔다며 당 위에 올라앉았다. 여공은 자연스럽고 당당하게 이야기를 나누는 유방에게 관심이 쏠렸다. 자리를 파하자 여공은 유방을 따로 불러 이야기를 나눈 뒤 그에게 딸 여치(呂雉)를 시집보냈다.

유방과 혼인한 여치는 넉넉지 않은 시집 살림 때문에 자주 밭에 나가 일을 해야 했다. 그렇게 한 해 두 해가 지나갔으나 유방은 여전히 낮은 관직에 머물러 있었다.

패현에서 군사를 일으키다

진 시황은 통일국가를 세우고 사회 발전에 큰 공헌을 했지만 전국시대를 거치는 동안 백성들이 그토록 원했던 민생 안정을 이루지 못했다. 오히려 계속 전쟁을 일으키며 더 많은 영토를 탐했기에 조세와 부역에 대한 백성들의 부담은 이전보다 더 컸다. 한 예로 진 시황이 즉위 초년에 여산에 70여 만 명을 동원해 능묘를 짓게 했는데 이때 동원된 백성들 중 고통을 참지 못하고 도망친 자가 수없이 많았다.

이때 유방도 여산으로 죄인을 압송하는 일을 맡았다. 여산에서의 혹독한 작업 환경에 대한 이야기가 전국에 퍼지면서 유방이 이끄는 죄인들이 하나 둘 도망치기 시작했다. 이렇게 되면 여산에 도착하기도 전에 죄인들이 한 명도 남지 않을 테니 유방이 법에 따라 처형될 게 분명했다. 곰곰이 생각한 끝에 유방은 근처에서 하룻밤을 보낸 뒤 모든 죄인을 풀어주며 말했다.

"나도 도망갈 테니 너희도 빨리 도망가라! 절대로 다시 돌아오면 안 될 것이다!"

유방의 호의에 죄인들은 너나 할 것 없이 감격했다. 그리고 그 가운데 10여 명은 유방을 따르기로 했다. 그날 밤 유방 일행은 남쪽 망산과 탕산 일대로 숨어들었다. 그리고 비밀리에 현의 관리로 있는 친구인 소하와 현 안의 송사를 담당하는 관리인 조참과 연락하면서 부인 여치를 불러내 바깥의 상황을 파악했다. 한편 유방이 죄인을 풀어주었다는 소문이 퍼지자 관부에 쫓기는 이들과 가난한 백성들이 몰려들었다. 이렇게 하여 진승이 난을 일으켰을 때 유방이 은둔한 지역에는 이미 진나라에 반대하는 수백 명의 무리가 형성된 것이다.

기원전 210년에 진 시황이 죽고 그의 아들 호해(胡亥)가 진 이세(秦二世)로 즉위했다. 진 이세는 환관 조고를 총애했는데, 조고는 조정의 대권을 쥐고 승상 이사와 대장군 몽염을 죽이며 이전보다 더 심한 학정으로 백성들을 도탄에 빠트렸다. 기원전 209년 7월에 진승이 기현 대택향(안휘성 숙현)에서 진나라 조정에 반기를 들었다. 진승이 이끄는 봉기군은 진현을 점령하고 진승을 왕으로 하여 장초(張楚)라는 나라를 건립했다. 진승의 반란은 중국 역사상 최초의 대규모 농민 봉기였다.

진승의 난이 일어나자 각지의 백성들은 지방 관리를 죽이며 곳곳

에서 호응했다. 그러자 9월에 패현 현령 또한 목숨이 위태롭다 여기고
조정에 반기를 들려 하자 소하와 조참이 말했다.

현령은 소하와 조참의 말을 듣고 당시 봉기군 세력이 형성된 유방
을 찾기 위해 여치의 매부 번쾌를 불렀다. 유방은 현령의 말을 따라 봉
기군을 이끌고 패현에 도착했다. 그런데 유방이 도착하자 성문은 여
전히 굳게 닫혀 있고 성 위에는 군사들이 배치돼 있었다. 성에서 도망
나온 소하와 조참이 유방에게 일이 잘못되었음을 알려 주었다. 사실
패현 현령은 유방의 봉기군이 성안으로 들어오면 자신의 위치가 흔들
릴지 모른다는 두려움에 갑자기 생각을 바꾼 것이었다. 이에 패현 현
령이 성안에 있던 소하와 조참도 죽이려 했지만 미리 눈치를 챈 소하
와 조참은 재빨리 도망쳤다.

패현 현령의 행동으로 성안의 백성들은 불만이 커졌다. 유방은 큰
천에다 '천하의 백성들이 진나라의 학정에 오랫동안 고통을 받았다'고
쓰고 활에 매달아 성안으로 쏘아 보냈다. 천에 쓰인 글을 본 성안의
백성들은 현령을 죽인 뒤 성문을 열고 유방을 맞이했다.

성안의 모든 백성은 유방을 패공(沛公)으로 추대하고 봉기군이 되면
서 순식간에 패현의 젊은이 3,000명으로 구성된 봉기군이 진나라에
반기를 들기 시작했다.

유방의 봉기군은 먼저 북쪽의 호릉을 점령하고 풍읍을 사수했다. 이때 진나라 사수군(泗水郡) 감찰(郡監, 진나라 때 군의 장관으로 군수를 세우고 따로 군감이란 어사감찰을 보냈다)이 풍읍을 포위하고 맹렬하게 공격해 왔다. 봉기군은 진나라의 공격을 뚫고 11월에 설현 일대로 출격해 사수 감찰의 투항을 받아냈다. 이렇게 하여 유방의 봉기군은 첫 번째 승리를 거둔다.

진나라에 반대하는 봉기 세력은 나날이 커져 갔다. 패현에서 봉기가 일어난 그 시기에 항량(項梁)과 조카 항우도 회계군에서 반기를 들고 일어났다. 대대로 초나라의 관리를 지낸 항량과 항우는 진나라의 회계군수를 죽이면서 정예 군사 8,000명을 얻어 장강 이북으로 올라오고 있었다. 유방과 항량은 영포·팽월·진영과 더불어 각 봉기군의 수장이 되었고 진승을 봉기군의 최고 지휘자로 추대하여 진 이세를 맹렬히 공격했다. 이와 동시에 제나라 왕 전담, 위나라 왕 위구, 조나라 왕 조헐 같은 일부 제후국의 군주들도 봉기군에 힘을 보탰다. 사실 이들은 진나라에 반대한다는 명분 아래 구 귀족 통치로 회복하려는 목적으로 가담한 것이었다.

그러자 기원전 209년 12월에 봉기군을 이끌던 진승이 장가에게 살해됨으로써 봉기군에 큰 시련이 닥쳤다. 위나라의 상국인 주시는 진승이 죽자 풍읍의 옹치를 책동해 유방을 배반하게 했다. 풍읍으로 돌아온 유방은 제대로 손을 써보지도 못하게 되어 군사들을 잠시 유현(강소성 패현 동남쪽)에 주둔시켰다. 기원전 208년 2월, 유방은 탕현성에서 군사를 3,000명에서 9,000명으로 늘리고 4월에 항량이 보내준 군사들과 함께 풍읍을 되찾았다.

진승이 죽자 봉기군은 여기저기 분열되어 진나라 군대에 쉽게 무너졌다. 같은 해 6월에 사태의 심각성을 느낀 항량은 설현에서 유방을 비롯하여 봉기군을 이끄는 장수들을 불러들여 회의를 열었다. 항량의 건의로 초나라가 망한 뒤 목동이 된 초회왕(楚懷王)의 손자인 심(心)을 왕으로 추대하고 봉기군의 최고 지휘자로 정했다. 그러나 봉기군 가운데 6~7만의 군사를 가진 향량이 사실상 최고 지휘자였다.

설현에서의 회의 후에 유방과 항량·항우의 연합군은 동하, 성양, 복양에서 연승을 거두며 장한(章邯)이 이끄는 진나라의 주력부대에 타격을 입혔다. 그 후 유방군은 옹구, 외황, 진류를 공격해 전공을 세웠는데 특히 유방의 부하 장수 조참이 옹구에서 진나라 군수 이유를 죽여 진나라 군대에 큰 손실을 입혔다. 그러나 계속된 승리로 자만해진 항량은 수비를 게을리하는 바람에 9월의 어느 날 밤 장한의 습격을 받고 정도(산둥성 정도)에서 죽게 된다. 봉기군을 이끄는 항량을 죽이자 장한은 나머지 봉기군의 힘을 하찮게 여기고 북쪽의 조왕 헐을 공격했다. 그런데 이것이 오히려 유방과 항우에게 군대를 재정비할 수 있는 기회가 된 셈이었다.

먼저 함양으로 들어가다

봉기군은 정도에서 전투를 치른 후 동남의 팽성(강소성 서주) 일대로 퇴각했다. 당시 유방은 탕현에 주둔하고 있었다. 한편 초회왕 심은 유방을 무안후(武安侯)로 봉하고 탕현의 군수인 탕군장으로 임명했다.

얼마 후 초회왕은 장수들과 함께 조나라를 구원하기로 결정한다. 초회왕은 초나라 주력부대가 조나라에 집중되어 관중이 비었으니 이 틈에 곧장 관중으로 들어가 함양을 점령하기로 결정하고 아울러 장수들 가운데 먼저 관중에 들어가는 자를 관중의 왕으로 삼겠다고 약속했다. 그러자 항우가 숙부의 원한을 갚아야 한다는 이유로 관중에 먼저 들어가겠다고 했다. 그러나 항우의 말을 들은 일부 노장들이 초회왕에게 항우가 관중에 첫 번째로 입성하는 것은 좀 신중하게 생각해야 할 문제라고 간언했다.

"백성들은 진나라의 폭정으로 충분히 고통 받았습니다. 서쪽으로 진군할 경우 백성들에게 해를 끼치지 말아야 순조롭게 관중으로 들어갈 수 있는데, 항우는 사람됨이 난폭하여 전쟁 시 무참히 민간의 백성들을 죽여 민심을 잃었습니다. 그러니 그를 먼저 관중에 보내면 안 됩니다. 반면 패공 유방은 너그러운 사람이니 관중에 먼저 들어가는 일은 그가 더 적합합니다."

초회왕은 결국 송의(宋義)를 상장군, 항우를 차장군, 범증(範增)을 말장군으로 임명하고 봉기군의 주력부대를 이끌게 한다. 봉기군의 대다수가 초나라 사람이었기에 이들을 초군이라 불렀다. 아울러 유방에게는 군사를 이끌고 서쪽으로 가서 관중으로 진군하라고 명했다.

초군은 안양에 도착해 조나라를 포위한 뒤 장하를 사이에 두고 진나라 군대와 대치했다. 그런데 진나라 군대에 겁을 먹은 송의는 두려움으로 강을 건너지 못하고 있었다. 송의와 달리 하루 빨리 결전을 치르고 싶었던 항우는 기원전 208년 11월에 참지 못하고 머뭇거리던 송의를 죽인 뒤, 12월에 군사를 직접 통솔해 장하를 건너 거록(하북성 평향 서남쪽)에서 한바탕 전투를 치른다. 이 전투에서 진나라의 주력부대는 항우군에 밀려 패했다.

유방은 1만여 명의 군사를 이끌고 같은 해 9월에 탕현에서 출발해 성양과 성무, 율현에서 진나라 군대를 물리쳤다. 이듬해 2월, 유방은 고양에서 환갑을 넘긴 역이기를 만나게 된다. 역이기가 오기로 한 날, 유방은 평소와 다름없이 두 시녀에게 발을 씻기게 하고 편안한 자세로 앉아 있었다. 그 모습을 본 역이기는 나이 어린 유방이 자신을 무시하며 예의를 갖추지 않자 불쾌한 낯빛으로 말했다.

"패공께서는 진나라를 도우실 생각이십니까, 아니면 진나라를 멸망시킬 생각이십니까?"

유방은 버럭 화를 냈다.

"바보 같소! 천하의 백성들이 진나라의 오랜 폭정에 견디지 못하여 제후들이 일어섰거늘 어찌 내게 진나라를 돕는다 하오!"

"말씀하신 대로 패공께서 무도한 진나라를 정벌하시려 한다면 이처럼 연장자에게 무례해서는 안 될 것입니다."

유방은 역이기의 말을 듣고 정신이 번쩍 들었다. 곧바로 일어나 역

이기에게 예를 갖추고 공손히 조언을 청하자 그제야 역이기가 마음을
풀고 입을 열었다.

<blockquote>
"패공이 현재 보유하신 1만여 명의 군사로 관중을 공격하신다면,
이는 스스로 호랑이 굴에 들어가는 격입니다. 절대로 성공할 수 없지
요. 그러니 먼저 부근의 진류를 점령하시고 이를 기반으로 군량과 군대
를 정비한 뒤 서쪽으로 출정하셔야 합니다. 제가 직접 진류로 가서 현
령의 투항을 받아오겠습니다. 만일 실패한다면 그때 가서 군사를 움직
이셔도 될 것입니다."
</blockquote>

역이기는 자신의 말대로 진류 현령의 투항을 받아내 유방의 군사
들을 별 문제없이 진류 땅으로 들어가게 했다. 유방은 그곳에서 대량
의 군량을 확보하고 역이기의 아우 역상이 이끄는 4,000명의 부대를
받아들이는 등 원정을 준비했다.

유방은 적의 주력부대가 있는 곳을 피해 약한 곳을 공격하기로 하고
우회하면서 서서히 진격했다. 유방군은 기원전 207년 3월에 진류에서
길을 돌아 백마(하남성 활현)와 곡우(하남성 중모)에서 승리를 거뒀다.
그 후 쉽게 함락시킬 수 없는 형양(하남성 형양) 땅을 피해 남쪽으로 내
려가 영양(하남성 우현)을 점령한 뒤 다시 북상해 평음(하남성 맹진)을
점령하고 낙양으로 향했다. 그러다 낙양 동쪽에서 유방군의 전세가
크게 불리해졌다. 군사의 수를 헤아려 보니 병력이 2만이었는데 그것
으로는 낙양과 함곡관을 점령할 수 없겠다는 생각이 들어 다시 길을
돌아 환원(하남성 언사현)으로 가 무관(섬서성 상남)을 경유해 관중으로

들어가기로 했다.

6월에 유방은 진나라 남양군 군수 여의를 크게 무찔렀고 패전한 여의는 완성으로 퇴각했다. 유방은 다시 완성을 공격하기 위해 계속 서쪽으로 진군했다. 사신 지난 겨울부터 유방군의 장량은 완성을 먼저 공격해 후환을 남기지 말자고 거듭 주장했다. 평소 지혜롭고 병법에 통달한 장량이 낸 의견이기에 유방은 그의 의견을 따르기로 했다. 한밤중에 군사를 돌린 유방은 날이 밝기 전에 완성을 삼중으로 포위하고 반드시 함락시키겠다는 생각으로 세차게 공격을 퍼부었다. 여의는 유방군의 공격을 성 위에서 관망하다가 칼을 빼어 자결하려고 했다. 그런데 부하 진회가 말리며 위험을 뚫을 방법이 있다고 말했다. 진회는 그 길로 성을 나와 유방에게 남양군에 속한 수십 개 현의 관리들이 투항하면 죽이지 않을까 두려워하고 있으니 투항 후에도 목숨과 직위를 보전해 달라고 요청했다. 그래야만 유방의 서쪽 진출도 순조로울 것이라는 말도 덧붙였다. 유방은 진회의 말에 일리가 있다고 생각하고 이를 받아들였다. 유방은 투항한 여의를 원후(殷侯)로 봉하고, 진회는 천호(千戶)에 봉했다.

전쟁을 치르지 않고 완성을 얻은 유방은 다시 서쪽으로 향했다. 단수(하남성 절천), 호양(하남성 당하), 역(하남성 진평), 석(하남성 서협)의 장수들이 유방에게 잇달아 투항해 왔다. 유방은 군령을 엄격히 하여 군사들이 함부로 백성들을 괴롭히지 못하게 했다. 이처럼 유방이 민심을 중요시 했으니 진나라 학정에 시달리던 백성들이 진심으로 유방군을 따르고 칭찬했다.

8월에 유방은 무관을 공격해 관중을 크게 흔들어 놓았다. 조정에서 대권을 쥐고 있던 조고는 대세가 정해지자 진 이세를 죽이고 유방에게 화친을 구했다. 그러나 조고의 화친은 진심이 아니었다. 조고는 급한 대로 일단 봉기군의 서쪽 진출을 막아 시간을 번 뒤에 진나라 군대를 정비하고 반격하려 했던 것이다. 물론 유방도 조고의 화친을 그대로 믿지 않았다. 유방은 조고의 화친을 거절하고 계속해서 함양까지 진격했다. 계책이 먹혀들지 않자 조고는 9월에 자영을 진나라 황제로 내세웠다. 그러나 자영은 조고의 꼭두각시가 되고 싶지 않아 조고를 죽인 뒤 군사를 보내 요관(섬서성 남전)을 방어했다. 그러나 사기를 잃은 진나라 군사들은 유방의 군대를 당해내지 못해 패하고 말았다.

기원전 207년 10월에 유방은 패상에서 즉시 함양으로 출발했다. 자영은 함양성 밖으로 나와 유방을 맞이하며 투항했다. 이로써 진 왕조는 멸망하고 말았다. 농민에서 출발한 봉기는 큰 승리를 거뒀다. 유방이 먼저 함양으로 들어올 수 있었던 것에는 정확한 전략과 정책 덕분이었다. 많지 않은 군사를 이끌고 융통성 있는 전략과 전술로 민심을 거스르지 않았기에 신속하게 관중으로 들어와 진 왕조에 최후의 일격을 가할 수 있었던 것이다.

패상으로 돌아와 법령을 줄이다

엄청난 승리를 거둔 유방의 군대는 함양으로 들어가 전리품을 나누어 갖기에 급급했다. 소하는 먼저 진나라의 승상부에 들어가 율령 및 호적과 같은 문서들을 챙겼다. 그는 통일 정권을 세우면 이런 문서들이 필요하다는 사실을 일찍부터 알았던 것이다. 그러나 총지휘자인 유방은 화려한 진나라 궁전에 들어서자마자 수천 가지의 보석과 기이한 동물, 수천 명의 미녀에 빠져 헤어나올 생각을 하지 못했다. 번쾌는 비록 무장이었으나 식견이 있는 지였기에 유방의 행동을 간곡히 만류했다.

"공께서는 천하를 얻고자 하십니까, 아니면 부자가 되려 하십니까? 진나라가 멸망한 원인은 사치와 낭비에 있습니다. 그러니 공께서는 지금처럼 궁에 머물 것이 아니라 패상으로 돌아가야 합니다."

유방이 말을 듣지 않자 장량도 번쾌의 말에 동의했다.

"진나라의 황제는 무도했습니다. 지금 공께서도 이와 크게 다르지 않습니다. 함양에 들어오자마자 향락에 빠지셨으니 과거 하나라의 포악한 군주 걸(桀)처럼 학정을 행하는 것과 같습니다. 부디 번쾌의 말을 따르시기 바랍니다."

두 부하가 연이어 충고하자 그제야 정신을 차린 유방은 진나라 궁전과 창고를 닫고 패상으로 돌아왔다.

기원전 207년 11월에 유방은 함양과 그 근방의 백성들을 불렀다.

"진나라의 가혹한 법률로 오랫동안 고통 받았음을 내 잘 알고 있소. 내가 함양으로 들어왔으니 이제 여러분의 고통을 없애 주겠소. 지금부

터 진나라의 복잡한 법률을 폐하고 세 가지로 요약하겠소. 사람을 죽
인 자는 사형에 처하고, 사람을 다치게 하거나 도둑질한 자는 그에 따
른 처벌을 받을 것이오."

과거 진 시황은 형법의 역할을 크게 생각했다. 따라서 진 이세가 집
권한 뒤에도 엄격한 형벌은 백성뿐 아니라 관리에까지 적용돼 전국
이 죄인으로 가득 찰 정도였다. 유방이 진나라의 형법을 폐지하고 사
회 질서를 유지하는 데 꼭 필요한 세 가지 조항으로 법을 줄이니 백성
들은 환호하며 유방군에게 술과 고기를 내어 감사했다. 그러나 유방
은 이 또한 받지 못하게 하고 백성들에게 부담을 주지 않도록 했다. 관
중의 백성들은 유방을 떠받들면서 그가 관중왕이 되기만을 소원했다.
정국이 불안한 상황에서 유방은 이와 같이 백성들을 안정시키고 민심
을 잡아가고 있었다.

홍문의 연회, 보이지 않는 전쟁

유방이 관중에 들어오고 얼마 후, 거록 전쟁에서 승리한 항우는 기
세등등하게 관중으로 향했다. 진나라에 반대하는 봉기군 가운데 항우
의 주력부대가 가장 큰 전공을 세웠음은 분명한 사실이기 때문이다.
그러나 항우는 지배층의 습성을 버리지 못하고 전쟁 중에 수많은 백
성을 죽였다. 특히 관중으로 향하던 중 신안에서 투항해 온 진나라의
20여 만 명의 군사들을 한밤중에 생매장시킨 일은 잔혹함의 극치였다.

기원전 207년 12월에 항우가 이끄는 초나라 군대는 유방이 수비하고 있던 함곡관을 공격하고 홍문에 주둔했다. 유방이 주둔해 있던 패상과는 서남쪽으로 40리 떨어진 곳이었다. 그러던 어느 날 유방의 부하 장수 주무상이 전체적인 상황이 항우에게 유리하다는 생각을 하고 몰래 항우를 찾아가 유방이 관중의 왕이 되려 하고 있으며 진나라 궁전의 재물도 차지했다고 말했다. 항우에게 아보(亞父)라 불리는 참모 범증도 조무상의 말을 거들었다.

"유방은 산동(함곡관 동쪽)에 있을 때 재물을 탐했습니다. 그러나 관중에 들어와서는 재물을 취하지 않고 미녀도 탐하지 않으니 이는 분명 큰 뜻을 품은 것이 분명합니다. 그러니 하루 빨리 유방을 공격해야 합니다."

이튿날 아침, 항우는 즉시 패상으로의 진공을 결정한다. 당시 항우가 가진 군사는 40만이었으나 100만까지 끌어모아 10만 군사를 가진 유방을 병력으로 압도시켰다. 한편 항우의 숙부 항백(項伯)은 유방군의 장량과 오랜 친구였다. 그는 항우의 공격 명령이 떨어지자 한밤중에 말을 달려 패상에 도착해 장량에게 상황을 알리고 투항할 것을 권했다. 그러나 장량은 투항 대신 유방의 장막으로 항백을 데리고 갔다. 유방은 예를 갖춰 항백을 맞이하고 직접 술을 따라 주었다.

"저는 관중에 들어와 관리와 백성들의 호적을 기재하고 국고를 봉해 한 푼의 재물도 건드리지 않았습니다. 오직 항우 장군이 오시기만을

기다리고 있었지요. 함곡관에 병력을 배치한 것도 도둑을 잡기 위해서
일 뿐입니다. 아침저녁으로 항우 장군을 기다리는 제가 어찌 항우 장
군에게 대적하겠습니까? 청컨대 저를 대신해 이러한 실상을 잘 말씀드
려 주십시오.”

“알겠습니다. 일단 제가 돌아가 잘 설명할 테니 날이 밝으면 패공께
서도 직접 항 장군을 만나 사죄드리십시오.”

항백은 다시 초나라 진영으로 돌아가 항우에게 그동안의 일을 설명
하면서 공적을 세운 유방을 되레 공격하면 안 된다고 설득했다. 강력
한 군사를 가진 항우는 천하에 두려울 것이 없었다. 유방을 이겨도 세
상에 크게 이름이 날 일은 아니란 생각에 진공 계획을 취소했다.

이튿날 아침이 되자 유방은 장량과 번쾌를 비롯해 100여 명의 호
위병과 함께 홍문으로 갔다. 항우는 연회를 베풀어 유방을 맞이하면
서 이번 일은 조무상의 이간질로 여기고 덮어 놓기로 했다. 한바탕 술
자리가 무르익자 범증이 몇 번이나 항우에게 유방을 죽이라는 눈짓을
보냈다. 그러나 항우가 무시하자 범증은 항장(項莊)에게 검무를 추면서
틈을 보아 유방을 죽이라고 지시했다. 항장은 춤을 추면서 서서히 유
방에게 접근했다. 분위기가 심상치 않음을 느낀 항백도 칼을 뽑아 항
장과 어울려 검무를 추면서 유방을 엄호했다. 장량이 자리를 떠나 장
막 밖에서 기다리던 번쾌에게 연회의 상황을 설명했다. 화가 난 번쾌
가 앞뒤를 살피지 않은 채 칼을 뽑아 들고 연회장으로 뛰어들었다. 번
쾌를 본 항우가 크게 놀라 이름을 묻자 곁에 있던 장량이 번쾌를 소

개했다. 항우가 번쾌에게 술과 고기를 내리니 번쾌가 술잔을 받아 단 숨에 들이켠 뒤 방패를 도마 삼아 고기를 칼로 잘라 먹었다. 그 모습을 본 항우가 말했다.

"장사로구나. 술을 더 마실 수 있겠느냐?"

"죽음도 두렵지 않은데 이까짓 한 대접의 술이 무슨 대수이겠습니까?"

다시 한 번 항우의 술을 받은 번쾌는 항우에게 유방을 변호하기 시작했다. 조목조목 번쾌의 말이 들어맞자 항우는 달리 할 말이 없었다. 검무를 물리치고 다시 술을 마시던 중에 유방은 측간을 간다는 핑계로 연회장을 빠져 나왔다. 상황이 위태로우니 이대로 돌아가자는 측근의 말에 항우에게 작별 인사를 못해 문제가 될까 걱정했다. 그러자 번쾌가 말했다.

"저들이 칼을 쥐고 우릴 도마 위에 올린 고기처럼 대하는데 무슨 작별 인사를 하신단 말입니까!"

유방은 번쾌와 몇몇 호위 군사를 데리고 지름길로 말을 달려 패상으로 돌아왔다. 유방 일행이 패상에 도착할 때 즈음에 장량이 연회장에 들어가 항우에게 취기를 못 이긴 유방이 돌아갔다고 전하고 예물로 옥벽(玉璧) 한 쌍을 바쳤다. 그리고 범증에게도 옥두(玉斗) 한 쌍을 주었다. 항우는 별 말없이 옥벽을 받아 옆에 두었으나 화가 난 범증은 장막으로 돌아와 옥두를 칼로 잘라 버렸다.

경험이 풍부한 범증은 관중으로 들어온 뒤 유방의 포부가 전과 다르다는 사실을 간파했다. 유방은 바로 항우와 천하를 두고 맞설 적수였기에 죽이라고 했지만 어리석은 항우는 유방을 그냥 놓아준 것이다. 홍문에서의 연회는 보이지 않는 전쟁이었다. 그리고 이 연회를 통해 앞으로 항우와 유방 사이에 벌어질 전쟁을 예감할 수 있을 것이다.

홍문의 연회를 마친 뒤 며칠이 지나서 항우는 위풍당당하게 함양으로 들어갔다. 함양에서도 항우의 행동은 잔인했다. 진나라의 자영을 비롯해 많은 사람을 죽이고 아방궁까지 불태웠는데 이 불이 석 달 동안 꺼지지 않았을 정도였다. 항우는 진나라 궁전의 보석과 재물, 궁녀를 데리고 팽성으로 돌아갔고 관중의 백성들은 항우의 난폭함에 치를 떨었다.

항우는 진 시황이 확립한 중앙 정권 체제를 폐지하고 분봉제를 되살렸다. 기원전 206년 2월에 정식으로 분봉제를 선포한 항우는 자신을 서초패왕(西楚霸王)이라 칭하고 팽성을 수도로 정했다. 아울러 동방 구군(강소성과 절강성 일대)를 점령하고 다음의 18명에게 영토를 나누어 주었다.

1. 한왕(漢王) 유방, 남정(섬서성 한중)에 도읍.

2. 옹왕(雍王) 장한, 폐구(섬서성 흥평 동남쪽)에 도읍.

3. 새왕(塞王) 사마흔, 역양(섬서성 부평 동남쪽)에 도읍.

4. 적왕(翟王) 동예, 고노(섬서성 연안 북쪽)에 도읍.

5. 서위왕(西魏王) 위표, 평양(산서성 임분 서남쪽)에 도읍.

6. 하남왕(河南王) 신양, 낙양(하남성 낙양 동북)에 도읍.

7. 한왕(韓王) 성, 양적(하남성 우현)에 도읍. 얼마 후 항우는 한왕 성

   을 죽이고 정창을 한왕에 봉한다.

8. 은왕(殷王) 사마앙, 조가(하남성 기현 동북)에 도읍.

9. 대왕(代王) 조헐, 대(하북성 울현 동북)에 도읍.

10. 상산왕(常山王) 장이, 양국(하북성 형태)에 도읍.

11. 요동왕(遼東王) 한광, 무종(하북성 계현)에 도읍.

12. 연왕(燕王) 장도, 계(북경 서남쪽)에 도읍.

13. 교동왕(膠東王) 전영, 즉묵(산동성 평도 동남쪽)에 도읍.

14. 제왕(齊王) 전도, 임치(산동성 치박시 북쪽)에 도읍.

15. 제북왕(濟北王) 전안, 박양(산동성 태안 동남쪽)에 도읍.

16. 구강왕(九江王) 영포, 육현(안휘성 육안 북쪽)에 도읍.

17. 형산왕(衡山王) 오예, 주현(호북성 황강 북쪽)에 도읍.

18. 임강왕(臨江王) 공오, 강릉(호북성 강릉)에 도읍.

이상의 18명은 진나라에 반하는 봉기에 참가한 자들이다. 영포와
유방을 제외한 나머지는 위표·조헐·한성과 같은 제후국의 귀족이거나
장한·사마흔·동예와 같은 진나라의 투항 장수였다. 항우는 여러 제

후와 왕 위에 군림하는 패왕이 되었으니 초회왕을 그냥 둘 수 없었다. 이에 정월에 초회왕을 의제(義帝)로 추대하고 4월에 그의 거처를 침현으로 옮겼다. 그리고 8월에 영포를 보내 의제를 죽임으로써 무력으로 전국을 독점하려는 야욕을 만천하에 드러냈다.

삼진을 평정하다

먼저 관중에 들어온 자를 왕으로 정한다는 맹약을 깬 항우는 서남쪽에 치우친 파군(巴郡), 촉군(蜀郡), 한중군(漢中郡)을 유방의 봉지로 주었다. 또한 진나라에서 투항해 온 장수 장한·사마흔·동예에게는 관중 지역, 즉 삼진(三秦)을 주어 유방이 나오지 못하게 했다. 일이 이렇게 정해지자 화가 난 유방은 항우와 싸우려 했으나 병력상 열세에 있었기 때문에 승산은 없어 보였다. 곁에서 소하가 유방을 달래며 잠시 봉지로 돌아가 백성들을 보살피고 삼진을 정벌할 힘을 기른 뒤에 항우와 대적하자고 건의했다. 유방은 소하의 말대로 기원전 206년 4월 남정(南鄭)에 도착해 힘을 키웠다.

이때 한나라 군대는 이미 10만이 넘었다. 한편 용감한 무장으로 조참·번쾌·관영과 같은 장수가 있었으나 병법에 능통하고 전군을 지휘할 만한 이가 없었다. 이런 가운데 항우군에서 인정을 받지 못하던 한신(韓信)이란 자가 유방군으로 투항해 왔다. 그러나 유방도 항우처럼 한신의 가치를 몰라본 채 곡식을 담당하는 말단 관직을 내렸다. 중임을 받지 못한 한신은 또 한 번 실망을 감추지 못하고 남정을 떠났다.

이 소식을 들은 소하가 미처 유방에게 알리지 못하고 곧장 한신의 뒤를 쫓았다. 가까스로 한신을 설득해 돌아온 소하는 유방에게 재차 한신을 중용하도록 설득했다.

"전국에서 한신만 한 자는 없습니다. 항우와 천하를 두고 겨루시려면 그 없이 불가능한 일입니다."

평소 신뢰하던 소하가 이렇게 적극적으로 추천을 하자 유방은 한신을 등용하기 위해 정중하게 예식을 열고 대장군으로 임명했다. 얼마 후 유방이 한신에게 향후의 계책을 묻자 한신이 대답했다.

"패왕이라는 항우는 사방에서 사람들을 죽였고 의제 또한 그의 핍박으로 죽었으니 전국의 인심을 잃은 지 오래입니다. 현재 항우가 아무리 강하다 해도 오래가지 못할 것입니다. 그러나 한왕께서는 진나라의 악법을 없애고 백성들의 마음을 얻었으니 동쪽으로 군사를 움직이시기 전에 삼진을 평정한다면 천하를 얻는 데 그리 오랜 시간이 걸리지 않을 것입니다."

한신에 말에 자신감을 얻은 유방은 소하에게 봉지를 맡기고 직접 출정에 나섰다.

당시 항우는 초나라에 반하는 무리와 싸우느라 정신이 없었다. 원래 진나라 타도에 함께 한 전영과 진여(陳餘)가 영토를 분봉 받지 못하자 초나라에 반기를 든 것이다. 전영은 교동왕과 제북왕을 죽이고 스스로 제왕이 되어 임치를 도읍으로 삼았고, 진여는 상산왕 장이를 쫓아내고 대왕 조헐을 맞아 양국에 이르러 조헐을 조왕으로 추대하고 대왕이 된 것이다. 항우는 직접 대군을 이끌고 공격해 전영을 죽였으나 그 아들 전광(田廣)이 부친에 이어 초나라에 대항했다.

기원전 206년 8월, 항우가 한창 제나라와의 전쟁에 힘을 쏟자 유방은 그 틈에 군사를 이끌고 관중으로 들어갔다. 한나라 군대는 옹왕 한단을 진창과 호치에서 물리치고 폐구를 포위했다. 새왕 사마흔과 적왕 동예가 대항할 힘을 잃고 유방에게 투항해 오자 관중의 대부분이 평정되었다. 같은 해 10월에 함곡관을 나와 협현에 도착한 유방은 백성들을 보살피는 한편 하남왕을 공격했고 또 한신에게 명해 한왕 정창을 공격하게 했다. 한신은 양성(하남성 방성)을 점령하고 정창의 투항을 받아냈고 그 공로를 인정해 유방은 한신을 한왕으로 봉했다. 이렇게 하여 관중을 평정한 유방은 동쪽으로 진격할 준비를 마쳤다.

같은 해 10월에 유방은 관중으로 돌아와 동쪽으로의 공격에 유리하도록 역양으로 천도했다. 아울러 농서군을 평정하고 관중 북부의 흉노를 견제했다.

유방은 농업을 발전시키기 위해 과거 진나라 황제의 사냥터와 화원을 없애고 농경지를 만들어 백성들에게 경작지로 제공하면서 2년 동안 조세와 부역을 면제해 주었다. 이 같은 유방의 정책은 이후 항우와의 전쟁에 대비해 후방을 다지는 작업의 일환이었다.

준비를 마친 유방은 기원전 205년 3월에 대군을 이끌고 동쪽으로 향했다. 임진(섬서성 대려)에서 황하를 건너 위왕 표의 투항을 받아냈고 은왕 사마앙을 포로로 잡았다. 그리고 남하해 낙양에 도착한 유방은 동공이라는 삼로(三老, 교화를 담당하는 지방의 관리)의 건의를 받아들여 의제의 장례를 치르고 사흘 동안 애도했다. 이어 각지의 제후들에게 사람을 보내 의제를 주살한 죄인 항우를 토벌하자고 설득했다.

유방이 항우의 세력이 미치는 관중 지역을 짐령하사 초한 전쟁의 서막이 열렸다. 낙양에서 유방이 항우의 초군을 향해 의세의 원수를 갚겠다고 공개적으로 선포하자 전국적으로 큰 파장이 일었다. 유방이 이끄는 한나라군은 이미 여러 제후국의 군사들이 편입돼 56만 명에 달했고 외황(外黃)에 도착해 다시 3만의 군사를 얻었으니 모두 합해 60만 명에 가까웠다. 두 달이 채 못 되어 유방은 2,000여 리를 달려 기원전 205년 4월에 순조로이 항우의 팽성을 점령했다.

초한전의 대치

새로이 승리를 얻은 유방은 다시 한 번 승리감에 도취돼 팽성에서 여러 장수와 더불어 술을 마시며 즐겼다. 항우는 자신이 없는 사이 유방에게 성을 빼앗기자 제나라에 일부 군사를 남기고 3만 정예병과 함께 팽성으로 향했다. 항우가 이끄는 초나라 정예병은 팽성 동쪽에서 유방군을 크게 무찌르고 팽성의 남쪽까지 추격해 영벽(안휘성 수현) 동쪽에 진을 쳤다. 한나라 군대는 다급히 응전해 이른 새벽부터 오후까지 싸웠으나 20여 만 명의 사상자를 내고 전멸해 버렸다. 이때 한나라 군사들의 시체가 강바닥에 쌓여 강물이 흐르지 못할 정도였다고 한다. 살아남은 한나라 군사들은 사방으로 흩어져 버렸고 유방의 부친 유태공과 부인 여치는 항우의 포로로 사로잡혔다. 유방이 수십 기병을 이끌고 나섰으나 군사들이 사방으로 흩어지는 바람에 제대로 싸우지도 못하고 형양으로 도망쳤다.

유방은 순간의 자만으로 쓴 실패를 맞봐야 했지만 결코 좌절하지 않았다. 지난날의 교훈을 되새기면서 다시 힘을 기르는 데 집중했다. 팽성에서의 싸움으로 60만 대군이 순식간에 와해됐고, 사마흔·동예·위표·조헐·진여는 다시 항우에게 투항해 달리 믿을 만한 세력이 없었다. 연합할 새로운 제후국을 찾는 일은 유방이 팽성에서 퇴각하면서 줄곧 고민하던 문제였다. 유방은 곁에 있던 장량에게 의견을 구했다.

"구강왕 영포는 초나라의 용맹한 장수이지만 항우와 사이가 나쁩니다. 팽월 역시 일찌감치 초나라에 대한 마음이 떠났습니다. 이 두 장수와 더불어 한신을 관동 지방의 왕으로 봉한다면 초나라를 물리칠 연합군을 만들 수 있습니다."

유방은 장량의 의견에 따라 회남으로 책사를 보내 영포를 설득시키고 팽월로 사신을 보내 화친을 맺었다. 이후 한나라의 전략은 다음과 같았다. 첫 번째 관중의 후방에 의지해 형양과 형양 서쪽의 성고를 정면에서 방어해 초나라의 주력 부대와 맞붙는다. 두 번째로 정면에서 전투를 벌이는 동시에 팽월을 초군의 후방으로 보내 교란시킨다. 세 번째 한신의 군대는 황하를 건너 북방의 전장을 피해 항우의 부근 세력을 평정한다.

유방은 형양으로 퇴각해 즉각 방어진지를 갖춘 뒤 형양에서 북쪽

황하까지 이르는 길을 내어 한나라 군대의 보급로를 설치했다. 그리고 5월에 소하가 관중에서 군사를 보내자 유방은 관영에게 기병을 훈련시키라고 명했다. 한나라의 군대는 다시 세력을 키워 형양 남쪽에서 수차례 초나라의 공격을 받아내며 인징직으로 성년 전투를 진행했다. 유방은 6월에 역양으로 돌아와 관중에 남아 있는 장한의 군사들을 섬멸하고 흉노와 인접한 지역의 수비를 강화하면서 기근으로 고생하고 있는 관중 지역의 백성들을 보살폈다. 이렇게 유방은 점차 한나라 군대의 후방을 안정시켰다.

8월에 유방이 다시 형양 전선으로 돌아와 한신·조참·관영을 보내 북쪽으로 진격시켰다. 이들은 9월에 위왕 표를 생포해 위 땅을 점령하고 다시 조헐과 진여가 다스리는 조·대 지역을 공격했다. 10월에는 정형구(하북성 정형 북쪽)에서 한바탕 대전을 치른 뒤 조나라의 주력 부대를 섬멸하고 진여와 조헐을 양국까지 추격했다. 승리의 여세를 몰아 연왕 장도의 투항도 받아냈다. 이렇게 되자 제나라를 제외한 북방 지역 대부분이 한나라에 투항해왔다. 이어 11월에는 영포가 유방이 보낸 책사의 말을 듣고 한나라에 투항했다. 이로써 항우의 남쪽 전장은 세력이 크게 약화될 수밖에 없었다. 유방은 일찍이 항우의 부하였던 자를 만나 항우가 의심이 많고 헛소문을 잘 믿는다는 약점을 알아내고 진평(陳平)을 통해 이간책을 세웠다. 항우는 유방의 이간책에 넘어가 대장군 종리매(鍾離昧)를 불신하기 시작하고 범증마저도 의심했다. 공연히 항우의 의심을 받자 화가 난 범증은 분을 참지 못하고 초나라 군영을 떠나 얼마 뒤 병으로 죽었다.

유방의 세력이 전보다 많이 커졌지만 사실 당시 병력 상으로는 여전히 항우가 우세했다. 때문에 초나라의 수십만 대군이 계속해서 형양을 공격하고 수차례 보급로를 차단하자 한나라 군대는 점점 어려운 상황에 놓이게 됐다. 유방은 역이기에게 형세를 바꿀 계책이 있는지 물었다. 역이기는 상(商)·주(周)의 왕들을 예로 들면서 다음과 같은 의견을 냈다.

"탕왕(湯王)과 주(周)의 무왕(武王)은 전쟁 중에 제후들을 분봉하여 승리했습니다. 이를 보아 원래의 여섯 제후국의 후손들을 끌어들인다면 항우의 세력은 약해질 것입니다."

역이기의 의견을 깊이 생각할 겨를이 없었던 유방은 여섯 제후국의 후손을 찾았다. 그런데 장량이 이 일을 알고 즉시 유방을 찾아왔다.

"폐하께서 그 일을 실행하신다면 대사를 그르치실 것입니다!"

그때 유방은 막 밥을 먹던 중이었다. 갑자기 들어온 장량은 상에 놓인 젓가락을 하나씩 돌려가며 당시의 정세를 설명하고 지금은 탕왕과 주 무왕의 시대와 다르다는 사실을 강하게 주지시켰다.

"지금 폐하께서 여섯 제후국의 후손을 다시 세우신다면 폐하를 따르는 천하의 장수들은 각기 옛 군주를 찾아갈 것입니다. 그렇게 되면 폐하께서는 누구와 함께 싸워 천하를 얻으시겠습니까? 그리고 초나라는 여전히 강대합니다. 새로이 여섯 제후국을 세운다면 그들은 분명 항

우 편에 설 것입니다. 따라서 역이기의 계책을 행하신다면 천하를 얻고
자 하는 일은 더 이상 말할 필요조차 없습니다.”

그제야 문득 정신이 든 유방은 곧바로 명령을 철수하고 역이기에
게 한바탕 욕을 해댔다. 역이기의 계책은 실행되지 않았지만 그렇다고
별다른 방법이 있는 것도 아니었다. 눈앞에서 수십만 초나라 군사들
이 포위해 공격하니 상황은 갈수록 위험천만해졌다. 그러다가 기원전
204년 5월의 어느 한밤중에 한나라 장수 기신(紀信)이 유방처럼 꾸미
고 유방이 타는 수레에 올라 형양 동문을 나서며 크게 소리를 질렀다.

“성안의 식량이 끊겼으니 한왕이 투항한다!”

초나라 군영은 사실인 줄 알고 크게 환호하며 서둘러 동문으로 갔
다. 이때 혼란을 틈타 유방이 수십 기병을 데리고 형양의 서문으로 도
망을 쳤고, 항우는 형양성 안으로 들어갔다. 항우는 사태를 파악한 뒤
분을 못 이겨 기신을 산 채로 불태워 죽였다.
관중으로 퇴각한 유방은 대오를 재정비해 성고와 형양을 수복할 준
비를 했다. 정면전을 펼치다간 수십만의 초나라 군사에게 크게 패할
것이 분명해 고민하던 중 책사 원생(轅生)이 좋은 계책을 냈다.

“동쪽의 함곡관이 아닌 남쪽의 무관으로 나가야 합니다. 항우의 주
력 부대를 남쪽으로 유인하여 초군이 도착하면 우리는 성을 지키고 싸
우지 말아야 합니다. 아울러 동시에 한신과 여러 장수들이 북방에서

원생의 계책이 만족스러웠던 유방은 즉각 무관으로 나가 협성(하남성 협현)에 도착했다. 항우도 정보를 듣고 즉각 직접 대군을 이끌고 남쪽으로 내려왔다. 유방은 성의 수비를 단단히 하고 나가지 않은 채 초나라의 주력 부대와 팽팽히 맞섰다. 얼마 후 초군의 후방에서 기회를 엿보던 팽월이 하비를 공격하고 팽성으로 진입하자 항우는 다시 먼 길을 돌아가야 했다. 유방은 기회를 잡아 신속하게 북쪽으로 군대를 지휘했다. 이렇게 두 번째 치러진 성고의 전쟁에서 유방은 결국 승리를 거두고 형양과 성고를 되찾게 된다.

전쟁의 주도권을 장악하기 위해선 전략적으로 우세해야 한다. 완성과 협성으로의 출병에서 유방은 바로 전쟁의 주도권을 잡았던 것이다. 항우는 무장임에도 앞을 내다보는 전략이 부족했고 명확한 공격 방향이 없었다. 6월에 항우는 팽월을 물리치고 다시 서쪽으로 향해 형양과 성고를 공격했다. 성고에 있던 유방은 다시 수무(하남성 획가현)로 퇴각한 뒤 8월에 유가와 노관에게 2만 군사를 주고 팽월과 연합해 초군의 보급로를 차단했다. 팽월은 다시 수양과 외황 등 17개의 성을 빼앗으면서 초나라 전선과 후방의 팽성 간 연결을 차단했다. 안팎으로 적을 맞아야 하는 상황에 처하자 9월에 항우는 장수 조구(曹咎)에게 성고를 맡기면서 어떤 일이 있더라도 나가 싸우지 말라고 당부하고 자신은 팽성을 반격할 준비에 나섰다.

지금까지의 상황으로 볼 때 초나라와 한나라의 전세는 완전히 뒤바뀐 상태였다. 그러나 유방은 이를 깨닫지 못하고 있었다. 그런데 이때

역이기가 한 가지 계책을 제안한다.

"항우는 동쪽으로 돌아가는 틈에 성고와 형양 땅을 수복하려 할 것입니다. 그때 우리는 점령지가 가장 많은 제왕 전광을 물리쳐야 비로소 천하를 얻을 수 있습니다."

유방은 역이기의 의견이 일리가 있다고 생각해 즉시 계책을 실행하라 명했다. 이에 역이기는 임치(臨淄)로 가서 제왕 전광에게 한나라에 투항할 것을 설득했다. 역이기의 설득이 성공하여 전광이 투항해 오자 유방군은 전쟁을 치르지 않고 제 땅의 성 70개를 함락시켰다. 이후 10월에 유방은 다시 성고를 공격했다. 성을 지키고 나오지 않는 조구에게 유방은 욕을 하고 화를 내는 등 갖은 방법으로 조구를 도발시켰다. 마침내 참지 못한 조구가 성 밖으로 나오자 한바탕 전쟁이 시작되었다. 그리고 얼마 후 항우의 말을 듣지 않고 성 밖에 나온 조구는 패전을 직감하고 자결했다. 이렇게 하여 한나라는 다시 성고와 형양 땅을 수복했다. 북방 전장과 정면 전장에서 동시에 승리를 하자 전쟁의 형세는 확연히 유방군에게 유리해졌다.

한편 항우가 막 수양을 비롯해 10여 개의 성을 탈환했을 때 성고가 다시 한나라에 점령당했다는 소식이 들렸다. 이미 병사와 말들이 지쳐있었지만 사태가 급박했던지라 항우는 군대를 쉬게 하지도 못하고 다시 서쪽으로 진군을 명했다. 전선에 도착한 초군은 군량이 부족해 하루 빨리 전쟁을 치르고 싶었다. 그러나 한나라 군대는 광무산 일대에서 버티면서 싸우려 하지 않았다. 항우는 계책을 궁리하다가 유방의 아버지 유태공을 잡아 도마 위에 올려놓고 유방에게 보이며 삶아 죽이겠다고 위협했다. 그러자 유방은 조금도 겁먹지 않고 대응했다.

유방의 말에 화가 머리끝까지 난 항우는 정말로 유태공을 삶아 죽이려고 했다. 그러나 이때 항백이 그를 죽여도 아무 이득이 없다며 항우를 막았다. 항우가 다시 유방을 도발하자 유방은 힘이 아닌 지혜로 싸우겠다고 맞받아쳤다.

광무산 아래에서 초나라와 한나라는 오랫동안 대치했다. 유방은 항우에게 관중에 먼저 들어온 자를 왕으로 정한다는 맹약을 깨고 백성들의 재물을 빼앗았으며 의제를 살해하는 등 열 가지 죄목을 하나하나 나열했다. 그러자 부끄럽고 분하기도 한 항우가 부하에게 활을 쏘라고 명했다. 갑자기 날아온 화살이 유방의 가슴을 스쳤다. 그러나 유방은 군사들을 안정시키기 위해 다리에 맞은 듯이 허벅지를 감싸고 고통을 참으며 군영으로 돌아와 성고에서 잠시 휴식을 가졌다.

이때 북부 전선에는 새로운 변화가 생겼다. 황하를 건넌 한신군이 역하(산동성 제남시 서쪽) 전선에서 전광을 공격한 것이다. 예상치 못한 공격에 전광은 역이기가 자신을 속였다고 생각해 그를 죽이고 항우에게 투항해 버렸다. 한신은 괴통의 꼬임에 넘어가 이미 투항한 전광을 공격한 것이다. 이에 한신은 신속하게 임치 안의 광대한 제나라 땅을 점령하고 초나라 양측을 위협했다. 항우는 주력 부대에서 일부를 추려 대장군 용차(龍且)에게 주어 제나라를 구하게 했다. 그러나 11월에 유수에서 20만의 초나라 군대가 전멸되었고 용차는 스스로 목숨을 끊었다. 한나라 군대는 거현(산동성 거현)까지 추격해 들어가 전광을 포로로 잡아 제 땅을 완전히 평정했다. 유수의 전쟁에서 항우의 군대가 큰 타격을 받음으로써 한나라는 전략적 우세뿐 아니라 병력 상에도 우세한 상황이 되었다.

항우는 전세를 바꾸기 위해 한신을 설득했다.

> "지금 두 왕이 있으나 정작 권력은 그대에게 있소. 그대가 한왕에게 의지한다면 승리는 그에게 갈 것이고 나에게 온다면 승리는 나의 것이오. 그러나 내가 패한다면 유방의 목표는 바로 그대가 될 것이오. 그대는 일찍이 내 수하에 있었는데 어찌 아직도 한왕 편에 있는 것이오? 차라리 그대가 독립해 전국을 삼분하는 게 어떻겠소?"

항우의 말에 한신은 분명 동요했을 것이다. 그러나 때는 이미 늦었다. 한신도 현재의 전세가 유방에게 유리하다는 사실을 알고 있었기 때문이었다. 한신은 용차를 죽이고 제 땅을 평정한 뒤 유방에게 자신을 왕으로 봉해 달라고 청했다. 유방은 한신이 자못 괘씸했지만 장량과 진평의 말대로 한신의 세력을 우습게 여길 수 없어 기원전 203년 2월에 한신을 제왕으로 봉한다. 그때 항우가 사람을 보내 한신을 설득한 것이니 한 걸음 늦은 셈이었다.

홍구를 건너 항우를 물리치다

기원전 203년 여름과 가을 사이에 벌어진 초한 전쟁의 승부는 점점 승패가 드러나고 있었다. 초나라 군대의 북쪽 전선은 전부 붕궤되었고 남쪽으로 수춘(안휘성 수현)과 6개의 현만 가지고 있는 상태였다. 항우는 광무산 아래에서 진퇴양난에 빠졌다. 군사들의 피로는 극에 달했고 군량마저 바닥나면서 사기가 떨어져 군사들이 저마다 동요하기 시작했다.

한나라의 전세가 무르익었으나 정면 승부에서 여전히 항우의 병력도 만만치 않았다. 얼마 후 항우는 다시 형양을 위협해 왔고, 전반적인 상황을 파악하지 못한 유방은 항우의 도발에 넘어갔다. 유방은 항우에게 부친과 부인을 보내라 요구했고, 항우는 홍구(하남성 가로)를 분기점으로 천하를 양분하자고 제안했다. 홍구의 동쪽은 초나라, 서쪽은 한나라가 각각 취하고 잠시 휴전하자는 의견에 유방도 동의했다. 기원전 203년 9월에 항우는 유태공과 여치를 보내고 팽성으로 돌아갔다. 유방도 다시 관중으로 돌아왔다. 장량과 진평은 항우가 재충전할 시간을 확보하려는 의도임을 파악하고 유방에게 공격을 권유했다.

"한나라가 이미 천하의 대부분을 평정했습니다. 제후들도 대부분 투항했고 초나라의 군사들은 지쳤습니다. 지금이 바로 초나라를 멸망시키기에 좋은 때입니다. 만약 이 기회를 놓친다면 호랑이 새끼를 키워 후환을 남기는 일이 될 것입니다."

유방은 부하들의 말을 듣고 곧바로 항우를 추격했다. 동시에 한신과 팽월을 고릉으로 불러 협공하라고 명했다. 초나라와 한나라의 대치 상태가 종결됨으로써 한나라는 적극적인 공격에 나선 것이다.

유방군이 고릉에 도착했으나 한신과 팽월군은 보이지 않았다. 항우는 추격해 오는 유방군을 크게 물리쳤다. 화가 난 유방은 장량에게 한신과 팽월이 오지 않은 이유를 묻자 장량은 그들이 봉지를 원하기 때문이라고 답했다. 항우를 완전히 섬멸하기 위해 유방은 사신을 보내 진현 동쪽에서 해안에 이르는 영토를 한신에게 주고, 수양 이북에서 곡성(산동성 동아 남쪽)에 이르는 영토를 팽월에게 주겠다고 알렸다. 사신이 도착하자 장량의 말대로 한신과 팽월은 즉각 군사를 보냈다. 이때 남쪽 수춘을 지키던 초나라 장수 주은이 유방에게 투항해 왔다. 이로써 항우는 완전히 고립되었다. 유방은 사방으로 군사들을 배치했다. 한신과 팽월은 북쪽에서 남쪽으로 길을 나누었고, 영포는 유가군과 만나 남쪽에서 북쪽으로 향했다. 유방이 직접 통솔하는 부대는 서쪽에서 동쪽으로 향했다. 원래 팽성으로 퇴각하려던 항우는 형세가 크게 불리해졌음을 알고 남쪽으로 도망쳤다. 기원전 203년 12월에 항우가 해하(안휘성 영벽현)에 도착하니 사방에서 한나라의 군대가 추격해 왔다. 초나라 군대는 약 10만이었지만 한나라 군대는 그보다 몇 배는 더 많았다. 결국 항우는 유방군에게 겹겹으로 포위를 당하게 되었다.

군사도 적고 양식도 떨어진 항우는 절박한 상황에 놓였다. 한밤중에 총애하는 우희(虞姬)와 수년 동안 타고 다닌 오추마를 바라보며 감정을 억누르지 못한 항우는 비가를 불렀다.

"힘은 산을 뽑고 기세는 세상을 뒤덮는데 때를 잘못 만난 추여! 너마저 가지 않는구나. 어찌할고, 우희야 우희야, 그대를 어찌할 거나!"

그러나 한때 패왕으로 군림하던 항우가 그 전력을 완전히 상실하지는 않았다. 항우는 어두운 밤을 틈타 100여 명의 군사를 데리고 포위망을 뚫어 남쪽으로 도망갔다. 날이 밝자 한나라 군대에서 관영이 5,000 기병을 이끌고 항우를 추격했다.

항우는 회하를 건너 음릉(안휘성 정원현 서북)에 도착해 한 농부에게 길을 물었다. 그런데 농부가 일부러 잘못된 방향으로 길을 알려 주었고 그로 인해 항우는 한나라 군대와의 거리가 더욱 좁혀졌다. 다시 동성(정원현 동남쪽)으로 도망쳤으나 이때 항우 곁에 남은 병력은 27기뿐이었다. 8년 동안 70여 차례 전쟁을 치른 그가 이렇게 끝을 보게 된 것이었다. 항우는 결국 오강(烏江)에 도착해 멀리 흐르는 장강의 물결을 바라보며 과거 패왕 시절을 회상했다. 절망에 빠진 항우는 검을 뽑아 스스로 목숨을 끊었다.

전쟁에서 인심을 잡는 일은 상당히 중요하다. 유방은 줄곧 인심의 중요성을 인식하고 있었기에 백성들부터 장수까지 한나라 편에 세울 수 있었다. 군사 전략에 있어서도 유방은 철저히 방어하고, 다른 제후들과 협공해 지구전을 펼쳐 항우의 속전을 깨고 전쟁의 주도권을 잡아 세력을 키웠다. 마지막에 항우와 홍구를 분기점으로 천하를 양분했던 결정은 잘못이었지만 다시 공격 기회를 포착하고 결국 완벽한 승리를 거두게 된 것이다.

한나라를 세우다

기원전 203년 12월에 초한 전쟁이 끝났고 유방은 그 다음해인 기원전 202년 2월에 정양(定陶)에서 제위에 올랐다. 이로써 역사에서 이르는 한 고조가 탄생한 것이다. 유방이 세운 한나라는 역사에서 서한(西漢) 또는 전한(前漢)으로 불러 기원후 25년에 유수(劉秀)가 세운 한나라와 구별하고 있다. 유방은 서한 왕조를 세우고 정치와 경제 등 여러 방면에서 새로운 정책을 제정했다. 그 가운데 중요한 몇 가지를 살펴보자.

첫 번째로 유방은 진 시황에 이어 중앙집권 제국을 세웠다. 서한의 정권 기구는 대체로 진나라를 답습했고 약간의 변화를 주었다. 예를 들면 최고 통치자인 황제가 최고의 권력을 가지면서 중앙기구를 삼공구경(三公九卿)으로 나누었는데, 삼공은 대사를 집정하는 승상·태위·어사대부로 나누고, 이들이 각각 행정·군사·감찰의 업무를 맡았다. 구경은 사법을 담당하는 정위(廷尉), 나라의 재정을 담당하는 치속내사, 종묘의 일을 담당하는 봉상(奉常), 외교와 소수 민족의 일을 담당하는 전객(典客), 황제의 경호를 담당하는 낭중령, 궁전의 경비를 담당하는 위위(衛尉), 황제와 궁전의 수레를 담당하는 태부, 황실의 재정과 궁전의 건축 등을 담당하는 소부(少府), 황실 친척의 일을 담당하는 종정으로 나누었다. 지방 행정은 군현제를 실행하여 군과 현을 설치하고 군에는 군수를 두었다. 규모가 큰 현에는 영(令), 작은 현에는 장(長)을 각각 두었고 이들은 모두 조정에서 직접 임명했다. 현 이하의 단위는 10리(里)를 1정(亭)으로 정하고, 10정은 1향(鄉)으로 정했다. 향에는 삼로(三老)가 교화, 색부(嗇夫)가 부세와 송사, 유요(遊徼)가 치안을 담당했다. 정에는 정장(亭長)을 두고 치안을 담당하게 했다. 이렇게 하여 황제 중심의 거대한 봉건 제국의 행정기구가 설립된 것이다.

동한의 역사학자 반표는 이렇게 말했다.

"한나라는 진나라의 제도를 이어받아 군현제를 설립하여 신하들이 100년 동안 정권을 잡지 못했다."

이는 반표가 서한 왕조 전체를 두고 한 말이다. 사실 유방 집권 시기 때 중앙집권 제도에 반대하는 지방 세력은 여전히 남아 있었다. 한나라 초기까지 수많은 군현은 여전히 지방의 제후 왕들이 직접 다스렸기 때문이다. 그러나 전국 시기의 독립된 제후국과는 상황이 전혀 달랐다. 한나라의 황제는 제후 왕들의 권력을 없애고 그들을 보좌하는 관리들을 모두 자신이 직접 임명해 파견시켰다. 제후 왕은 황제의 명령 없이 군대를 출정시킬 수 없었기 때문에 전체적으로 볼 때 한 왕조는 분명 중앙에 권력을 집중시킨 봉건 제국이었다.

두 번째는 장안(長安)을 평정해 관중을 안정시켰다는 점이다. 기원전 202년 2월에 유방이 황제가 된 초기, 낙양을 평정하자 5월에 제나라 사람 누경이란 자가 유방에게 천도를 제안했다.

"관중은 산으로 둘러싸여 형세가 험하면서 견고하며 토지가 비옥한 땅이니 반드시 관중을 평정하셔야 합니다. 만일 관동에서 반란이 일어난다 해도 관중을 발판으로 평정시킬 수 있습니다. 따라서 장안으로 도읍을 옮기심이 어떨까 합니다."

장량도 찬성했다.

"낙양은 사면에서 적의 공격을 받을 수 있기 때문에 전쟁을 치르기에 유리한 땅이 아닙니다. 관중은 풍요로운 땅이라 하니 누경의 생각이 옳다고 봅니다."

신하들의 의견을 종합해 본 유방은 그 자리에서 과감히 장안으로 천도를 결정했다. 장안은 중국 역사상 수많은 왕조의 도성이었는데 그 시작이 바로 유방이었던 것이다. 천도를 건의한 누경은 다음날 황제의 시종인 낭중에 임명되고 유(劉)씨 성을 하사받았다. 몇 년 뒤 유경은 다시 유방에게 관중의 일에 관해 좋은 의견을 낸다.

"관중에는 백성이 부족합니다. 북쪽에는 흉노가 있고 동쪽에는 여섯 나라가 있으니 만일의 사태가 발생하면 폐하께서 편히 잠을 청하실 수 없을 것입니다. 따라서 6국의 후손과 지방의 부호들을 관중으로 이주시켜 지방 세력을 약화시키고 중앙정권을 강화하십시오."

유방은 유경의 말에 동의해 기원전 199년 11월에 강제로 6국의 귀족과 후손 가운데 비교적 세력이 강한 소씨(昭氏), 굴씨(屈氏), 경씨(景氏), 회씨(懷氏), 전씨(田氏)와 부호 10여 만 명을 관중으로 이주시켰다.

세 번째로 유방의 공적은 지주 계층의 소유제를 보호함으로써 봉건 통치의 기반을 다졌다는 점이다. 진나라 말기, 농민들의 봉기로 지주 계층에 타격을 주면서 수많은 지주가 산속으로 숨어들었다. 기원전 202년에 서한 왕조가 막 건립되면서 유방은 5월에 조칙을 선포한다. 산속으로 숨어 호적이 없는 백성들이 각자 고을로 돌아가면 지위와 전답을 돌려받을 수 있다는 내용이었다. 여기서 말하는 백성들은 농민 봉기 때 공격받은 지주가 대다수였다.

한나라는 전공에 따라 작위를 하사하는 진나라의 제도를 따랐는데 작위를 20등급으로 나누어 가장 낮은 등급을 공사(公士), 최고를 철후(徹侯)라고 했다. 그 중간의 7 등급은 공대부(公大夫)라 하여 현령과 지위가 같았다. 7등급에서 20등급까지는 '고작(高爵)'이라고 했다. 유방은 자신을 따라 전쟁에 나섰던 사졸들에게는 공적의 크고 작음에 따라 작위를 내리고 영토를 하사했다.

네 번째는 농업 생산력 회복과 백성들의 생활 안정에 주의를 기울이는 등 경제 안정을 통해 새로 들어선 정권의 기반을 다졌다는 점이다.

진한 시기 때 장기간에 걸친 전쟁으로 농업은 크게 망가졌다. 이 때문에 한나라 초기 경제는 심각해져 식량난으로 양식 값이 폭등했다. 초한 전쟁이 종결된 후 유방은 관중에 남는 군사들에게는 12년 동안, 고향으로 돌아간 군사들에게는 6년 동안 각각 부역을 면제시켜 주었다. 기원전 199년 3월에는 팽성 전투에 참가한 사졸에게 평생 동안 부역을 면제해 주었고 기원전 196년 6월에는 유방을 따라 파촉과 관중 등지로 함께 들어가 싸운 군사들에게도 부역을 면해 주었다. 많은 군사가 갑옷을 벗고 고향으로 돌아가 농사를 지어 농업 생산력을 높이는 데 큰 도움이 되었다.

백성들의 부담을 줄이고 생활을 안정시키기 위해 유방은 조세와 부역을 낮추는 정책을 시행했다. 한나라는 15세제를 시행하고 토지를 가진 자를 대상으로 직접 토지세를 징수했는데 토지세는 대부분 농민이 아닌 대토지를 소유한 지주들의 몫이었다. 지주들은 경제직으로 타격을 받았겠지만 백성들에게는 유리했다. 그러나 당시 경작지가 없는 농민은 지주의 땅에서 농사를 지어 수확의 절반을 지주에게 바쳤던 상황이라 가난한 백성들은 지주들의 착취로 큰 어려움을 겪었다.

한나라 초기 호구세 제도 역시 진나라를 그대로 따랐다. 호마다 매년 호부로 200전을 부세하고 사람 수에 따라 산부(算賦)를 추징했는데, 이 세제는 기원전 203년부터 관중에서 실시되었다. 15세에서 56세의 성인이 매년 120전을 내게 했다. 백성들로부터 거둔 호구세는 주로 군비로 지출했다. 전국을 통일한 뒤 군현의 관리, 특히 지방의 제후 왕들은 황제에게 헌납한다는 명목으로 금액을 한정하지 않아 백성들의 원망을 샀다. 이에 기원전 196년 2월에 유방은 헌납할 금액을 63전으로 제한하고 그 이상을 넘지 못하게 했다.

유방은 한나라 초기의 열악한 경제 상황에서 과거 진나라 말기 농민 봉기가 일어난 상황을 교훈삼아 백성들의 부세와 부역을 경감해 주었던 것이다. 이로부터 백성들은 생산력을 늘리기 위해 노력했으며, 사회는 점차 안정을 되찾아 갔다.

다섯 번째 업적은 일부 노비가 된 자들을 풀어 주어 평민으로 만들었다는 점이다. 진나라 말기 농민 봉기가 일어나면서 노비들도 그 속에서 창두군(蒼頭軍)을 조직했다. 한나라 초기만 해도 노비의 수는 여전히 많았다. 5월에 유방은 조칙을 내려 노비가 된 백성들을 평민으로 회복시켜 주었다. 이는 중국 역사상 처음으로 노비를 해방시켜 준 법령이었다. 가난에 못 이겨 자신을 팔아 노비가 된 대다수의 농민들을 다시 평민으로 회복시킨 이유는 노비 제도를 없애려는 목적 외에 농업 노동력 확충으로 생산력을 키우기 위한 대책이기도 했다.

여섯 번째는 상업을 억제한 일이다. 한나라 초기 상인의 경제력이 팽창해 사회의 심각한 문제로 대두되었다. 한나라 초기 야철(冶鐵)·죽염·주전(鑄錢)에 종사하는 거상들은 대부분 노비를 부려 생산을 했으니 한 명의 거상이 100여 명의 노비를 거느리면서 제후와 비슷한 엄청난 부를 쌓고 있었다. 한 예로 임공(사천성 공래현)에서 야철업을 하던 탁씨(卓氏)는 800명의 노비를 부리는 등 거의 군주에 상당하는 재부를 쌓았을 정도였다. 거상들은 거대한 재력을 가지고 지방의 제후왕과 교류하면서 중앙 조정을 불편하게 만들었다. 이렇게 되니 농사를 포기하고 장사하려는 사람이 많아졌고, 이에 따라 자연히 농사를 지을 노동력이 부족해졌다. 아울러 상인들이 고리대를 이용해 토지를 사들이면서 일부 농민들을 파산시켜 농업 경제에 큰 해가 됐다. 그러나 이렇게 물가와 금융을 혼란시키는 상인들을 억제할 방법이 없었다.

이에 유방은 상인과 그 자손들에게 관리를 지낼 수 없게 하고, 화려한 옷을 입지 못하게 금했다. 또한 상인들은 병기·수레·말을 가지고 다닐 수 없게 했으며 노비를 가진 상인들은 노비의 산부를 대신 내게 했다. 때문에 많은 노비를 가진 거상은 큰 부담을 지게 되었다. 그러나 정치적으로 제한하고 과중한 조세를 매겨도 거상들을 완전히 제압하지는 못했다. 후에 한 무제는 수많은 거상의 재산과 사업을 강제로 빼앗고 소금·철·주전을 나라에서 관리하게 하면서 농업을 해치는 상인 세력을 효과적으로 억제했다.

　일곱 번째는 봉건법제를 확립하고 통치의 질서를 바로잡았다는 점이다. 즉위 초에 유방이 세운 세 가지 약법은 전국이 통일된 지금의 형세에서 적합하지 않았다. 이에 유방은 승상 소하에게 새로 추가할 법률을 제정케 했다. 소하는 진나라의 법률을 기반으로 『진률(秦律)』 6장을 비롯해 『도률(盜律)』 『적률(賊律)』 『수률(囚律)』 『포률(捕律)』 『잡률(雜律)』 『구률(具律)』을 남기고, 여기에 『호률(戶律)』 『구률(具律)』 『흥률(興律)』의 3장을 추가했다. 『한률(漢律)』 9장은 실전됐으나 일부 자료를 보면 『도률』과 『적률』은 반항하는 백성을 진압하고 봉건 소유제를 바로잡는다는 내용이었다. 『한률』은 전반적으로 당시의 역사적인 특징을 반영하고 있다. 예를 들면 『흥률』은 지방의 제후 왕들이 마음대로 부역과 부세를 정할 수 없게 하여 지방 세력을 제한시키는 내용이고, 『구률』은 법에 따라 군수 물자를 공급하지 않는 자를 엄벌에 처하는 규정이다. 이는 한나라 초기의 반란군 진압과 관련된 내용으로, 소하가 만든 새로운 법률은 새로 건립된 한 왕조를 한층 더 발전시키는 데 큰 역할을 했다.

　법을 제정하는 것과 마찬가지로 조정의 의식도 중요했다. 유방을 비롯한 수많은 민간 출신 장수들은 복잡한 조정의 예절을 잘 알지 못했다. 여러 신하가 궁전에 모이면 종종 소란이 일어나고, 술에 잔뜩 취해 있거나 칼로 기둥을 치는 등 황제의 위엄을 손상시켰다. 기원전 201년 10월에 장안의 장락궁(長樂宮)이 완성되자 신하들이 모여 축하연을 벌였다. 이날 숙손통은 조정의 예법으로 의식을 진행했다. 문무 대신들이 일렬로 서서 의식을 마칠 때까지 예의에 벗어난 행동을 금지시켰다.

엄격하고도 엄숙한 숙손통의 지휘로 대신들은 꼼짝도 하지 못한 채 그의 말에 따랐다. 진나라에서 박사를 지낸 숙손통은 진나라 의례를 기초로 한나라 의례를 제정하여 황제의 위엄을 돋보이니 유방이 크게 기뻐했다.

동한의 역사학자 반고도 『한서』 「고제기(高帝紀)」에서 유방이 천하를 막 평정했을 때 소하에게 율령을 만들고 한신에게 군법, 장창에게 도량형, 숙손통에게 예식을 각각 정하라는 명을 내렸다고 기록해 역사적 사실을 뒷받침하고 있다.

앞서 살펴보았듯이 한나라 초기의 경제 상황은 매우 어려웠다. 정치도 크게 불안한 상황에서 유방은 중요한 제도와 정책을 새로이 만들어 막 건립된 왕조의 기반을 다져야 할 필요가 있었던 것이다.

반란을 평정하다

황제가 된 뒤 유방은 여러 가지 제도를 세우기 위해 심혈을 기울였다. 그러나 재위 8년 동안 지방 제후 왕들의 반란을 평정하는데 대부분의 정력을 쏟았다. 유방은 삼진왕, 하남왕, 위왕, 은왕을 차례로 격파해 그들의 봉지를 폐하고 군현을 세워 진 시황을 잇는 중앙집권 봉건 제국을 표명했다. 그러나 항우를 고립시키기 위해 할 수 없이 한신과 같이 세력이 큰 장수에게는 분봉하여 한나라 건립 초기에는 군현제와 일부 분봉제가 병존했다. 유방 즉위 때 분봉 받은 왕은 연왕 장도, 한왕 신, 초왕 한신, 양왕 팽월, 회남왕 영포, 조왕 장오, 장사왕 오예 등 모두 7명이다. 이들 7명의 봉지를 합하면 진나라 통일 이전의 여섯 제후국 영역에 미친다. 이들은 직접 봉지를 다스리고, 부세를 징수했으며, 군대를 키워 지방의 통치자가 되었다. 한나라 초기, 봉지도 작고 힘도 약한 오예를 제외한 나머지 여섯 분봉국의 왕들은 봉지를 기반으로 정치적 야심을 실현시키고자 반란을 일으켰다.

기원전 202년 7월에 유방이 즉위한 뒤 반년도 채 안 돼 연왕 장도가 먼저 반란을 일으켰다. 그리고 두 달 뒤에 원래 항우의 부하 장수였던 이기(利幾)가 영천(하남성 우현)에서 반란을 일으켰다. 유방이 이 두 차례의 반란을 평정했을 때 즈음 한신이 모반을 꾀한다는 소문이 돌았다. 유방은 진평이 내놓은 계책에 따라 12월에 운몽 순시를 핑계로 제후들을 진현으로 불렀다. 한신이 진현에 도착하자 유방은 즉시 그를 사로잡았다. 그러자 당황한 한신은 깊이 한숨을 내쉬며 탄식했다.

"교활한 사냥꾼은 토끼가 죽으면 사냥개를 잡아먹는다는 사람들의 말이 맞구나. 천하가 평정되었으니 이제 내가 삶아지는구나!"

한신은 초나라와의 전쟁에서 혁혁한 공을 세운 신하였다. 누군가 그가 모반을 꾀했다고 주장했지만 유방은 한신이 반란을 일으키기 위한 어떤 특별한 행동도 하지 않았음을 확인했다. 유방은 한신을 풀어주고 대신 회음후(淮陰侯)로 강등시켰다.

기원전 201년 9월에 한왕 신이 마읍에서 흉노에게 사로잡혀 투항하면서 한나라를 배반하자 그 이듬해 겨울에 유방은 동원(하북성 정정)에서 바란군 일부를 소탕했다. 유방의 군대가 백인(하북성 내구)을 지날 때 조왕의 국사가 유방을 살해하려 했으나 실패한다. 기원전 199년 겨울에 유방을 살해하려는 모반을 꾸민 사실이 드러나면서 조왕의 국사는 자결하고 조왕 장오는 강등된다.

이렇게 하나를 평정하면 다른 하나가 반란을 일으켰다. 유방의 아들 대왕 여의(如意)는 나이가 어려서 재상 진희가 모든 권력을 쥐고 있었는데 기원전 197년 9월에 진희가 스스로 대왕이 되어 공개적으로 한나라에 대항했다. 유방은 직접 한단으로 군사를 이끌고 가서 자칭 대왕이라는 진희의 반란을 평정시켰다.

반란의 기세는 기원전 196년에 정점에 달했다. 그해 정월에 진희가 회음후 한신과 밀약을 하고 유방이 출병한 틈을 타 장안 함락을 꾀했다. 그러나 누군가 이 사실을 누설해 태후 여치와 소하가 한신을 궁으로 불러들여 죽이고 그의 친족을 멸했다. 같은 해 3월에 양왕 팽월의 부하가 팽월의 모반을 고하자 낙양에 있던 유방은 정도로 사신을 보내 팽월을 포박하고 평민으로 강등시킨 뒤 촉 땅으로 쫓아냈다. 팽월은 도중에 낙양으로 향하는 태후 여치를 만나 유방을 설득해 줄 것을 청했다. 여치는 흔쾌히 대답하고 팽월을 데리고 낙양에 도착했다. 그런데 여치는 유방에게 팽월을 살려 보내면 후환을 남기는 일이니 이 자리에서 죽이라고 말했다. 유방은 여치의 말에 따라 팽월과 친족을 그 자리에서 죽였다. 『사기』 「여태후본기(呂太后本紀)」에는 한신과 팽월의 일을 통해 본 여태후의 모습을 묘사해 놓았다.

같은 해 7월에 회남왕 영포가 육현에서 반란을 일으킨다. 유방의 재위 기간 동안 발생한 가장 큰 반란이었다. 당시 유방은 61세였다. 영포는 유방이 연로해 직접 군사를 이끌지 않으리라 생각하고 동쪽의 형왕 유가를 죽이고 많은 지역을 점령했다. 마침 유방은 병에 걸려 태자 유영에게 여러 장수와 함께 영포를 토벌하라고 명했다. 그러나 당시 태자를 보위하던 동원공을 비롯해 사호가 태자의 출정을 반대했다. 영포는 오랫동안 전장을 지휘한 용맹한 장수인 반면에 태자는 전쟁을 치른 경험이 적고, 태자와 함께 가는 여러 장수는 일찍이 유방과 함께 전공을 세운 노장이기에 태자의 지휘에 복종하지 않으리라고 여겼기 때문이다. 이에 사호는 여태후에게 이 같은 의견을 말하니 여태후가 유방에게 가 울며 직접 출병할 것을 청했다. 유방은 한참을 생각한 뒤 자신이 직접 출정해야겠다는 결론을 내리고 병든 몸으로 10월에 대군을 이끌고 반란군을 물리쳤다. 영포는 번양(강서성 파양)으로 도망쳤으나 현지 백성들에 의해 살해됐다.

한나라 초기에 발생한 제후 왕의 반란은 종종 흉노와 결탁해 한 왕조의 안전을 위협했다. 흉노는 자주 남쪽으로 내려와 한나라의 영토를 침입했기에 기원전 201년 10월에 한왕 신은 흉노와 손잡고 유방을 토벌하려 했다. 유방은 32만 대군을 이끌고 진양(산동성 태원)에 도착한 뒤 흉노 부락으로 사람을 보내 상황을 살피게 했다. 탐색 부대 가운데 마지막으로 돌아온 유경이 상황을 보고했다.

"흉노 부락에는 노인들뿐이었습니다. 흉노가 매복을 숨겨 놓고 노인들만 남긴 것 같습니다."

그러나 먼저 돌아온 탐색 부대의 말을 들은 유방이 일찍이 진양에서 북쪽으로 출발 명령을 내린 뒤였다. 대부분의 장수들이 유경의 말을 듣고 쉽게 군사를 움직이려 하지 않자 유방은 유경에게 군기를 어지럽혔다는 죄목으로 감옥에 가두고 직접 선발 부대를 이끌어 북상해 평성(산서성 대동)에 도착했다. 그러나 유경의 말대로 유방군은 매복해 있던 흉노의 모돈 선우가 이끄는 40만 기병에게 둘러싸이면서 마침내 평성 동북쪽의 백등산에서 겹겹이 포위당하는 신세가 됐다. 다행히 진평의 계책으로 선우의 부인에게 뇌물을 주어 흉노군의 경계를 늦추게 만들어 포위된 지 7일 만에 포위망을 뚫기 시작했다. 마침 한나라의 대군도 맞은편에서 달려 나와 호응하자 유방은 흉노의 포위망을 뚫고 나올 수 있었다. 안전하게 후퇴한 유방은 먼저 공격해도 된다고 보고한 탐색군 모두를 죽이고 유경을 석방시킨 뒤 건신후(建信侯)에 봉했다.

그 후 모돈 선우가 남쪽으로 침범하는 횟수는 더욱 잦았다. 한나라는 막 건립된 초기였기에 나라 안으로도 해결해야 할 일이 많았다. 때문에 유방은 하는 수 없이 유경의 제안대로 흉노와 화친을 맺기로 했다. 기원전 199년 겨울에 유방은 종실의 공주를 모돈 선우에게 시집보내고 화친을 맺었다. 중국 역사에서 다민족으로 이뤄진 중국은 오랫동안 혼인을 통해 정치적 타협을 찾아왔다. 유방의 선택도 결코 여기서 벗어나지 않았으나 강력한 군사력을 지닌 흉노가 진심으로 한나라와 화친을 맺은 것은 아니었다. 흉노는 화친을 맺은 뒤에도 암암리에 반란 세력을 도왔다. 진희와 한왕 신은 흉노를 등에 업고 대 땅을 공격했으며, 유방은 주발과 군사들을 이끌고 이들을 토벌했다. 한나라 군대는 기원전 196년 정월과 10월에 한왕 신과 진희를 죽이고 대 땅을 평정했다. 그리고 얼마 후 연왕 노관이 진희의 모반에 가담하고 흉노와 결탁한 사실이 드러났다. 유방은 기원전 195년 2월에 번쾌와 주발을 보내 노관을 공격케 했다. 노관은 4월에 흉노로 달아났으며, 1년 뒤에 죽었다.

7년 동안 아홉 번의 반란이 일어났고, 그때마다 유방은 직접 나서서 반란을 평정했다. 잦은 반란은 나라를 통일한 뒤에도 민심을 완전히 사로잡지 못했기 때문에 발생한 것이었다. 유방은 빈번히 일어났던 반란을 모두 잠재웠지만 중앙 정권을 보호한다는 구실로 끊임없이 병력과 식량을 모았다. 당시 군현에서는 분봉 지역과 달리 반란이 일어나지 않았다. 이로 보아 당시의 상황에서는 군현제가 분봉제보다 나은 정책이었음을 알 수 있다. 그러나 유방은 이를 미처 깨닫지 못하고 단지 제후 왕들의 성이 달라 반란을 일으킨다고 생각했다. 이에 한신의 모반이 처음 대두됐을 때 유방은 제후 왕을 친족으로 임명하자는 전긍(田肯)의 의견을 수용했다.

그 후 동성을 가진 자들만 왕으로 봉했다. 흉노의 공격으로 대 땅을 버려 강등된 대왕 유희와 영포의 반란으로 죽은 유가 외에 유가가 죽은 뒤 모두 열 명의 왕 가운데 장사왕 오예를 제외하면 나머지 아홉 명은 모두 그의 근친이었다. 이를테면 제초왕 유교(劉交), 자제왕 유비(劉肥), 대왕 유항(劉恒), 조왕 유여의(劉如意), 양왕 유회(劉恢), 회양왕 유우(劉友), 회남왕 유장(劉長), 연왕 유건(劉建), 오왕 유비(劉濞)이다. 이들은 한 왕조의 영토 절반을 소유했고 그 중 오·초·제·회남의 왕들은 16개의 군을 거느렸다. 당시 15개의 군을 가진 중앙 조정에 비해 한 개의 군이 더 많았다. 유방은 유비를 오왕에 봉하면서 "천하가 모두 같은 성을 가진 집안이니 반란이 없구나"라고 말했다고 한다. 그러나 공교롭게도 오왕 유비는 분봉 받은 천리의 봉지를 믿고 기원전 143년에 초를 비롯 7명의 동성왕과 결탁해 반란을 일으킨다. 유방이 동성의 왕에게만 영토를 나눠 준 일은 역사에 대한 학습이 부족했기 때문이다. 이후 한나라 문제와 경제 때의 뛰어난 정치가 가의와 황착은 유방을 교훈 삼아 성이 같건 다르건 세력이 커지면 조정에 반란을 일으킬 가능성이 높다고 결론을 내렸다. 이 때문에 한 무제 때는 지방의 제후 왕들에게 일정한 조세와 부역을 징수시키고 직접 통치할 권력을 박탈하는 등 중앙 조정의 힘을 강화시켰다.

그럼에도 유방은 분명 뛰어난 정치가였다. 일련의 반란군을 모두 평정하고 동성의 왕들을 세운 뒤에도 천하가 마음을 놓고 태평해졌다고 생각하지 않았다. 기원전 196년 겨울에 유방은 영포를 토벌하고 개선가를 울리며 돌아오는 길에 고향인 패현에 들렀다. 마을 사람들과 술자리를 벌인 유방은 과거 패현에서 봉기한 일부터 쉽지 않았던 현재까지의 기억을 되새기며 감정이 격해져 즉흥적으로 노래를 지었다.

"큰바람이 일고 구름은 높이 날아간다. 위풍을 전국에 떨치며 고향에 돌아왔구나. 내 어찌 용맹한 인재를 얻어 사방을 지키지 않을쏘냐!"

유방은 영포를 토벌하던 중 화살에 맞아 심한 상처를 입고 기원전 195년 4월 25일 장락궁에서 61세의 나이로 세상을 떠난다. 죽기 전에도 반란을 걱정해 3월에 병이 위중한 상태에서 조칙을 내렸다.

　　"공이 높으면 왕에 봉하고, 그다음에는 제후에 봉하고, 그다음에는 식읍을 주어라. 의롭지 못하게 천자를 배신하고 멋대로 군사를 일으키는 자가 있으면 천하와 더불어 주벌하라. 이 조칙을 세상에 보여 내 뜻을 분명히 알리라."

유방의 장례는 장릉(長陵)에서 치러졌다. 군신들은 죽은 유방을 추존해 고황제(高皇帝)라 하고, 묘휘를 고조(高祖)라고 지었다. 이 때문에 이후 역사에서 유방을 한 고제 또는 한 고조로 칭하고 있다.

인재를 알아보고 등용하다

중국의 역대 제왕 가운데 유방이 가장 높이 평가받는 부분은 바로 인재 등용이다. 한나라 초기에 유방이 소하·장량·한신을 평한 이야기는 지금도 미담으로 전해지고 있으니, 그가 제위에 오른 뒤 낙양에서 여러 신하를 모아 놓은 자리에서 유방이 말했다.

　　"장막 안에서 천리 밖의 승리를 결정하는 일은 내 장량만 못하고, 백성들을 위로하고 보급로를 안전하게 하는 일은 내 소하만 못하며, 100만 군사라 하더라도 반드시 이기는 일은 내 한신만 못하다. 내가 천하를 취할 수 있었던 이유는 바로 이들을 잘 썼기 때문이고, 항우는 범증이라는 인재가 있었으나 그마저도 제대로 쓰지 못했기에 나에게 잡힌 것이다."

한신이 군사들을 잘 다루고 유방은 장수를 잘 다룬다는 사실은 누구나 잘 알고 있다. 일찍이 운몽에서 한신을 잡았을 때 유방은 그에게 군사를 지휘하는 문제를 물었다.

"내가 거느릴 수 있는 군사는 몇이라 생각하오?"

"폐하께서는 10만 군사를 능히 거느리실 수 있습니다."

"그렇다면 그대는 몇을 거느릴 수 있소?"

"신은 많으면 많을수록 좋습니다."

"다다익선이라, 그럼에도 그대는 내게 잡히지 않았소?"

"폐하께서는 많은 군사를 지휘하실 순 없지만 장수들을 잘 다루십니다. 그렇기에 신이 폐하께 잡힌 것입니다."

물론 인재만으로 유방이 천하를 얻은 것은 아니지만 적재적소에 인재를 배치하고 이용하는 유방의 능력은 천하를 얻는 데 가장 큰 힘이 됐다. 이 때문에 그가 먼저 관중에 들어갈 수 있었고, 항우를 물리칠 수 있었으며, 나라를 세우고, 반란을 평정할 수도 있었던 것이다. 동한의 반표(班彪)도 『왕명론(王命論)』에서 유방이 한나라를 세울 수 있었던 가장 큰 요인은 바로 인재를 알아보고 등용했다는 점에 두고 있다.

유방은 자신의 목표를 실현시켜 줄, 좋은 계책을 내는 사람이 있으면 출신을 따지지 않고 능력에 따라 일을 맡겼다. 작위는 공의 선후와 경중에 따라 내리고, 관직은 능력의 차등에 따라 내렸다. 그가 중용한 문무 대신 가운데 장량은 여섯 제후국의 후손이었고, 장창은 과거 진나라의 어사였으며, 숙손통은 원래 진나라의 박사였다. 이들은 상류층 인사라 할 수 있다. 그러나 소하와 조참은 진나라 조정의 하급관리였고, 왕릉은 지방 호족 출신이었다. 한신이나 어부 출신의 팽월과 같은 평민 출신 인재는 수없이 많았으며, 영포와 같이 죄를 짓고 장강 일대에서 도적으로 있던 자도 있었다. 번사는 개를 잡는 일을 했고, 주발은 방석을 만들고 대바구니를 짜며 악사를 하던 자였다. 관영은 행상이었으며, 진평은 빈곤한 농민 가정에서 성장한 가난한 서생이었다. 역이기는 원래 문지기였으며, 하후영은 수레를 몰았고, 누경은 수비병이었다. 이처럼 출신 고하를 막론하고 인재를 뽑았던 것은 유방 또한 평민이자 말단 관직 출신이기 때문이었다. 진나라 말기 농민들의 봉기가 일어나자 유방이 뽑은 크고 작은 영웅들이 역사의 무대로 올라서게 된다. 그들은 진나라에 반한다는 뜻을 내걸고 진나라와 싸웠으며, 초한 전쟁과 더불어 한나라 초기 때 일어난 여러 반란을 평정하면서 뛰어난 활약을 보여 주었다. 유방은 바로 이들의 영웅적인 행동을 감독한 가장 뛰어난 지도자였다.

그런데 유생에 대한 유방의 태도는 조금 달랐다. 유방은 천하를 평정함에 있어 유가는 불필요하다고 생각해 유생들을 멸시했다. 한나라가 건립된 뒤 육가(陸賈)는 자주 유방 앞에서 『시경(詩經)』이나 『서경(書經)』에 관해 말했다. 그러나 그때마다 유방은 참고 듣지 못했다.

"전쟁을 해야 천하를 취하거늘 『시경』과 『서경』이 무슨 소용이란 말이오!"

"전쟁으로 천하를 얻지만 전쟁으로 천하를 다스릴 수가 있겠습니까? 문(文)과 무(武)를 병용하는 일은 오래전부터 이어졌습니다."

유방은 육가의 면전에서 강하게 반박했지만 결국 그의 의견을 수용하고 문무를 함께 써야 한다는 생각을 갖게 됐다. 아울러 숙손통에게 명하여 100여 명의 유생과 함께 한나라의 의례를 제정케 했으며, 이 의례가 실시되자 매우 기뻐했다. 숙손통은 구경(九卿) 가운데 하나인 태상(太常)에, 또 100여 명의 유생들은 낭(郎)에 임명했다. 기원전 196년 11월에 유방은 영포를 평정하고 돌아오던 중 노(산동성 곡부) 땅을 지나면서 공자를 위해 제사를 지내기도 했다. 이처럼 한나라를 세운 뒤 유방은 나라를 다스리는데 문과 무의 병존을 중요하게 여겼으며, 유생에 대한 태도도 처음과 많이 달라졌다. 유방은 공자의 제사를 지내고 반년이 채 안 돼 병으로 세상을 떠났다. 유방의 병환이 심각해지자 황후 여치가 유방에게 물었다.

"폐하께서 세상을 떠나시고 소하가 곧 죽으면 상국의 자리를 누가 대신할지요?"

"조참이면 될 것이오."

여치가 조참 다음의 자리를 묻자 유방은 왕릉·진평·주발을 언급하며 덧붙였다.

얼마 후 유방이 죽고 태자 유영이 즉위해 한 혜제(惠帝)가 됐다. 혜제는 나이가 어렸기에 태후인 여치가 최고 권력을 장악했다. 여치는 유방의 유언에 따라 소하가 죽은 뒤 조참·왕릉·진평을 상국으로 삼고 주발을 태위로 삼아 유방의 경제 회복과 민생 안정 정책을 이었다. 여치가 정권을 잡자 여씨 가족의 권력은 크게 팽창되었다. 기원전 180년 7월에 여치가 죽자 한 왕실에서 황권 다툼이 일어났다. 이때 태위 주발과 승상 진평이 긴밀히 협동해 다시 유방의 후손이 정권을 잡도록 도왔다. 유방이 생전에 한 말이 그대로 맞았던 것이다.

맺는 말

전국 시기의 제후 할거 시대에서 진 시황의 통일제국에 이르기까지 중국은 크나큰 발전과 변화를 겪었다. 진나라는 얼마 못가 망하고, 항우는 다시 분봉제로 돌아가려 했다. 그러나 유방이 정권을 잡으면서 전국은 다시 하나로 통일된 중앙집권 제국이 되었다. 사실 한나라 초기에도 제후분봉제는 부분적으로 남아 있었으나 문제와 경제, 무제를 거치면서 지방 할거 세력을 제거하고 완벽한 중앙집권 체제를 확립했다.

유방은 진나라의 패망 원인을 교훈으로 삼아 초나라와 전쟁을 끝낸 뒤 백성들의 부담을 줄이고 생활을 안정시키기 위해 노력했다. 또한 지방의 반란 세력을 평정함으로써 안정적으로 통일된 제국을 형성했다. 인재를 잘 알아보고 적재적소에 등용하는 유방에게는 책사들이 구름처럼 몰려들었고 용맹한 장수들이 쏟아지는 비처럼 많았다.

주발이 여태후를 물리친 뒤 대왕 유항을 황제로 추대했다. 그가 바로 한 문제이다. 이후로 중국 역사에 길이 칭송되는 문경의 정치(文景之治)가 이뤄졌다. 그리고 곧이어 한나라의 전성기인 무제 시대에는 강대한 선진 제국의 면모를 세계에 알렸다. 중원의 민족을 한족이라 하는 말의 연원은 바로 한나라에서 비롯된다. 한나라는 오랫동안 중국 봉건사회에서 최고로 발달했던 시기로 평가되었고 한나라를 세운 유방은 뛰어난 정치가로 오늘날까지 기억되고 있다.

누르하치(努爾哈赤, 1559년~1626년)

청나라의 초대 황제. 여진의 대부분을 통일하여 한(汗)의 지위
에 올라 국호를 후금이라 하였다. 전쟁에서 상벌을 중시함으
로써 병사들의 사기를 진작시켰고, 1619년 살이호 전투에서
명군 10만을 격파하여 대륙 통일의 초석을 닦았다.

"일단 공격 명령이 떨어지면 모두가 기뻐하며, 저마다 앞을 다투어 공격했다. 전쟁을
하면 누구나 용맹했고, 위세는 천둥번개와 같았으니 무릇 임하는 전쟁마다 승리의
북을 울렸다."

— 『만주실록(滿洲實錄)』 중에서

누르하치는 군사들의 투지를 올리기 위해 상벌을 공정히 하도록 주의를 기울였다.
전쟁에서 승리하면 공적에 따라 상을 주고, 죄가 있으면 가까운 친척에게도 관용을
베풀지 않고, 원한이 있어도 공이 있으면 진급을 시켰다. 팔기군의 용맹함은 바로 여
기서 비롯됐다.

명확한 상벌로 전투에 임하는 자를
즐겁게 만들어라

여진족(女眞族, 나중의 만주족)의 민족 영웅 누르하치는 후금(後金) 한국(汗國)의 건립자이며 걸출한 정치가이자 군사지휘관이다. 누르하치는 분열된 여진족을 통합하고 한족의 문화 기술을 받아들여 여진족의 사회·경제를 발전시켰다. 그리고 이로부터 청나라의 전국통일에 견실한 기초를 마련해 주었다.

건주여진

여진족은 오래전부터 중국 동북 지역에 거주해 왔다. 압록강과 흑룡강 일대의 넓은 초원과 산림 지대에는 여진족의 부락과 사냥터가 있었다. 그들은 이 광활한 토지에서 말을 타고 수렵과 반농반목으로 생활했다.

여진은 유구한 역사를 지닌 민족으로서 주진(周秦) 시대의 숙신(肅愼)과 한나라 때의 읍루(挹婁), 당 오대의 말갈(靺鞨)이 모두 여진족의 선조이다. 12세기 초에 여진족인 완안부는 금나라를 세워 약 100년 동안 황하 이북의 광대한 영토를 통치했다. 그러나 13세기 초에 몽고에게 멸망당한다. 당시 한족 지역으로 이주한 일부 여진인은 점차 한족과 융합됐다. 이와 달리 동북에 남은 여진족 부락은 명초에 이르러 해서여진(海西女眞), 건주여진(建州女眞), 야인여진(野人女眞)으로 분열됐다. 해서여진은 지금의 길림성 북부 송화강 유역, 건주여진은 길림성 동북부 목단강과 수분하 유역, 야인여진은 지금의 흑룡강 동북에 각각 터전을 잡았다.

명나라 조정은 여진족을 통치하기 위해 기미(羈縻, 농락한다는 뜻)란 정책을 실시했다. 명나라 초기부터 요동반도에 요동도지휘사를 세우고 요하 동·서 지역을 지배하면서 여진족 거주 지역에 노력간도사와 수많은 기미위(羈縻衛)를 만들었다. 위(衛)의 최고 관리는 명나라 조정에서 임명한 각 여진족의 수장이 맡았으며, 명나라는 이들을 통해 여진족을 통치했다.

명나라는 전국 각지에 위소(衛所)를 만들었다. 도사(都司)는 위에 예속됐다. 위는 5,600명의 군사를 통솔했으며, 장관이 지휘했다. 소는 천호소(千戶所)와 백호소(百戶所)로 나뉘는데 천호소에는 천호를 두고 한 사람이 1,120명의 군사를 통솔했다. 백호소는 백호를 두고 한 사람이 112명의 군사를 통솔했다. 소수 민족 거주지에는 기미위를 세워 소수 민족의 수령에게 명나라 조정이 위소지휘사·천호·백호와 같은 관직을 하사했다. 그러나 기미위소는 다른 위소와 달리 명나라가 직접 관리하는 군사 기구였으며, 정치·군사권에 독립성을 갖고 있었다.

명나라는 여진족 거주지에 100여 개의 위를 설치했다. 건주위(建州衛)는 명 성조 영락 2년(1404년)에 설치된 뒤 건주좌위와 건주우위가 더해졌다. 건주부 여진은 훗날 청조 정권을 세운 만주족의 전신이다.

명나라 때 여진의 여러 부족은 계속해서 서쪽으로 이주했으며, 명나라 말년에는 다음과 같이 네 개의 부족으로 나뉘어 분포했다.

① 건주부(建州部)는 누르하치가 속한 소극소호하부, 혼하부, 완안부, 동악부, 철진부를 포함한다. 지금의 요녕성 요양과 심양의 동쪽인 혼하·소자하·동가강 유역에 분포했다.

② 장백부(長白部)는 눌은부, 주사리부, 압록강부를 포함한다. 지금의 길림성 동쪽 돈화에 분포했다.(이상의 각 부는 건주여진의 부락이다)

③ 굴륜부(窟倫部)는 엽혁부, 합달부, 휘발부, 오랍부를 포함한다. 지금의 요녕성 요하 동쪽에서 길림성 송화강 서쪽 지역에 분포했다.(이상의 각 부는 해서여진의 부락이다)

④ 동해부는 와집부, 와이객부, 고이합부를 포함한다. 지금의 길림성 동북부 및 옛 소련의 오소리주 일대에 분포했다.(이상의 각 부는 야인여진의 부락이다)

소자하 상류 조돌산 부근의 혁도아랍(요녕성 신빈 부근) 일대에 거주한 건주삼위 부락은 명나라와 지리적으로 가까워 명나라의 선진 문화를 받아들여 경제와 문화가 비교적 발달했다. 동북 지역은 토지가 비옥하고 자연 조건이 우수해 농업 생산의 발전에 유리했다. 건주여진은 명나라 후기 때 지속적으로 한족과 접촉해 한족의 선진 기술을 받아들이고 명나라의 철제 생산 기구 수입으로 발달된 농업 기술을 보유했다. 여진 귀족은 변방의 한족과 조선족(朝鮮族)을 노예로 삼아 이들을 농사에 이용했다. 한족과 조선족 가운데 일부 빈곤한 농민은 가혹한 부역을 견디지 못하고 건주로 도망쳐 농사를 지었으니 건주 지역의 농업은 이런 식으로 발전했다.

그러나 당시 건주의 농업은 한족 지역에 비해 낙후돼 있었다. 식량을 자급자족할 수 없었기 때문에 국경에서 무역을 통해 명나라와 조선으로부터 수입해야 했다. 농업과 더불어 수렵·채집·목축도 여진의 중요한 생산 활동이었다. 특히 수렵과 채집은 여진족에게 매우 중요했으니 동북 지역에서 많이 생산된 인삼, 짐승 가죽, 동주(東珠, 명주), 벌꿀, 잣, 목이버섯, 기타 버섯류가 여진의 최대 수입원이었다. 가죽 중에서는 담비의 모피가 가장 귀했다. 그 다음으로 검은 여우, 불여우, 스라소니, 호랑이, 표범, 해달, 수달, 족제비 등이 있었다. 여진족은 수십 명 또는 수백 명이 단체로 활·화살·올가미를 들고 깊은 산속에 들어가 인삼을 캐고 사냥을 했다. 울창한 소나무 숲에서는 주로 담비를 잡았다. 담비의 집은 소나무에 있었기에 여진이 소나무 아래에 올가미를 만들고 불화살을 이용해 담비의 집을 태우면 담비가 올가미 안으로 떨어졌다. 사냥을 나가면 매번 풍부한 수확을 얻었기에 채집과 수렵은 오랫동안 여진족의 경제 활동으로 이어졌다.

목축업도 여진족의 생활에서 **빠질** 수 없었다. 주로 말을 많이 길렀는데 귀족들은 수백에서 수천 마리에 이르는 말을 기르기도 했다. 보통 집집마다 말, 돼지, 양, 개, 고양이, 닭, 오리, 거위 등의 가축을 길렀다.

명나라는 요동의 개원, 무순, 애양, 관전, 청하 등지에 호시(互市)를 열어 여진족과 교역했다. 당시 마시(馬市)라고 불린 호시는 매월 정해

진 기간에 한두 번 열렸다. 시장이 열리면 명나라 상인과 현지 주민은 한족의 수공예품과 양식을 여진족 지역의 특산품과 교환했다. 호시에서 명나라 사람들은 여진족에게 양식, 종자, 소금, 명주, 비단, 포, 솥, 가래, 대패, 가위, 바늘과 같은 생필품과 생산 도구를 팔았다. 그 가운데 특히 철제 농기구와 공구의 수입은 여진족 경제 발달에 큰 영향을 주었다. 반면에 여진족은 주로 인삼, 짐승 가죽, 말, 목재와 같은 동북 지역의 천연 특산품을 팔았다. 호시는 여진족에 대한 명나라 조정의 기마 정책 가운데 하나였지만 실상 한족과 여진족의 필요성에서 출발한 것이다. 호시를 통해 여진족과 한족의 교류가 빈번해지면서 두 민속의 물질 생활이 풍부해졌고, 관계가 더욱 밀접해졌다. 그러나 명나라는 때때로 호시를 중단하고 주요 상품의 거래를 금지시키는 등 여진족을 압박했다. 명나라 후기에 이르자 조정의 정치가 나날이 부패해졌다. 특히 요동의 관리들은 탐욕스럽고 포악해 호시에서 압력을 넣어 시장 가격을 낮추거나 따로 세금을 징수하는 등 시장의 거래를 어지럽혔다. 심지어 여진족을 구타하는 등 관리와 여진족 사이의 분쟁이 끊이지 않았다.

명 만력(萬曆) 연간(1573~1620년)에 대장수 이성량은 요동에 군대를 주둔시킨 전후 22년 동안 횡령과 착취로 쌓은 부를 조정의 관료들에게 뇌물로 바치면서 명 신종의 신임을 얻었다. 그는 적의 침략을 대비해 모든 군비를 갖춰야 한다고 주장했지만 실제로는 군사들을 훈련시키지 않고 제멋대로 놓아두었다. 심지어 평민을 살해한 군사들에게도 상을 내리고 진급을 시켜 줄 정도였다. 이렇게 되자 요동의 수비는 갈수록 허술해질 수밖에 없었다. 또한 건주여진 부족을 억압하면서 세력을 요동으로 발전하지 못하게 막았으나 명나라는 나날이 발전하는 건주여진을 통제하지 못했다. 이때 여진족의 민족 영웅인 누르하치가 나타나 여진의 내부를 통일하고, 나아가 명나라의 요동 지역으로 진출을 꾀했다.

후금 한국의 뛰어난 영수

누르하치는 원래 명나라 초기 때 건주좌위도독 맹가첩목인의 후손으로, 1559년에 태어났다. 성(姓)은 애신각라(愛新覺羅)이며, 조부는 규장(叫場)이고 부친은 탑실(塔失)이다. 조부와 부친은 모두 건주우위도독 왕고의 부하 장수였다. 누르하치의 모친은 희탑라씨(喜塔喇氏)며, 왕고의 딸이다. 누르하치가 10세 때 모친이 세상을 떠났다. 이 때문에 누르하치는 어려서부터 계모의 홀대를 받다가 19세 때 집을 나왔다. 그는 산에 들어가 인삼과 잣을 채집해 무순 시장에 내다 팔아 생활했다. 누르하치는 시장에서 한족을 자주 접해 한족의 말과 글자를 배웠으며, 한족의 문화와 생활도 익숙해 요동의 형세까지 알게 됐다. 평소에 누르하치는 한문 서적 읽기를 좋아했다. 특히 『삼국연의』와 『수호전』을 애독했다. 한족 문화는 이후 누르하치의 생활과 사상, 그의 통일 사업에 크게 영향을 미쳤다.

만력 초년 때 왕고는 점점 세력을 키워 명나라에 반기를 들었다. 규장과 탑실은 왕고와 친분이 있었으나 암암리에 명나라와도 관계를 맺고 있었다. 나중에 왕고가 명나라와의 전투 중에 이성량에게 패하고 죽자 이성량은 탑실을 건주좌위지휘로 임명했다. 왕고가 죽자 그의 아들 아대는 고랄(요녕성 신빈현) 산채를 점령한 뒤 명나라에 반기를 들고 여러 번 요동을 공격했다. 당시 극소호하부에는 이감외란이란 자가 있었다. 그는 명나라 군대를 인도해 고랄을 포위했다. 규장과 탑실은 서둘러 고가(古珂)에 도착해 성안으로 들어가 아대에게 명나라에 투항할 것을 권유했으나 거절당했다. 고랄은 매우 견고하게 수비를 갖추고 있어 이성량이 많은 군사를 잃어가며 고전하고 있었다. 그런데 이감외란이 성 아래에서 아대를 죽이는 자에게 명나라가 산채를 맡길 것이라고 크게 소리치자 얼마 후 아대의 부하가 배반하고 아대를 죽인 뒤 명나라에 투항했다. 이성량은 고랄을 점령한 뒤 성안의 사람들을 모두 죽였다. 이때 규장과 탑실도 명나라 군사들에게 살해됐다. 이 일은 1582년에 발생했다. 당시 누르하치는 25세였다. 부친과 조부의 죽음은 이후 그가 명나라를 공격하는 명분이 됐다.

규장과 탑실이 죽자 명나라는 누르하치에게 압력을 넣어 이감외란에게 복종하도록 했다. 일부 명나라를 두려워한 여진족은 후환이 두려워 누르하치를 죽이려고 했다. 위태로운 상황을 맞았으나 누르하치는 겁내지 않았다. 만력 11년(1583년) 5월에 그는 탑실이 남겨 놓은 13개의 갑옷과 투구로 군사들을 무장시키고 이감외란을 공격했다. 이감외란은 누르하치의 소수군을 당해내지 못하고 악륵혼(길림성 길림)으로 도망쳤다. 이 싸움에서 누르하치는 100명의 군사와 30개의 갑옷 및 투구를 전리품으로 얻고 세력을 키웠다.

이감외란을 물리친 누르하치는 여진족 내부의 통일 전쟁을 시작했다. 당시 여진족은 씨족사회에서 노예사회로 넘어가는 과도기에 있었으며, 혈연 관계를 맺은 친족들이 크고 작은 부락을 이루며 살고 있었다. 그러나 각 부락 간에 다툼이 빈번하게 일어나는 등 전쟁이 끊이지 않았다. 지속적인 내분은 여진족의 생활을 불안하게 하여 생산력 발달에도 영향을 주었다. 이 때문에 여진족에게 내부 통일은 매우 절실했고 그 임무는 바로 누르하치에게 주어졌다.

1584년(만력 12년)에 누르하치는 동악부를 점령했다. 그리고 1585년에는 혼하부, 1586년에는 소극소호하부를 차례로 점령하고 이감외란을 죽였다. 철진부(哲陳部)를 점령하고 1588년에 연이어 완안부까지 점령함으로써 건주여진의 내부는 완전히 통일됐다. 누르하치가 처음 군사를 일으켰을 때 그 역량은 크지 않았다. 그럼에도 분열된 여진을 통일했으니 누르하치는 뛰어난 군사 지휘 능력을 지녔던 것이다.

누르하치가 처음 군사를 일으켰을 때 군사 수가 많지 않아 항상 자신이 먼저 선두에 나서 용감하게 적군을 죽였다. 한 예로 1585년에 누르하치는 군사 500명을 이끌고 철진부를 공격하러 가다가 중도에 큰 물을 만났다. 누르하치는 대부분의 군사들에게 퇴각 명령을 내리고 면갑(綿甲, 경갑이라고도 부르며, 면으로 만든 군복)을 입은 군사 50명과 철갑(鐵甲, 견갑이라고도 하며, 면으로 만든 다음 안에다 철판을 넣었다)을 입은 군사 30명만 데리고 출격했다. 이때 탁막하, 장가, 파이달, 살이호호, 계번 일대의 여진족이 손을 잡고 누르하치를 공격하려 했다. 누르하치가 군사를 보내 동태를 살펴보니 적군 800여 명이 계번의 혼하 남쪽에 포진하고 있었다. 누르하치의 부하는 적군이 아군의 10배가 넘자 두려워 투구와 갑옷을 벗어 다른 사람에게 주고는 도망가려 했다. 그 모습을 본 누르하치가 크게 화를 냈다.

말을 마친 누르하치는 깃발을 들었다. 적군이 가만히 있자 누르하치는 목이합제와 호위병 서넛을 데리고 겹겹이 싸인 포위망을 뚫고 들어가 20여 명의 적군을 죽였다. 누르하치의 용맹한 모습에 적군은 겁을 먹고 서둘러 혼하를 건너 도망치려 했다. 이때 누르하치도 지쳐서 숨이 차고 온 몸에 열이 났다. 서둘러 투구와 갑옷을 벗고 갑옷의 매듭을 아예 끊은 뒤 잠시 휴식을 취하고 있는데 뒤에서 적군이 계속 공격을 퍼부었다. 모두들 승세를 몰아 추격하자고 했으나 누르하치는 겁을 먹은 적군을 상대하지 않고 다시 숨을 돌렸다. 그 사이 적군은 이미 혼하를 건넜다. 누르하치는 다시 투구와 갑옷을 정비한 뒤 군사를 이끌고 추격해 40~50명을 죽이고 목이합제와 길림산까지 추격했다. 이때 10여 명의 적군이 다른 길을 통해 산에 올라오자 자신의 군대가 들킬까 걱정이 된 누르하치는 투구를 벗고 숨어서 적군이 다가오기를 기다렸다가 활을 쏴 죽였다. 목이합제도 활을 쏘며 적군을 죽였다. 나머지 적군은 도망가다가 절벽으로 떨어져 죽었다. 누르하치는 전승을 거둔 뒤 군사를 돌렸다.

누르하치는 용맹하고 지혜로웠을 뿐 아니라 무예 또한 뛰어나 100보 밖의 떨어지는 낙엽도 화살로 명중시킬 정도였다. 연속으로 다섯 발을 표적에 명중시킬 수 있었으며, 다섯 발의 거리가 채 5촌도 되지 않아 부하들이 신기에 가까운 재주라며 입을 모았다.

누르하치는 건주부를 통일한 뒤 1589년에 압록강부를 정복했다.

그 뒤 부단히 세력을 확장시키자 다른 부락들의 원성이 커지기 시작했다. 만력 21년(1593년) 6월에 호륜의 연합군이 건주를 공격했다가 누르하치에게 패했다. 9월에는 엽혁부를 선두로 호륜합달, 오랍, 휘발부, 장백산주사리, 눌은부, 몽고과이심, 석백, 괘륵찰부가 연합해 모두 3만 명의 군사를 이끌고 건주부를 향해 진격했다. 연합군이 밤에 혼하 북쪽에 도착하자 누르하치의 정찰병이 이를 발견하고 보고했다.

"적군은 지금 불을 피워 밥을 짓고 있는데 그 불빛이 별과 같습니다."

적군의 수를 정확히 파악하지 못했으나 누르하치는 이미 이번 전쟁의 심각성을 파악하고 있었다. 누르하치는 부하들에게 전투 준비를 갖추고 날이 밝으면 출격한다고 명을 내렸다. 그날 저녁 누르하치가 전과 다름없이 높이 베개를 베고 숙면을 취하자 부인이 그를 깨웠다.

"9개 부족이 손을 잡고 우리를 공격하러 왔는데 당신은 어찌 편히 잘 수 있습니까? 도대체 마음이 심란한 겁니까, 아니면 두려운 겁니까?"

누르하치는 대답했다.

"사람은 누구나 두려운 일이 있으면 잠을 제대로 이루지 못하는 법이오. 내가 두렵다면 이렇게 잘 잘 수 있겠소? 이전에 엽혁이 세 길로 공격해 왔을 때는 언제 공격할지 몰라 마음을 졸였으나 지금은 적군이 이미 도착했으니 마음이 편하오."

누르하치는 말을 마치고 금방 잠에 빠졌다. 이튿날 새벽에 누르하치는 군대를 이끌고 출전했다. 앞서 보낸 정찰군이 적의 수가 3만이리 하자 군사들은 걱정하기 시작했다. 그러자 누르하치가 군사들을 돌아보며 말했다.

"걱정할 필요가 없다. 적군이 아무리 많아도 오합지졸이니, 대부분 관망하는 태도로 전쟁에 임할 것이다. 우리가 적군의 우두머리 몇 명만 죽이면 나머지 군사는 그대로 자멸할 것이다."

누르하치의 판단은 정확했다. 3만 적군은 일격도 받아내지 못하고 누르하치의 군대에 크게 패했다. 4,000명을 죽이고 수장 포재를 사로잡아 참수했다. 또 오랍의 수장이자 만태의 동생인 포점태를 포로로 잡고, 병마 3,000마리와 투구 및 갑옷 1,000개를 전리품으로 획득했다. 주사리부·눌은부·장백산부까지도 물리치면서 누르하치의 명성은 인근 지역에 널리 퍼졌다.

누르하치는 장백산부를 정복한 뒤 다음 목표를 호륜부로 삼았다. 호륜부 4개 부족 가운데 합달과 엽혁은 개원 동쪽의 명나라 변방 성벽 밖에 있었다. 이 성벽은 명나라가 몽고족과 여진족을 방어하기 위해 산해관부터 압록강 변까지 쌓은 것이었다. 합달과 엽혁 부족 외에도 양부 수장이 명나라로부터 도독으로 봉해지면서 여진족 가운데 세력이 가장 컸으며, 명나라와도 친밀한 관계를 맺어 누르하치와 가장 심하게 대립했다. 사실 9개 부족의 연합군이 건주를 공격하려는 계획도 엽혁으로부터 시작된 것이다. 처음에 누르하치는 자신의 딸을 합달의 수장 무이고대와 오랍의 수장 포점태에게 시집보내고 아들과 엽혁 귀족의 딸을 정혼시키려 했다. 양측이 서로 혼인을 통해 호륜의 각 부를 얻고자 했으나 모두 성공하지 못했다. 1599년에 누르하치는 할 수 없이 무력을 사용해 합달부를 정복했다. 1607년에 멸휘발부, 1613년에 멸오랍부를 각각 정복하니 호륜부의 4개 부족과 엽혁부만을 남겨두고 있었다. 당시 누르하치의 세력은 이미 명나라의 요동까지 미치고 있었다. 일찍이 1606년에 이성량은 명나라의 요동 지역 방어 기지인 관전, 장전, 영전, 대전, 사전, 장기합랄전을 포기했다. 이때에 이르러 누르하치가 서쪽을 향해 진격해 명나라에 큰 위기가 닥치게 된 것이다.

누르하치는 동해부를 이미 수차례 공격했으나 완전히 정복하지 못하고 있었다. 그러다가 1583년에 다시 군사를 일으켜 투항을 받아냈다. 이렇게 누르하치는 30년 동안 여진족의 내부를 통일해 나갔다.

1616년에 누르하치는 칸(중국 고대의 동북 소수민족은 자신들의 군주를 칸이라 했다)의 지위에 올라 나라를 세우고 국호를 대금(大金)이라 정했다. 송대 완안아골(完顔阿骨)이 세운 금나라와 구별하기 위해 역사에서는 이를 후금(後金)이라 한다.

누르하치의 가장 큰 업적은 당연히 여진족을 통일한 일이지만 이로 인해 여진족의 사회와 경제를 발달시켰다는 결과에 더욱 주목할 만하다. 명나라 말기 여진의 농업·목축업·수공업·상업은 빠르게 발전했으나 부락 단위로 분산돼 기술이 통용되지 못했기 때문이다. 따라서 당시 대부분의 여진족이 내부 통일을 바랐고, 누르하치는 그들의 요구와 바람을 기반으로 뛰어난 재능을 발휘해 통일이란 임무를 완성했던 것이다. 또한 명나라의 지배에서 벗어나 여진족 사회의 발전을 촉진시켰다.

이 시기에 누르하치는 명나라와 표면적으로는 화친을 유지하고, 명나라가 하사한 관직을 받아들였다. 이에 그는 1587년에 부친 탑실의 관직이던 건주좌위도독을 계승했다. 누르하치는 자신과 여진족의 이익에 해가 되지 않는 선에서 명나라를 따르기로 했다. 그 예로 1596년에 일어난 조선과의 문제를 들 수 있다. 어느 날 조선에서 삼을 캐던 여진인이 조선인에게 살해당하는 일이 발생했다. 누르하치는 조선을 공격하기로 했고 이 소식을 들은 조선은 명나라에 도움을 청했다. 명나라가 중간에서 화해를 중재하자 누르하치는 조선 공격을 포기했다. 또 3년 뒤인 1599년에 누르하치가 합달을 정복하자 명나라가 파견한 사신의 중재로 합달의 수장을 석방시키고, 합달에 독립적 지위(나중에 합달은 기근으로 인해 누르하치에게 귀속됐다)를 회복해 주었다.

누르하치의 위업

1587년에 누르하치는 도시를 건설하기 시작해 혁도아랍의 남쪽에 영고탑성(寧古塔城)을 지었다. 성은 외성과 내성이 있었으며, 외성의 주위는 약 10리였다. 돌과 목재를 이용해 쌓은 성벽은 높이가 10여 척이었다. 안팎으로 점토를 더 바른 외성의 성벽 두께는 4, 5척이고, 위쪽은 2, 3척이었다. 성문은 나무판으로 만들었으며, 열쇠 대신 횡목으로 막았다. 성벽 위에는 적을 살피는 망루를 만들어 놓았다. 내성의 형식은 외성과 같았다. 내성의 안쪽에는 나무울타리를 만들어 이 울타리 안에서 누르하치가 거주했다. 내성에는 누르하치의 친척 100여 가구가 거주했다. 외성에는 누르하치의 부하 장수와 친족 300가구, 군사들의 가족 400여 가구가 거주했다. 성 가운데에는 네다섯 곳에 우물이 있었다. 우물은 깊지 않아 생활에 필요한 식수를 충분히 공급할 수 없었다. 이 때문에 성안의 사람들은 하천에 가서 물을 길어야 했다. 겨울에는 얼음을 깨뜨리고 물을 길렀다. 성안에는 곡류 창고와 여진 귀족이 입는 철제 갑옷, 전쟁에 사용할 화살을 만드는 작업실이 있었다. 규모만 보아도 원시적인 성의 수준이었고 모든 설비가 빈약했다. 그러나 이곳이 당시 여진족의 정치·경제·군사·문화의 중심지였으며, 여진족의 내부 통일과 요동 발전 사업에 큰 역할을 했다.

누르하치가 정권을 수립한 뒤 1615년에 관리 제도를 마련해 칸 이하에 정사를 돕는 대신 다섯 명을 두어 기밀을 다루도록 했다. 대신 아래에는 차이고제 10명을 두고 소송을 심사하도록 했다. 관리 제도를 마련한 이유는 백성들을 통치하기 위해서였다. 민간에서 소송이 생기면 먼저 차이고제 10명으로부터 심문을 받고, 다시 5명의 대신과 황태자로부터 재심을 받은 뒤 누르하치가 최후 심문을 했다. 이전의 건주 관습에 따르면 모든 귀족이 판결해야 처벌할 수 있었으나 천명(天命) 원년(1616년)에 이를 금지하고 닷새마다 집사관이 한 차례씩 재판하도록 했다. 이후로 귀족들이 무단으로 민간 소송을 처리하면 처벌을 받았다. 누르하치 시기에는 성문법이 없었기 때문에 모든 소송은 관습을 기초로 통치자가 판결했다. 최고 통치자는 백성들의 생사권을 쥐고 죄의 경중에 따라 옷을 벗기거나 사형까지 내렸다.

군사 방면에서 누르하치는 팔기군 제도를 만들었다. 팔기군 제도는 군사·행정·생산을 하나로 통치하는 제도이다. 해마다 이어진 전쟁으로 탄생한 팔기군 제도는 1615년에 최종적으로 확립돼 씨족사회에서 발전했다. 여진족은 관습에 따라 사냥을 나갈 때 열 명 가운데 한 명을 대장으로 세우고, 나머지 아홉 명은 대장의 지휘를 따랐다. 대장은 여진 말로 우록액진(牛錄額眞)이라 했다. 우록은 중국어로 큰 화살, 액진은 주인이라는 뜻이다. 전쟁 중에 군사가 늘자 누르하치는 1601년에 300명당 한 명의 우록액진을 세웠다. 이후로 우록액진은 군관의 명칭이 된다. 누르하치의 부하 군관의 업무는 대부분 각 부족의 수장이 맡던 일이었다. 다섯 명의 우록액진 가운데 다시 한 명을 갑라액진으로 세웠고 다시 다섯 명의 갑라액진 가운데 한 명을 고산액진을 세웠다. 고산액진 좌우에 매륵액진을 세웠다. 각 매륵액진은 하나의 기를 세우고 황태자가 7,500명을 지휘했다. 1601년에 황색·백색·홍색·남색의 정황기(正黃旗)는 군사가 증가하자 1615년에 4색 기에 테두리를 두른 양황기를 추가했고 이들 군의 깃발을 모두 더해 팔기라 했다. 이로부터 팔기군 제도는 씨족의 생산 조직에서 군사 제도로 변화했다. 행군할 때 도로가 넓은 곳에서는 팔기군이 여덟 개의 길로 나누어 전진했으며, 도로가 좁은 곳에서는 하나의 길로 전진했다. 전투를 할 때는 견갑을 입고 긴 창이나 큰 칼을 찬 부대가 선봉에 서고, 경갑을 입고 활을 잘 쏘는 부대는 뒤에서 공격을 맡았다. 팔기군은 규율이 엄격해 행군할 때 대오가 흐트러지면 안 되고, 소란스러운 것도 허락하지 않았으며, 후퇴하거나 군령을 어기면 사형에 처했다. 군사들은 평상시에 항상 힘든 훈련을 받으면서 작전 기술을 익혔다. 누르하치는 군사들의 투지를 올리기 위해 상벌을 공정히 하도록 주의를 기울였다. 전쟁에서 승리하면 공적에 따라 상을 주고, 죄가 있으면 가까운 친척에게도 관용을 베풀지 않고 가차 없이 법으로 다스렸다. 원한이 있어도 공이 있으면 상을 내리고 진급을 시켰다. 이 때문에 팔기 군사들은 모두 공을 세워 상을 받고 싶어 했다.

"일단 공격 명령이 떨어지면 모두가 기뻐하며, 저마다 앞을 다투어 공격했다. 전쟁을 하면 누구나 용맹했고, 위세는 천둥번개와 같았으니 무릇 임하는 전쟁마다 승리의 북을 울렸다."(『만주실록(滿洲實錄)』4권)

팔기군은 평상시의 강도 높은 훈련으로 전장에서 사기가 높았다. 따라서 일단 싸우면 반드시 이겼으며, 공격하면 모든 전리품을 챙겼다. 이처럼 용맹한 부대는 바로 누르하치에 의해 조직됐으며, 실제로 그 위력은 전쟁에서 충분히 발휘됐다.

누르하치는 일찍이 병법에 관한 책을 썼다고 하지만 지금은 전해지지 않는다. 그러나 기타 문헌 속에서 그의 군사 사상을 엿볼 수 있다. 그의 전략의 요점은 전쟁을 가벼이 하지 않고, 지혜로운 전략을 이용해 전쟁에서 군사를 잃지 않는 것이다. 누르하치가 지휘한 전투는 대부분 적군의 숫자가 많고 아군이 적었다. 이 때문에 그는 특히 아군의 수를 줄이지 않으려고 군사들의 생명 보전에 신경을 썼다. 누르하치는 좋은 장수를 얻어야 군사들에게 큰 힘을 들이게 하지 않고 승리할 수 있다고 생각했다. 역사상 있었던 수차례의 전쟁 가운데 여진의 팔기 부대는 누르하치의 군사 사상을 기본으로, 병력을 집중시켜 적의 약점을 공격해 신속하게 적을 섬멸했다. 이것은 누르하치가 끊임없이 승리를 거둔 중요한 원인이었다.

누르하치는 문화 방면에서도 중대한 공헌을 남겼다. 건주여진은 원래 고유의 문자가 없어 공문서에 몽고문이나 한자를 사용했다. 누르하치는 몽고문과 한자에 능통했지만 일부 관리와 백성들은 그렇지 못했다. 이에 누르하치는 민족의 문자를 만들기로 한다. 1599년에 액이덕니(額爾德尼)와 갈개(噶蓋)에게 명을 내려 몽고문을 참고해 여진의 문자를 만들도록 하고 이를 시행했다. 나중에 달해(達海)가 수정해 지금의 만주문이 된다. 여진의 문자는 여진족 문화의 발전, 사상의 교류, 지식의 전파, 한족의 선진 문화와 기술 도입, 정책의 시행 등에 크게 도움이 됐다.

경제 부문에서 우선 언급해야 할 것은 철의 사용이다. 누르하치 시대 이전의 여진족은 아직 채광이나 철기의 제련·제조 기술을 지니지 못했다. 철기는 주로 명과 조선으로부터 수입했으며, 가공과 개조가 필요한 철제 기구도 모두 수입해 사용했다. 경제가 발전되고 군사 활동이 확대되면서 철의 수요는 더욱 더 증가했다. 명과 조선으로부터 수입한 철은 주로 농기구나 솥과 같은 생산 도구와 생필품을 만드는 데 사용됐으며, 무기 제작에는 금지됐다. 일찍이 15세기 후반에 여진족이 명나라의 대나무와 철을 사용해 화살촉을 만들었으나 철기 수입이 제한적이라 수요를 채울 수 없었다. 게다가 명나라와 조선은 누차 국경 무역에서의 철기 매매를 금지했다. 누르하치가 통일하자 이 문제에 대한 해결은 절박해졌다. 1599년에 누르하치는 백성들을 지도해 채광을 시작하고, 철을 전매했으며, 금광과 은광을 열었다. 명나라와 조선에서 포로로 잡아 온 철공들을 후하게 대접해 그들로 하여금 여진족에게 기술을 전수하게 했다. 제철과 철기 제조업은 이후 계속 발전해 보편적으로 사용되어 농업의 발전을 가속화시켰다.

누르하치는 농업 생산도 중요하게 여겼다. 전쟁에서 사로잡은 한족 농민들은 여진족의 노비가 되거나 농민이 되어 일정량의 토지를 분배받고 농사를 지었다. 이렇게 한족의 발달된 농업 기술은 빠르게 전파됐다.

여진은 인삼, 담비 가죽, 쇠가죽이 많아 자체에서 사용하고 남는 것은 다른 물건과 교환했다. 명나라는 1609년에 누르하치에게 복종을 강요하기 위해 2년 동안 호시를 폐지시켰다. 이로 인해 여진족은 제때 팔지 못한 건주의 신선한 인삼 수십만 근이 썩어나가 큰 손실을 봤다. 그러나 누르하치는 이에 굴복하지 않고 인삼을 익히고, 찌고, 말려서 보존해 조선을 통해 명나라에 팔아 몇 배의 이익을 얻었다.

누르하치는 정치·경제·군사·문화 각 부문에 일련의 개혁을 진행해 여진의 사회·경제·문화에 전례 없는 번영을 가져오게 했다. 물론 정치와 군사력도 강대해져 대외로 발전할 수 있는 충분한 물질적 기반을 마련했다.

누르하치의 죽음

만력 후기에 들어와 명나라는 대군을 조선으로 보내 조선을 침범한 일본에 대항하도록 지원했다. 1592년에 일본이 조선을 침략하자 명나라가 지원한 것이다. 전쟁은 6년 동안 지속됐으며, 결국 일본은 패하고 돌아갔다. 명나라는 조선에 원정군을 보내면서 파주(播州)의 군사와 대량의 군비를 소모했다. 게다가 혼란스러운 정치와 극도로 사치스러운 궁중 생활로 국고가 바닥나면서 새정난을 겪게 된다. 명 신종(神宗)은 재정난 해결을 위해 많은 환관을 보내 전국 백성들의 재산을 약탈했다. 환관들의 횡포는 상당히 잔혹했다. 광산을 열어 조세라는 명목으로 백성들에게 약탈을 일삼았고, 아무 이유 없이 백성들의 재산을 몰수했으며, 심지어 마음대로 백성들을 잡아다가 죽였다. 백성들은 집과 재산을 잃어야 했으며, 가족은 사방으로 뿔뿔이 흩어져야 했다. 더욱이 상공업 생산이 중단되면서 각지의 백성들이 반항하여 전국적으로 광산 세금에 대한 투쟁을 일으켰다.

만력 만년부터 천계(天啓, 명 가종의 연호) 초년까지 백성들의 투쟁은 20여 년이나 계속됐다. 각지의 농민들도 무장을 하고 봉기했다. 명나라에 계층 간 모순이 첨예해진 이때 나날이 강대해진 누르하치 세력이 명나라 동부를 위협했다. 그런데도 부패한 명나라 조정은 후금에 대한 정보와 이해가 부족했다. 심지어 누르하치가 즉위해 국가를 수립한 일에도 별다른 관심을 두지 않았다. 요동 변경에 대한 명나라의 관리가 소홀해지면서 후금은 유리한 상황을 맞게 됐다. 이로 인해 누르하치는 과감하게 명나라 진격을 시작했다.

1618년 정월에 누르하치는 황태자와 대신에게 명나라와의 전쟁을 선언하고 군사들에게 투구와 갑옷을 준비하도록 명령한 뒤 병기를 수리했다. 4월에 누르하치는 명나라와 전쟁하는 명분을 일곱 가지의 원한이라고 공포했다. 일곱 가지 원한 가운데 첫 번째는 명나라가 부친과 조부를 살해한 것이었다. 누르하치는 2만 대군을 이끌고 둘로 나누어 진군했다. 좌측의 4기군이 동주(심양 동남에서 110리 떨어진 곳)와 마합단(혁도아랍 서남에서 210리 떨어진 곳)을 공격했고, 누르하치는 직접 우측의 4기군을 이끌고 무순을 공격했다. 무순성은 붕괴됐으며, 수장 왕명인이 필사적으로 싸우다 죽고 이영방은 투항했다. 무순으로부터 동주와 마합단이 모두 함락됐으며, 500여 개의 보루도 누르하치의 손에 넘어갔다. 후금군이 퇴각할 때 광녕의 사령관인 장승음이 1만여 명의 군사로 추격했다가 다시 군사를 돌려 응전한 누르하치에게 패했다. 이 싸움에서 후금은 9,000마리의 군마와 7,000개의 갑옷을 전리품으로 얻었다. 7월에 다시 청하(요녕성 본계시 동북)를 공격하고 이듬해 정월에 엽혁을 집중적으로 공격했다. 엽혁은 명나라에 구원을 요청했다. 이때서야 사태의 심각성을 깨달은 명나라는 대군을 일으켜 누르하치를 소멸시키고자 했다. 명나라는 병부시랑 양호를 파병해 요동 경략(經略, 명나라가 전쟁 중에 특별히 만든 관직으로, 전군을 지휘함으로써 권력과 지위가 매우 높았다)으로 삼고, 9만 명의 군사를 심양에 집중시키면서 47만의 병력을 모았다. 더불어 현상금으로 1만금을 걸고 누르하치를 잡으려 했다.

만력 47년(1619년) 2월에 출병한 명나라 군대는 길을 네 갈래로 나누어 진격했다. 첫 번째 부대는 산해관의 총사령관 두송이 3만 군사를 이끌고 심양으로부터 무순을 나와 다시 소자하 유역으로 진입하기로 했다. 두 번째 부대는 요동 총사령관 이여백이 2만 5,000명을 이끌고 청하로 들어가 아골관으로 나와 혁도아랍를 공격하기로 했다. 세 번째 부대는 개원의 총사령관 마림이 1만 5,000명의 명나라 군대와 엽혁 군대를 이끌고 소자하 유역으로 진입하기로 했다. 네 번째 부대는 요양의 총사령관 유정이 명군 1만 명과 조선군 1만 명을 이끌고 관전으로부터 혁도아랍을 공격하기로 했다. 양호는 심양에 주둔해 이 4개 부대의 총지휘를 맡았다. 누르하치의 군대는 전부 합해야 6만이었기에 명나라 군대와는 비교가 되지 않았다. 그러나 부패한 명나라 군대에 비해 군사들의 사기와 역량은 훨씬 뛰어났다. 명나라의 4개 부대는 노선을 나누어 진입하면서 총공격을 하기로 했다. 즉 사면에서 포위하면서 총공세를 펼치자는 전술이었다. 누르하치가 병력을 나누어 공격을 막고자 했다면 분명히 함락됐을 것이다. 그러나 그는 병력을 모아 각 지점을 공격했다. 누르하치는 명나라의 주력군이 무순을 출발해 병력을 집중시킨 뒤 우선 두송을 공격하려 한다는 정보를 얻었다. 두송은 용맹했으나 책략이 약했고, 적을 우습게 여겨 살이호(薩爾滸)산에 대군을 주둔시키면서 2만 명만으로 큰 군영을 지키게 했다. 그리고 자신은 직접 1만 명을 이끌고 혼하를 건너는데 물살의 흐름이 빨라 싸워보지도 못하고 익사하는 군사가 많았다.

두송이 계번을 진공하자 누르하치는 대선(代善)·황태극(皇太極)과 2기군에게 명을 내려 계번을 구원토록 하고 직접 4만 5,000명의 6기군을 이끌고 살이호에 주둔한 명나라 군대 본영을 습격했다. 명나라 군대가 군영을 나와 진을 펼치고 막 접전을 벌이려는 순간 갑자기 모래바람이 휘몰아쳐 앞에 있는 사람 얼굴도 알아볼 수 없는 지경이 됐다. 명나라 군대가 횃불을 들기 시작하자 후금군은 어둠 속에서도 적을 쉽게 구별하여 화살로 명나라 군사들을 명중시켰다. 명나라 군사들은 적군을 찾지 못해 먼 숲속을 향해 총과 대포를 쏘았다. 승세를

탄 후금군은 계속 공격을 퍼부어 명나라 군대를 섬멸했다. 계번의 두
송 군대는 산속의 금군과 황태극이 이끄는 2기군의 협공에 패한 데
다 살이호의 군영까지 섬멸됐다는 소식을 들었으나 달리 어찌할 방법
이 없었다. 누르하치는 명나라 군대의 살이호 진영을 함락시킨 뒤 곧
바로 6기군을 이끌고 계번을 구원하기 위해 사면을 포위하고 공격했
다. 명나라 군대는 크게 패했다. 두송은 전장에서 죽고, 전군은 전멸했
다. 3월 1일의 일이었다. 이튿날 누르하치는 8기군을 모아 급히 상애
(尙崖, 살이호로부터 30~40리 떨어진 곳)를 지키고 있던 마림군(馬林軍)을
공격해 물리치고 개원으로 쫓아냈다. 당시 남쪽의 유정과 조선군은 살
이호 군영이 대패했다는 소식을 듣지 못했다. 누르하치는 두송 군령의
영전(명령을 내릴 때 징표로 썼던 것)을 가져오게 하여 두송군이 적의 성
에 근접했으니 유정군은 급히 전진하라는 허위 명령을 내렸다. 유정은
군사를 이끌고 깊이 들어갔으나 도중에 후금의 복병을 만나 죽음을
당했다.

　명나라의 4개 부대 가운데 이여백의 부대만이 후금군과 교전이 없
었다. 심양의 양호는 나머지 군대가 모두 패전했다는 소식을 듣고서
급히 이여백에게 철회 명령을 내려 이여백과 그의 부대가 보존할 수
있었던 것이다. 이 전쟁은 역사에서 살이호 대전(薩爾滸大戰)이라 한다.
명나라 군대가 군사를 나누어 공격해 후금군을 섬멸하려 했으나 누
르하치의 뛰어난 전략으로 신속하게 명나라 각 부대를 함락시켰다. 이
전쟁을 통해 명나라군의 약점이 드러나면서 누르하치는 요동 공격에
자신감을 갖게 됐다. 이전의 후금은 명나라와의 전쟁에서 방어를 위주
로 했으나 이 전쟁을 치르고 난 뒤부터 오히려 후금이 주도권을 쥐게

된다.

살이호 대전 이후 후금은 승세를 타고 개원을 진공했다. 6월에 개원을 함락시키고 마림을 죽였으며, 7월에 다시 철령을 공격해 수장 유성명을 죽였다. 누르하치는 8월에 다시 전세를 몰아 개원 이북의 협력부를 공격했다. 명나라 조정은 살이호 전투의 패배를 이유로 양호를 투옥시키고 만력 47년(1619년) 6월에 웅정필을 요동 경략으로 파견했다. 웅정필이 막 명을 받았을 때 개원이 누르하치에게 넘어갔고, 웅정필이 산해관에 이르렀을 때 철령의 함락 소식이 들렸다. 심양 일대의 명나라 군사들이 잇달아 도망쳐 뿔뿔이 흩어져 요동은 더욱 위태로웠다. 웅정필이 명을 받고 요동으로 가는 길에는 전란으로 고통스러워하는 백성과 도망가는 군사들뿐이었다. 그리고 요동에 도착해 보니 남아 있는 자들은 노약자와 누더기를 걸친 패잔병뿐 무기라고는 전혀 찾아볼 수 없을 정도였다. 군사들의 사기는 더 말할 것도 없었다. 당분간 출전이 불가능하다고 판단한 웅정필은 국경의 경비를 정비하고 도시를 다시 재건하면서 민심을 안정시켰다. 웅정필의 노력으로 요동의 형세는 점차 안정을 되찾아 갔고 누르하치는 1년 동안 이곳을 공격하지 못했다.

태창(泰昌) 원년(1620년)에 명 희종이 즉위하자 조정의 대신들은 웅정필이 출정하지 않는다는 이유를 들면서 그를 비난했다. 명 희종은 웅정필을 파직시키고 원웅태를 요동의 경략으로 임명한다. 그러나 원웅태는 근본적으로 군사에 대한 이해가 없는 인물이었다. 누르하치는 명나라가 웅정필을 교체하자 천계 원년(1621년) 3월에 직접 대군을 이끌고 배를 타고 혼하를 건너 강 양쪽에서 심양을 공격해 함락시킨 뒤 총사령관 찬세현을 죽였다. 그리고 다시 요양을 공격해 격렬한 접전 끝에 함락시키자 원응태는 자결한다. 이후 요하 동쪽의 크고 작은 70여 개의 성들도 잇달아 함락됐다.

누르하치는 요양으로 천도하여 그곳을 명나라 공격의 근거지로 삼았다. 상황이 이렇게 되자 명나라 조정은 당황해 웅정필에게 다시 경략을 맡기는 한편 왕화정을 광녕의 순무로 임명하고 전권을 왕화정에게 주었다. 그러나 교만한 데다 병법이나 군사를 잘 알지 못한 왕화정은 웅정필과 자주 마찰을 일으켰다. 웅정필은 광녕을 견고히 지키자고 주장했으나 왕화정은 후금에 투항한 이영방과 내통해 후금을 공격하자고 주장했다. 당시 광녕의 14만 수병은 전부 왕화정의 지휘 아래 있었으며, 웅정필은 군사 5,000명을 지휘했다. 웅정필이 산해관을 지키라고 명을 내렸지만 왕화정의 제지로 방어를 하지 못했다. 명나라 조정은 왕화정을 더 신임하여 웅정필의 의견을 철회시켰다. 이때 후금의 대군은 이미 요하를 건너 광녕을 향해 진격하고 있었다. 얼마 후 왕화정은 성을 버리고 도망갔으며, 그의 심복 손득공은 성문을 열고 투항했다. 도망친 왕화정은 대릉하에서 웅정필을 만났으나 기세는 온데간데없이 오로지 산해관으로 피하는 백성들을 엄호하기에 바빴다.

누르하치는 광녕을 점령한 뒤 일부 군사를 남겨 지키게 하고 자신은 요양으로 돌아가 다음 전쟁을 준비했다. 광녕에서의 패전 소식을 들은 명나라 조정은 서로에게 책임을 전가하면서 웅정필과 왕화정을 함께 체포해 하옥한 뒤 1625년에 웅정필을 사형에 처했다. 왕화정은 환관 위충현의 보호 속에 목숨을 보전하다가 위충현이 1627년에 죽자 1632년에 사형됐다. 웅정필의 억울한 죽음으로 명나라는 현명한 장군을 잃었고 동북 변방은 수습이 더욱 불가능한 지경에 이르렀다.

광녕이 함락된 뒤 대학사(명나라 조정은 내각에 몇 명의 대학사를 세워 재상의 직무를 맡겼다) 손승종과 병부주사 원숭환은 영원(요녕성 홍성) 수호를 주장했다. 명나라는 손승종을 계료로 파견하고 원숭환에게 변방의 감군으로 보내는 등 방어책을 실시했다. 원숭환은 영원성을 견고하게 수리하고 요충지로 만들었다. 손승종은 금주, 대릉하, 소릉하, 송산, 행산, 우둔과 같은 지역에 요새를 만들고 군대를 주둔시켰다. 이렇게 하여 명나라는 동북 변방의 전선을 200리로 늘린 것이다.

손승종이 파견된 지 4년이 지났다. 11만 군사를 훈련시키고 수십 개의 보루를 쌓아 명나라 동북 변방은 잠시 동안 튼튼해졌다. 누르하치는 명나라의 준비 과정을 지켜보면서 심양으로의 천도를 준비하느라 4년 동안 군사를 움직이지 않았다. 그러나 명나라의 동북 형세가 갈수록 견고해졌음에도 손승종은 위충현에 의해 지위를 박탈당했다. 천계 5년(1625년) 11월에 위충현은 자신의 무리인 고제(高第)를 경략으로 보냈다. 그러나 고제는 나약하고 무능해 산해관을 제대로 지키지 못했으니 금주, 우둔, 대릉하, 소릉하, 송산, 행산의 수비군을 모두 관내로 퇴각시키고 원숭환에게 영원을 버리라는 명을 내렸다. 원숭환은 죽는 한이 있어도 홀로 영원을 지키겠다고 선언했다.

누르하치는 명나라가 금주 등지의 방어군을 물리자 원숭환이 고립됐음을 간파하고 이듬해 정월에 13만 대군을 이끌고 영원으로 진격했다. 원숭환은 수비를 철저히 하고 있었다. 후금군은 맹렬히 성을 공격했다. 후금의 군사들은 방패를 손에 쥐고 날아오는 활과 돌을 피하지 않으면서 성벽을 허물려고 했다. 성에서 날아오는 활과 돌은 마치 하늘에서 비가 오듯이 쏟아졌다. 이어 원숭환이 서양의 대포를 가져다 쏘자 후금군의 사상자는 급격히 늘어났으며, 누르하치도 중상을 입고 퇴각했다. 누르하치는 군사들을 물리고 함부로 출전하지 못하도록 했다. 반드시 승리할 가능성이 있을 때에만 진격한 누르하치는 특히 명나라와의 전쟁에서 백전백승이었다. 그랬기에 이때 누르하치는 다소 자만에 빠져 영원성의 함락이 반드시 필요하다고 생각하지 않았다. 병법에 지피지기면 백전백승이라고 했으나 누르하치는 원숭환이란 장수를 몰랐던 것이다. 더욱이 원숭환의 지휘 아래 명나라 군대의 사기와 작전 능력은 더욱 이해하지 못했다. 영원의 공격이 실패하자 누르하치는 예상치 못한 결과에 크게 자극을 받고 분개했다.

"내가 25년 동안 전쟁을 한 이래로 싸우면 반드시 이기고 공격하면 함락시키지 못한 바가 없었는데 어찌하여 이번 공격은 성공하지 못했는가!"

같은 해 8월에 누르하치는 패전으로 인해 큰 병을 얻고 심양 부근의 애양에서 사망한다.

누르하치 사후에 여덟 번째의 황제로 황태극이 뒤를 이었다. 황태극은 누르하치의 대업을 이어 생산을 장려하는 한편 군사력을 키워 조선을 공격하고 몽고를 정복했다. 1636년 황제에 즉위한 황태극은 국호를 청(淸)으로 바꾸고 원호를 숭덕(崇德)으로 하여 명나라와 맞섰다. 황태극은 계속해서 명나라를 공격했으며, 적을 이간시켜 원숭환을 죽음에 이르게 했다. 청나라 군대는 수차례 관내에 진입해 북경을 위협했다. 황태극이 즉위하고 17년이 지나자 명나라는 요동의 모든 토지를 잃었고, 청나라는 산해관에까지 영토를 확장시켰다. 1643년에 황태극이 죽자 청나라 군대는 2년 뒤 북경에서 청나라를 건립했다. 황태극은 숭정 연간에 누르하치를 태조무황제(太祖武皇帝)로 추존했다. 역사에서는 누르하치를 청(淸) 태조(太祖)라고 한다.

누르하치는 전장에서 평생을 보냈다. 여진족 통합이라는 크나큰 공헌을 한 누르하치는 낙후되고 분열된 여진족을 발전시켰다. 또한 요동 지역의 발전을 위해 노력했으며, 이는 후대 청나라의 건립 기반을 만들어 주었다. 이 때문에 누르하치는 여진족이 낳은 민족적 영웅이자 훌륭한 지도자이며 청조 정권의 창시자라 하겠다.

강희제(康熙帝, 1654년~1722년)

중국 청나라의 제4대 황제. 삼번의 난을 평정한 뒤 재정적, 내정적으로 국가를 안정시켰다. 그간 위협이 되었던 대만, 외몽골, 티베트 등의 외부 세력들과의 전쟁을 통해 중국의 영토를 확장하는 한편, 나라의 정치적 안정을 꾀했다.

"대만을 다스리느냐, 그대로 두느냐 하는 문제는 지극히 중요하다. 그러나 대만을 통제하지 않고 그대로 두는 것은 안 된다."

— 강희제(대만 통치를 고민하며)

"서장과 청해·사천·운남 지역은 서로 가까우니 만약 준갈이에게 이 지역을 계속 점령하게 놔둔다면 앞날이 편치 않을 것이다. (……) 서장의 안전을 위해 대군을 출병시키는 일은 미룰 수 없다."

— 강희제(준갈이와의 전쟁을 독려하며)

소국의 전쟁은 생존이 목적이나, 대국의 전쟁은 주변국의 통제를 꾀한다

청나라의 강희제 현엽(玄燁)은 중국 역사상 가장 훌륭한 정치가 중 하나였다. 명청 시기에 중국은 계층과 민족 간의 모순이 첨예해졌고, 생산력은 침체됐으며, 백성들의 생활도 어려웠다. 그러나 현엽이 재위한 뒤부터 백성들의 생활은 갈수록 안정되고, 경제와 문화도 발전했다. 이에 따라 강희제를 포함한 옹정(雍正)·건륭(乾隆) 시기를 건강성세(康乾盛世)라 칭하고 있다. 이러한 기반은 바로 강희제가 만들어 놓은 것이다.

소년 황제, 직접 정권을 잡다

강희제의 성(姓)은 애신각로(愛新覺羅)이고, 이름은 현엽이다. 1616년에 애신각로 누르하치가 명나라와의 군신 관계에서 벗어나 동북쪽에 정권을 건립하고 국호를 대금(大金)이라고 칭했다. 역사에서는 이를 후금이라고 한다. 그리고 그의 아들 황태극이 왕위를 계승하고 1636년에 국호를 청(淸)으로 바꾼다. 1643년에 황태극이 세상을 떠나고 뒤를 이은 그의 아들 복림(福臨)이 즉위해 연호를 다시 순치(順治)로 고쳤다. 1644년에 명 왕조가 멸망하고 청 왕조가 전국적으로 정권을 세웠으며, 1661년에 순치제가 세상을 떠나자 셋째 아들 현엽이 즉위해 연호를 강희로 고쳤다. 강희제의 부친은 만주족이고 생모는 동씨라는 한족이었으며, 조모는 순치제의 생모인 박이제길특씨라는 성의 몽고족이었다. 이렇게 강희제는 세 민족이 섞인 가정에서 태어났다.

현엽은 순치 11년(1654년) 3월 18일에 태어나 8세에 즉위했다. 즉위 2년 뒤에 모친 동씨가 세상을 떠나자 현엽은 조모의 보살핌 속에서 성장했다. 몽고 귀족 출신인 조모는 순치제가 즉위한 뒤 황태후가 됐으며, 현엽이 즉위한 뒤에는 태황태후(太皇太后)가 됐다. 그녀는 재식과 과단성을 겸비한 여인이었다. 순치제가 24세 되던 해 천연두에 걸리자 황태후는 어리지만 총명한 손자에게 황위를 계승하게 했다. 그가 바로 강희제 현엽이다.

강희제 현엽의 일생에 대해 이야기하자면 먼저 집권 초기에 나라의 대사를 섭정한 조모의 역할을 주목해야 한다. 역사 기록에 따르면 강희제는 조정에서 관직을 정할 때 조모인 태황태후에게 의견을 물은 뒤 결정했다고 한다. 이 때문에 태황태후가 1687년(강희 26년)에 75세의 나이로 세상을 떠나자 현엽은 마음 깊이 조모를 그리며 슬퍼했다.

"내 어린 시절을 회상해 보면 어려서부터 조실부모하여 조모의 슬하에서 30여 년 동안 가르침을 받았다. 만일 조모 태황태후가 계시지 않았다면 결코 오늘의 나는 없었을 것이다.”

현엽은 어릴 때 조모의 보살핌을 받았고 사라서도 조모의 가르침을 받았다. 즉위한 뒤 거의 매일같이 조모의 궁으로 가 문안을 올렸으며, 그때마다 태황태후는 현엽에게 여러 조언을 아끼지 않았다.

“선조께서 전쟁으로 대업을 이루셨기에 군비는 게을리 할 수 없다. 조정에서 인재를 등용하여 정사를 행함에도 마음을 비워 사심을 없애고 심사숙고해야 한다. 나라의 군주 된 자는 반드시 민심을 얻고 나라를 이롭게 할 도리를 깊이 생각해야 한다. 이른 아침부터 늦은 밤까지 정사를 게으르게 하지 말아야 나라가 부강해지고 왕조가 영원히 존속될 것이다.”

어린 나이에 즉위한 현엽에게는 정무를 돕는 네 명의 대신이 있었다. 그 가운데 가장 나이가 많은 이는 색니였고, 그 다음으로는 소극살합, 알필륭, 오배였다. 이들은 모두 청 왕조 건립에 전공을 세운 만주 귀족이었다. 그러나 이들은 서로 사이가 좋지 않았다. 특히 오배는 포악하게 행동하며 자기와 의견이 맞지 않는 사람을 원수로 생각하고 배척했다. 한번은 점령지를 두고 이들 네 명의 대신 간에 분쟁이 생겼다. 원래 순치 초기에 팔기(八旗, 청 태조 누르하치 때 모든 만주족을 여덟 개의 부대로 나누어 각각 정황기, 양황기, 정백기, 양백기, 정홍기, 양홍기, 정람기, 양람기라고 불렀다. 태종 황태극 때 팔기에 몽고족과 한족 부대를 편입시켰다)

만주는 수도와 부근 지역의 토지를 무력으로 점령했는데 당시 예친왕 다이곤의 정백기가 점령한 지역은 다른 곳보다 물산이 풍부하고 토지가 비옥했다. 다이곤이 죽자 정백기는 황제에게 귀속됐다. 그러나 원래 황제가 가지고 있던 정황기와 양황기에 마찰이 생겼다. 그 가운데 색니는 정황기, 알필륭과 오배는 양황기였다. 다이곤의 부하인 소극살합만이 정백기였기 때문에 소극살합은 네 명의 신하 가운데에서도 고립된 상황이었다. 1666년(강희 5년)에 오배는 지난날의 영토 분배가 부당했다면서 양황기와 정백기가 점령한 지역을 바꾸자고 주장했다. 물론 소극살합과 같은 정백기에 속한 호부상서 소납해, 하남총독 주창조, 보정순무 왕등련 등은 반대 의사를 표시했다. 그러나 네 명의 보좌신하 가운데 황기에 속하는 색니와 알필륭이 오배의 뜻에 찬성했으며, 오배는 소극살합의 반대에도 아랑곳하지 않고 주창조와 왕등련을 교수형에 처하고 가산을 몰수해 강제로 점령지를 바꾸었다.

오배는 네 명의 보좌신하 가운데 가장 말단이었으나 세력은 가장 컸다. 색니는 연로해 병이 잦았고, 알필륭은 사람됨이 유약했으며, 소극살합은 고립됐기 때문에 오배는 정권을 독점할 수 있었다. 이듬해 6월에 색니가 병으로 죽자 더욱 오만해진 오배는 신하들 가운데 수장 자리를 차지했다. 7월에 14세의 강희제는 직접 통치하겠다는 친정(親政)을 선포하고 보좌하던 신하들에게 원래의 직위로 돌아가라고 명했다. 소극살합은 즉각 조정을 떠나 순치제의 황릉을 지키겠다는 상소를 올렸다. 그런데 오배는 소극살합이 황제를 원망하고 원래의 위치로 돌아가고 싶지 않은 속셈을 갖고 있다고 모함했다. 그러나 강희제는 소극살합을 처벌하지 않았다. 오배는 궁전에서 팔을 걷어붙이면서 앞으로 나아가 소극살합을 죽여야 한다고 억지를 부렸다. 오랫동안 조정의 대신들을 자기 편으로 만들어 정사를 쥐고 흔든 오배 앞에서 막 친정에 나선 어린 황제는 아무 힘이 없었다. 결국 소극살합과 그 자손들은 모두 처형당했다.

다이곤의 섭정과 순치제의 집권 시기에는 중원의 한족 상황에 따라 정치·경제·문화상의 개혁 정책을 실시했으며, 명나라의 체제에 의거해 봉건 중앙집권제를 건립하고 만주족의 특권을 유지하면서 한족 지배층과 인사들까지 아울렀다. 그러나 오배를 비롯한 네 명의 대신들이 강희제를 대신해 정사를 처리할 때는 중원으로 들어오기 전인 만주족의 옛 제도를 따르면서 발달된 중원의 제도와 문화를 배척했다. 오배의 횡포로 수많은 백성이 토지를 잃는 등 경제 발전에도 큰 문제를 야기했다. 오배는 강희제가 직접 집정하겠다고 선포한 뒤에도 여전히 조정의 대권을 잡으려 하여 황권을 위협했다. 사실 그에게 어린 황제는 안중에도 없었던 것이다. 간혹 황제가 자신의 의견을 따르지 않으면 조회하는 동안에도 크게 소리치며 소란을 피웠고 황제 앞에서 대신들을 마구 욕하기도 했다. 신하를 임명하고 면직하는 일도 그가 마음대로 정했고, 조정의 중요한 업무도 자신의 집안에서 결정했다. 조정의 신하들은 오배를 보면 머리를 땅에 조아려야 할 정도로 당시 그의 권세는 하늘을 찌를 듯했다.

어리지만 총명했던 강희제 현엽은 사실 오배를 계속 그대로 둘 생각이 아니었다. 그러나 조정을 자신의 무리로 가득 채우고 아우인 목리마를 양황기의 통솔자로 두어 팔기군에도 큰 영향력을 미치는 그를 쉽게 제거할 수 없었다. 이 때문에 현엽은 친정을 선포한 뒤에도 오배에게 더욱 예를 갖추고 관직을 올려주었고 오배는 더욱 기고만장해져 마음대로 설치면서 어린 황제가 자신을 처단하려 한다는 생각은 조금도 하지 못했다.

현엽은 하루종일 젊은 시위군을 데리고 씨름을 연습했다. 이런 모습을 본 오배는 황제가 그저 놀기만 좋아하는 어린 소년으로 보였다. 오배는 강희제가 큰 뜻을 품기는커녕 정사에 관심조차 없다고 생각했다. 사실 강희제 현엽은 젊고 용감한 자들을 뽑아 함께 어울리면서 그들에게 충성심을 심어준 것이다. 하루는 강희제가 시위군들에게 자신과 오배 가운데 누가 두려운지를 물었다. 시위군은 일제히 오배가 두렵지 않다고 외치면서 황제에게 절대적인 충성을 표시했다. 완전히 시위군을 믿게 된 현엽은 자신의 계획을 서서히 실행해야겠다고 생각했다. 궁에서 현엽은 항상 조모의 가르침을 받았으며, 궁 밖에서는 여러 대신들과 접촉하며 신뢰를 쌓았다. 강희 8년(1669년) 5월에 현엽은 색니의 아들이자 황후의 숙부인 색액도를 이부시랑에서 다시 시위직에 맡긴다. 색액도는 이부시랑으로 승진했을 때 갑자기 스스로 해임을 청했다가 다시 시위로 복직해 황제 가까이에 있기를 청한 것이다. 이 일을 두고 오배는 전혀 의심하지 않았다. 며칠 뒤인 5월 16일에 오배가 조정에 들어오자 강희제는 별안간 큰소리로 명을 내렸다.

"오배를 붙잡아라!"

젊은 시위군들이 일제히 오배를 포위했다. 일찍이 현엽과 함께 무예를 단련한 시위군 앞에서 용맹한 무장인 오배도 달리 저항할 수 없었다. 조정은 오배의 죄목 30가지를 나열했다. 먼저 순치제의 유언을 어기고 군주를 업신여기며 정권을 마음대로 휘둘러 나라를 어지럽힌 죄, 황상을 존중하지 않은 죄, 아우 목리마와 결탁해 재물을 탐한 죄, 무리와 사사로이 정사를 논의하고 독단적으로 실행한 죄, 대신 소극살합과 소납해를 모함해 죽인 죄, 만행과 횡포로 백성들을 해한 죄 등이었다. 30가지 대죄는 이처럼 황제의 권위를 침범하고 황권에 해를 입혔다는 점이 주요 내용이었다.

현엽의 주관으로 오배와 그 무리의 처분이 내려졌다. 오배는 사형에 처함이 마땅하지만 청 왕조 건립의 공적을 감안해 종신토록 감금형에 처하고, 그 아들 납목복도 많은 악행을 저지른 죄로 감금형에 처했다. 목리마를 포함해 그를 도와 악행을 저지른 무리는 전부 사형에 처했으며, 그 나머지는 가볍게 처벌했다. 오배에게 붙은 섬서의 총독 막락은 평소 청렴하고 바른 관리였기에 관용을 베풀어 죄를 면해 주었다. 그 이듬해 현엽은 지방 관리를 심사하면서 대신들이 다시 오배의 일을 두고 막락의 사직을 청하자 지방 관리로서의 막락의 능력을 높이 평가하고 그냥 두었다. 그리고 얼마 후 막락을 형부상서로 승진시켰다. 또한 오배의 모함으로 죽음에 이른 소극살합과 소납해의 누명을 벗겨 주었다.

오배의 세력을 처단하는 과정에서 16세의 청년 황제 현엽은 기지를 발휘해 침착하고 용감하며 과감한 모습을 보여 주었다. 오배의 무리는 청나라 지배층의 보수 세력으로서 만주족의 제도만을 고수해 민심을 얻지 못했다. 사실 관중으로 들어온 지 20여 년이 지났기에 대부분의 만주족 지배층도 이들의 보수적인 정치 사상에 회의를 갖고 있었다. 사방에 무리를 만든 오배는 사실상 혼자만의 생각을 고수했기 때문에 현엽이 그를 처리하자 오배의 집단은 금방 와해됐다.

과감한 정책 시행과 삼번 평정

조정을 혼란에 빠트린 오배 무리를 숙청한 뒤에도 시급히 해결해야 할 문제가 있었다. 그것은 바로 오삼계(吳三桂)를 필두로 하는 삼번(三藩) 세력의 처리였다. 당시 남명(南明) 정권과 반청 무장 농민군은 소멸됐으나 광대한 남부 지역과 일부 서부 지역에는 삼번과 명나라에서 투항한 장수들이 지배하고 있었다. 그들은 겉으로는 청나라에 복종하는 듯 했지만 속으로는 다른 뜻을 품고 있었다. 삼번은 서로 소식을 주고받고 있어서 일단 일이 생기면 대규모의 반란 세력으로 커질 가능성이 높았다.

삼번은 청나라가 봉한 세 명의 번왕(藩王)인 평서왕 오삼계, 평남왕 상가희, 정남왕 경정충을 말한다. 오삼계는 명나라 때 산해관을 지키던 장수였다. 나중에 청나라군에 들어가 농민군을 진압한 공을 인정받아 평서왕에 봉해졌다. 평남왕 상가희와 정남왕 경중명도 청나라에 투항한 명나라 장수였다. 경중명이 죽자 그의 아들 경계무가 아버지의 뒤를 이었지만 얼마 후 그도 죽자 손자인 경정충이 할아버지의 작위를 물려받았다. 오삼계의 통치 영역은 운남과 귀주, 상가희는 광동, 경정충은 복건 지역이었다. 이들은 대규모 병력을 보유하고 현지의 군사와 정치를 장악하면서 통치 영역에서 마음대로 자원을 낭비했다. 세

명 가운데 오삼계의 영역이 가장 크고 병력도 가장 많았다. 오삼계는 원래 조정에서 파견하는 지방 관리도 자신이 직접 파견하고 있었으나 조정에서는 그를 막지 못했다. 삼번의 세력이 갈수록 팽창하면서 삼번이 통세하는 지역에는 중앙 조정의 명령을 관철시키기가 어려웠다. 그리고 전국 통일과 청 왕조의 안위에도 이 영향이 미쳤다. 이러한 가운데 현엽은 삼번의 세력을 그대로 두고만은 볼 수 없었다.

현엽은 일찍부터 삼번을 해결해야겠다고 결심했던 것이다. 강희 12년(1673년) 3월에 상가희는 상소를 올려 연로한 나이를 구실로 요동으로 귀향하고 아들 상지신이 자신의 뒤를 이어 광동 지역을 다스리길 청했다. 현엽은 삼번을 처리할 기회가 왔다고 여기고 상가희에게 요동으로 돌아갈 것을 허락하면서 광동 지역은 이미 안정됐으니 굳이 아들을 남기지 않아도 되며, 상가희에게 소속된 장수들과 그 가족들을 데리고 모두 요동으로 돌아가라고 명한다. 상가희에게 내린 현엽의 명으로 오삼계와 경정충은 자극을 받아 조정의 의도를 파악하기 위해 7월에 자신들도 고향으로 돌아가게 해 달라는 주청을 올렸다. 조정의 신하들은 오삼계와 경정충의 속셈을 알고 있었으나 어떻게 받아들여야 할지 몰랐다. 병부상서 명주, 형부상서 막락, 호부상서 미사한과 같은 일부 대신들은 번진 세력을 철수하는 데 찬성했다. 그러나 대학사 색액두와 도해를 포함한 대부분의 신하들은 그들이 반란을 일으킬까 걱정돼 반대했다. 특히 오삼계는 강한 병력을 보유하고 있으며, 전투 경험이 많은 노장이어서 일단 반란을 일으키면 진압하기가 쉽지 않을 것이기 때문이다. 대신들의 의견이 점점 반대쪽으로 기울어지자 현엽은 과감하게 오삼계와 경정충의 주청을 받아들여 삼번을 모두 철수한다는 명을 내린다. 사실 현엽은 오래전부터 오삼계의 반란을 예상했다.

"삼번은 이미 오래전부터 다른 뜻을 품고 있었소. 철수시켜도 반란을 일으킬 것이고 그렇지 않다 해도 반란을 일으킬 것이 뻔하니 먼저 손을 쓰지 않으면 안 될 것이오."

오삼계는 원래 조정에서 자신의 주청을 만류하며 운남에 남아달라는 명을 내려 주길 바랐다. 그러나 9월에 조정의 사절이 곤명에 도착해 철수 명령을 전하자 당황했다. 오삼계는 즉시 군대를 정비하고 그해 11월 21일에 공식적으로 청 왕조에 반기를 든다. 오랜 전쟁 경험과 많은 군사가 있기에 젊은 황제는 백 번 싸워도 자신의 적수가 되지 못한다고 생각했다. 오삼계는 스스로 '천하도초토병마대원수(天下都招討兵馬大元帥)'라 칭하고 주(周)나라를 세웠다. 오삼계의 군대는 금방 호남에 진입하여 이듬해 2월에 악주를 점령했다. 그리고 사방에 사람을 보내 한족 장수들을 설득하면서 청나라에 반기를 들자고 선동했다. 그해 정월에 사천의 제독 정교린이 호응하고, 3월에 숨진 정남왕 공유덕의 사위 손연령이 광서에서 일어났으며, 정남왕 경정충이 복건에서 일어나 오삼계 반란에 참여했다. 호북·절강의 일부 지역 장수들도 점차 반란에 가담하면서 반년 만에 반란군은 전역으로 퍼졌다.

오삼계의 반란 소식이 전해지자 조정에는 큰 파란이 일었다. 대학사 색액도는 일찍이 삼번을 철수하자고 주장한 대신들을 죽여 오삼계에게 사죄하자고 했으나 현엽은 뜻을 굽히지 않았다.

"삼번을 철수하자고 한 것은 짐의 뜻인데 그들이 무슨 죄가 있겠소!"

현엽은 북경에 있는 오삼계의 아들 오응웅을 처형해 오삼계와 그 반란의 무리를 진압하겠다는 뜻을 보였다. 오삼계는 현엽을 아직 젖비린내가 가시지 않은 애송이라 생각하다가 아들의 죽음이 알려지자 놀랐다.

"애송이가 이렇게까지 할 줄은 몰랐군!"

젊은 강희제도 이미 전투에 대한 계획을 세워 두었다. 먼저 팔기병을 형주(호북성 강릉)로 보내 반란군의 북진을 막는 한편 동·서로 병력을 집중시킨 뒤 동쪽 부대는 산동성 곤주, 서쪽 부대는 산서 태원에 각각 주둔시켰다. 각지에서 소집된 부대도 신속하게 양쪽 진영으로 집결해 앞의 부대가 출정하면 계속해서 보충하니 먼 길을 떠나 싸워도 전선의 물자와 병력 공급에 큰 문제가 없었다.

남쪽으로 내려가는 청나라 군대와 북쪽으로 올라오는 반란군은 형주에서 강을 사이에 두고 대치하게 됐다. 현엽은 반란군이 더 북쪽으로 올라오지 못하면 동쪽으로 이동해 강서를 빼앗고 복건의 경정충과 연합하리라 예상했다. 이에 강서성 남창의 방어를 강화시켰다. 과연 현엽의 예상대로 반란군은 강서를 공격했으나 강서성을 빼앗지 못했다. 오삼계와 경정충의 연합을 중도에서 막자 전세는 청나라군에 유리해 졌다. 오삼계와 경정충이 반란을 일으킨 뒤 연로한 평남왕 상가희는 호응하지 않고 영남을 지키겠다고 조정에 청하자 현엽은 그에게 상을 내리면서 최대한 방어하라고 명을 내렸다. 이것으로 광동 지역은 잠시 안정을 찾게 됐다.

강희 13년(1674년) 12월에 섬서성 제독 왕보신이 섬서성에 주둔해 있던 막락을 죽이고 오삼계에게 가면서 사천과 섬서 지역이 반란군의 수중에 들어가자 현엽은 걱정이 됐다. 섬서 지역은 서북의 요충지로 오삼계가 이를 기반으로 북경을 진공할 수 있기 때문이었다. 정말로 그렇게 된다면 반란은 진압이 더욱 힘들게 된다. 이듬해 2월에 왕보신 이 감숙성 난주를 점령하면서 서북의 형세는 더욱 악화됐다. 이 같은 상황에서 3월에 내몽고 찰합이(察哈爾) 부족의 수령 포이니가 내란을 틈타 공격해 왔다. 당시 팔기군은 대부분 남서쪽으로 보내놓은 상태라 북경 수비가 어려운 상황이었다. 현엽은 걱정 끝에 조모에게 조언을 구했다. 몽고 귀족 출신인 조모는 몽고족의 상황을 잘 알고 있었기에 큰 도움이 됐다.

도해는 삼번을 철수시키는 의견에 반대했지만 전쟁이 시작되자 목 숨을 걸고 용감히 싸울 각오가 되어 있었다. 현엽은 도해를 부장군으 로 세우고 신군왕 악찰을 함께 보내 포이니를 토벌하게 했다. 황족인 악찰이 명목상 총사령관이었으나 사실 군사를 총지휘하는 자는 도해였다. 당시 북경에는 징집할 군사가 없었기에 도해는 팔기군 집안의 건장한 노복을 뽑아 이튿날 아침에 덕승문(德勝門) 밖으로 집합시키고 부대를 배지했다.

"포이니는 원나라 황제의 후손이니 진귀한 보물이 많다. 전쟁에서 승리하면 너희는 모두 부자가 될 것이다."

그 말에 노복들은 힘을 얻어 용감하게 돌격해 포이니의 공격을 막아냈다. 나중에 관리들이 도해의 군사들이 재물을 약탈한다고 상소를 올렸으나 현엽은 따로 처벌하지 않았다.

한편 현엽은 왕보신이 이끄는 부대를 회유하기 위해 북경에 있는 왕보신의 아들에게 유지를 내려 왕보신을 설득하게 했다.

"지난날 그대와 막락이 사사로운 원한이 있어 변란이 생겼소. 모두 내 잘못이니 어찌 그대의 죄라 하겠소?"

왕보신은 현엽과 오삼계 사이에서 갈등했으나 끝내 반란군을 버리지 않았다. 강희 15년(1676년) 5월에 도해는 감숙성 제독 장용과 함께 왕보신을 감숙성 평량성에서 공격하면서 사람을 보내 투항을 권했다. 왕보신은 6월에 투항했으며, 현엽은 그를 장군으로 삼고 공을 세워 속죄하라 명했다. 이렇게 되자 청나라 군대는 서북 지역을 다시 지배하고 남쪽에 전력을 투입할 수 있게 됐다.

    1676년은 반란군 진압에 큰 변화가 생긴 중요한 해이다. 4월에 오
삼계의 군대가 광동으로 진공하자 상지신이 부친 상가희를 협박하고
오삼계와 손을 잡게 했다. 이렇게 하여 오삼계를 필두로 하는 반란군
은 삼번의 난으로 변화했다. 그러나 6월에 왕보신이 투항하면서 형세
는 점점 청나라에 유리해졌다. 10월에 청나라 군대는 복주를 공격해
경정충의 투항을 받아냈다. 원래 경정충은 대만(臺灣)의 정경과 연합하
려 했으나 정경의 부대가 온 뒤 점령지를 두고 마찰이 생겼다. 6월에
현엽은 경정충의 부대가 복건에서 퇴각했다는 소문을 들은 뒤 정경과
의 관계가 심각해졌다고 판단하고 강친왕 걸서를 보냈다. 과연 현엽의
예상이 적중했다. 경정충과 정경 간에 전투가 발발했으며, 현엽이 파
견한 군대로 인해 경정충은 안팎으로 적을 상대해야 했다. 더 버틸 수
없었던 경정충은 청나라에 투항했다. 경정충은 훗날 반역죄로 사형을
당한다. 상지신은 반란군의 상황이 불리해지자 12월에 청나라에 투항
했다. 이듬해에 상가희가 세상을 떠나면서 상지신이 그 뒤를 이어 평
남왕이 됐다. 상지신은 나중에 두 마음을 품었다고 고발당해 조정에
서 사약을 받았다.

    경정충과 상지신이 투항하자 전장의 범위가 대대적으로 축소됨으
로써 오삼계는 고립 상태에 놓이게 된 반면 청나라는 점점 유리해졌
다. 하지만 오삼계는 많은 정예 부대를 보유했기에 섣불리 손을 쓸 수
가 없었다. 강희 17년(1678년) 3월에 오삼계는 호남 형주에서 스스로
황제라고 칭했다. 그러다가 8월에 오삼계가 죽자 그의 손자 오세번이
뒤를 이었다. 그해 여름에 양쪽은 형주에서 동남쪽으로 100여 리 떨
어진 영흥을 사이에 두고 싸우기 시작했다. 반란군은 성안의 청나라

군대를 포위했고, 바깥에 있던 청나라 군대는 감히 구원을 하지 못하고 있었다. 그런데 오삼계가 죽으면서 힘겹게나마 포위를 뚫을 수 있었다. 물론 반란군은 강했기에 오삼계가 죽은 지 3년이 지난 뒤에나 가능한 일이었다.

당시 팔기군을 이끌던 왕공 귀족들은 강친왕 걸서 및 악락과 같은 소수를 제외하면 모두 안일하고 책임감이 없었다. 형주 전선에서 순승군왕 늑이금의 경우 전쟁이 시작되고 오삼계가 죽을 때까지 모두 6년 동안 형주에 있으면서도 전장에 나가지 않았다. 팔기군에만 의지할 수 없었던 현엽은 한족의 장수와 군사들을 이용했다. 특히 한족 장수와 만주족 장수들이 서로 어울릴 수 있도록 신경을 썼다. 강희제는 일찍이 서북 지역의 황족 동악에게 다음과 같이 당부했다.

"장용 장군은 많은 공을 쌓았으니 가벼이 여기지 말고 미워하지 마시오."

섬서성과 감숙성 지역에서는 장용·조양동·왕진보와 같은 한족 무장들이 전공을 세우고, 곤명에서도 왕진보와 조양동이 잇달아 빛나는 성과를 거뒀다.

강희 20년(1681년) 11월 28일에 청나라 군대가 운남성 곤명으로 출정하자 오세번이 스스로 목숨을 끊음으로써 8년 만에 삼번의 난이 평정됐다. 현엽은 비록 직접 전장에 나서지는 않았지만 시종일관 작전 상황을 총지휘했다. 처음부터 적절하게 부대를 배치해 포이니의 반란을 신속하게 막아냈으며, 오삼계와 경정충의 연합로를 차단해 경정충의 투항을 받아냈다. 신속하게 이뤄진 군사 행동은 강희제의 뛰어난 통솔력 없이는 불가능한 일이었다. 현엽은 적시에 군사 정보를 얻어 먼저 손을 쓰기 위해 군사 정보를 관리하는 전문 기관을 두었다. 그곳의 말은 빠르면 하루에 800리를 달려 북경에서 형주나 서안까지 닷새면 소식을 전했다. 한족 장수들과 녹영병(綠營兵)을 이용한 것도 승리의 주된 요인이었다. 결론적으로 청년 황제 현엽은 반란을 진압하는 전쟁에서 승리를 얻게 한 최고의 지휘자였다.

삼번의 난 평정으로 광대한 지역에 걸친 할거 세력을 처리하면서 백성들을 괴롭히는 삼번의 정책들도 폐지됐다. 이로부터 청 왕조의 중앙집권제와 황권은 강화된다. 한밤중에 곤명에서 반란군이 패했다는 소식이 북경의 궁으로 날아들자 현엽은 매우 기뻐하며 「전평(滇平)」이란 시를 지었다. 이 시의 마지막 구절은 다음과 같다.

"수년 동안 초조해하며 힘썼던 일을 돌이켜 보니 오늘이 바로 천하가 함께 기뻐하는 날이구나.(回思幾載焦芳意此日方同萬國歡)"

위대한 승리를 거두자 신하들은 강희제에게 존호(尊號)를 올렸다. 그러나 현엽은 한마디로 거절했다. 존호는 실제로 불리지 않는 미명에 불과하다는 생각이었다. 현엽은 반란을 평정했다고 만족할 것이 아니라 인재를 등용하고 백성들을 편히 살게 힘써야 한다고 생각했다. 자만에 빠지거나 승리에 도취되지 않은 강희제는 다시 대만 문제를 고심하며 한 걸음 더 나아간 전 중국의 통일을 강구한다.

대만을 통일하다

　대만(臺灣)은 예부터 중국에 속했던 곳이다. 연해의 백성들은 일찍부터 대륙과 대만을 왕래했으며, 일부 대륙인들은 대만에 남아 현지인들과 함께 살았다. 송대 이후로 대만에 대한 행정 관할권이 생겨 이로부터 대만은 중국의 해상 초소이자 동남의 병풍 역할을 했다. 명나라 말년에 복건 사람 정지룡이 수많은 이주민을 데리고 대만으로 가 정착했다. 정지룡은 청나라에 투항했으나 그의 아들 정성공은 청나라에 반항했다. 그러다가 명나라에서 청나라로 교체되는 시기에 네덜란드가 중국 내전을 틈타 대만을 침략하고 40년 동안 정복했다. 1661년에 정성공이 네덜란드를 몰아냈으나 그 이듬해 병으로 대만에서 세상을 떠났다. 그 뒤를 정성공의 아들 정경이 이었다. 정경은 남명 계왕 정권이 봉한 연평왕이 되어 청나라와 대립했다.

　현엽은 정권을 잡은 뒤 대만을 통일할 계획을 세웠다. 기본 방침은 공격과 회유책을 함께 쓰는 것이었으며, 회유책에 중심을 두어 평화롭게 해결하려 했다. 삼번과 싸울 때 경정충이 정경을 반란 세력으로 끌어들이려 하자 현엽은 정경에게 투항을 권했다. 정경은 청 조정에 조공을 바치고 번신(藩臣)이라 칭하겠다고 대답했다. 사실상 독립 할거 상태를 꾀한 것이다. 물론 현엽은 단호히 반대했다.

　삼번의 난이 후반기로 접어들면서 현엽은 대만 통일 계획에 착수했다. 공격을 하기 전 일단 중임을 맡을 장수를 물색했다. 이에 군사를 잘 다루고 대만과 연해 지역을 잘 아는 절강성 회계 사람 요계성과 복건성 진강 사람 시랑을 뽑았디. 요계성은 청나라가 경정충을 투벌할 때 공을 세운 인물로, 문무를 겸비하여 1678년에 강희제가 복건 총독으로 임명한 자였다. 요계성이 복건 총독이 된 뒤 정경이 점거하고 있는 복건 연해 지방을 여러 번 공격했다. 또한 현엽의 회유 방침을 받들어 장주에 수래관(修來館)을 설치하고 정경의 부하들을 회유해 청나라에 편입시켰다.

강희 20년(1681년) 정월에 정경이 사망하자 그의 어린 아들 정극상이 뒤를 이었다. 같은 해 6월에 요계성이 보고하길 정경이 죽고 대만 내부는 서로 의심만 하고 있으니 진공할 기회라 하여 7월에 시랑을 복건수군제독으로 임명해 대만 정벌에 나선다. 시랑은 원래 정지룡의 부하로, 청나라에 투항한 뒤 복건 연해에서 정경 부대와 수차례 싸운 경험이 있었다. 나중에는 강희제가 북경으로 불러 13년 동안 측근으로 여기고 많은 도움을 받았다. 시랑은 복건에 도착하자 부대를 정비하고, 군수물자를 운송하며, 풍토와 기후를 살피는 등 적극적으로 진격을 준비했다. 당시 대신 가운데 대만 공격을 반대하거나 공격을 미루자는 의견도 있었으나 강희제는 일절 수용하지 않았다. 다만 전쟁에서 지휘권을 한 사람에게 주기 위해 대학사 명주의 건의를 받아들여 요계성은 출정시키지 않고 후방에서 군량과 물품을 공급하도록 했다. 이 때문에 시랑은 홀로 대만 진격에 나섰다.

시랑은 강희 22년(1683년) 6월 14일 수군을 이끌고 복건의 동산에서 출발해 7일 동안 전투를 벌인 끝에 22일 팽호도(澎湖島)를 점령했다. 군사들의 사기가 치솟으면서 정극상은 더 이상 버티지 못하고 투항 의사를 밝혔다. 강희제는 즉시 정극상을 받아들여 공(公)으로 봉하고 전쟁으로 지친 장수와 군사들을 위로했다. 또한 정극상의 대장군

유국헌을 천진총병관에 임명해 진심으로 투항하는 자에게는 신임한다는 모습을 보여 주었다. 유국헌과 여러 투항 장수는 강희제의 처분에 감격했다. 대만을 통일하는 과정에서도 강희제의 탁월한 인재 등용 솜씨가 드러났다. 강희제는 요계성과 시랑을 등용해 이들이 지닌 장점을 발휘하게 하면서 아울러 자신의 회유 방침도 돋보이게 했다. 정극상이 투항하자 시랑은 8월 13일 수군을 이끌고 대만에 들어갔다.

대만을 평정한 뒤의 여러 문제를 처리하면서 강희제는 탁월한 식견을 보여 주었다. 당시 조정에는 대만의 통치를 두고 다양한 의견이 있었다. 시랑을 비롯해 일부 대신들은 대만에 부현(府縣)을 두고 다스리자 했고, 또 다른 대신들은 대만 지역을 내버려 두자고 했다. 혹자는 대만을 네덜란드에 귀속시켜서 공물을 바치게 하자고 주장했다.

"대만을 다스리느냐, 그대로 두느냐 하는 문제는 지극히 중요하다. 그러나 대만을 통제하지 않고 그대로 두는 것은 안 된다."

결국 강희제는 대만부(臺灣府)를 두고 그 아래 3개 현을 세워 복건성에 예속시켰다. 그리고 청 조정에서 관리들을 대만 곳곳에 파견하고 이들에게 군사와 정치를 맡겼다.

대만을 통일한 뒤 조정의 대신들은 다시 강희제에게 존호를 짓자고 주청했으나 전과 같은 이유로 거절당한다. 대만에 대한 통일 전쟁이 끝나자 백성들은 안정을 되찾고, 대만과 내륙의 백성들 간 교류가 늘어났다. 대만의 경제는 빠른 속도로 발전했으며, 이로써 중국을 통일하려는 강희제의 사업은 대체로 달성됐다.

나찰을 격파하고 조약을 체결하다

대만을 통일한 현엽은 그 후 당시 나찰(羅刹)이라 불렸던 러시아가 침략하자 군대를 투입했다.

러시아는 16세기 중엽부터 동쪽으로 영토를 확장해 시베리아 지방에까지 세력이 미쳐 있었다. 명나라가 망하고 청나라가 들어서자 러시아는 중국 내부의 전란을 틈타 흑룡강 유역을 침입해 흑룡강 북쪽의 아극살과 상류의 이포초 지역을 강제로 빼앗았다. 러시아의 침입과 약탈이 극에 이르자 강희제는 그냥 두고 볼 수 없었다.

일찍이 1671년(강희 10년)에 강희제는 영고탑(흑룡강 영안현)의 장군에게 나찰에 대한 방어를 강화하라는 명을 내렸고, 삼번과 대만을 평정한 뒤 다시 대신들에게 일렀다.

> "나찰이 흑룡강과 송화강 일대를 침략한 지 30여 년이 지났소. ……짐이 직접 정사를 보기 시작한 뒤 늘 이 문제를 염두에 두면서 지세를 관찰하고 있었소. 군사들의 식량 운반이 편리하고 진군에 어려움이 없도록 하여 러시아의 침략에 맞서야 할 것이오."

러시아가 빼앗은 영토를 수복하려는 계획은 일찍부터 강희제의 머릿속에 있었던 것이다. 일찍부터 계획을 세웠으니 일단 시기가 되면 바로 전투를 벌일 수 있었다.

아극살에서 전투가 벌어졌다. 1682년에 현엽은 팔기병의 장수 낭탄과 팽춘에게 군사를 주고 아극살 일대를 정탐해 적의 상황과 수륙 교

통을 자세히 살피게 했다. 군사 1,500명을 징집하고 전함을 준비해 흑
룡강의 애혼(애휘현)과 애혼 이북의 호마니(呼瑪爾)에 목성(木城)을 지
어 거점으로 삼고 3년 동안 먹을 수 있는 양식을 준비했다. 준비를 마
친 강희제는 강희 24년(1685년) 정월에 아극살 진격을 명한다.

강희제는 본격적으로 만주 정홍기의 팽춘을 지휘군으로 삼고 살포
소와 함께 아극살을 수복하라고 명했다. 팽춘은 만주 기병과 내몽고
기병, 복건의 병사까지 합해 4월에 공격을 펼쳐 아극살성을 빠르게 포
위했다. 성을 지키던 러시아 군사들은 모두 투항했으며, 청나라 군대
는 성의 보루를 불태우고 포로로 잡힌 색륜과 달홀이족 100여 만 명
을 구출했다. 전쟁이 끝나자 투항한 러시아 장수 탁이포진과 그 부하
들은 풀어 주었다. 그러나 그 이듬해에 이들은 또다시 세력을 형성하고
아극살을 점령했다. 소식을 들은 강희제는 곧바로 살포소에게 출격을
명하고 탁이포진을 사로잡았다. 청나라 군대는 흑룡강을 사이에 두고
주둔해 있다가 이포초 방향에서 오는 러시아 지원군까지 차단시켰다.

아극살에서 참패를 당한 러시아는 화친의 뜻을 보내면서 청나라
에 포위를 풀어 줄 것을 청했다. 강희제는 원래 평화롭게 해결하길 원
했기 때문에 러시아의 제안을 받아들이고 아극살 포위를 해제시켰다.
양측은 동쪽 변경에서 협약을 맺기로 했다. 청나라는 색액도를 대표
로 보냈다.

> "이포초, 아극살, 흑룡강 상하에 이르는 모든 유역은 모두 청나라의
> 영토이니 절대로 내줄 수 없다."

강희제가 대표단에게 미리 자신의 뜻을 밝혔기 때문에 색액도는 이 포초와 흑룡강 이북의 아극살을 원하는 러시아 대표 측의 요구를 거 절했다.

러시아와 담판을 하던 중에 중국 북부의 준갈이 수장 갈이단이 대 군을 이끌고 객이객을 공격하는 사건이 발생한다. 이에 강희제는 우선 갈이단의 문제를 처리하기로 하고 한 걸음 양보해 이포초 동남의 액이 고납하를 경계로 그 서쪽은 러시아 측에 넘기기로 했다. 러시아도 고 된 전란을 겪은 터라 강희제의 제안을 받아들였다. 양측은 강희 28년 7월 24일(1689년 9월 7일)에 정식으로 '이포초 조약(네르친스크 조약)'을 맺는다. 조약의 내용을 보면 액이고납하·격이필제하·외흥안령에서 해 안에 이르기까지 남쪽은 중국, 북쪽은 러시아가 관할하기로 했다. 이 로써 러시아는 이포초 안의 액이고납하 서쪽 지역을 얻어 통상에 유 리한 지역을 갖게 됐고, 중국은 아극살을 수복하게 됐다. 양측은 이렇 게 대등한 관계를 기초로 담판과 협정을 맺었다.

아극살의 전투가 승리로 끝나고 이포초 조약은 원만히 체결되었다. 최고 통치자로서의 강희제는 전투를 하면 반드시 승리로 이끌었고, 유 리한 상황으로 담판을 진행시키면서 탁월한 외교 능력까지 발휘했다.

사막 북쪽으로 출정하다

청나라 초기에 중국의 몽고족은 고비사막과 그 일대에 떨어져 살았 다. 지금의 내몽고에 해당하는 사막 남쪽, 지금의 몽고에 해당하는 사막 북쪽에는 토사도·거신·찰살극도를 포함한 객이객 몽고족이 살았다. 지금의 청해성 일대에 해당하는 사막 서쪽에는 화석특·준갈이·두이백특을 포함한 액로특이 살았다. 사막 남쪽의 몽고족은 가장 먼저 청나라에 편입됐으며, 사막 북쪽의 객이객과 서쪽의 액로특도 청나라 조정에 조공을 바쳤다. 그러나 청나라 조정과 관계가 밀접하지 않았고, 내부가 통일되지 못해 투쟁이 잦았다. 1671년(강희 10년)에 몽고 내부의 세력 다툼 끝에 승리한 갈이단이 준갈이 칸이 됐다. 그는 준갈이가 거주하는 이리강 유역을 지배하면서 무력으로 액로특과 다른 부족을 제압하고 유오이가 거주하는 천산남로까지 점령했다.

1688년(강희 27년)에 갈이단은 토사도 칸과 거신 칸이 다투자 그 틈에 객이객을 공격했다. 객이객의 종교 지도자 철복존단파는 부족을 이끌고 남쪽으로 도망쳐 청나라에 구원을 요청했다. 강희제는 즉시 명을 내려 귀화·독석구·장가구의 곡식 창고를 열어 객이객 부족민을 구제해 주는 한편 은·포목·찻잎 등 물자 및 가축과 함께 내몽고 과이심 초원을 방목지로 내주고 임시로 정착하게 했다. 8년 뒤에 전쟁이 끝나자 객이객 부족은 다시 고향으로 돌아갔다.

객이객 부족을 쉽게 무너뜨린 갈이단은 기세가 한층 고조됐다. 강희제가 갈이단에게 사신을 보내 화친을 맺자고 했으나 갈이단은 말을 듣지 않았다. 강희 29년(1690년) 5월에 갈이단은 객이객 부족을 추격한다는 명분으로 과포다(몽고 길이격랑도)에서 출병해 청나라 동쪽을 침범했다. 청나라 수비군은 북경에서 불과 700리 떨어진 오란포통으로 퇴각해야만 했다. 갈이단은 군사를 동원해 청나라 북부 및 서북부의 광활한 국경 인접 지대를 혼란의 늪으로 빠트렸다. 갈이단은 현지 백성들의 생활을 힘들게 했을 뿐 아니라 비밀리에 러시아와 결탁하면서 점점 청나라를 위협했다.

심각한 정세에 직면한 강희제는 색액도에게 명을 내려 북경에 있는 러시아 상인들을 통해 러시아 측에 갈이단과의 연합을 경고하는 한편 7월에 친왕 복전(福全)을 이끌고 갈이단을 공격할 준비를 했다. 강희제는 직접 대군을 이끌기로 하고 북경을 떠나 박락화둔(하북성 융화현)에 주둔했으나 얼마 후 병을 얻어 북경으로 돌아왔다. 이 때문에 대군은 복전이 이끌고 진격하게 된다.

8월 초에 오란포통에서 맞닥뜨린 양측은 치열한 전투를 벌였다. 그런데 전투가 시작되자마자 청나라 군대는 엄청난 사상자를 내고 대장군 통국망이 창에 찔려 전사했다. 오후부터 시작된 격렬한 전투는 어두워질 때까지 계속됐다. 청나라 군대의 화포가 성을 훼멸시키며 연이어 맹렬하게 공격을 퍼붓자 갈이단군은 결국 대패했다. 교활한 갈이단이 곧 사람을 보내 청나라 군대에 화친을 청하자 복전은 잠시 공격을 중지한다. 그러나 이 때문에 복전은 적을 섬멸할 기회를 놓치고 갈이단이 과이다(科爾多)로 도망갈 틈을 주게 됐다. 강희제의 첫 번째 갈이단 토벌은 이렇게 끝났다.

오란포통 전투가 끝난 뒤 강희제는 객이객부의 관할을 강화하기 위해 다륜회맹(多倫會盟)을 열었다. 사막 남쪽의 내몽고는 이미 49기(旗)로 편성되어 청나라의 엄격한 관리를 받고 있었다. 오란포통 전투에서 내몽고의 각 기는 청나라 조정의 지휘에 따라 큰 성과를 올렸다. 그러나 객이객과 청 조정의 관계가 느슨했기 때문에 내부적으로 침탈이 끊이지 않아 갈이단에게 공격할 틈을 준 것이다. 강희 30년(1691년) 5월

초순에 강희제는 다륜낙이(내몽고 다륜)에서 객이객 각부의 수령과 내몽고의 각 왕공을 소집해 연회 형식으로 맹약을 맺고 난 다음 성대한 열병식을 열어 맹약을 맺은 수령과 왕공들에게 청군의 강대한 군용을 보여 주었다. 강희제는 객이객 내부의 토사도 간과 기신 킨 시이의 갈등을 중재하고, 내몽고처럼 객이객도 34기로 편성했다. 기존의 각급 수령들은 청나라의 봉작 제도에 따라 친왕(親王), 군왕(郡王), 패륵(貝勒), 패자(貝子), 공(公), 대길(臺吉) 등 각기 등급을 부여받고 몽고 귀족의 옛 호칭인 제농·낙안 등을 폐지했다. 물론 칸은 남겨 두었다.

다륜맹약을 통해 객이객을 내몽고처럼 청나라 조정의 관할로 편입시키면서 중앙 정부와 객이객의 관계는 대대적으로 강화됐다. 이로 인해 갈이단의 분열된 세력은 정치적으로 큰 타격을 받았으며, 중국은 다민족 통일 국가로서 한 걸음 더 발전하게 됐다. 강희제는 변경 지역 소수 민족과 정치적으로 유대 관계를 유지하는 것이 군사적으로 방어나 공격을 택하는 것보다 더 효과적이라고 생각했다.

갈이단이 패해 도망친 뒤에도 원래의 객이객 지구를 점거하고 있자 강희제는 2차 토벌을 결정했다. 강희제는 먼저 조사를 통해 적의 상황을 면밀히 파악해 당시 갈이단과 아랍포탄이 권력과 지위를 놓고 싸우고 있다는 정보를 얻었다. 이에 아랍포탄을 끌어들이기 위해 이리(伊犁)로 돌아가는 갈이단의 퇴로를 막았다. 내몽고의 각 기와 새롭게 편입된 객이객, 그리고 갈이단의 침탈과 횡포에 억눌린 서투액로특이 적극 가담해 갈이단 군대를 완전히 고립시켰다.

강희 35년(1696년) 2월에 강희제는 갈이단에 대한 제2차 토벌군을 조직했다. 당시 갈이단은 극로륜강(몽고 동부) 부근에 주둔해 있었다.

강희제는 병력을 세 갈래로 나누어 동쪽은 대장군 살포소가 이끌고 흑룡강에서 흥안령을 넘어 서쪽으로 전진하고, 서쪽은 무원대 장군과 비양고가 이끌고 영하에서 사막을 넘어 북으로 전진하기로 했다. 강희제는 직접 중간 길을 맡아 독석구에서 장성을 나와 북으로 전진하기로 했다. 원래 3개 군대가 만나 협공을 할 계획이었으나 동쪽과 서쪽의 행군이 더디게 진행되자 강희제는 즉시 계획을 바꿔 자신이 먼저 사막을 넘어 극로륜강으로 바싹 접근한 뒤 비밀리에 비양고에게 갈이단의 퇴로를 차단하라고 명했다.

5월 초순에 황제가 직접 대군을 이끌고 사막을 넘으리라 예상치 못한 갈이단은 청나라 군대의 군영과 황제의 깃발을 보고 크게 놀랐다. 청나라 군대를 보니 자신의 부대가 감당할 수 없다고 생각한 갈이단은 밤새 서쪽으로 달려 소막다(몽고 오란파탁)로 도망쳤다. 청나라 군대는 갈이단을 추격해 산을 등지고 진을 편 다음 힘을 모아 지친 적을 맞아 싸웠다. 갈이단군은 악전고투했지만 길을 뚫을 수 없었다. 저녁 무렵에 청나라 군대는 세 길로 나누어 갈이단의 진영으로 맹렬하게 돌격했다. 갈이단은 수십 명의 기병만 데리고 다시 서쪽을 향해 도망쳤다. 당시 아이태산 서부의 갈이단 부대는 아랍포탄에게 넘어갔고, 천산 남북과 청해 등 원래 자신이 지배했던 각 부락도 더 이상 말을 듣지 않았다. 갈이단이 막다른 골목에 다다르자 강희제는 다시 한 번 기회를 주어 투항하면 선처하겠다고 했으나 갈이단은 강희제의 제안을 거절한다. 그리하여 강희제는 강희 36년(1697년) 3월에 세 번째 토벌에 나서게 된다. 청나라 군대가 영하(은천시)에서 북상해 지금의 하투 서북쪽의 낭산 일대에 도착하니 갈이단은 넓은 초원에서 도망갈 길을 찾지 못하고 보급마저 끊겨버렸다. 그해 윤달 3월에 갈이단은 결국 독을 마시고 자살한다.

전국이 통일되는 당시 상황에서 갈이단은 홀로 자립을 꾀하는 바람에 실패는 이미 정해진 일이었다. 갈이단은 오로지 무력에만 의지해 영토를 확장시켰으며, 아무런 이유 없이 악이제도 칸을 죽이고 객이객 부족을 공격해 수십만 백성을 도탄에 빠트렸다. 또한 자신이 통제하던 지역에서도 각 부족의 백성들을 약탈하고 무자비하게 징발했다. 이 모든 행동으로 스스로를 낭떠러지로 몰아넣은 셈이었다. 그러나 형세를 잘 관찰하고 파악했던 강희제는 상대방의 결점을 잘 이용하고, 무엇보다 정치적으로 갈이단에 비해 우세했다. 또한 군사적으로도 자신이 직접 장막 안에서 책략을 세우는 한편 위험을 피하지 않고 직접 맞섰으며 빠르게 기회를 잡아 승리할 수 있었다.

갈이단을 평정한 뒤 강희제는 승세를 타고 청해 화석특과의 관계를 한층 더 강화시켰다. 청해 화석특을 세운 고실 칸이 청나라에 귀순했을 때 순치제는 그에게 준문행의민혜고실(遵文行義敏慧顧實)이라는 작위에 봉해 주었다. 그가 죽은 뒤 부족에서는 칸을 이을 사람이 없어 자손들이 나누어 부족을 관리했다. 이를 대길(臺吉)이라고 한다. 갈이단이 강성했던 시기에 대길은 갈이단을 두려워해 청나라에 모호한 태도를 보였다. 1697년(강희 36년)에 갈이단이 패망한 뒤 강희제가 화석특 지역에 잠시 주둔하자 대길이 알현을 청했으나 강희제는 가을이 지난 뒤 북경으로 찾아오라고 명했다. 그해 겨울에 대길이 북경으로 가 현엽을 알현하고 옥천산에서 거행한 열병대전에 참가했다. 강희제는 고실 칸의 아들 달십파도이를 친왕으로 봉하고 그 나머지는 각각 패릌·패자에 봉했다. 이렇게 하여 화석특과 청나라 간의 군신 관계가 맺어졌고 화석특의 지배를 받던 서장에도 청나라의 세력이 미치게 됐다.

이미 명 말년에 고실 칸은 서장 내부의 불화를 틈타 군대를 이끌고 서장에 입성해 현지의 주요 권력을 잡았다. 그의 주청으로 청나라 조정은 달라이 라마를 북경으로 초청했다. 1682년(강희 21년)에 달라이 라마가 세상을 떠나자 그 밑에 있던 집정관이 외부에 알리지 않고 달라이 라마의 명의를 도용해 갈이단과 결탁했다. 1696년(강희 35년)에 강희제는 준갈이 부족의 포로로부터 이 사실을 듣고 서장에 사신을 보냈다. 사신의 엄격한 심문을 받은 집정관은 자신의 죄를 인정했다. 집정관은 더 큰 권력을 잡기 위해 고실 칸의 손자인 납장 칸을 죽이려 했으나 도리어 납장 칸에게 죽임을 당했다. 납장 칸은 청나라 조정을 따랐기에 강희제는 그를 익법모순납장 칸에 봉했다.

아랍포탄은 청나라가 갈이단을 평정하는 데 전력으로 협조했다. 그러나 아랍포탄은 먼저 준갈이 부족을 장악한 뒤 표면적으로 청 조정의 신하가 됐지만 다른 마음을 품고 있었다. 이에 서장 내부의 분쟁을 틈타 1717년(강희 56년)에 대책릉돈포다를 서장으로 보낸 뒤 이듬해 라사를 침공했다. 이때 납장 칸이 살해되면서 서장은 일대 혼란에 빠졌다.

납장 칸은 청나라 조정에 위기를 알리고 구원을 청했다. 그러나 지원군은 서장에 도착하기도 전에 준갈이 매복병의 습격을 받고 되돌아갔다. 이에 강희제는 다시 출병을 계획하는 동시에 청해와 서장 지역의 달라이 라마 계승 문제를 해결하고자 했다. 집정관이 죽은 뒤 납장 칸은 새로운 달라이 라마를 세웠지만 인심을 얻지 못했으며, 화석특의 대길이 따로 달라이 라마를 세웠다. 강희제는 청해와 서장 백성들의 신앙과 염원을 반영하기 위해 청해에서 세운 달라이 라마의 서장 입성을 호위함으로써 서장의 분쟁 국면을 전환시키려 했다. 그러나 조정의 대신들은 앞서 지원군이 패하고 돌아오자 출병에 회의적인 태도를 보였다. 화석특의 여러 대길도 준갈이 군대에 겁을 먹고 섣불리 나서려 하지 않았다. 그러나 강희제의 태도는 단호했다.

"서장과 청해·사천·운남 지역은 서로 가까우니 만약 준갈이에게 이 지역을 계속 점령하게 놔둔다면 앞날이 편치 않을 것이다. 또한 우리 청나라 군사들처럼 준갈이의 군사들도 서장으로 들어가는 게 쉽지 않다. 따라서 서장의 안전을 위해 대군을 출병시키는 일은 미룰 수 없다."

1718년에 현엽은 열넷째 아들 윤제를 무원대장군으로 임명해 청해에 주둔시키고 서장으로 출병하는 군사들을 지휘하게 했다. 이번 출병은 충분히 준비를 갖춘 데다 군대 배치도 상당히 주도면밀했다. 먼저 아이태와 파리곤에 군대를 보내 비어 있는 준갈이의 영토를 공격함으로써 아랍포탄을 견제하는 동시에 서장에 지원군을 보내지 못하게 했다. 그 후 양쪽으로 대군을 나누어 서장에 들어갔다. 한쪽은 서장으로 들어가는 달라이 라마를 호송하는 임무로 맡고 1720년 봄에 청해를 떠나 라사로 입성했다. 악종기를 선봉으로 하여 만주족 및 한족과 화석특·객이객·내몽고 등 몽고족 부대로 이뤄진 다른 한쪽은 사천성에서 빠르게 남하했다. 악종기는 서장의 지방 관리와 백성들의 협력으로 기죽배를 타고 라사강을 건넌 다음 8월에 먼저 라사에 진입했다. 청나라 군대가 순조롭게 들어오자 준갈이 부족은 다시 이리로 돌아갔다. 청나라가 달라이 라마를 궁으로 호송하자 서장의 백성들이 모두 나와 영접했다.

강희제는 줄곧 군비를 중요시하고 위태로움을 잊지 않았다. 1681년 여름에 그는 직접 만리장성 밖으로 나가 토지를 답사한 뒤 목란위장을 설치하고 청군의 사냥터로 활용했다. 몇 해를 제외하고 그는 거의 매년 목란위장으로 가을 사냥을 떠나 위태로움을 잊지 않는 용맹한 무사의 모습을 보여 주었다.

갈이단을 평정시키고 서장을 안정시킴으로써 청나라 정부는 몽고와 서장의 통치를 강화하고, 중국의 변경 지역을 포함한 통일 사업은 한 걸음 더 발전하게 됐다. 이러한 기초 위에서 옹정제와 건륭제는 지속적으로 노력해 준갈이 부족을 평정시켰다. 이로써 천산 남북의 광활한 영토가 청나라 조정의 관할이 되었다. 이는 강희제를 비롯해 전장에서 목숨을 바친 수많은 군사의 불후에 남을 공훈이다.

경제를 개선하고 민생을 안정시키다

명청 시기 장기간의 전쟁으로 사회와 경제가 크게 파괴되어 나라 경제와 민생이 매우 어려워졌다. 강희제는 직접 정권을 잡고 나서 이런 상황을 바꾸기 위해 줄곧 노력하면서 1681년(강희 20년)에 삼번의 난을 진압한 뒤부터 심각하게 파괴된 경제가 점차 회복하기 시작했다. 혹자는 강희 20년 이후 세상이 좋아졌다고 말할 정도였다. 강희제는 경제 개선과 민생 안정을 위해 다음과 같은 몇 가지 작업을 실시했다.

1) 물난리를 다스리다

명나라 말엽부터 청나라 초까지 오랜 전쟁으로 황허의 보수가 제대로 이뤄지지 않아 제방이 자주 터졌다. 특히 하류 소북 지역의 재해 상황은 매우 심각해 백성들은 생산 활동을 하지 못하고 떠돌았다. 때때로 황하와 회화 지역에 동시에 수해가 발생해 남북을 잇는 수로 교통인 운하가 막혀 식량의 운반까지 힘들게 됐다. 명청 시기에는 매년 300만~400만 석의 공미가 운하를 거쳐 남방 지역에서 북경 지역으로 옮겨지고 있었다. 이를 조운(漕運)이라고 한다. 조운이 막힐 경우 수도 일대의 관청과 주둔군의 양식 공급이 크게 어려워져 나라의 큰 문제로 확대됐다. 이 때문에 강희제는 친정 이후 치수 공사와 조운 문제를 반드시 해결해야 할 양대 과제로 생각했다.

1677년에 청나라 군대는 오삼계와의 전투에서 이미 분명한 우위를 차지하고 있었기 때문에 전투와 동시에 수해 문제를 해결할 여력이 있었다. 강희제는 안휘에 사람을 보내 민정을 보살피면서 농경지 수리 시설을 중요시하던 근보를 수로 관리 총책임자로 임명하고 수로 정비를 주관하게 했다. 근보는 또 수리에 대해 깊이 연구한 진황을 빈객으로 초빙해 도움을 받았나. 따라서 그가 채택한 수리 방침과 기술적 조치는 대부분 진황의 건의에서 나온 것이었다. 황하는 모래를 많이 함유하고 있어 하천 바닥이 토사 침적으로 인해 계속 높아지고 있었다. 이로 인해 홍수기나 비가 많이 내린 날에는 수재로 발전하기 쉬웠다. 근보와 진황은 명나라 때 수리 정비 전문가인 반계순이 제방으로 물을 가두고 물로 모래를 씻어내는 방법을 보고 현지 실정과 실천 경험을 결합해 효과적인 정비 조치를 취했다. 방수로를 건설하는 방법으로 맹렬한 물의 기세를 완화시키고 터진 제방을 완벽하게 막았다. 이어서 황하 북쪽에 물길을 터 배가 북으로 갈 수 있게 하여 선박 수송의 안전을 도모했다.

강희제는 치수 공사의 진행 과정에 줄곧 관심을 보였다. 그는 남방 지역으로 여섯 번 순시를 했으니 그 시기는 다음과 같다.

1회 1684년, 2회 1689년, 3회 1699년, 4회 1703년, 5회 1705년, 6회 1707년이다.

첫 번째 남방 지역 순시 때 강희제는 배를 타고 고유와 보응을 둘러보던 중 물에 잠긴 민간의 논밭과 가옥을 보았다. 수재민들의 고통을 직접 목격한 그는 큰 충격을 받았다. 강희제는 홍택호(洪澤湖) 동쪽 고가언 등지의 제방을 시찰하고 「열하제시(閱河堤詩)」를 지어 근보에게 하사했다. 강희제는 지난 몇 년 동안 근보가 주관한 치수 공사가 눈에 띄는 성과를 보이자 그 공적을 치하하며 당부했다.

"더욱 힘을 내 빠른 시일 내에 치수 공사를 마무리해 주시오. 그래야만 백성들이 각자의 생업에 마음 편히 종사할 것이오. 부디 내 뜻을 저버리지 말아 주시오."

근보는 강희제의 명을 받들어 진황의 도움 아래 8년 동안 전체적인 수로 정비를 마무리했다. 그러나 1688년(강희 27년)에 일부 조정 관리들의 연이은 상소와 공격으로 강희제는 그를 해임한다. 그리고 이듬해에 강희제가 다시 남방으로 순시를 갔을 때(2차 순시) 백성들과 사공들로부터 그동안 치수 공사 감독이었던 근보에 대한 칭찬을 듣고 근보에 대한 파면 조치를 철회하고 퇴직 조치로 변경했다. 그러다가 후임 치수 공사 감독이 서툰 방법으로 수리 공사를 처리하자 1692년에 다시 근보를 치수 공사 감독으로 임명했다. 그러나 그해 근보는 병으로 세상을 떠난다.

실천을 중요시 한 강희제는 직접 치수 기술을 연구했다. 궁 안에서 목재를 이용해 수로의 모형을 만든 다음 물을 부어 물살의 충격을 시험하기도 했다. 또한 남방을 순시할 때 치수 공사를 점검하고 수평의(水平儀)와 같은 기구로 실측에 나서기도 했다. 강희제는 수로와 조운이 민생과 관련이 있음을 깊이 인식하고 있었다. 수리의 성질을 깊이 알지 못하고 임기응변으로 처리하거나 문서에 적힌 진부한 이야기만을 고수한다면 공사를 그르치게 될 것이었다. 근보가 세상을 떠난 뒤에 강희제는 더욱 자세히 치수 공사를 감독했다. 과거 치수 공사 경험이 있고 오랫동안 수리 공사를 한 현장 인부들을 찾아 현지 조사를 하면서 풍부한 수리 지식을 습득했다. 강희제는 둑을 쌓아 물을 가두고 하천 바닥을 씻어내는 방법과 깊은 수로를 파는 방법을 병행했다. 아울러 물길을 나누어 흐르게 하여 황하가 역류하는 것을 막는 등 구체적인 조치도 취했다. 이러한 방법은 이후 효과를 보였다. 강희제는 네 번째로 남방을 순시할 때 배를 타고 치수 공사를 점검하면서 황하의 깊은 곳에 침전된 모래를 씻은 뒤 수위가 낮아진 모습과 회복된 농경지의 수확물을 보고 기쁨을 감추지 못했다.

"드디어 치수 공사가 성공을 거두었구나!"

강희제는 직접 치수 공사를 주관했으며, 근보와 같은 우수한 인재를 채용했다. 아울러 백성들의 인력과 물력, 인부들의 피땀 어린 노동으로 마침내 수리 사업을 완성하게 된 것이다. 근보의 수리 공사가 성과를 얻은 이후 50년 동안 황하에는 수재가 찾아오지 않았다.

북경 부근의 영정하(永定河) 수리 사업도 살펴볼 만하다. 영정하의 원래 이름은 호구하(蘆溝河) 또는 혼하(渾河)였다. 물에 모래가 섞여서 색이 탁했기에 '작은 황하(小黃河)'라고도 했다. 호구의 다리 밑으로 흐르는 물은 물살이 세차고 물길이 일정치 않았다. 이 때문에 하북 평원에는 수재가 잦았다. 혼하의 수리는 전적으로 강희제의 설계에 따라 이뤄졌다. 1698년 강희제는 직접 작은 배를 타고 강을 따라 토사의 침적량을 측정했으며, 현지 백성들에게 상황을 물어보았다. 그리고 혼하가 북경 남쪽의 고안과 영청을 지나 청하(淸河)와 만나 패현에 이르면 물의 양이 갑자기 불어나 물난리가 쉽게 일어난다는 사실을 발견하고 양향현 옛 하구에서 시작해 고안과 용정을 거치는 200리에 이르는 새로운 물길을 만들었다. 황하 수리 공사 때 사용한 방법과 같이 제방으로 물을 가두고 물로 모래를 씻어내게 하여 거센 물살을 가둬 물살이 평탄해지면 천진(天津)을 통해 바다로 들어가도록 했다. 그해 7월에 혼하의 수리 공사가 완성되자 강희제는 혼하의 명칭을 영정하로 바꿨다. 그 후로 영정하의 물길은 안정을 찾아 40년 동안 수재가 일어나지 않았다.

황하 치수 공사의 성공은 수해 지역 백성들에게 편안한 생활과 생산을 가능하게 했다. 교통과 무역이 끊이지 않았으며, 수로를 통한 식량 운송도 막힘이 없었다. 수재가 발생하면 조정의 조세 수입이 감소했지만 수로 공사를 통해 재해를 막으면서 조정의 경제 상황도 나아졌다. 강희제는 수리에 관한 지식을 열심히 학습했고 현장 조사와 실천을 중요시했다. 처음부터 끝까지 치수 공사의 진행 과정을 파악했으니 그의 노력과 끈기는 실로 가치 있는 일이었다.

2) 황무지를 개간하고 쌀 품종을 개량하다

청나라는 북경을 수도로 정한 뒤 농업 생산력을 회복시키기 위해 황무지 개간을 장려했다. 순치 시기에 많은 지역에서 전쟁을 했기에 황무지 개간 사업은 철저하게 진행되지 못했다. 그러나 1671년에 황무지 개간을 촉진시키기 위해 20경 이상을 개간한 뒤 문·이과 시험에 통과한 자는 현승(縣丞, 文八品), 시험에 통과하지 못한 자는 백총(百總, 武七品)으로 각각 임용하기로 정했다. 또 100경 이상 개간한 뒤 문·이과 시험에 통과한 자는 지현(知縣, 文七品), 시험에 통과하지 못한 자는 수비(守備, 武五品)로 각각 임용하기로 정했다. 황무지를 개척하는 사람에게 관직을 하사하는 규정은 지주와 부호들을 격려하기 위해서였다. 그리고 이 규정은 확실히 효과가 있었다. 아울러 과거 황무지를 개간한 경우 3년 동안 세금을 면제해 준 것을 1671~1673년에는 매년 면제 기간을 각각 4년, 6년, 10년으로 늘려 주었다(1679년에 다시 6년으로 줄어들었다). 이 정책 또한 황무지 개간을 장려하는 데 매우 효과적이었다. 전쟁 기간에 심각하게 파괴된 지역에서 황무지를 개간하는 사람들에게는 조정에서 밭갈이 소와 농기구 및 종자를 지급하기도 했다.

1693년에는 섬서 지역의 난민을 모아 다시 생업에 종사시키기 위해 가구마다 소 한 마리, 쟁기 구입비로 은 5냥, 곡물 종자 구입비로 은 3냥, 공용비로 은 2냥을 지급했다. 개간된 황무지에 주인이 없는 경우 개간한 사람의 재산인 영업전(永業田)으로 보호해 주었다. 아울러 인구가 밀집된 지역의 빈민은 상대적으로 인구가 적은 변경으로 이주해 황무지를 개간하도록 했다. 특히 산동 지역 백성들이 많이 이주했다.

전국적으로 경작 면적이 확대되자 조정의 토지세 수입도 늘어났다. 강희제는 경작 방법과 곡물 품종 개량에도 주의를 기울였다. 여기서 그가 발견해 만들고 보급한 파종 관리의 과정을 알아보자. 1681년 6월에 강희제는 중남해 풍택원에서 파종한 옥수수 가운데에서 이삭이 큰 옥수수를 발견했다. 낟알이 통통하고 다른 옥수수보다 2개월 먼저 여물었다. 강희제는 이 옥수수를 보관한 다음 이듬해에 다시 심었다. 6월이 되자 씨앗이 여물었으며, 몇 년 동안의 시험 재배를 해 본 뒤 우량 품종임을 확인했다. 그 후 강희제는 이 씨앗이 무더운 남방 지역에서 재배된다면 더 빨리 여물 수 있을 것이고, 1년에 2모작이 가능하겠다고 생각했다. 밭에서 수확이 2배로 늘어난다면 나라 전체의 생산량도 크게 늘어날 것이었다. 이에 강희제는 1715년부터 신하들에게 명을 내려 소주와 남경 등지에서 시험 재배를 시작했다. 재배 결과 강남 지역에서 1년 2모작이 가능한 품종임을 확인했다. 2모작으로 늘어난 생산량은 현지에서 원래 재배되던 1모작 품종의 생산량에 비해 월등히 많았다. 그러나 아쉽게도 몇 년 뒤에 강희제가 세상을 떠나고 지속적으로 지원하지 못해 이 우량 품종은 강남 지역에 보급되지 못했다.

3) 토지구획령을 폐지하고 갱명지(更名地)를 정하다

앞에서 살펴보았듯이 청나라 군대가 산해관으로 들어온 뒤 팔기 만주(八旗滿洲)는 무력으로 북경 지역과 부근의 경작지를 점거했다. 이는 곧 한족과의 민족 갈등을 심화시켰으며, 농업 생산에 영향을 수었다. 이에 강희제는 1669년 오배를 처벌한 즉시 다음의 조칙을 내렸다.

"최근 몇 년 동안 민간의 가옥과 토지를 점령하여 백성들이 생업을 잃고 고통을 받고 있다. 이후 민간의 가옥과 토지를 접거하는 일은 영원히 금하며, 이미 점령한 자들은 백성들에게 다시 돌려주어라."

강희제의 경고성 조칙은 민족 간의 갈등을 완화시키고 민심을 안정시켰다. 또한 생산력을 회복시키는 등 긍정적인 효과를 거뒀다. 같은 해에 강희제는 아직 국유화되지 못한 옛 번왕의 영토를 원래 그곳에서 농사를 짓던 백성들에게 돌려주고 민호로 개명하라 명했다. 아울러 이를 갱명지라 명명하고 대대로 물려주라고 했다. 과거 갱명지 땅은 명나라 말기에 농민 봉기가 일어나면서 대부분 기존의 소작농에게 돌아갔지만 청나라 조정이 토지를 환급해 팔기로 정하고, 농민들에게 돈을 내고 사라 하면서 농민들의 불만을 샀다. 이 때문에 강희제는 규정을 변경해 아직 팔지 못한 토지를 정식으로 경작인에게 지급하는 동시에 이미 전지를 판 사람에게는 이미 납부한 대금을 이듬해의 조세를 미리 납부한 것으로 처리해 보상했다. 이렇게 하여 경작하는 자에게 정식으로 토지 소유권을 인정해 주었다. 갱명지는 산동, 산서, 섬서, 감숙, 하남, 호남, 호북 등지에 널리 퍼저 있었다. 갱명지를 만든 것

은 사실상 명나라 말기에 일어난 농민 봉기의 결과를 인정한 셈이지
만 통치자와 농민 간의 갈등을 완화하고 생산을 촉진하는 데에는 확
실히 도움이 됐다.

4) 조세 제도를 개혁하다

청나라 건국 이후 조세 제도는 기본적으로 명나라의 제도를 답습
했다. 토지세와 부역은 조정이 백성들에게 부담을 주는 주요 항목이었
다. 토지세는 대부분 은전, 부역은 성인 남자(16~60세)의 노동력이나
은전으로 각각 납부했다. 순치 기간의 조세 납부 수속은 이른바 절표
(截票), 즉 이련표(二聯單)로 이뤄져 농가와 관청이 한 장씩 가졌다. 그
런데 대조 검사를 구실로 서리들은 농가에 나누어 주어야 할 절표를
분실된 납세증빙서로 처리하고, 미납하거나 적게 냈다며 백성들을 협
박해 다시 거두었다. 이 때문에 1689년에 절표를 삼련표(三聯票)로 바
꿔 한 장은 농가가 가지고 또 한 장은 지방관청이 보관하고 마지막 한
장은 중개하는 하급관리가 가지게 했다. 이렇게 하여 서리가 납세증빙
서를 속여 백성의 재산을 빼앗는 일을 막았다.

1700년에는 곤단법을 시행했다. 곤단법은 다섯 가구 또는 열 가구
를 합쳐 하나의 명세장을 만들고 명세장 위에 각 가구의 토지 면적과
거둬들여야 할 은 및 쌀의 수량, 봄과 가을 두 계절에 납부해야 할 금
액을 기재하는 것이다. 기한을 10회로 나누어 차례로 납부했다. 곤단
법은 절차가 간소하고 기한이 정해져 있어 정부의 세금 징수와 농가의
세금 납부가 비교적 편리했으며, 중간에 서리들이 부정행위를 할 수
없었다. 그러나 삼련표와 곤단법은 징수절차상의 개선일 뿐이었으며

영향은 크지 않았다. 강희 시기 때 조세와 부역 개혁의 특징은 전쟁으로 줄어든 인구를 늘리고, 세를 영원히 늘리지 않는다는 것이었다.

강희 후기 사회는 안정되고 경제는 활기를 띠었으며, 조정의 재물과 문서를 간직하는 창고도 비교적 풍족했다. 이 같은 상황에서 강희제는 강희 51년(1722년) 2월에 다음과 같은 조칙을 내렸다.

> "지금 나라가 태평을 누린지 오래되어 가구 수는 날로 늘어가나 토지는 그에 따라 확대되지 못했다. 그러니 총독과 순무에게 명을 내려 현재 조세 명부에 기록되어 있는 납세자의 숫자를 파악하고, 갑자기 늘거나 갑자기 줄지 않도록 정원을 정해 놓아라. 그리고 이후에 태어난 사람에게는 조세를 징수하지 마라."

즉 1721년에 중국 전역의 호구 수를 기준으로 그해의 인구세 총액을 영원히 변하지 않는 인구세 수로 정했다. 그리고 이후로 늘어나는 인구에 따라 인구세가 늘어나는 일은 없었다. 이 규정은 1722년부터 실시됐다. 상대적으로 지주층은 많은 땅을 보유했으나 노동력은 부족했고, 백성들은 노동력은 풍부했으나 땅이 적었다. 인구가 늘어나도 세를 늘리지 않으면 땅이 없거나 적은 땅을 가지고 있는 백성들에게는 상당한 이익이었다. 따라서 과도한 인구세로 집과 고향을 떠나는 백성이 사라지면서 농촌은 안정되었다.

5) 세금을 감면해 주다

현엽은 백성들이 빈곤으로 생계를 이어가지 못하면 그 왕조는 오랫동안 통치하기 힘들다는 사실을 알고 있었다.

당시 봉건 국가의 주요 세금은 토지세였으며, 다음으로 인구세였다(이 두 가지를 합쳐 포정세라 부른다). 강희제는 토지세와 인구세 감면을 관철시키고 백성을 편안하게 하는 정책을 통치의 기본으로 삼았다.

따라서 백성들의 조세를 면제시키는 일도 잦았다. 면제에는 전체 면제와 부분 면제가 있었다. 가장 일반적인 면제는 재해 지역에 대한 것으로, 광활한 중국은 매해 항상 몇몇 지역이 재해를 입었다. 이로 인해 거의 해마다 재해 지역에 대한 세금 면제가 이뤄졌다. 『청사고(淸史稿)』「성조본기(聖祖本紀)」의 기록에 따르면 강희제 재임 기간에 매년 재해로 인해 세금을 면제받은 현은 평균적으로 70여 개가 넘었다. 또한 황제의 순행 때 거치는 지역은 세금을 면제하는 관례가 있었다. 이를 은견(恩蠲)이라고 한다. 예를 들어 강희제가 세 번째 순시를 할 때 강남과 절강 지역은 1695~1697년의 3년 동안 세금을 면제받았고, 산동 태안을 비롯한 27개 현은 재해로 인해 어려워지자 1697년에 체납한 토지세와 인구세를 면제받았다. 전쟁의 영향을 크게 받은 지역에 대해서도 자주 은견이 이뤄졌다. 갈이단을 토벌할 때 부담이 컸던 섬서성과 직례성 선화, 산서성의 대동 지역도 1697년에 세금을 면제받았다.

삼번의 난이 평정되고 대만을 통일한 뒤 국내 정세는 안정됐다. 국고도 풍족해져 조세 면제의 횟수는 더욱 잦아지고 액수도 커졌다. 대규모 세금 면제는 1703년(강희 42년)에 있었다. 산동, 하남, 운남, 귀주,

광서, 사천 등 6개 성은 이듬해의 토지세, 절강성은 내후년까지 토지세를 각각 면제해 주었다. 1706년에 강희제는 그해 민간에서 사실상 차후 조세 납부가 힘들고 과거에 체납한 토지세를 납부할 능력이 없음을 감안해 전국의 토지세 전체를 면세해 주었다. 당시 면제된 조세의 금액은 은 389만 7,000냥이 넘었다. 강희 49년에는 이듬해인 1711년부터 시작해 3년 내에 전국 각성이 순번대로 1년 치의 토지세와 예년의 토지세를 면제해 주기로 했다. 3년 동안 면제해 준 총 인구세는 은 3,806만 4,000냥이었다. 이는 강희 연간에 매년 전국에서 거두는 총액인 2,440만 9,000냥을 훨씬 뛰어 넘는 금액이었다. 일부 통계 자료에 따르면 강희제 재위 기간에 면제된 세금의 총액은 1억 5,000만 냥을 초과하고 있다.

강희제는 한(漢) 문제(文帝)의 조세 면제 칙령을 논하며 다음과 같이 말했다.

"조세를 면제해 주는 일은 예나 지금이나 가장 어진 정사이다. 나라의 곡식이 다하고 백성들이 곤궁할 때 조세를 면하는 일은 실질적인 도움이 된다. 그러나 궁중에서 근검절약을 하지 않는다면 이조차 행할 수 없는 일이다."

이 글을 통해 두 가지 사실을 알 수 있다. 첫 번째로 역대 제왕 가운데 강희제는 확실히 절약을 중요시는 황제였다. 그는 명나라의 멸망이 명 황실의 낭비에서 비롯된 것임을 알았다. 강희제는 과거의 과오를 거울삼아 후손들이 부강한 나라를 만들기 위해 필요한 것이 무엇인지를 깨닫기 바랐다. 두 번째로 조세 면제는 봉건시대 때 민간의 부담을 덜어주기 위한 중요한 조치였다. 그러나 조세를 내야 하는 대상은 토지 소유자였기 때문에 세금 감면의 혜택을 받는 사람은 지주, 특히 대지주에 해당되고 다음으로 작은 토지를 소유한 사람과 자작농이었다. 개인 지주에게 땅을 빌려 농사를 짓는 수많은 소작농은 결코 직접적인 혜택을 받을 수 없었던 것이다. 따라서 1710년 이후 조세를 면제할 때 토지 소유자는 10푼(分), 소작농은 3푼을 각각 면제해 주었다. 이렇게 해야 소작농도 조세 면제의 혜택을 볼 수 있으리라는 국가의 배려였다. 물론 조세를 면제한다고 근본적인 백성의 어려움을 완전히 개선해 줄 수는 없었다. 또한 정식으로 내는 조세 외에 지방 관리들의 터무니없는 조세 징수는 강희제의 재임 기간에도 근절되지 못했다.

강희제의 경제 정책에 대해서는 반드시 강희제 전후기에 따른 긍정적인 변화를 살펴볼 필요가 있다. 청나라 초기에 연해 일부 지방과 정성공을 통제하기 위해 청 조정은 해상금지령을 단행하고 외국과의 무역을 금지시켰다. 그 후 남명 정권의 소멸과 삼번의 난 진압, 대만 통일까지 형세의 변화가 일어났다. 강희제는 즉시 1684년에 해금령을 풀고 민간 상선이 해외로 나가 무역을 할 수 있도록 허가했다. 또한 외국 상선도 중국에 와 무역을 할 수 있도록 허가하면서 대외무역에 빠른 진전을 가져왔다. 이러한 조치는 연안 지역 백성들의 생계에 도움이 됐으며, 조정의 세 수입을 늘리고 상품 경제와 수공업 생산을 촉진시켰다. 그러나 1717년에 강희제는 다시 명령을 내려 중국 상선이 일본으로 가는 것만 허락하고 그 외의 동남아 무역은 금지시켰다. 또한 외국으로 나가 무역하는 중국인이 외국에서 체류할 수 없도록 하고, 중국에 들어와 무역하는 외국 상인도 엄격하게 제한했다.

강희제가 이런 명령을 내린 이유는 중국 대륙의 백성과 해외에 거주하는 백성들이 빈번한 접촉을 통해 반청 활동, 즉 해적 활동을 할까 우려했기 때문이다. 강희제 통치 후기에는 그동안 허가했던 민간 채굴 규정도 바꿔 엄격하게 제한했다. 새로운 광산 개발을 금지시켰으며, 이미 개발된 광산도 폐쇄시켰다. 광산에서 일어날지도 모를 폭동도 신경이 쓰였기 때문이다. 이러한 정책은 모두 통치를 강화하기 위한 노력의 일환이었으며, 아울러 강희제 말기의 사회적 계층 모순이 전에 비해 다소 심화됐음을 반영한다. 대외무역과 광산 채굴을 제한하고 타격을 주니 상품경제와 사회 생산력의 발전에도 큰 어려움이 닥쳤다. 비록 해금령은 시대에 뒤떨어진 쇄국 정책이었으나 강희제가 재임하기 전의 상황과 비교했을 때 청나라의 사회·경제는 번영의 시기를 보낸 것이다.

강희제는 재위 기간에 치수 공사와 황무지 개간, 토지 점거 폐지령, 대량의 조세 면제를 실시한 것 외에도 수공업자들로부터 징수한 조세인 반장은(班匠銀)을 차츰 토지세와 병합시켰다. 또한 관영 수공업을 줄이고, 황실과 관청에서 필요한 물품의 절반 이상을 공물로 조달하던 것을 상인에게서 구입했다. 또 개인 방직 수공업자들에 대한 규제를 풀어 과도한 조세 징수를 금지했다. 설령 무역액이 늘어나도 기존의 징수 총액을 유지했다. 이러한 조치는 중국 봉건사회 말기에 싹튼 자본주의의 맹아를 촉진하는 데 큰 역할을 하여 강희제를 시작으로 중국의 수많은 상공업 도시가 날로 번창하게 된다.

문화와 교육을 중시하고 문인을 임용하다

역대 제왕 가운데 강희제는 문치를 숭상하고 문인을 관대하게 대우하는 것으로 유명하다.

"정치가 우선시되려면 문화와 교육을 숭상해야 한다."

강희제는 명나라 시기에 정기적으로 시행된 과거시험 제도를 그대로 따르면서 전국적으로 영향력 있는 문인들을 얻기 위해 특별히 박학홍사과(博學鴻詞科)를 실시했다.

박학홍사과는 삼번의 난 때 행해졌다. 1678년에 강희제는 다음과 같은 조칙을 내렸다.

"옛 왕조들의 부흥을 살펴보면 박학홍유가 있었다. 문예를 부흥시키고, 경서와 역사를 밝히며, 문장을 윤색했다. 이들을 뽑아 고문으로 삼고 저작을 선별하게 할 것이다."

이에 강희제는 신하들에게 학식과 도덕을 겸비하고 문장력이 탁월한 인재를 추천하라 명했다. 그 이듬해에 황궁 안의 태화전에서 시험을 통해 50명을 뽑았다. 모두 명망이 높은 학자들이었다. 그 가운데 주이존, 소원평, 우동, 왕완, 시윤장, 진유숭, 오임신, 모기령, 엄승손은 특히 탁월한 성취를 이뤄 시와 사를 짓는 문장가이자 정통한 역사학자로 역사에 기록됐다. 선발된 50명은 한림관의 직위를 받고 『명사(明

史)』편찬 작업에 참가했다.

　명나라 멸망 후에 수많은 문인학자가 청나라에 굴복하지 않았다. 목숨을 내놓을지언정 청나라가 내리는 관직은 맡지 않겠다는 자도 많았다. 강희제는 이런 사람들에게도 관대하게 대했다. 대표적으로 고염무는 여러 차례 명 태조와 숭정제의 능묘를 찾아 배알하고 죽을지언정 청나라에 복종하지 않겠다는 태도를 보였다. 또한 박학홍사과 시험과 『명사』 편찬 작업을 거부했다. 황종희 또한 박학홍사과 시험과 『명사』 편찬 작업을 거부했다. 강희제는 대신인 서건학으로 하여금 황종희를 북경으로 불러 정식 관직이 아닌 예비 고문을 맡게 하여 언제든지 돌아갈 수 있게 하라는 명을 내렸다. 그러나 서건학은 회의적이었다.

"그는 나이가 많아서 오지 않을 것입니다."

"실로 안타깝구나, 인재를 구하기가 이토록 힘이 든단 말이냐."

　이옹도 박학홍사과 시험을 거부했다. 나중에 강희제가 서안에 와 그를 불렀으나 그는 직접 오지 않고 사람을 보냈다. 그러나 강희제는 이옹을 벌하지 않고 특별히 직접 '조지고결(操志高潔)'이란 네 글자를 적어 보냈다. 왕부지는 관직을 맡지 않으려고 산속으로 들어가 숨어 살았다. 청나라에 충성을 거부하는 여러 학자에 대해 강희제는 관대한 태도로 그들이 만년에 저술에 힘쓰도록 도왔다. 실로 현명한 태도라고 할 수 있다.

문인들을 끌어들이기 위한 강희제의 노력은 남방 순시 때도 예외가
아니었다. 처음 남방으로 순시할 때 소주에 도착한 강희제는 동기창
(董其昌) 서법으로 쓴 두루마리를 고향으로 돌아가는 왕완에게 하사
했다. 다섯 번째 남방 순시 때에는 명을 내려 서법에 정통한 이들 가
운데 궁으로 들어가 필사할 사람을 뽑았다. 강녕(남경)·소주·항주 3개
지역에서 시험을 치러 60명을 임용하고는 그들에게 옷과 일상용품, 북
경으로 가는 여비를 지급했다.

남방 순시를 끝내고 돌아오는 길에서 강희제는 벼슬을 하지 않고
은둔해 있는 수학가 매문정을 배로 초청해 함께 천문 역법에 대해 사
흘 동안 토론한 뒤에 헤어질 때 '적학참미(積學參微, 배움을 쌓아 미묘함
을 깨닫다)'라는 글자를 적어 매문정에게 하사했다. 봉건시대에 더 없이
존귀하게 받들여지던 황제가 자발적으로 평민 학자를 초청해 학술 문
제를 토론하는 일은 흔치 않은 일이었다.

많은 문인 학자를 조직해 서적을 편찬한 것은 문화와 교육을 부흥
시킨 강희제의 탁월한 성과이다. 이렇게 강희 연간에 편찬된 정부 서
적은 50여 종에 달했으며(이 가운데 일부는 옹정이나 건륭 연간에 완성됐
다), 1만 5,000권을 넘었다. 또한 각 서적이 포괄하는 내용은 상당히
광범위했다.

강희제는 일찍이 신하들에게 다음과 같이 말했다.

"장서를 널리 모아 나라를 다스리는 데 도움이 되도록 해야 한다.
『육경(六經)』과 역사서를 제외한 나머지는 따로 모을 필요가 없다."

강희제가 대량으로 책을 편찬한 목적은 봉건 정통 사상을 널리 알려 청나라의 정치에 도움이 되기 위해서였다. 그러나 대규모 서적 편찬은 다양한 방면의 내용을 포함해 정치 효과보다 고대 문헌을 정리하고 당시의 정치·문화·교육을 흥성시키는 데 더 큰 역할을 했다.

서적 편찬을 통해 전문성을 지닌 많은 학자가 적극적으로 자신의 역량을 발휘했다. 서원문이『명사(明史)』편찬을 주관했을 때 황종희는 초청에 응하지 않았지만 조국의 역사에 책임감을 느껴 제자인 만사동을 평민 신분으로 보내 돕게 했다. 황종희는 또한 자신이 지니고 있는 정통한 명대의 사료를 만사동에게 넘겨주었고, 나중에는 서원문이 자신의 아들인 황백가를 북경으로 초빙하자 편찬 작업을 돕게 했다. 황종희는 편찬 과정에서 부딪칠 수 있는 여러가지 문제에도 불구하고 구체적인 지도와 도움을 주었다. 서건이 황제의 명을 받들어『대청일통지(大淸一統志)』편찬을 주관할 때 강희제는 그에게 따로 서고를 가지고 태호(太湖) 동정산(洞庭山)의 조용한 곳에서 일할 수 있도록 허락했다. 서건은 지리학자인 고조우, 호위, 황의, 염약거 등이 편찬에 참가하도록 초청해 통지 편찬의 좋은 시발점을 만들어 주었다.

청 왕조는 만주족이 한족 지주와 몽고·장족 등의 지배층을 연합해 만든 전국적인 성격의 정권이다. 청나라 초기 최고 통치자였던 다이곤(多爾袞)과 순치제는 모두 만주 귀족이 주요 권력을 장악한다는 전제 아래에서 한족 관리를 임용하고 선진적인 한족의 문화를 받아들였다. 이를 통해 통치 기반을 넓히고 민심을 잡으려고 했다. 강희제도 상당 부분에서 같은 정책을 시행해 통치 기반을 넓혔을 뿐 아니라 민족 간의 분화를 없애고 다민족 국가로 통일을 꾀했다. 많은 학자를 모아 대규모의 편찬 작업을 진행한 일은 학술 문화의 번영을 촉진시켰고, 후대에 중요한 문화 유산을 물려주었다. 강희 시대를 봉건사회 후기에 문화와 교육이 가장 번영하던 시기라고 일컫고 있는데 이는 전혀 과장된 이야기가 아니다.

그런데 여기서 반드시 문자옥(文字獄)에 대해 살펴봐야 한다. 한족 지식인에 대한 잔혹한 박해의 증거였던 청나라 초기의 문자옥은 대부분 옹정 때 행해졌고, 특히 건륭 재위 기간에는 두 차례의 참혹한 처단이 이뤄졌다. 강희제가 집권한 뒤『남산집(南山集)』사건이 발생했다. 1663년(강희 2년)에『명사』사건으로 70여 명, 강희 6년 4월에 강남『충의록(忠義錄)』사건으로 3명이 각각 처형됐다. 두 차례의 문자옥은 모두 강희제가 집권하기 전에 섭정을 맡은 오배 세력이 꾸민 일이었다.

1711년에 한림원의 편수인 대명세가 고발당하는 일이 있었다. 그가 관리가 되기 전에 쓴『남산집』에서 명나라를 그리워하고 청나라의 존엄을 훼손하는 내용이 있어 대역죄를 지었다는 것이다. 형부는 대명세를 능지처참의 형에 처하기로 했고, 그의 근친과『남산집』의 서문을 작성한 방포도 참수하기로 했다. 대명세의 죄에 연루 판결을 받은 사람은 300여 명이었다. 강희제는 이러한 일련의 사건들에 반역의 성질이 있다고 확신했다. 그러나 처벌에 있어 대명세는 참수형, 참수형을 받아야 할 사람들은 노역형으로 각각 형을 낮췄다. 또 기타 연루된 사람들은 형을 면해 주었다. 그 후 그는 대학사 이광지의 추천으로 방포를 문학시신(文學侍臣)으로 임명하고 남서방에서 일하게 했다. 강희 말년에는 다시 방포를 무영전 수서총재에 임명했다.

강희제는『남산집』사건에 대한 책임이 있으나 문자옥을 봉건 문화

전제주의 정책의 수단으로 관철시키지 않았다. 사상 통치를 강화하는 데 있어 그는 공자를 존경하고 유교를 가까이 했으며, 최선을 다해 자연과학을 알리는 것을 주요한 방법으로 삼았다.

유학을 숭상하고 배움을 즐기다

공자가 창시한 유학은 한나라 때부터 역대 봉건 통치자들의 정통 사상이 되어 한족 사대부부터 일반 백성에게까지 많은 영향을 주었다. 강희제는 아버지인 순치제가 공자를 존경하면서 불교도 숭상했던 것과 달리 오직 유가의 학술만을 받아들였다. 강희제는 역대 제왕 가운데 불교를 숭상했거나 법가를 임용한 제왕들을 비난하면서 제왕이 정치를 바로 세우는 핵심은 경학(經學)에 있다고 단언했다.

오배 세력을 제거한 이듬해인 1670년에 17세의 황제 현엽은 유신(儒臣)인 웅사리의 건의를 받아들여 역대의 전례에 따라 경사를 읽고 연구하는 자리인 어전 강의를 열었다. 강사는 경서와 정사를 설명하고 경우에 따라 시험을 보거나 토론을 하기도 했다. 강희제는 어전 강의가 격일로 진행됨에 만족하지 않고 특별한 일이 없는 한 매일 강의를 하도록 했다. 삼번의 난이 치열한 와중에도 기회가 있을 때마다 강사에게 강의를 진행하라고 명했다. 삼번의 난이 평정된 다음 그는 첫 번째 남방 순시에서 돌아오는 길에는 곡부(曲阜)를 방문해 공자묘에 참배한 뒤 성대하고 엄숙하게 공자에 대한 제사 의식을 치렀다. 대성전에서 세 번 무릎을 꿇고 아홉 번 머리를 조아리는 예를 표했으며, 시례

당(詩禮堂)에서 공자 후손의 강의를 들었다. 직접 쓴 '만세사표(萬世師表, 만세에 걸친 스승의 본보기)'라는 현판을 대성전에 거는 한편 공자의 묘비를 새로 만들도록 명하고 그 비문을 직접 지었다. 공자묘가 완성되자 강희제는 황자들을 데리고 직접 가서 제를 올리면서 존경을 표시했다.

공자 이후 유학은 후대로 전해지면서 계승되고 변화했다. 송대 주희 일파의 유가 철학을 이학(理學)이라 하는데, 이학은 충군을 핵심으로 삼고 봉건적 삼강오륜을 절대적인 천리라고 보았다. 봉건적 통치 질서를 수호하는 이학은 강희제에 의해 크게 중시됐다.

> "주희 선생이 집대성하고 수천, 수백 년 동안 계승되어 온 학문이 우매함을 일깨우고 만세의 규칙을 세우셨다."

강희제는 성리학의 명신인 이광지에게 특명을 내려 주희의 학설을 발췌해 『주자전서(朱子全書)』를 편찬하도록 했다. 강희제는 명나라 영락 연간에 송나라 유학의 이론과 언론을 모아 편찬하고 발췌한 『성리대전(性理大全)』을 즐겨 읽으면서 대신들에게도 추천했으며, 70권이 넘는 큰 편폭의 이 책을 이광지로 하여금 12권으로 줄여 따로 『성리정의(性理精義)』를 편찬케 하는 열의를 보였다.

강희제가 유가의 학술과 이학을 숭상하고 널리 알렸던 목적은 무엇인가? 강희제는 『상서(尚書)』가 제왕의 도리와 통치에 대한 내용이라며 칭송했다. 아울러 『일강사서해의서(日講四書解義序)』에서 다음과 같이 말했다.

즉 사상은 통치를 강화시키는 도구라 생각한 것이다. 물론 강희제가 이학을 존숭하면서 문인과 백성들의 사상을 억압했다는 점은 부성적인 측면이었다. 그러나 강희제는 분명 훌륭한 정치를 위해 부단히 노력한 황제였다. 나라를 부강하게 만들기 위해 노력했기에 탁상공론을 싫어하고 실질적인 실천을 중시했다. 그는 일부 유학자들에게 언행이 일치하지 않는다고 여러 번 질책했다.

강희제는 정사를 맡은 때부터 죽을 때까지, 나라의 대사부터 일상의 정무까지 시종일관 근면했다. 강희제는 허황된 명분으로 꾸미기보다 실천에 힘쓰는 일을 중요시했다. 앞에서 언급했듯이 신하들이 존호를 만들자고 권했을 때 거절한 이유가 바로 실용성이 없기 때문이었다.

평생 정사에 힘쓴 강희제는 만년에 모든 정력이 소모돼 여러 일을 볼 수 없음에 안타까워했다. 특히 어떤 문제는 그가 죽어서도 해결되지 않았다. 1675년에 그는 이미 세상을 떠난 혁사리씨와의 사이에서 낳은 윤잉을 태자로 세웠다. 그러나 색액도가 지나치게 태자를 받들면서 강희제의 의심을 사 결국 1703년에 색액도는 감금당하고 얼마 후 죽임을 당했다. 그리고 1708년에 강희제는 태자의 폐위를 명했다. 그 이유 가운데 하나는 숙부인 색액도를 위해 복수하려 했다는 내용이었다. 그러나 이듬해 몇몇 황자가 태자의 자리를 노리자 윤잉을 다시 태자로 복위시켰다. 1712년에 강희제는 윤잉의 행동을 문제 삼아 다시 폐위시켰다. 그러자 그 후로 태자 자리를 두고 쟁탈전이 끊이지 않았다. 이는 황실에도 큰 영향을 미쳐 강희제를 불안하게 만들었다. 일부 대신들이 수차례 상소를 올렸으나 태자 문제는 강희제가 세상을 떠날 때까지 해결되지 못했다.

강희 61년(1722년) 10월 13일에 69세의 강희제는 북경 서쪽 교외의 창춘원(暢春園)에서 세상을 떠났다. 강희제의 넷째 아들인 옹친왕 윤진(胤禛)이 외숙과 대신 융과다의 지지 아래 황위를 계승하고 연호를 옹정(雍正)으로 고쳤다. 옹정 연간에 윤진은 황위를 위해 몇몇 형제들을 참혹하게 핍박하고 죽였다. 이와 같은 상황 때문에 훗날 청대 역사를 연구하는 학자들은 강희제가 황위 계승에 적절한 조치를 취하지 않은 점을 부정적으로 평가했다. 사실 정권을 얻기 위한 지배층 내부의 투쟁은 피할 수 없는 일이다.

강희제는 평생을 정사에 힘썼으며, 평생을 배움으로 살았다. 자신의 말에 따르면 다섯 살부터 책을 읽기 시작해『사서(四書)』『오경(五經)』과 같은 유가 경전과『사기(史記)』『한서(漢書)』『통감(通鑑)』과 같은 중요한 역사서, 제자백가서와 불교·도교의 서적을 가리지 않았다고 한다. 또한 음률에 정통했으며, 서법과 그림을 좋아했다. 전통적인 학술 문화를 폭넓게 이해했으며, 자연과학에 관심을 갖고 배움에 노력했던 점은 더욱 높이 평가할 만하다.

강희 초년에 흠천감(欽天監, 조정에서 천문과 역법을 주관하던 기구)의 관리는 중국의 옛날 방식으로 역법을 추산했고, 벨기에 선교사인 남회인이 이를 서양과학의 방법으로 추산하면서 논쟁이 끊이지 않았다. 강희 8년(1669년) 정월에 강희제는 각각 의견이 다른 두 파의 대신들에게 관상대로 가서 실측하도록 명했다. 그 결과 남회인의 계산이 정확했다. 강희제는 즉시 남회인이 정한 역법을 사용하기로 결정하고 그를 흠천감의 감부(監副)에 임명했다. 강희제는 이후 당시 양쪽의 의견이 첨예한 상황에서 분명히 판단을 내릴 수 없어 답답한 마음에 스스로 공부했다고 기록하고 있다. 강희제가 초청해 관리로 임용된 최초의 서양인은 선교사 남회인이다. 남회인 이후 스페인 선교사 서일승, 프랑스 선교사 자진과 장성, 이탈리아 선교사 민명아 등도 관리로 임용했다. 강희제는 그들을 통해 서양의 수학, 천문학, 지리학, 의학, 철학, 음악, 그림 등 다양한 학문을 학습했다.

강희제가 서양의 자연과학을 통해 얻은 가장 큰 수확은 수학과 천문이었다. 서양에서 들어온 수학 교재인 『수리정온(數理精蘊)』을 소개해 자신이 직접 편찬을 주관했다. 강희제는 지식이 실제로 운용되는 일을 중요시했기 때문에 황하와 영정하를 정비할 때 직접 지세와 수위, 유량을 측정했으며, 실제로 좋은 성과를 거뒀다. 강희제는 여러 차례 전쟁을 겪으면서 지형 관찰의 중요성을 깊이 느꼈다. 그러나 옛 지도는 지금과 많은 차이가 있었기에 외국 선교사와 중국의 측량원들을 조직하고 새로운 측정법으로 전국 범위의 지도 측량과 제도 작업에 착수했다. 그 결과 『황여전람도(皇輿全覽圖)』를 완성했다. 『황여전람도』의 정식 측량 제도 작업은 1708년(강희 47년)에 시작해 8년 뒤인 1716년에 마무리됐다. 1719년 동판에 새겨진 지도(강희 56년과 60년에 각각 목판으로 된 지도를 만들었나)를 만들 때 강희제는 『황여전람도』에 대한 간격을 드러냈다.

『황여전람도』는 근대 과학의 측량제도법을 이용해 만들어 비교적 정확한 중국 지도라 할 수 있다. 이 지도는 중국 지리학사뿐 아니라 세계 지리학사에서 중요한 문헌으로 전해진다. 강희제는 서양의 발달된 근대 과학을 인정했지만 맹목적으로 따르진 않았다. 따라서 자신이 직접 측량하고 서양 역법의 오차를 발견하기도 했다.

자연과학을 전수하는 서양 선교사들에게도 강희제는 존중하는 태도를 보였다. 상술한 것 외에도 그는 남회인에게 신식 화포를 시험 제작할 것을 명했다. 삼번의 난을 평정하기 위한 용도였다. 네르친스크 조약을 체결할 때 서일승과 장성을 중국 대표단의 통역으로 임명했다. 서양의 선교사들이 중국에 와 여러 가지를 전수해 주자 강희제는 서양의 천주교를 대하는 태도까지 다시 생각했다. 1669년(강희 8년)에 강희제는 남회인을 임용하면서 오배가 선교사를 몰아낸 명령을 철회했다. 그러나 중국인이 천주교를 믿는 것은 여전히 금지했다가 다년간의 시찰을 통해 1692년에 천주교를 믿도록 허락했다. 당시 일반 선교사들이 중국의 전통문화와 풍속을 존중하고 이단을 퍼트리지 않았기 때문이었다.

1704년에 천주교 로마 교황청이 중국으로 사신을 보내 중국 신도들이 제사와 제례를 지내지 말라고 선포하는 일이 발생했다. 이에 대해 강희제는 단호하게 명을 내려 교황청이 보낸 사신을 내쫓고 선교사들의 정착을 보장하지 않는 한 중국에서의 선교를 불허한다고 규정했다. 그 뒤에 강희제는 또 서양의 종교는 중국에 들어올 수 없다고 밝히면서 서양인들에게 예술이나 기술을 보유한 사람 외에는 중국에 거주할 수 없다고 선포했다. 이는 사실상 서양인들이 중국에서 선교하는 것을 금지한 것과 같았다. 선교의 허가와 금지에 대해 강희제는 선교 활동이 중국의 전통문화와 풍속을 존중하는지 여부를 통해 결정했다. 이는 외교 정책으로 합리적이고 정확한 판단이라 할 수 있다.

강희제는 자연과학에 관심을 갖고 응용을 중시했지만 전체적인 문화 정책을 놓고 봤을 때 그가 가장 중시한 것은 경학과 이학이었다. 과거를 실시해 관리를 등용해도 여전히 유학과 팔고문을 통해 시험을 치렀기 때문에 근대 자연과학 기술이 크게 빛을 보지 못했다. 공자를 존경하고 유학을 중시하며 성리학을 추앙한 목적은 사실상 청나라 통치 계층의 이익을 위해서였다. 최고 통치자인 강희제가 이러한 정책을 취한 것은 충분히 이해할 만하다. 그러나 당시 전체 학술문화계에서 강희제는 자연과학 학습에 선진 대열에 있었으며, 근대 자연과학을 받아들여 보급하는 데 성과를 낸 것은 분명한 사실이다.

17, 18세기에 중국의 봉건 제도는 몰락하고 있었으며 사회는 더욱 발전했다. 황제 현엽이라는 역사적 인물의 부정적인 측면은 봉건 제도

를 유지하려 했던 점과 연관 지어 생각해 볼 수 있으며, 긍정적인 측면은 역사의 발전 방향에 거스르지 않고 순응했다는 점에서 찾아볼 수 있다. 강희제는 뛰어난 재능과 함께 원대한 비전을 가지고 있었으며, 나라를 다스림에 있어 최선을 다하여 중국의 번영에 크게 기여했다. 특히 강희제 재위 때 중국은 다민족 국가로서 진일보한 통일을 이뤘다. 이는 중화 민족의 발전에 큰 의미가 있다. 강희제를 포함해 역사적으로 민족의 발전에 공로가 있는 뛰어난 인물은 모두 후대까지 그 이름이 길이 남을 것이다.

제왕

펴낸날 **초판 1쇄 2010년 2월 24일**

엮은이   **우한**
옮긴이   **김숙향**
펴낸이   **심만수**
펴낸곳   **(주)살림출판사**
출판등록 1989년 11월 1일 제9-210호

경기도 파주시 교하읍 문발리 파주출판도시 522-1
전화   031)955-1350   팩스   031)955-1355
기획 · 편집 031)955-1373
http://www.sallimbooks.com
book@sallimbooks.com

ISBN   978-89-522-1355-6   03320

※ 값은 뒤표지에 있습니다.
※ 잘못 만들어진 책은 구입하신 서점에서 바꾸어 드립니다.

책임편집 **김태권**